Robert Baer

Der Niedergang der CIA

Der Enthüllungsbericht eines CIA-Agenten

Aus dem amerikanischen Englisch
von Susanne Kuhlmann-Krieg
und Michael Müller

W0227154

C. Bertelsmann

Die Originalausgabe ist 2002 unter dem Titel »See No Evil«
bei Crown Publishers, New York, erschienen.

Umwelthinweis:
Dieses Buch und der Schutzumschlag
wurden auf chlorfrei gebleichtem Papier gedruckt.
Die Einschrumpffolie (zum Schutz vor Verschmutzung)
ist aus umweltschonender und recyclingfähiger PE-Folie.

1. Auflage
© 2002 by Robert Baer
© der deutschsprachigen Ausgabe 2002
by C. Bertelsmann Verlag, München,
einem Unternehmen der Verlagsgruppe Random House GmbH
Umschlaggestaltung: Design Team München
Satz: Uhl + Massopust, Aalen
Druck und Bindung: GGP Media, Pößneck
Printed in Germany
ISBN 3-570-00676-X
www.bertelsmann-verlag.de

Für Charlotte, Robert und Justine.
Ich hoffe, dass das Vorliegende ein wenig zu erklären vermag,
wo ich all die Jahre gewesen bin.

INHALT

Hinweis:
Die auf den folgenden Seiten nicht übersetzten beziehungsweise nicht erklärten englischen Bezeichnungen werden in
einem Glossar auf Seite 402 erläutert.

VORWORT

Bob Baer ist nicht allein. Ja, sein fesselnder Bericht über sein Leben als Officer der CIA in der Zeit nach dem Kalten Krieg ist vernichtend; er fügt dem Ruf einer Geheimdienstorganisation, die Amerika nicht verteidigte, als es verteidigt werden musste, einen weiteren tiefen Kratzer zu. Doch Baers Schilderung von feigen Bürokraten und gleichgültigen Staatsbeamten im Weißen Haus wird bei einer ganz besonderen Leserschaft große Zustimmung finden – bei den Dutzenden von verdienten und erfolgreichen CIA-Beamten, die in den vergangenen Jahren vorzeitig in den Ruhestand gegangen sind, anstatt weiterhin so zu tun, als ob sie irgendetwas für unser Land ausrichten könnten. Ich habe in den letzten Monaten mit vielen dieser Männer und Frauen gesprochen, und wie Baer sind sie von Schmerz, Wut und Frustration erfüllt. Wie Baer ließ man sie nicht ihren Job tun, jedenfalls nicht auf die richtige Weise, nicht so, dass sie wirklich etwas erreichen konnten.

Wir sind in den USA, was unseren Nachrichtendienst anbelangt, auf dem untersten Niveau angekommen. Während ich dies schreibe, beinahe drei Monate nach den terroristischen Anschlägen vom 11. September, vermag immer noch niemand aus der Geheimdienstgemeinde uns zu sagen, wer für die Verbrechen verantwortlich ist, wie die Attentäter vorgingen, wo sie ausgebildet wurden, für welche Gruppierungen sie tätig wurden und ob sie erneut zuschlagen werden. Haben Osama bin Laden und seine El-Kaida-Terrororganisation das alles allein bewerkstelligt, wie die Regierung Bush hartnäckig behauptet, oder war nicht min-

9

destens eine weitere terroristische Vereinigung des Nahen Ostens mit daran beteiligt, wie Bob Baer meint? Wir wissen es nicht, doch ich wette, dass die Fakten, wenn sie uns einmal bekannt werden, Baer Recht geben werden, dem sein Instinkt sagt, dass für die Anschläge in unserem Land nicht einzig und allein jemand verantwortlich sein kann, der aus einer Höhle in Afghanistan heraus operierte.

Man könnte das vorliegende Buch auch als etwas ganz anderes betrachten – als eine Art Werbeplakat, mit dem Leute für das Spionagegeschäft rekrutiert werden sollen. Wir können uns mit Baer in seiner Wut über die von ihm während der meisten Zeit seiner Laufbahn als CIA-Angehöriger am eigenen Leib erfahrene Dummheit und Unentschlossenheit des Topmanagements identifizieren; es gab aber auch Momente, in denen sein scharfer Verstand, seine Energie und seine Aggressivität – als Teenager war er Skirennläufer – ihm zu dramatischen Durchbrüchen verhalfen und er zu einem tieferen Verständnis der Welt des Terrorismus gelangte. Baer führte bei seiner Arbeit als Undercover-Agent immer ein Leben auf Messers Schneide, und die Gefahren, in die er als CIA-Mann auf seinen – bisweilen aus eigenem Antrieb unternommenen – Missionen im Libanon, in Tadschikistan, in Deutschland, im Nordirak und im Weißen Haus geriet, sind der Stoff, aus dem andere Thriller machen, wobei im vorliegenden Fall noch hinzukommt, dass diese Gefahren real waren.

Baer berichtet uns voller Bewunderung von der hervorragenden Ausbildung, die er zu Beginn seiner Laufbahn in der CIA erhielt, und von den hohen Maßstäben, die seine Lehrer anlegten. »Spionieren [war] nicht etwas, das man aus einem Buch lernen konnte oder indem man sich Lehrfilme ansah oder Vorlesungen hörte. Man lernte es in der Praxis: indem man es tat, während einem jemand dabei über die Schulter schaute«, schreibt Baer. Nachdem er ins Ausland versetzt worden war, erfuhr Baer, dass einige der Männer, unter denen er arbeitete, ihrer Aufgabe nicht gewachsen waren – wir alle wissen, wie so etwas ist –, doch viel häufiger hatte er Vorgesetzte, die von sich selbst und von ihren Mitarbeitern das Beste verlangten, das jeder zu geben vermochte. Er lernte sehr früh in seiner Laufbahn als Officer eine Lektion –

das heißt, er war nur zu bereit, sie sich beibringen zu lassen –, nämlich dass man nicht spionieren kann, ohne zu lesen. Er erzählt uns in seinem Buch, wie er zeitig zur Arbeit erschien und spät ging, um die Unterlagen über Terroristen durchzusehen und ihre Verbindungen untereinander aufzudecken, bis er begann, etwas zu sehen, was anderen, die sich nicht dieser Mühe unterzogen, verborgen blieb. In diesem Buch lernen wir mit Baer, wie ein guter CIA-Agent seine Arbeit erledigt.

Dies ist die Geschichte der Enttäuschung und des Zorns eines Mannes über eine Regierungseinrichtung, auf deren Effektivität wir uns wie selbstverständlich verlassen. Es ist auch die Geschichte von Baers Erziehung und Entwicklung und von der Freiheit, die er innerhalb der CIA hatte, seine Zeit so zu verbringen, dass er zu einem Experten wurde, und von der Unterstützung, die ihm dabei zuteil wurde. Kann ein Mann allein irgendetwas erreichen, selbst wenn er einer großen, brüchig gewordenen Organisation wie der CIA angehört? *Der Niedergang der CIA* zeigt auf, dass es möglich ist. Diese Memoiren werden dem Autor keine Freunde und keinen Einfluss in den Managementetagen des Hauptquartiers der CIA einbringen, doch sie machen uns deutlich, dass es noch Hoffnung für die Agency gibt, wenn sie die richtige Führungsspitze bekommt und bereit ist, die Lehren zu beherzigen, die sich aus der vorliegenden Geschichte ziehen lassen.

Holt neue Manager, Leute mit Weitblick und Durchblick, die auch bereit sind, Risiken auf sich zu nehmen, und die Bob Baers werden sich finden. Aber tut es, bevor man uns einen neuen Schlag versetzt.

Seymour M. Hersh
Washington D.C.
24. November 2001

PROLOG

Ende 1994 lebte ich mehr oder weniger an Bord von Flugzeugen. Ich kam zum Beispiel am späten Nachmittag in der jordanischen Hauptstadt Amman an, nahm mir ein Zimmer in einem Hotel, sprang rasch unter die Dusche und verbrachte dann die Nacht damit, mit dem einen oder anderen irakischen Dissidenten darüber zu reden, was man gegen Saddam Hussein tun könnte. Oft war es schon lange nach Mitternacht, bis ich ins Bett kroch, um dann ein paar Stunden später schon wieder zurück nach Washington zu fliegen und von dort in mein Büro im CIA-Hauptquartier in Langley im Bundesstaat Virginia zurückzukehren. Das war dann ein langer Tag, doch ich war daran gewöhnt, da ich fast zwanzig Jahre lang im Nahen Osten »auf den Straßen« gearbeitet hatte und es dort ähnlich hektisch zugegangen war.

Mitunter stieg ich – bei dieser Geheimdienstversion der Shuttle-Diplomatie – in London aus dem Flugzeug und wanderte einfach in der Stadt umher, um wieder zu Atem zu kommen. Ich hielt mich dabei an keine bestimmte Route, doch ohne es zu beabsichtigen, landete ich ziemlich regelmäßig im Gebiet um die Edgewater Road, einem Bezirk von Central London, der zum großen Teil von Arabern und anderen Menschen aus dem Nahen Osten übernommen worden ist. Dort wo verschleierte Frauen und Männer in langen, fließenden Gewändern auf den Straßen unterwegs waren, hatte ich beinahe das Gefühl, den Nahen Osten nie verlassen zu haben. Es gab aber doch einen feinen Unterschied: die arabischen Buchhandlungen.

In den meisten Regionen des Nahen Ostens dürfen in Buchhandlungen keine radikal islamischen Abhandlungen verkauft werden, in denen offen Gewalt befürwortet wird, doch in den Londoner Läden der Araber gab es ganze Stapel davon. Ein Blick auf die großen Lettern reichte schon, um zu wissen, um was es ging. Sie waren voll von einem tiefen, unerbittlichen Hass auf die USA. Der Weltanschauung der Leute zufolge, die diese Abhandlungen schrieben und veröffentlichten, war ein Dschihad, ein heiliger Krieg, zwischen der islamischen Welt und Amerika nicht nur eine Möglichkeit, sondern eine gegebene Tatsache, und dieser Krieg hatte schon begonnen. Da ich einen so großen Teil meines Lebens im Nahen Osten verbracht hatte, wusste ich wohl, dass solch ein intensiver, brutaler Hass nichts mit dem wahren islamischen Glauben zu tun hatte, sondern eine geistige Verirrung war. Ich wusste jedoch besser als die meisten anderen, welch blutigen Tribut eine solche Verirrung fordern kann.

Oft nahm ich eine dieser Abhandlungen in die Hand und schaute mir das Impressum auf Seite vier an. Nur selten fand sich dort der Name des Verlegers oder Herausgebers, und es waren auch nie irgendwelche Verlagsadressen angegeben. Von wenigen Ausnahmen abgesehen war nur ein Postschließfach irgendwo in Europa – oft in Deutschland oder in Großbritannien – angeführt. Man brauchte keine komplizierte Geheimdienstorganisation, um zu erkennen, dass Europa, unser traditioneller Alliierter im Kampf gegen die Schurken, ein Treibhaus des islamischen Fundamentalismus geworden war.

Neugierig geworden, fragte ich meine CIA-Kollegen in London, ob sie wussten, wer dieses Zeug herausbrachte. Sie hatten keine Ahnung – wie denn auch? Da in den Reihen unserer Leute in London kein Einziger war, der Arabisch sprach oder verstand, war es auch nicht wahrscheinlich, dass es einen von ihnen einmal in die Edgewater Road verschlug. Und wenn das doch einmal geschehen wäre, hätte er die giftigen Titel nicht lesen können. Und: Der CIA war es von den britischen Behörden untersagt worden, in ihrem Land »Quellen«, Informanten, zu rekrutieren, sogar wenn es sich um islamische Fundamentalisten handelte. Was für einen Sinn hätte es also gemacht, Zeit mit den in Britannien lebenden Arabern zu verbringen?

Um die Wahrheit zu sagen: Um die Dinge auf dem europäischen Kontinent war es im Allgemeinen nicht besser bestellt. Mitte der Neunzigerjahre begann die CIA überall in Europa einzuschrumpfen. Unsere Büros in Bonn, Paris und Rom waren nur noch Schatten dessen, was sie während des Kalten Krieges mit der Sowjetunion gewesen waren. Ihnen fehlten die Officer, die sich der großen Gemeinden jener Menschen, die aus dem Nahen Osten stammten und die es in vielen europäischen Ländern gab, hätten annehmen können. Den Beamten, die sie hatten, mangelte es oft an der Neigung, die Ausbildung und in einigen Fällen auch dem Mumm, sich dazu aufzuraffen. Und im Nahen Osten sah es ebenfalls nicht viel besser aus. Oft waren nur ein oder zwei CIA-Beamte in ein Land abkommandiert worden. Anstatt Agenten anzuwerben und einzusetzen, verbrachten die Leute in den CIA-Büros in der Pulverkammer der Welt den größten Teil ihrer Zeit damit, sich um das zu kümmern, was in Washington gerade Mode war: die Menschenrechte, die wirtschaftliche Globalisierung, den arabisch-israelischen Konflikt. Veteranen wie mir kam es vor, als ob die CIA eigentlich nur noch wenig mehr tue, als die Fahne flattern zu lassen.

Viele von uns, die eine Zeit lang im Nahen Osten »im Feld gestanden« hatten, zeigten sich besorgt, dass sich eine große und schlimme Sache zusammenbraute. Es gab da draußen einfach zu viel Hass und zu viele Zerstörungswerkzeuge. Aber ich glaube nicht, dass jemand genau die Ereignisse, zu denen es dann am 11. September kam, die Anschläge auf das World Trade Center und das Pentagon also, vorhersah. Sogar nach den Maßstäben der beteiligten Terroristen waren diese Angriffe von einem beinahe unvorstellbaren Ausmaß. Was jedoch zählt, ist, dass wir noch nicht einmal versucht hatten herauszufinden, was auf uns zukam.

Wie alle anderen Institutionen in Washington hatte auch die CIA sich in die Technologie verliebt. Der vorherrschenden Theorie zufolge konnten Satelliten, das Internet, elektronische Lauschaktionen, ja sogar wissenschaftliche Publikationen uns alles über das verraten, was jenseits unserer Landesgrenzen vor sich ging. Was islamische Fundamentalisten im Besonderen betraf, so war die offizielle Ansicht mittlerweile, dass unsere Verbündeten in Europa und im Nahen Osten die fehlenden Stücke des Puzzles würden beisteuern können. Selbst Agenten einzusetzen, war ein zu miserables Geschäft geworden. Agenten benahmen sich manchmal schlecht, oder sie verursachten peinliche diplomatische Zwischenfälle. Schlimmer noch: Sie passten nicht mehr in Amerikas Vorstellung von einer Welt, wie sie nach der Meinung Washingtons zu funktionieren hatte.

Die CIA trennte sich nicht nur systematisch von vielen ihrer Agenten, sondern sie begann sich auch zahlreicher ihrer Beamten zu entledigen, kampferprobter Officer, die einen großen Teil ihres Lebens vor Ort, da, wo es in dieser Welt am brenzligsten war, verbracht hatten. Im Jahr 1995 vergab die Agency den Posten eines Director of Operations – also des Mannes, der offiziell für die gesamte Spionagetätigkeit verantwortlich war – an einen Analytiker, der niemals im Ausland gearbeitet hatte. Ihm folgte ein Pensionär, und nach dem Pensionär war ein Officer an der Reihe, der diesen Job vor allem seinen politischen Fähigkeiten verdankte. Auf diese Weise hatte die CIA sich eigentlich selbst aus dem Spionagegeschäft herauskatapultiert. Es kann niemanden Wunder nehmen, dass wir keinen Informanten in den Moscheen Hamburgs besaßen, der uns hätte sagen können, dass Mohammed Atta Selbstmordattentäter für den folgenschwersten Anschlag rekrutierte, der jemals auf amerikanischem Boden stattgefunden hatte.

Das vorliegende Buch enthält die Erinnerungen eines Mannes an seine Karriere als *foot soldier* in dem anderen Kalten Krieg: dem gegen terroristische Netzwerke, die keine Neigung zeigen, unter ihrem eigenen Gewicht zu kollabieren, wie es der Sowjetunion widerfahren ist. In ihm wird von Orten erzählt, zu denen die meisten Amerikaner nie eine Reise unternehmen werden, und von Menschen, von denen viele Amerikaner es lieber sähen, wenn wir nicht mit ihnen zu tun hätten.

Das vorliegende Buch beruht auf Erinnerungen, Notizen, die im Lauf von Nachforschungen zu Papier gebracht wurden, und

Tagebuchaufzeichnungen. Wie Leserinnen und Leser bald merken werden, enthält es zu viele Einzelheiten – von denen viele die Regierungsarchive nie verlassen haben –, als dass eine Person sie im Gedächtnis behalten haben könnte. Ich habe mir mein ganzes Leben lang begierig Notizen gemacht. Es überrascht aber wohl kaum, dass einige der Einzelheiten nicht preisgegeben werden können. Jeder Angestellte der CIA muss eine Erklärung unterzeichnen, mit der er der Agency gestattet, alles was er zum Zweck einer Publikation schreibt, zu überprüfen und zu zensieren. Ich habe die Schwärzungen des Zensors stehen gelassen, sodass meine Leser erkennen können, wie so etwas funktioniert. Es bleiben aber mehr als genug Einzelheiten erhalten, um eine Vorstellung davon zu vermitteln, welcher Art die Bedrohung durch die Terroristen ist, mit der wir es zu tun haben, und davon, wie ein Leben im Dienst der CIA ausgesehen hat, von seinen Höhen und Tiefen, von den gefährlichen Augenblicken vor Ort und den manchmal noch gefährlicheren an den Konferenztischen in Washington, einer Stadt, die mitunter eine ebenso widerwärtige Schlangengrube sein kann wie das Bekaa-Tal im Libanon.

Ich habe die vielen Fehler, die mir im Außendienst unterlaufen sind, nicht verschwiegen. Meine Leserschaft soll ruhig sehen, wie schmerzhaft der Lernprozess im Spionagegeschäft sein kann. Ich habe auch nicht zu verbergen versucht, dass ich mich aufgemacht habe, um zu erkunden, wie Washington funktioniert – mit all den Sonderinteressen, die dort verfolgt werden. Ich habe es geschehen lassen, dass ich am Rand mit in den Skandal um die Finanzierung von Clintons Wahlkampf verwickelt wurde. Ich will mich dafür nicht entschuldigen, es sei denn für meine eigene Dummheit. Wenn mein Name jemandem bekannt vorkommt, dann ist er das vermutlich aus jener Zeit.

Ich möchte auch, dass diese Memoiren deutlich machen, was aus der CIA, der ich fast ein Vierteljahrhundert lang angehört habe, geworden ist und was nun getan werden muss. Der 11. September war nicht das Ergebnis eines Fehlers, sondern einer Reihe von ihnen. Die Deutschen haben uns im Stich gelassen, ebenso die Briten, die Franzosen, die Saudis; vor allem aber haben wir uns selbst im Stich gelassen. Wir besaßen nicht die Informationen, die wir brauchten, oder nicht die Mittel, um sie uns zu verschaffen. Diese Fehler wieder gutzumachen, in dem langen Krieg gegen den Terrorismus die Oberhand zu gewinnen, wird nicht einfach sein, aber es ist möglich. Anfangen muss man, indem man die CIA-Angehörigen wieder zurück auf die Straßen bringt, sie Agenten rekrutieren und einsetzen lässt – in den Moscheen, den Kasbahs oder überall sonst, wo wir erfahren können, welches die Absichten der Feinde sind, bevor diese Absichten für entsetzliche Schlagzeilen oder unerträgliche Filmaufnahmen sorgen.

Ich hoffe, dass meine Memoiren zeigen werden, wie das Spionagegeschäft betrieben werden soll, wo die CIA vom rechten Weg abkam und wie wir sie wieder auf diesen Weg zurückführen können. Ich hoffe aber, dass dieses Buch noch einen anderen Zweck erfüllen wird: nämlich dass es deutlich machen wird, warum ich wütend über das bin, was mit der CIA geschah. Ich will zeigen, warum jeder Amerikaner, dem etwas an der Erhaltung dieses Landes liegt, ebenfalls Zorn und Beunruhigung verspüren sollte. Indem wir zugelassen haben, dass die CIA einen solchen Niedergang erlitt, haben wir einen wichtigen Schild verloren, der unsere nationale Souveränität schützt.

Die Amerikaner müssen wissen, dass das, was der CIA widerfahren ist, nicht rein zufällig geschah. Die CIA wurde durch *political correctness* systematisch zerstört, durch Kleinkriege zwischen Institutionen, durch Karrieresucht und viel zu viele andere Dinge. Zu einer Zeit, da die Bedrohung durch Terroristen weltweit zunahm, wurde die Organisation, die diese Menschen hätte im Auge behalten sollen, stattdessen sauber geschrubbt. Und jedermann verdiente zu viel Geld, um sich darum zu kümmern. Es ging uns zu gut. Die Ozeane auf beiden Seiten unseres Landes würden uns schützen. Wir waren nur noch mit uns selbst beschäftigt, und das Weiße Haus und der National Security Council wurden zu Kathedralen des Kommerzes, in denen die Wahrung der Interessen der Wirtschaft und der Geschäftswelt Vorrang davor bekam, amerikanische Bürger daheim und im Ausland zu schützen. Zahn- und mutlos machte die CIA weiter. Und dann, am 11. September 2001, wurde uns vor aller Welt die Rechnung für diese Sorglosigkeit präsentiert.

Niemand hätte genau diese Attentate voraussehen können, doch es erfüllt mich immer noch mit heißem Zorn, dass so viele Menschen im World Trade Center und im Pentagon sterben mussten, damit wir zu erkennen beginnen, dass wir aus Gier und Bequemlichkeit und infolge einer kleinkarierten Politik ein für unser Land so wichtiges Hilfsmittel geopfert haben. Ich bin empört darüber – und ich meine, wir sollten es alle sein –, dass am 11. September die mutigen Passagiere des United-Airlines-Fluges 93 die erste und einzige Verteidigungslinie des Weißen Hauses bildeten, nicht die CIA oder das FBI oder der Immigration and Naturalization Service oder irgendeine andere Einrichtung, die wir mit unseren Steuergeldern bezahlen.

Neulich hat mir ein befreundeter Reporter erzählt, dass einer der ranghöchsten CIA-Beamten ihm gegenüber in einem privaten Gespräch behauptet habe, wenn der Staub sich endlich gesetzt habe, würden die Amerikaner erkennen, dass der 11. September ein Triumph für die Geheimdienstgemeinde gewesen sei – und keine Niederlage. Wenn das die offizielle Denkweise innerhalb der Organisation sein sollte, die damit beauftragt ist, im Kampf gegen die Osama bin Ladens dieser Welt die Verteidiger zu stellen, dann bin ich mehr als wütend: Ich bin zu Tode erschreckt und habe Angst vor dem, was auf uns zukommt.

Teil I
Die Ausbildung
zum Officer

1

15. März 1995. Langley, Virginia

Wie mir befohlen worden war, meldete ich mich gleich um neun Uhr morgens in Fred Turcos Büro. Ich hatte in den Neunzigerjahren als Angehöriger des Counterterrorism Center der CIA unter Fred gearbeitet. Jetzt leitete er irgendeine neue Abteilung der Agency, die die interne Sicherheit verbessern sollte. Ich hatte keine Ahnung, warum er mich zu sich bestellt hatte.

Fred musterte mich eingehend, als er mich in der Tür zu seinem Büro stehen sah, und womöglich gefiel ihm das, was er sah, nicht sonderlich. Ich war erst in der Nacht zuvor aus dem Nordirak zurückgekehrt und hatte nicht die Zeit gehabt, mir einen Haarschnitt verpassen zu lassen. Sonnenverbrannt wie ich war und mit einem Mantel bekleidet, der drei Monate ganz unten in einen Seesack geknüllt gewesen war, muss ich so ausgesehen haben, als ob ich jahrelang ohne Unterbrechung im Feld Dienst getan hätte.

»Setz dich«, forderte Fred mich auf und zeigte auf einen Stuhl, der vor seinem Schreibtisch stand.

Als Fred schweigend mit den Fingern durch seinen vor der Zeit ergrauten Haarschopf fuhr, wusste ich, dass es nicht der Morgen war, um Höflichkeiten auszutauschen.

»Oben im Büro des General Counsel sitzen zwei FBI-Agenten, die darauf warten, sich mit dir zu unterhalten«, sagte er endlich. Er brauchte mir nicht zu erzählen, was das bedeutete: Das FBI befragt keine Officers der CIA, die von einer Mission in Übersee zurückkehren, wenn nicht eine polizeiliche Untersuchung im Gang ist.

»Warum das FBI, Fred?«

Fred verschob den Korb für die eingegangene Post, um mich besser betrachten zu können. Als er unruhig auf seinem Stuhl herumrutschte, wusste ich, dass irgendetwas im Busch war. Er fixierte mich mit dem durchdringenden Blick, für den er in der ganzen CIA bekannt war, und dann schenkte er mir reinen Wein ein.

»Tony Lake hat das FBI angewiesen, dich auseinander zu nehmen, weil du versucht hast, Saddam Hussein zu ermorden.«

Saddam zu ermorden? Ich wusste, dass das, was im Irak geschehen war, mit Sicherheit die Fensterscheiben des Weißen Haus zum Klirren gebracht hatte. Ebenfalls war mir klar, dass Lake, der Sicherheitsberater des Präsidenten, wütend auf die CIA war. Aber das war *verrückt* – das FBI auf die CIA zu hetzen. Eine solche Unterstellung entbehrte jeglicher Grundlage.

▮▮

▮▮

▮▮▮▮▮▮▮▮▮▮▮▮▮▮

»Das kann er doch nicht ernst meinen«, war alles, was ich herausbrachte.

Fred zuckte mit den Schultern. »Du hast keine Ahnung, wie das in dieser Stadt hier läuft. Bleib cool, und wir werden dich da schon durchlotsen.«

Rob Davis, ein Anwalt aus der Abteilung des General Counsel, hatte so still am Konferenztisch im Hintergrund des Raumes gesessen, dass ich ihn gar nicht bemerkt hatte. Jetzt kam er zu uns herüber.

»Schauen Sie mal, Bob, Sie sind beinahe zwanzig Jahre lang im Ausland gewesen«, sagte Davis. »Washington hat sich wirklich stark verändert. Solche Untersuchungen laufen hier jetzt dauernd ab. Fred hat Recht – Sie werden da durchkommen. Und nebenbei wird es Sie zu einem noch besseren Officer machen.«

Zwar stimmte ich ihm zu, dass Washington sich verändert hatte, doch das Gerede darüber, dass die Untersuchung gut für meine Karriere sei, war großer Bockmist. Ich hatte lange genug für die CIA gearbeitet, um zu wissen, dass die Agency schon vor langer Zeit aufgehört hatte, die Beamten, die draußen vor Ort für sie tätig waren, zu decken. Eine Untersuchung durch das FBI – wie unbegründet auch immer sie sein mochte – bedeutete, dass meine Karriere zu Ende war. In der CIA ist man – wie überall in den Einrichtungen der Bundesregierung – unschuldig, bis man einer Untersuchung unterzogen wird.

Ich schenkte Davis keine Beachtung und wandte mich wieder Fred zu, der selbst ein ehemaliger Case Officer, ein Einsatzoffizier, war und Schwierigkeiten mit der *political correctness* gehabt hatte, die jetzt in Washington so *en vogue* war. Gerüchten zufolge hätte er es beinahe mit dem Justizministerium zu tun bekommen, als er für das Counterterrorism Center gearbeitet hatte. Angeblich soll Fred damals einen Informanten gehabt haben, einen früheren Terroristen, der dabei half, Carlos, den Schakal, zur Strecke zu bringen. Der Mann benachrichtigte uns, als Carlos von Damaskus nach Amman ging und dann von dort nach Khartum, wo die Franzosen ihn auf unseren Wink hin schließlich verhafteten. Das Problem bestand aber darin, dass der Informant viele Jahre zuvor in einen Überfall verwickelt gewesen war, bei dem ein Amerikaner sein Leben verloren hatte. Ein paar verknöcherte und halsstarrige Paragraphenreiter des Justizministeriums hatten von seiner Vergangenheit erfahren und wollten Fred ans Leder, weil er einen bösen Buben auf die Gehaltsliste gesetzt hatte. Ihnen war es gleichgültig, dass der Mann uns dabei geholfen hatte, einen viel größeren Halunken, einen Mörder, nach dem international gefahndet wurde, hinter Schloss und Riegel zu bringen. Fred hatte die Sache jedoch überlebt. Er kannte die Regeln, nach denen in Washington gespielt wurde, und ich zählte darauf, dass er mich in einem Crash-Kurs in sie einweisen würde.

»Ich geh als Erster rauf«, sagte er jetzt, als er vom Schreibtisch aufstand. »Ich werde bei der ganzen Befragung dabei sitzen, und Davis auch. Aber vergiss nicht, dass Davis anwesend sein wird, um die CIA zu vertreten – nicht dich. Die FBI-Agenten werden dir sagen, dass du das Recht hast, einen Anwalt hinzuzuziehen. Es ist deine Entscheidung, ob du dich dazu entschließt. Doch um offen zu sein – es würde in diesem Verein hier keinen guten Eindruck machen. Bis in fünf Minuten also.«

Vielleicht hätte ich der Ironie der Situation ein bisschen mehr

Beachtung schenken sollen: Ich war derjenige, der vernommen wurde, aber die CIA war es, die einen Anwalt hatte.

Die beiden FBI-Agenten saßen an dem ovalen Konferenztisch des General Counsel. Sie erhoben sich, schüttelten mir die Hand und zeigten mir ihre Ausweise.

Ich erkannte einen von ihnen wieder. Mike ▄▄▄▄▄▄▄▄▄ und ich hatten 1986 in Wiesbaden zusammengearbeitet; wir hatten uns von Pater Lawrence Jenco Bericht erstatten lassen, einem katholischen Priester, den die Hisbollah als Geisel genommen und kurz vorher wieder frei gelassen hatte. Obwohl Mike mich damals unter anderem Namen gekannt hatte, erinnerte auch er sich jetzt an mich. Der Ausdruck auf seinem Gesicht schien zu besagen:»Ja, auch ich entsinne mich besserer Zeiten, als wir alle auf derselben Seite standen und wussten, wer der Feind war.« Doch nun gab er sich nüchtern und geschäftsmäßig.

»Mr. Baer, wir führen eine polizeiliche Ermittlung durch«, begann er, kaum dass wir uns hingesetzt hatten.»Sie haben das Recht auf einen Anwalt. Möchten Sie jetzt gleich einen Anwalt hinzuziehen?«

Ich hatte mich entschlossen, das alles ohne Rechtsbeistand durchzustehen. Zunächst einmal hatte ich gar keinen. Und selbst wenn – mit meinem vom Staat gezahlten Gehalt hätte ich mir kein länger währendes Untersuchungsverfahren leisten können. Was war die Alternative? Die ACLU, die American Civil Liberties Union, anzurufen und dort zu melden, dass ich ein des versuchten Mordes beschuldigter CIA-Angehöriger war, der unentgeltlichen Rechtsbeistand benötigte? Außerdem brauchte ich keinen Anwalt, um zu wissen, dass man bei einer Befragung wie der, die mir bevorstand, eines mit Sicherheit nie tut: etwas freiwillig preisgeben. Ich hatte selbst genügend Verhöre dieser Art durchgeführt. Man antwortet nur mit einem Ja oder mit einem Nein.

»Wir ermitteln wegen eines Komplotts, das einen vorsätzlichen Mord zum Ziel hatte – und zwar an Saddam Hussein«, begann Mike.

Ich schwieg.

»Sind Sie sich dessen bewusst, dass die Executive Order 12333 es der CIA untersagt, Mordanschläge auszuführen?« Präsident Reagan hatte die Weisung 12333 im Jahr 1981 erlassen. Seitdem war jeder CIA-Beamte verpflichtet gewesen, sie durchzulesen und dann zu unterzeichnen.

»Ich habe sie gelesen.«

»Haben Sie versucht, Saddam Hussein zu ermorden.«

»Nein.«

»Haben Sie jemals jemandem den Befehl dazu gegeben?«

»Nein.«

»Hat irgendjemand aus Ihrem Team, soweit Ihnen bekannt ist, versucht, Saddam zu ermorden?«

»Nein.«

»Haben Sie jemals den Namen Robert Pope benutzt?«

Ich antwortete nicht.

Mike drehte daraufhin einen dicken Aktenordner herum und schlug ihn an einer Stelle auf, in die er einen Finger gesteckt hatte, sodass ich einen dreiseitigen Bericht lesen konnte. In dem Schriftstück ging es um ein Treffen, das Ende Februar 1995 im Nordirak zwischen Ahmed Chalabi, dem Führer einer Gruppe irakischer Dissidenten, und zwei iranischen Geheimdienstoffizieren stattgefunden hatte. Dem Bericht zufolge hatte Chalabi den Iranern mitgeteilt, dass die USA sich endlich entschieden hatten, sich Saddams ein für alle Mal zu entledigen – das heißt, ihn ermorden zu lassen. Der National Security Council (NSC) habe ein Team unter Führung eines Robert Pope entsandt, um das Attentat auszuführen. Chalabi hatte überdies erklärt, der NSC habe ihn gebeten, in seinem Namen Verbindung mit der iranischen Regierung aufzunehmen und diese um Unterstützung des Vorhabens zu ersuchen. Weiter hieß es in dem Bericht, dass Chalabi während dieses Treffens einen Telefonanruf erhalten habe und aus dem Raum gegangen sei, wodurch sich für die Iraner die Gelegenheit ergeben habe, ein angeblich mit dem Briefkopf des NSC versehenes Schreiben zu überfliegen, das Chalabi recht auffällig mitten auf dem Schreibtisch hatte liegen lassen. Darin sei Chalabi gebeten worden, Mr. Pope jede für die Erfüllung seiner Mission nötige Hilfe zukommen zu lassen.

An dieser Stelle hörte ich auf zu lesen. Ich kannte Ahmad Chalabi gut. Ich hatte mich im Nordirak aufgehalten, als das in dem Bericht erwähnte Treffen stattfand, und für mich bestand auch nicht der Schatten eines Zweifels daran, dass Chalabi sich die ganze Geschichte mit Mr. Pope aus den Fingern gesogen hatte. Er hatte wohl gedacht, wenn er den Iranern weismachen könnte, dass der NSC, hinter dem ja das Weiße Haus selbst stand, endlich ernst damit machte, Saddam Hussein zu beseitigen, bliebe diesen keine andere Wahl, als Chalabi und seine Partei massiv zu unterstützen. Doch hatte die Sache einige Haken und Ösen. Zum einen existierte kein Robert Pope. Zum anderen beabsichtigte der NSC auch nicht, Saddam zu ermorden. Und niemand, weder der NSC noch jemand anderer, hatte Chalabi gebeten, eine Botschaft an den Iran weiterzuleiten. Was den Brief betraf, so war er ganz eindeutig eine Fälschung. Chalabi hatte ihn absichtlich auf dem Tisch liegen lassen, weil er genau wusste, dass die Iraner nicht der Versuchung widerstehen konnten, ihn zu lesen, sobald er aus dem Raum gerufen worden war.

So weit, so gut – doch wie das häufig passiert, wenn man Fallen aufstellt, war auch in die von Chalabi präparierte der falsche Hase gegangen: nicht die Iraner, die er auf diese Weise hatte auf seine Seite ziehen wollen, sondern der nationale Sicherheitsberater des Präsidenten. Tony Lake wusste anscheinend nicht, wie die Dinge im Nahen Osten liefen – dass Verschwörungen, Lügen und Finten wie Chalabis Schwindelgeschichte über Pope die Maschinerie am Laufen hielten. Dafür kannte sich Lake aber in Washington und in der Politik aus. Er hatte sich hinters Licht führen lassen, und irgendjemand würde bezahlen müssen. »Jemand« hieß in diesem Fall die CIA, und da ich der Mann der CIA im Nordirak war, bedeutete das, dass ich über die Klinge springen sollte.

Es spielte keine Rolle, dass Ahmad Chalabi, wie Lake genau wusste, vor Gericht gestanden hatte und verurteilt worden war, weil er seine eigene Bank betrogen hatte. Und es tat auch nichts zur Sache, dass wir mitten in der wichtigsten Aktion gegen Saddam Hussein seit dem Ende des Golfkriegs steckten. Ich war nach Washington zurückgerufen worden, und nun lagen meine

Karriere, mein Ruf und meine ganze Zukunft in den Händen eines sehr wütenden, sehr mächtigen Mannes. Schlimmer noch: Die Institution, für die ich fast zwanzig Jahre lang gearbeitet hatte, ließ es ohne Widerstand geschehen, dass man über mich herfiel. Am übelsten jedoch war vielleicht die Tatsache, dass ich von alledem nicht wirklich überrascht war. Es gab einen Grund dafür, dass Amerikas Ressourcen an menschlicher Intelligenz versiegt waren und das Land in dieser Hinsicht wüstenartig auszudörren begann: Seinen Ausgang nahm dieser ganze Prozess bei dem Mangel an Courage, der genau dort herrschte, wo ich jetzt saß: in Langley, Virginia.

Nachdem ich den Rest des Berichtes durchgelesen hatte, schaute ich wieder hoch. Wenn der Sicherheitsberater des Präsidenten keine Ahnung von den Vorgängen im Nahen Osten hatte, dann hatten auch die beiden FBI-Agenten keine – das war mir bewusst. Auf der anderen Seite: Das war nicht ihre Aufgabe.

»Nichts davon ist wahr«, sagte ich.

Beiden FBI-Leuten war klar, dass sie so nichts bei mir erreichen würden. Sie blickten sich an und nickten dann mit dem Kopf. Mike wandte sich mir wieder zu und fragte: »Wären Sie bereit für einen Test mit dem Lügendetektor?«

»Überhaupt kein Problem«, sagte ich. Ich war schon viel zu weit vorgeprescht, um jetzt noch einen Rückzieher machen zu können.

Mike begleitete mich zur Tür.

»Offen gestanden hatte das Justizministerium seine Schwierigkeiten mit diesem Fall«, sagte er, als wir auf dem Flur, außerhalb der Hörweite der anderen, waren. »Sie waren nicht zufrieden mit 12333 und haben stattdessen Titel 18, Abschnitte 1952 und 1958 zur Anwendung gebracht.«

Mit meinen Blicken bat ich ihn um eine Übersetzung.

»Das sind die Bundesgesetze, die sich mit Auftragsmord befassen«, sagte er, bevor er sich umdrehte, um zu den anderen zurückzukehren.

Später erfuhr ich, welches die Höchststrafe war, die bei einem Verstoß gegen diese Gesetze verhängt werden konnte: Es stand lebenslange Haft darauf – oder auch der Tod.

2

1962. Los Angeles, Kalifornien

Als ich neun Jahre alt war, holte meine Mutter, die sich kurze
Zeit zuvor von meinem Vater getrennt hatte, mich eines Tages
von der Schule ab und verkündete, dass wir in der Woche darauf
nach Europa abreisen würden. Bis dahin hatte ich mein junges,
ereignisloses Leben in Kalifornien verbracht. Ich verspürte auch
keinerlei Notwendigkeit, dass sich daran etwas ändern sollte,
aber ich wurde nicht gefragt. Meine Mutter sagte, dass wir zwei
Monate lang wegbleiben würden. Am Ende sollten es zwei Jahre
werden.

Sobald mein Großvater bei einer Schweizer Bank ein Konto für
uns eröffnet hatte, bestiegen wir ein Flugzeug nach Zürich. Dort
kauften wir ein Fiat Sportcoupé und verbrachten den Sommer
und den größten Teil des Herbstes damit, auf dem Kontinent um-
herzufahren, wobei wir die große Tour von Museum zu Museum
absolvierten. Es dauerte nicht lange, bis ich einen Canaletto von
einem Guardi unterscheiden konnte. Ich lernte ein bisschen
Französisch und Deutsch, genug, um allein zurechtzukommen.
Außerdem lernte ich auch ein wenig von der Politik kennen.
Meine Mutter, die früher einmal an der San Diego State University Politische Theorie unterrichtet hatte, war der Ansicht, dass
ihre aus dem Stegreif gehaltenen kleinen Vorträge über Aristote-
les, Plato, Augustinus und Clausewitz mein Fernbleiben von der
Grundschule mehr als wettmachten. Als wir im Oktober 1962
in Berlin von der Kubakrise überrascht wurden, erfuhr ich aus
erster Hand etwas über Realpolitik. Ich glaube aber, dass meine
Mutter vor allem hoffte, dass mein Interesse für das klassische

Altertum erwachen würde. Wir verbrachten Monate damit, in Griechenland und in Italien herumzureisen, und besichtigten jede Ruine, die sie aufzuspüren vermochte. Wir verbrachten ein verschneites Weihnachtsfest in Rom, wo wir die Katakomben erforschten. Vorübergehend spielte meine Mutter sogar mit dem Gedanken, mich in eine Klosterschule in Österreich zu stecken, an der Altgriechisch und Latein unterrichtet wurden.

Das war bestimmt keine Vorbereitung für einen späteren Job von neun Uhr morgens bis fünf Uhr nachmittags und ein Leben irgendwo in einer amerikanischen Vorstadt. Aber ich lernte es, mich schnell auf fremde Kulturen einzustellen, und die Kenntnisse in Altertumswissenschaft, die ich mir auf das Drängen meiner Mutter hin aneignete, waren mir später außerordentlich nützlich: Mehrere Jahrzehnte später diente mir mein Interesse für das klassische Altertum als Alibi, um Orte zu besuchen, an denen Amerikaner nicht besonders gern gesehen waren, das Bekaa-Tal im Libanon ebenso wie die zerklüfteten Berge Tadschikistans.

Während unseres Aufenthalts in Europa lernte ich auch etwas über Geld, darüber, was es bedeutete, es zu haben oder es nicht zu haben. Das Konto in der Schweiz hatte ein Limit. An Wochen in Fünf-Sterne-Hotels, den allerbesten Restaurants, mit abendlichen Besuchen eines Balletts oder einer Oper schlossen sich Zeiten an, in denen es uns schwerfiel, uns ein Dach über dem Kopf zu verschaffen. Als wir einmal die Grenze von Deutschland nach Frankreich überqueren wollten, wies der französische Zoll uns zurück, weil unsere Autoversicherung abgelaufen war. Wir hatten nicht die hundert Franc, um eine vorübergehende Versicherung abzuschließen, und wurden daher nach Deutschland zurückgeschickt. Die Deutschen wollten uns aber aus demselben Grund nicht wieder in ihr Land hereinlassen. Sie machten uns jedoch das freundliche Angebot, die Nacht in ihrem Gefängnis auf den Schichtwechsel beim französischen Zoll zu warten. Wir blieben fast die ganze Nacht auf und spielten Karten mit den deutschen Beamten. Am nächsten Morgen warfen die französischen Zöllner noch nicht einmal einen Blick in unsere Papiere.

Der erste Ort, an dem wir für längere Zeit blieben, war der

Schweizer Skiort Klosters. Eine neue großväterliche Geldinfusion hatte uns wieder flüssig gemacht, und meine Mutter mietete ein Chalet, das unmittelbar an die Skihänge grenzte. Außerdem stellte sie, um einen Ausgleich dafür zu schaffen, dass ich keine formale Ausbildung erhielt, einen Privatlehrer an, der mir Deutsch beibringen sollte. Doch stures Pauken sagte mir nicht zu, und ich gab den Unterricht bald auf. Die Skipisten wurden stattdessen zu meinem Klassenzimmer.

Im darauf folgenden Sommer setzte meine Mutter, die sich in der biederen Schweiz zu langweilen begann, es sich in den Kopf, einen Abstecher nach Moskau zu unternehmen, eine fixe Idee, mit der sie den Kalten Krieg und die politische Schieflage im Anschluss an die Kubakrise einfach ignorierte. Ich werde nie vergessen, wie wir in Bern von einem sowjetischen Konsul mit farblosen, wässrigen Augen in einem grimmigen Gesicht einer Befragung unterzogen wurden. Der Kettenraucher, der die Zigaretten zwischen seinen Fingern ausdrückte, hätte uns beinahe aus seinem Büro geworfen, als meine Mutter sagte, sie gedenke, die ganze Strecke nach Moskau im Auto zurückzulegen und nachts zu zelten – und sie wolle natürlich unsere Siamkatze mitnehmen. Letztendlich war er jedoch überzeugt, in uns keine Spione vor sich zu haben, und stellte uns Visa aus – allerdings unter der Bedingung, dass wir die Katze in der Schweiz ließen und in Hotels übernachteten.

Mein Großvater verlor schließlich die Geduld, und er beorderte uns nach Hause zurück. Da er es ja war, der die Rechnungen bezahlte, blieb uns nichts anderes übrig, als das nächste Flugzeug zurück in die USA zu nehmen. Der erste Ort, an dem wir uns niederließen, war Salt Lake City, wo wir uns eine Saison lang auf Skiern vergnügten. Im Jahr darauf zogen wir nach Aspen, Colorado. Das Aspen, in das wir 1964 mit dem MGB-Coupé meiner Mutter hineinfuhren, hatte nichts mit dem glamourösen Spielplatz der Reichen gemein, der es heutzutage ist. Mit einer permanenten Einwohnerschaft von ungefähr 300 Personen war es nach dem Ende einer Skisaison und vor dem Beginn der nächsten einer Geisterstadt nicht unähnlich. Von der Hauptstraße abgesehen waren nur ein paar Nebenwege asphaltiert. Drei Restaurants blieben das ganze Jahr hindurch geöffnet: die Pizzeria »Pinocchio«, das »Red Onion« und die Cafeteria in Walgreen's Drugstore. Die *Aspen Times* war die einzige Zeitung des Ortes, und sie erschien nur einmal wöchentlich. Der einzige Fernsehkanal hörte um zehn Uhr abends mit den Sendungen auf.

In unserem ersten Winter in Aspen trat ich dem örtlichen Skiclub bei, dem damals eines der besten Teams in den Vereinigten Staaten angehörte. Einer meiner Teamkameraden war der Abfahrtsläufer Andy Mill, der später den berühmten Tennisstar Chris Evert heiratete. Von September bis April trainierten wir ohne Unterbrechung. An den späten Nachmittagen, nach der Schule, trugen wir unter Flutlicht Slalomrennen aus, gleichgültig wie kalt oder eisig es war. Wir gingen ein paar Schritte neben der Piste wieder den Hang hinauf, fuhren abermals runter und machten uns erneut auf den Weg nach oben. Ich kam dann immer nach acht nach Hause und war todmüde. An den Wochenenden übten wir auf Abfahrts- und Riesenslalomstrecken hoch oben auf dem Aspen Mountain. In ein paar Sommern absolvierten wir auch ein Training auf den Gletschern in der Nähe von Red Lodge in Montana. Niemand kümmerte es, dass uns keine Zeit blieb, um zu lernen. Skirennen waren unser Ein und Alles. Skifahren wurde die große Leidenschaft meines Lebens

Meine erste Trainerin war Crystal Herbert, eine dralle junge Österreicherin, die erst kurze Zeit zuvor den Geschwindigkeitsrekord für Frauen im alpinen Skisport gebrochen hatte. Indem ich ihr Tag für Tag in einem Tempo von fünfzig oder sechzig Stundenkilometern einen Hang herunter nachjagte, lernte ich, das eigene Leben bis nahe an den Abgrund heranzuführen. Ich erinnere mich, wie ich mich für ein Rennen in den Aspen Highlands auf der schnellsten Abfahrtsstrecke ganz Nordamerikas vorbereitete. Auf halbem Weg nach unten war eine Z-förmige Kurve, die mit einem abrupten 90-Grad-Knick nach links begann, dem dann eine beinahe vertikal nach unten abfallende Passage folgte, an die sich ein zweiter abrupter Knick – diesmal nach rechts – anschloss. Derjenige, der stürzte, würde sich um einen dicken Fichtenstamm gewickelt wiederfinden. Die Kurve hatte den Beinamen »Moment der Wahrheit«.

Als wir bei einer Inspektion der Strecke etwas oberhalb des »Moments der Wahrheit« Halt machten, gab Crystal uns ein paar kurze Ratschläge. In ihrem gebrochenen Englisch sagte sie, wenn wir im Leben auf ein paar Siege hoffen wollten, würden wir auch Risiken eingehen müssen – manchmal sogar große. Und wollten wir am Tag darauf das Rennen gewinnen, so würden wir unsere Skier durch den »Moment der Wahrheit« hindurchrasen lassen müssen und nicht abbremsen dürfen, wie jedermann es während der Trainingsläufe getan hatte. »Setzt alles aufs Spiel, und ihr könnt vielleicht gewinnen«, sagte sie. »Seid vorsichtig, und ihr werdet es niemals können.« Am nächsten Tag ließ ich meine Skier den Hang hinab brettern. Ich wurde zwar nicht Erster, erzielte aber eine bessere Platzierung als jemals zuvor bei einem Rennen und vergaß die Lektion nie.

In Aspen wurde aber nicht nur Ski gefahren. Während ich lernte, auf den Hängen meine Gesundheit zu riskieren, ergriffen die Sechzigerjahre von dem Ort Besitz. Hippies schlugen ein Lager in den Bergen um Aspen auf. Bischof Pike*, ein schelmischer episkopalischer Geistlicher, der das Kreuz über dem Altar seiner Kirche in San Francisco durch einen Fisch ersetzt hatte, erschien in dem Städtchen und führte eine friedliche Anti-Kriegsdemonstration an, die vor dem Haus von Verteidigungsminister Robert McNamara endete. Der Bürgermeister Bugsy Barnard und seine Saufkumpane zogen eines Nachts los und legten mit der Kettensäge jede Plakattafel zwischen Aspen und Grand Junction – eine Strecke von ungefähr 280 Kilometern – um: Sie wollten damit ihren Beitrag zur Erhaltung der Umwelt leisten.

Meine Mutter, die nie eine politische Bewegung unbeachtet an sich vorbei ziehen ließ, kandidierte für das Amt eines Commissioners von Pitkin County; es war dieselbe Wahl, bei der Hunter Thompson, der den Gonzo-Journalismus** aus der Taufe gehoben hatte, sich um den Posten des Sheriffs bewarb. Zum Glück für alle, die den weiteren Bau von Eigentumswohnungen in der

---

* Pike, hier ein Eigenname, bedeutet auch »Hecht«, A.d.Ü.
** eine Art von überzogener, bizarrer, fiktionalisierter »Berichterstattung«

Region befürworteten, wie auch für die, die Gefängnisse frei von Drogen halten wollten, bekam keiner der beiden Kandidaten genügend Stimmen.

Inmitten dieser Turbulenzen fällte ich für mich die Entscheidung, professioneller Skirennläufer zu werden. Mein Plan war ganz einfach, mich, ohne Aufsehen zu erregen, von der Schule zu verdrücken und den ganzen Tag zu trainieren. Bevor es irgendjemand mitbekommen würde, so dachte ich, würde ich schon ein Champion sein. Es klappte auch wunderbar, bis die Aspen High School meine Mutter informierte, dass ich in jenem Frühjahr an genau sechs Tagen zum Unterricht erschienen war und in allen Fächern durchfallen würde (okay, in Kunst wäre ein »Ausreichend« noch drin). Mutter wartete nicht, bis ich nach Hause kam, um mit mir über die Sache zu sprechen. Sie brauchte knapp fünf Minuten, bis sie mich aufgespürt hatte. Ich saß in der Pizzeria in einer der Kojen ganz hinten mit meiner Freundin Sue und ein paar anderen Kumpels, als sie in den Laden gestürmt kam.

»Lauter ›Ungenügend‹, du Mistkerl!« Sie brüllte es durch den ganzen Raum, in dem alle anderen schlagartig verstummt waren. »Ich kann es, verdammt noch mal, nicht glauben. Du kommst auf eine *Militärschule*!«

Ich war damals schockiert, doch heute verstehe ich, dass meine Mutter zu diesem Zeitpunkt aus ihrer Position heraus keine andere Alternative sah, als mich auf eine Militärschule zu schicken. Sie neigte jedoch stets dazu, ein an sich gutes und einfaches Vorhaben zu verkomplizieren, und so war es auch in diesem Fall. Sie meldete mich einen Monat vor dem Ende des Unterrichts von der Aspen High School ab und nahm mich wieder mit nach Europa, um dort gemeinsam mit mir den Sommer zu verbringen. Wenn ich auf einer Militärschule landen würde, dann musste sie sich vorher um meine politische Indoktrinierung kümmern und dafür sorgen, dass damit alles richtig lief.

Wir landeten in Paris und gerieten mitten in die Studentendemonstrationen vom Mai 1968, die schwersten zivilen Unruhen innerhalb der französischen Bevölkerung seit den Tagen der Commune im Jahr 1871. Allerorts wurde gestreikt, die Schulen waren geschlossen, und Demonstranten verstopften den größten

Teil der Innenstadt. Mutter, die nicht willens war, in einem Hotel Zuflucht zu suchen, wie jeder vernünftige Tourist es getan hätte, ergriff mich und zog mich mitten in die Masse der Demonstranten hinein. Eines Nachts wurden wir von einer Phalanx Tränengaspatronen abfeuernder und Schlagstöcke schwingender Gendarmen attackiert und entgingen nur um Haaresbreite der Verhaftung. Um uns einen Ort zu suchen, an dem es etwas ruhiger zuging, kauften wir uns einen Landrover und machten uns auf den Weg nach Moskau. Für meine Mutter war das eine vollkommen rationale Reiseroute. Der erste Halt war in Prag, wo gerade der »Prager Frühling« ausgebrochen war. Auch dort mischten wir uns eine Woche lang unter die Demonstranten, und wieder machten wir uns gerade noch rechtzeitig davon. Als wir die Grenze nach Polen überquerten, zwang uns eine entgegenkommende sowjetische Panzerkolonne, die in Richtung der tschechischen Hauptstadt und der dort sitzenden rebellischen Regierung des Landes vorrückte, die Straße frei zu machen.

Wie versprochen schrieb ich mich im Herbst an einer Militärschule ein, und zwar an der Culver Military Academy in Culver, Indiana. Dort brachte man mir bei, das Laken meines Bettes so stramm zu ziehen, dass eine darauf geworfene Münze von ihm abprallte, ein M-1-Gewehr in seine Bestandteile zu zerlegen und, zu meiner Überraschung, auch, wie man studiert. Ich fing sogar an, in meiner freien Zeit Bücher zu lesen, und meine Noten verbesserten sich allmählich zu »Befriedigend plus«. Als der Dekan, der für die akademischen Fächer zuständig war, mich in meinem letzten Jahr im Herbst zu sich rief, um mit mir über eine Collegeausbildung zu sprechen, sagte ich ihm, dass ich an die University of Colorado dächte. Culver war weit von meinen geliebten schneebedeckten Hängen entfernt, und ich hatte mich noch nicht völlig darein gefügt, meine Träume aufzugeben. Der Dekan kam jedoch von einem der großen alten Ivy League Colleges[*], und er hatte andere Vorstellungen, was meine Zukunft betraf.

---

[*] Ivy League Colleges: Eliteuniversitäten der USA

34

»Ich sehe hier, dass Sie sich lange Zeit in Europa aufgehalten haben. Haben Sie jemals eine Karriere als Angestellter im Auswärtigen Dienst in Betracht gezogen – im Außenministerium beispielsweise?«

Das hatte ich nicht, aber ich versprach ihm, darüber nachzudenken, und als die School of Foreign Service der Georgetown University in Washington mir einen Studienplatz anbot, schrieb ich zurück, dass ich komme würde. Das Skilaufen würde warten müssen. Ich schaffte es, das Studium an dieser »Schule für den Auswärtigen Dienst« abzuschließen, aber nur gerade so. Ich arbeitete nachts in einer Bar, verbrachte so viel Zeit wie möglich in New York, brauste sofort nach Aspen ab, wenn der Unterrichtsbetrieb wegen irgendeines Feiertags ruhte, und kehrte oft Wochen zu spät aus den Ferien zurück. Manchmal genügte es mir nicht, einfach nur die Zeit zu vertrödeln. Eines Nachts raste ich mit einem Mädchen, das ich nie vergessen werde, auf einem Motorrad durch die Healy Hall, wo sich gerade die Absolventen des Jahres 1963 versammelt hatten. Die Masse der blauen Blazer und khakifarbenen Hosen teilte sich vor uns, wie sich das Rote Meer vor den Kindern Israels geteilt hatte. Auf demselben Motorrad bretterte ich in der Woche der Abschlussprüfungen durch den Hauptlesesaal der Bibliothek. Und als Zugabe hielt ich eines Abends, während drinnen eine Aufführung stattfand, oben vom Kennedy Center herab eine Ansprache.

Einer meiner Kommilitonen, der die Sperenzchen, die ich veranstaltete, aus der Entfernung mit verfolgte, war George Tenet. Ich sollte ihn erst etwa zwanzig Jahre später wieder treffen – und zwar im Weißen Haus. Da war er mittlerweile für den Nachrichtendienst des NSC verantwortlich: ein großer Hai, der noch größer wurde, als man ihn 1997 zum Chef der CIA ernannte. Ich hatte Tenet nicht vergessen, hoffte aber, dass sein Gedächtnis vielleicht nicht so gut war wie meines. Leider war es das aber doch. »Das ist der letzte Ort auf Erden, an dem ich dich jemals zu treffen erwartet hätte«, sagte er, und ich musste ihm beipflichten.

Meine Mutter driftete in der Zwischenzeit immer weiter nach

links ab. Sie zog von Aspen nach Venice in Kalifornien, wo sie in der Nähe des Piers ein Antiquariat eröffnete und zur Muse einiger stark links angehauchter Schreiberlinge und Poeten avancierte, die bis tief in die Nacht in ihrem Buchladen hockten und über Marx diskutierten. Einer dieser Schriftsteller, Ron Kovick, der seit einer Verwundung, die er in Vietnam erlitten hatte, gelähmt war, hatte ein bisschen Erfolg. Er veröffentlichte unter dem Titel *Born on the Fourth of July* seine Lebenserinnerungen. Kovick beteiligte sich aktiv an Protesten gegen den Krieg und besetzte zusammen mit seinen Freunden in periodischen Abständen das Büro von Senator Alan Cranston in Washington. Von dort rief Kovick jedes Mal unweigerlich meine Mutter an, einfach um sich bei ihr zu melden. Wir lachten, wenn wir an die Lauscher vom FBI dachten, die sich den Kopf über die Verbindung der exzentrischen älteren Dame aus dem Antiquariat in Venice mit den Bürobesetzern zerbrachen.

Nachdem ich meine Ausbildung in Georgetown abgeschlossen hatte, flog ich nach Europa, um mein Französisch aufzufrischen – was bedeutete, dass ich nach Frankreich fuhr, um dort Ski zu laufen, in der Hoffnung, das, was ich an Französischkenntnissen brauchte, abends aufzuschnappen, wenn die Lifte abgeschaltet waren. Um die Weihnachtszeit herum ging mir jedoch das Geld aus, und ich musste wieder nach Hause zurück. Ich überlegte, ob ich nach Aspen ziehen sollte, um mich der Skiakrobatik zu widmen, die sich damals gerade als eigene Disziplin zu etablieren begann, ging dann aber stattdessen nach San Francisco, um mich um einen Job zu kümmern. Nach all der Ausbildung, die ich genossen hatte, dachte ich, sollte ich es zumindest einmal mit einer Arbeit versuchen.

Meine Wahl fiel auf San Francisco, weil ein alter Freund von der Militärschule in Culver, Mike Kokesh, sich bereit erklärte, mich auf seiner Couch nächtigen zu lassen, bis ich eine eigene Bude gefunden hatte. Eines Samstagmorgens fing Mike an, aus der Zeitung laut Stellenanzeigen vorzulesen. Da er selbst eine Arbeit hatte, kam mir der Verdacht, dass er wohl seine Couch wieder für sich haben wollte. Als sich unter den Stellenanzeigen nichts Passendes finden ließ, zählte Mike geduldig alle ihm in den Sinn kommenden Berufe auf, in denen man genügend verdiente, um sein Leben zu fristen.

»Wie wär's mit der Bundesregierung?«, schlug er schließlich vor.

Ich war in meinem ersten Jahr in Georgetown zum Examen für den auswärtigen Dienst des State Department (Außenministeriums) angetreten und hatte auch gar nicht so schlecht abgeschnitten: Mir hatten nur ein paar Punkte gefehlt, um zu bestehen.

»Versuch es noch einmal«, meinte Mike.

Es würde erst in einem Jahr wieder stattfinden.

»Bewirb dich bei der CIA«, riet mir lachend mein Freund.

Mike hätte nicht im Traum damit gerechnet, dass ich seine Empfehlung ernst nehmen würde. Damals, 1976, war San Francisco eine der Bastionen der Gegenkultur, deren Vertreter sich nicht entscheiden konnten, wer schlimmer war: Richard Nixon oder die CIA. Was ich jedoch Mike gegenüber nicht eingestand, war, dass die CIA meine Neugier geweckt hatte. Während meines letzten Jahres in Georgetown hatte die Agency nahezu täglich für Schlagzeilen gesorgt. Frank Church und Otis Pike hatten Ausschüsse des Senats beziehungsweise des Repräsentantenhauses geleitet, die beinahe jeden zweiten Tag neue Skandale, in die die CIA verwickelt war, aufzudecken schienen. Ich war den Anhörungen damals zwar nicht allzu aufmerksam gefolgt, konnte mich aber des Eindrucks nicht erwehren, dass sich unter all dem Schmutz ein tiefes, dunkles, undurchdringliches Mysterium verbergen müsse – irgendein nur Eingeweihten vorbehaltenes Wissen. Der Organisation beizutreten wäre so ähnlich, wie in die Reihen der Tempelritter aufgenommen zu werden. Ich hatte nie einen James-Bond-Roman gelesen, mir nie irgendwelche Spionageabenteuer ausgemalt und zählte überhaupt nicht zu jener Spezies, die alle Augenblicke nach neuen Welten Ausschau hält, die sie erobern kann. Die Reisen durch aller Herren Länder mit meiner Mutter hatten jedoch eine romantische Ader in mir wachgerufen, und bei all den Makeln, die der CIA anhafteten, schien es so etwas wie Romantik pur zu sein, für den Geheimdienst zu arbeiten.

Ohne Mike gegenüber ein einziges Wort zu erwähnen, rief ich

am Montag das Federal Center in San Francisco an und bat um die Telefonnummer der CIA. Man gab mir eine Nummer in Lawndale, Kalifornien. Die Frau, mit der ich dort telefonierte, notierte meinen Namen, meine Adresse und versprach, mir einen Fragebogen bezüglich meiner persönlichen Lebensgeschichte zu schicken, den man zur Bewerbung ausfüllen musste, sowie die Zulassungsbestätigung zu einer schriftlichen Prüfung. Der Fragebogen war umfassender und detaillierter als jedes andere Formular dieser Art, das ich jemals in meinem Leben gesehen hatte. Da wurde nicht nur jede denkbare Frage zu meinen gegenwärtigen Lebensumständen gestellt, sondern es wurden auch auf mehreren Seiten Angaben über meine Familienangehörigen – selbst über die entfernteren – und über meine Freunde verlangt, zudem Auskünfte über die Clubs und die Vereine, denen ich angehörte, und über meine politischen Bindungen gefordert. Ich brauchte zwei Wochen, und es waren viele Telefonanrufe nötig, um alles zu beantworten. Mit diesem ersten Fragebogen war noch ein weiterer zur psychischen Veranlagung des Bewerbers auszufüllen; ich erinnere mich noch, dass man unter anderem gefragt wurde, ob man Bettnässer war.

Das schriftliche Examen, das im Federal Building in San Francisco abgehalten wurde, war eine Mischung aus dem Scholastic Aptitude Test, der Eignungsprüfung für Studenten, und der Prüfung für den auswärtigen Dienst. Die anderen Prüflinge sahen älter aus als ich, wirkten aber normal genug. Ich fragte mich, ob auch sie vor allem aus Neugier zu dem Test angetreten waren.

Ich erwartete, danach nie wieder etwas von der CIA zu hören. Jeder konnte zu dieser Zulassungsprüfung antreten, doch selbst wenn ich brillieren sollte, würde meine persönliche Lebensgeschichte sicher dafür sorgen, dass ich aussortiert würde. Ich hatte absolut keine Erfahrung, und abgesehen davon, dass meine Mutter sich politisch links betätigte, hatte die letzte reguläre Arbeit, der ich nachgegangen war, darin bestanden, in einem Restaurant in Georgetown Teller zu waschen.

Ich irrte mich – natürlich. Eines Morgens, ungefähr einen Monat nach dem Examenstermin, erhielt ich einen Anruf – es war ein Ferngespräch – von einer Frau, die wissen wollte, ob ich für ein Vorstellungsgespräch zur Verfügung stünde. Sie nannte mir einen Zeitpunkt, die Adresse eines Hotels im Zentrum San Franciscos und den Namen des Mannes, den ich dort treffen sollte – Jim Scott. Erst nachdem ich den Hörer wieder aufgelegt hatte, fiel mir ein, dass sie gar nicht gesagt hatte, dass sie im Namen der CIA anrief. Da ich mich aber nirgendwo anders um eine Anstellung beworben hatte, musste es wohl so sein.

In der Nacht vor dem Treffen war ich nervös, nicht weil mir ernsthaft etwas daran lag, für die CIA zu arbeiten, sondern weil es für mich das erste Einstellungsgespräch war, bei dem es um eine richtige Stelle ging. Ich wollte unbedingt gut abschneiden. Ich kramte meinen einzigen Anzug aus meinem Koffer hervor, hängte ihn im Badezimmer auf und ließ heißes Wasser aus der Dusche laufen, bis alles voll Dampf war, um die Falten verschwinden zu lassen. Ich lief ruhelos in der Wohnung herum, versuchte mir vorzustellen, was Jim Scott mich wohl fragen würde, und begann mir Antworten zurechtzulegen. Ich hatte noch nicht einmal seine Telefonnummer. Was passierte, wenn ich den Namen des Hotels falsch verstanden hatte? Ich hatte keine Möglichkeit, die CIA anzurufen, außer über das Büro in Lawndale.

Am nächsten Morgen rief ich Scott genau zu der vereinbarten Zeit von der Eingangshalle des Hotels aus in seinem Zimmer an und bekam zur Antwort, dass ich mich in dreißig Minuten noch einmal bei ihm melden sollte. *Das ist merkwürdig*, dachte ich. Es war erst neun, und er konnte unmöglich schon in einem Gespräch mit jemand anderem stecken. Ich wartete in der Eingangshalle und malte mir alle möglichen Dinge aus. Vielleicht beobachtete mich jemand, um festzustellen, ob ich allein gekommen war. Als ich eine halbe Stunde später wieder bei ihm anrief, sagte Scott, ich solle zu ihm heraufkommen.

Mit seinem zurückgekämmten, eng am Schädel anliegenden Haar, seinem Tweed-Mantel und seiner Clubkrawatte sah Jim Scott eigentlich nicht so aus, wie ich mir einen CIA-Agenten vorgestellt hatte, sondern mehr wie jemand, der Footballspieler für eine Collegemannschaft rekrutiert. Mir fiel auf, dass das Bett in seiner kleinen Suite gemacht und nirgendwo ein Koffer zu sehen war. Er musste die Nacht irgendwo anders verbracht haben. Niemand hätte durch das Fenster hereinschauen können, er zog aber trotzdem die Vorhänge zu, sodass der Raum nur von einer Lampe auf dem Nachttisch erhellt wurde.

Wir setzten uns auf die Couch, der eine am linken, der andere am rechten Ende. Ein ganz schmaler Ordner lag auf dem Tischchen vor uns: Er musste meine Unterlagen enthalten.

»Sie wissen wahrscheinlich schon eine Menge über die CIA, doch ich glaube, es wäre hilfreich, wenn ich Ihnen rasch einen Überblick gebe«, begann Scott.

Das kam mir gerade recht. Ich wollte um keinen Preis zugeben, dass ich so gut wie keinen blassen Schimmer hatte. Scott muss ein dutzend Mal in der Woche den gleichen Vortrag gehalten haben. Die wesentlichsten Informationen waren, dass die CIA in zwei »Häuser« unterteilt war: in ein Directorate of Operations und ein Directorate of Intelligence. Es gab noch andere Direktorien, deren Aufgabe aber in erster Linie darin bestand, diese zwei zu unterstützen. Das Directorate of Intelligence oder DI, wie es innerhalb der Organisation kurz genannt wird, setzt sich aus Analytikern zusammen: aus Fachleuten für einzelne Länder, aus Psychiatern, Physikern, Soziologen und anderen Experten. Wie der Name schon sagt, beurteilen und bewerten die Analytiker des DI Informationen und bringen ihre Schlussfolgerungen zu Papier. Im Directorate of Operations, kurz DO, sind dagegen die Sammler von Informationen am Werk. Diese Case Officers, Einsatzoffiziere, arbeiten zumeist im Ausland, mit dem Ziel, von ihren diversen Agenten, ihren »Quellen«, wie sie im DO genannt werden, Informationen zu erhalten., die sie an das DI weiterleiten, wo sie dann zum Futter für die Analytiker werden.

Scott schlug den Ordner auf. »Hier steht, dass Sie sich am Seminar für Ostasiatische Studien von Berkeley beworben haben. Sie könnten vielleicht ganz gut in das DI hineinpassen.«

Tatsächlich hatte ich mich in Berkeley beworben, nachdem ich den Arbeitsmarkt in San Francisco inspiziert hatte und zu dem Schluss gekommen war, dass es wohl das Beste wäre, alles auf die Karte Ausbildung zu setzen und weiterzustudieren. Ich hatte sogar angefangen, einen Kurs in Mandarin-Chinesisch zu besuchen, und einen Teilzeitjob als Angestellter am Nachtschalter einer Filiale der Bank of America in San Francisco angenommen. Der Job brachte nicht viel ein, aber die Arbeitszeit würde ideal sein, falls Berkeley mich aufnahm.

»Das DI würde Ihnen gefallen«, fuhr Scott mit seiner bedächtigen, beruhigend und freundlich klingenden Stimme fort. Er war ein guter Werbeoffizier. Ich erkannte das damals nicht, aber es war meine erste Lektion darin, wie man dabei vorging. »Der Betrieb ist ganz ähnlich wie der an der Universität. Ein Analytiker liest die gleichen Bücher wie ein graduierter Student oder ein Professor. Er hält sich fachlich auf dem Laufenden, indem er die entsprechenden Zeitungen und Zeitschriften liest. Und in Washington D.C. zu arbeiten, bietet einen ganz besonderen Vorteil. Man kann einfach in die beste Bibliothek der Welt, die Library of Congress, hineinspazieren und sich die Bücher ausleihen, die man braucht.« Überdies seien die Analytiker des DI viel auf Reisen, sie lernten neue Sprachen und nähmen an Konferenzen teil. Sie bekämen auch immer mal wieder ein Sabbatjahr genehmigt.

»Wenn Sie für das DI arbeiteten, könnten Sie sogar weiter Chinesisch lernen«, sagte Scott. »Aber das DI ist viel besser als eine Universität. Wissen Sie, warum?«

Ich hatte das Gefühl, dass er mich ködern wollte, doch das machte mir nichts aus. Dem DI beizutreten, begann sich immer besser anzuhören, ja, es schien beinahe so, als ob es ein Verein sein könnte, in dem ich gern arbeiten würde. Es war so, als ob man dafür bezahlt würde, zur Schule zu gehen.

»Die Analytiker des DI haben nicht nur Zugang zu Bibliotheken, zu allen möglichen Zeitschriften und Zeitungen, sondern sie können sich auch vieler Informationsmaterialien bedienen, auf die die Universitäten keinen Zugriff haben – wie Berichte von Botschaften, von CIA-Büros im Ausland und anderen Einrichtungen, die sich wichtige, ja unentbehrliche Informationen verschaffen können, die einer Universität nicht zur Verfügung stehen. Die Analytiker des DI haben Zugang zur *ganzen Wahrheit*, und nicht nur zu einem Teil von ihr. Man kann wirklich nicht von sich behaupten, ein Experte für eine bestimmte Sache zu sein, wenn man nicht im Besitz *aller* verfügbaren Informationen über sie ist.«

Scott machte eine kurze Pause, damit ich das Gehörte besser verdauen konnte. »Aber das ist noch nicht alles. Es ist noch etwas ganz Einmaliges am DI. Es hat einen ganz besonderen Leser. Wissen Sie, wer das ist?«

Er wartete gar nicht erst auf eine Antwort.

»*Der Präsident der Vereinigten Staaten.*« Scott schwieg wieder einen Moment, um sich zu vergewissern, dass ich auch wirklich begriff, was er mir eben erzählt hatte.

»Der Präsident«, fuhr er dann fort, »ist mehr als jeder andere Mensch auf der Welt darauf angewiesen, die Wahrheit über diese Welt zu kennen. Aber es ist ihm natürlich nicht möglich, sich als Fachmann mit jedem Land auf der Erde oder jedem Wissensgebiet auszukennen. Und da treten die Analytiker auf den Plan. Sie sind sein Fachbuch, sein Nachschlagewerk, seine Berater. Kann es noch etwas Höheres geben, als dass ein Präsident neben einem sitzt und zuhört, wie man einen komplizierten Sachverhalt erklärt?«

Natürlich war das alles, wie ich später herausfinden würde, der reinste Humbug. Eher werden Schweine fliegen, als dass der Präsident sich zu einem gemütlichen Beratungsgespräch mit einem Analytiker des DI zusammensetzt. Informationen und Erkenntnisse gelangen durch ein feinmaschiges politisches Schutzgeflecht hindurch von Langley ins Weiße Haus. Aber wie ich schon sagte – Jim Scott war ein guter Anwerber und ich, der ich gerade das zarte Alter von 22 Jahren erreicht hatte, ein perfektes Opfer. Während er noch sprach, sah ich mich schon den Präsidenten durch eine verzwickte internationale Krise lotsen. Ich würde mein Bestes tun, um nicht zu pedantisch zu klingen, vielleicht sogar ein paar humorvolle Bemerkungen machen. Und wer konnte schon wissen: Vielleicht würde der Präsident Gefallen an mir finden und mich auf Dauer zu sich ins Weiße Haus holen?

»Würde eine Stelle als Analytiker Sie interessieren?«, unterbrach Scott meine Tagträume.

»Und ob«, erwiderte ich umgehend.

Scott griff sich erneut meine Bewerbung und blätterte schweigend in ihr herum. Dann schaute er mich wieder an und räusperte sich.

»Um offen zu sprechen: Das liegt alles zum gegenwärtigen Zeitpunkt noch in weiter Ferne. Ohne einen Doktor- oder auch Magistertitel hat das DI keine Verwendung für Sie, da bin ich mir sicher. Vielleicht nach Berkeley. Auf jeden Fall werde ich Ihre Bewerbung weiterleiten.«

Pffff – der Wind entwich mit einem Schlag aus meinen Segeln.

»Doch lassen Sie uns auf das DO zurückkommen«, sagte er beinahe übergangslos. »Das ist etwas ganz anderes.« Seine Stimme hatte jetzt einen anderen Klang bekommen; ich hörte einen Enthusiasmus aus ihr heraus, der ihr vorher gefehlt hatte.

»Das DO wird von den Case Officers geleitet«, sagte Scott. »Sie sind fest angestellte Mitarbeiter der CIA, die Agenten einsetzen. Bei diesen handelt es sich fast immer um Ausländer. In ihrem Heimatland können sie dorthin vordringen, wohin Amerikaner, unsere Case Officers, nie zu gelangen vermögen, wie zum Beispiel in die Kreise ihrer Regierung oder in die geheimen wissenschaftlichen Einrichtungen ihres Landes. Auf die Anweisungen des sie führenden CIA-Beamten hin beschaffen die Agenten Pläne, Dokumente, dringen in Computerprogramme ein oder was auch immer. Mit anderen Worten, um es ganz unverblümt zu sagen: Agenten sind Verräter.«

Scotts Stimme war leiser geworden, sodass ich Mühe hatte, ihn zu verstehen – als ob er befürchtete, dass jemand uns belauschte.

»Und was meine ich genau mit Spionage und mit Geheimnisverrat? Konstruieren wir einmal einen hypothetischen Fall: Pearl Harbor. Wir sind im Jahr 1941. Nehmen wir an, es hätte damals eine CIA gegeben, und Sie hätten dazugehört. Sie sind in Tokyo eingesetzt. Eines Nachts, Ende November, sitzen Sie noch spät bei der Arbeit. Sie wollen gerade nach Hause gehen, todmüde nach einem langen Arbeitstag. Da klingelt das Telefon. Der Anrufer entschuldigt sich: Er habe sich verwählt. Sie wissen aber, dass er nicht die falsche Nummer erwischt hat. Sie erkennen nämlich die Stimme. Es ist einer Ihrer Agenten, ein Fähnrich der japanischen Seestreitkräfte, der im Marinehauptquartier arbeitet. Er hatte Ihnen gerade eben signalisiert, dass er sich mit Ihnen treffen will.

Zuerst fällt es Ihnen schwer, dem Agenten zu folgen, als er auf Japanisch losprudelt. Dann kapieren Sie plötzlich, was er Ihnen erzählt: Japan ist dabei, Vorkehrungen für einen Überfall auf Pearl Harbor zu treffen. Er übergibt Ihnen ein Dokument, *top secret*. Es sei der Plan für den Angriff, sagt er. Sie rasen in Ihr Büro zurück und fragen sich unterwegs, ob Ihr Agent den Verstand verloren hat. Dann fangen Sie an, das Dokument zu übersetzen. Es steht alles drin, genau das, was er gesagt hat. Sie setzen sofort eine verschlüsselte Meldung in Richtung Washington ab. Unsere Navy sprengt den japanischen Flottenverband auseinander, und Sie haben gerade den Lauf der Geschichte geändert.

Dass die Japaner angreifen werden, ist eine Information, die Sie von nichts anderem erhalten können als von einem Menschen, einem Agenten. Wir hätten zu so einem frühen Zeitpunkt wie dem November 1941 nichts mit solcher Genauigkeit über die Pläne des Tenno in Erfahrung bringen können, wenn es nicht den Fähnrich oder einen anderen Agenten wie ihn gegeben hätte. Mithilfe von Satelliten und Aufklärungsflugzeugen kann man nicht in den Kopf eines Menschen hineinschauen. Dafür braucht man einen anderen Menschen. Die Agenten – und die Geheimnisse, die sie stehlen –, das sind die Kronjuwelen des amerikanischen Geheimdienstes. Sie sind das, worum es beim Geheimdienst letztlich geht.«

Scott erhob sich und holte uns zwei Cola aus der Minibar.

»Sie müssen zugeben, dass es ein verdammt aufregender Job ist«, sagte er dann, als er wieder neben mir saß. »Doch ich möchte Ihnen nicht verschweigen, dass er auch seine Schattenseiten hat. Ja, es gibt nicht viele Jobs auf der Welt, die härter sind als der eines Case Officer. Zunächst einmal hat beinahe jeder von diesen Einsatzoffizieren zwei Jobs. Der eine ist sein offizieller, den er von acht bis fünf ausübt, um sich zu tarnen. Höchstwahrscheinlich ist es irgendeine langweilige und sinnlose Routinetätigkeit, die er zu erledigen hat. Es kann einem ohne weiteres passieren, dass man als Leiter der Versandabteilung einer Import-Export-Gesellschaft ins Ausland geschickt wird, sagen wir, nach Penang in Malaysia. Dort sitzen Sie irgendwo am Hafen in einem tristen Büro und füllen den ganzen Tag lang Anträge für eine Einfuhrgenehmigung aus. Gelegentlich rufen Sie in der Zentrale Ihres Unternehmens an, nehmen wir mal an, dass sie sich in Passaic, New Jersey, befindet. Die Person, die dort Ihren Anruf entgegennimmt, hat wahrscheinlich nur eine ganz vage Vorstellung davon, wo Penang liegt, und vermutlich ist es ihr auch völlig egal. Jedermann wird Sie für einen Nichtsnutz halten. Sie können nie jemandem erzählen, was Sie wirklich für eine Arbeit verrichten. Es ist eine undankbare, anonyme Tätigkeit.

Und es gibt noch einen ungünstigen Umstand, etwas das noch viel schlimmer ist als die Mühe, seine Tarnung aufrecht zu erhalten: nämlich die Gefahr, beim Spionieren aufzufliegen. Spionage zu betreiben ist in jedem Land der Welt illegal und in fast allen ein Kapitalverbrechen. Kehren wir noch einmal ins Tokyo des Jahres 1941 zurück. Hätte man Sie dabei erwischt, wie Sie sich mit Ihrem Agenten trafen, so hätten Sie sich noch glücklich schätzen können, wenn Sie im Gefängnis gelandet wären. Und, nebenbei bemerkt, Ihr Agent wäre mit Sicherheit an die Wand gestellt und erschossen worden. Gewiss, die CIA hätte alles versucht, um Sie da rauszuhauen, doch hätte sie vor dem Ende des Krieges nichts für Sie tun können. Sie hätten vier Jahre lang in einem japanischen Gefängnis vor sich hingemodert. In Penang wäre es Ihnen nicht anders ergangen. Bei diesem Geschäft kann man sich keinen Fehler leisten.«

Einen Augenblick lang befiel mich der Gedanke, dass Scott versuchte, mir eine Bewerbung bei der CIA auszureden.

Er gab mir ein bisschen Zeit, über alles nachzudenken, indem er aufstand, zum Fenster hinüberging, die Vorhänge zur Seite zog und das helle Vormittagslicht hereinfluten ließ, als ob mir das irgendwie dabei helfen könnte, mich zu einer Entscheidung durchzuringen.

»Was halten Sie also von der Möglichkeit, eine Karriere beim DO zu starten?«

Ich gab ihm keine Antwort.

»Nun?«

»Klar«, sagte ich schließlich, wobei ich so begeistert zu wirken versuchte, wie es ging, »ich wäre wirklich interessiert.« Ich hätte mir schon vorstellen können, mich immer in Reichweite des Präsidenten zu seiner Verfügung bereitzuhalten – für die Arbeit aber, die Scott beschrieben hatte, war ich viel zu unreif. Außerdem sah ich mich schon mit Eisenketten an den Füßen in irgendeinem dumpfen und stinkenden malayischen Kerker schmachten. Je länger ich aber den ganzen Bewerbungsprozess in Gang zu halten vermochte, desto mehr würde ich mich in den darauf folgenden Jahren mit dieser Geschichte interessant machen können. Doch sicher würden die Superschnüffler früher oder später klarsehen, was meine Person betraf.

Ich lag wieder falsch. Im März 1976 wurde ich nach Washington eingeladen – zu weiteren Gesprächen und zum gefürchteten Lügendetektortest.

Ironischerweise – oder vielleicht auch mit Absicht – wurde ich im Holiday Inn schräg gegenüber vom Watergate-Gebäude untergebracht, demselben Hotel, in dem Ex-CIA-Agenten ihre Abhörstation eingerichtet hatten, um auszuspionieren, was im Watergate, dem Hauptquartier des Democratic National Committee (DNC), vor sich ging. Ich musste ein halbes Dutzend rasch aufeinander folgender Befragungen und Tests hinter mich bringen: es handelte sich um Gespräche mit einigen Case Officers des DO, mit einem Psychiater und einem Sicherheitsbeamten und um Prüfungen in Deutsch und Französisch. Stets suchten die Leute von der CIA mich in meinem Hotelzimmer auf. Ich wurde nie in ein Gebäude der Organisation gebracht.

Die beeindruckendste Person, die ich bei dieser Gelegenheit kennen lernte, war Don Gregg. Don sollte später zum Sicherheitsberater von George Bush aufsteigen, als dieser Vizepräsident war, und, als Bush dann Präsident wurde, als Botschafter nach Korea entsandt werden. Damals, 1976, jedoch war er gerade von Seoul, wo er ███████████chef gewesen war, nach Washington zurückversetzt worden. Während unseres zweistündigen Gesprächs schilderte er mir vor allem, wie es war, den größten Teil seines Erwachsenenlebens im Ausland zu verbringen: Er malte mir die Isolation aus, unter der man litt, die Entfremdung von der eigenen Familie und vom eigenen Heimatland, die physischen Anstrengungen. Gregg interessierte sich für meinen persönlichen Hintergrund und stellte mir eine Menge Fragen bezüglich meiner Zeit in Europa. Er wollte wissen, wie ich mit den Lebensbedingungen dort zurechtgekommen war und ob ich Freundschaften geschlossen hatte. Zum ersten Mal hatte ich das Gefühl, dass das DO sich aufgrund der Erfahrungen, die ich im Ausland gesammelt hatte, für mich interessieren könnte – ein interessantes Legat meiner Mutter.

Der Test mit dem Lügendetektor fand am vorletzten Tag in einem Apartmentgebäude statt, das mehrere Straßenblocks vom Holiday Inn entfernt war. Auf der Tafel unten in der Eingangshalle entdeckte ich den Namen, den Scott mir genannt hatte: Dr. Jarmen, 2. Stock. Ein Mann mit schütterem Haar, um die fünfunddreißig, begrüßte mich, als ich an die Tür geklopft hatte. Er führte mich in einen Raum, der eigentlich als Schlafzimmer gedacht war. Mit seinem biederen weißen Oberhemd, seiner lindgrünen Krawatte und seiner dicken Hornbrille sah er wie ein Buchhalter aus. In der Mitte des Raumes standen ein überdimensionaler gepolsterter Plastiksessel, ein Tisch mit Resopalplatte und – dem Sessel genau gegenüber – ein Stuhl mit gerader Rückenlehne. Dr. Jarmen – oder wie auch immer er in Wirklichkeit hieß – ließ mich in dem Sessel Platz nehmen und schloss mich an drei Sensoren an, von denen jeweils zwei Drähte zu dem Lügendetektor führten. Er verband meinen rechten Zeigefinger mit einer Elektrode aus Metall, wand eine Art Schlauch zur Kontrolle meiner Atmung um meine Brust und legte die Manschette eines Blutdruckmessgeräts um meinen rechten Oberarm.

»Sagen Sie die Wahrheit, und Ihre Transpiration, Ihr Puls und Ihre Atmung werden mehr oder weniger normal bleiben«, riet der gute Doktor mir.

Ich war zuerst zu verkrampft, als dass man irgendetwas aus den Messergebnissen hätte ablesen können. Wir machten eine Pause, damit mein Herzschlag sich beruhigen konnte, fingen dann noch einmal an und hatten mehr Erfolg. Die Fragen kamen in einem gleich bleibenden Rhythmus, und ich antwortete ebenso gleichförmig auf sie mit Ja oder Nein. Er fragte mich, ob ich Drogen genommen und ob ich jemals etwas anderes als Marihuana ausprobiert hätte, ob ich eine homosexuelle Beziehung unterhielte, ob ich jemals etwas gestohlen hätte, ob ich in Kontakt zu einer ausländischen Regierung stünde und so weiter. Der Test dauerte nicht ganz vier Stunden. Nachdem er dreimal dieselben Fragen heruntergespult hatte, sammelte Jarmen seine Diagramme ein und ging mit ihnen aus dem Zimmer. Als er zehn Minuten später zurückkam, befreite er mich von den Sensoren und sagte, er sei sich nicht sicher, ob ich bestanden hätte oder nicht. Er würde die Diagramme dem Leiter seiner Abteilung zeigen müssen. Es könne bis zu einer Woche dauern, bis man zu einer Entscheidung gekommen sei.

Als ich Scott erzählte, wie lange der Test mit dem Lügendetektor gedauert hatte, streckte er den Daumen in die Höhe und sagte:»Sie haben bestanden.«

Meine Reise hatte mich mit einem Gefühl der Zufriedenheit erfüllt, das aber schlagartig von mir wich, als ich, nach San Francisco zurückgekehrt, auf dem Treppenabsatz vor der Tür zu meiner Bleibe die schlafende Boa Constrictor sah.

Die Schlange war das Schoßtier meines Wohnungsgenossen, nicht etwa meines. Als damals die Zeit gekommen war, aus Mikes Klause auszuziehen, hatte ich mich zum Studentenausschuss von Berkeley aufgemacht, um die Schwarzen Bretter nach Wohnungsangeboten abzusuchen. Zwei Studenten, ein Pärchen, hatten in ihrer Wohnung in der Nähe des Campus ein leer stehendes Zimmer; es würde die ideale Unterkunft für mich sein, falls ich im Herbst in Berkeley landen sollte. Mir fiel die Boa in ihrem Terrarium auf, als ich mir die Wohnung anschaute – man konnte sie nicht übersehen –, aber ich hatte nichts gegen Schlangen, und das Pärchen wirkte auch ganz nett. Erst nachdem ich eingezogen war, ging mir ein Licht auf: Die beiden waren eingefleischte Anarchisten. Und was die Boa betraf, so entfleuchte sie hin und wieder ihrer Unterkunft.

Damals hatte das alles einfach zum Lokalkolorit gehört und keine große Rolle gespielt. Jetzt aber, da ich mich quasi im Herzen des amerikanischen Establishments um einen Job bemühte, war es von größter Bedeutung. Ein Schnüffler von der CIA würde sich wohl kaum länger als fünf Minuten mit den Nachbarn zu unterhalten brauchen, um alles über das Anarchistenpärchen und die Boa in Erfahrung zu bringen – und dass ich mit den dreien zusammenwohnte, war wohl Beweis genug dafür, dass ich einen ernsthaften Charakterfehler hatte. Ich würde mich glücklich schätzen können, wenn die CIA meine Bewerbungsunterlagen nicht an das FBI weiterleitete. Ich war noch nicht einmal eingestellt worden, und schon zeigte sich bei mir der erste Anflug von Paranoia.

Eines Morgens, ungefähr sechs Wochen nachdem ich von den Gesprächen und Tests in Washington zurückgekehrt war, klingelte es. Ich war allein in der Wohnung und öffnete. Ein grauhaariger Mann von Anfang sechzig, in Anzug und Krawatte, stand auf der Schwelle der Eingangstür. Er hatte eine Aktentasche in der einen Hand und einen Stadtplan in der anderen. Ich hielt ihn für einen jener Missionare einer evangelischen Glaubensgemeinschaft, die manchmal in Berkeley ihr Glück versuchten.

Er entschuldigte sich dafür, dass er mich so früh störte, und fragte, ob ich Mr. Soundso sei. Gott, dachte ich, was für ein Zufall, *er sucht nach einem deiner Freunde hier in Berkeley.* Ich wollte ihm gerade die richtige Adresse nennen, als ich begriff, wer mein Gegenüber war – ein CIA-Beamter, der meine Lebensumstände überprüfen sollte und der meine Adresse mit der eines Freundes verwechselt hatte, der von mir als eine der Personen angegeben worden war, bei denen man Erkundigungen über mich einziehen könnte. Er begann sich für seinen Fehler zu entschuldigen und war noch mitten im Satz, als ich anfing, ihn aus der Tür zu drängen. Ich wollte nicht, dass er das Mao-Poster an der Wand sah, unter dem – sehr sauber – geschrieben stand: »Der Ostwind weht rot«, oder die Boa zu Gesicht bekam, die mit Sicherheit im nächsten Moment um die Ecke gekrochen kommen würde. Wenn ich meinen Grips ein bisschen mehr angestrengt hätte, wäre mir wohl aufgegangen, dass eine Organisation, die es noch nicht einmal schafft, ihren Laufburschen zu der richtigen Adresse zu schicken, solche subtilen Hinweise auf anarchistische Vermieter wohl kaum registrieren würde.

Ich lag noch im Schlaf, als am letzten Montag des Juli, morgens kurz nach acht, das Telefon läutete. Ich brauchte einen Moment, um Scotts Stimme am anderen Ende der Leitung zu erkennen. »Können Sie in zwei Wochen in Washington sein? Der Sicherheitsdienst hat grünes Licht gegeben, was Sie betrifft, und das Directorate of Operations will Ihnen einen Job anbieten.« Einen Job? Ich hatte seit drei Monaten keinen Kontakt mehr zur CIA gehabt. Mit dem DO, so hatte ich gedacht, war es aus und vorbei. Das Einzige, was mir in den Sinn kam, wenn ich an die Zukunft dachte, war der Kurs in Mandarin-Chinesisch, den ich während des Sommersemesters in Berkeley begonnen hatte.

Scott war ungeduldig: »Wenn Sie es nicht bis in zwei Wochen schaffen, kann es mindestens sechs Wochen dauern, bis ich Sie in einer Klasse unterbringe kann.«

»Wissen Sie ganz genau, dass der Sicherheitsdienst mich für okay erklärt hat?«

Hatte die CIA sich etwa nicht beim FBI erkundigt und alles über Ron Kovick und die Reisen nach Paris und Prag herausgefunden? Und über den Ritt auf dem Motorrad durch die Bibliothek? Die Anarchisten und die Boa? Ich konnte nicht glauben, dass die CIA nicht alles über mich zusammengetragen hatte.

»Ja, zumindest für drei Jahre«, sagte Scott.

Ich schaute mich rasch in der schäbigen Wohnung um. Dabei ging mir durch den Kopf, wie sehr ich in Mandarin-Chinesich hinterherhinkte. Ich stellte mir eine weitere Nacht hinter dem Schalter der Bank vor. Und dann dachte ich an ein Erlebnis aus der Zeit, als ich ungefähr fünfzehn gewesen war. Wir waren zu sechst gewesen, auf unserer letzten Talfahrt, als wir zwei Pistenrangern begegnet waren, die wir kannten, vermutlich die zwei wildesten Burschen von ganz Aspen. Sie luden uns ein, uns einen neuen Sprunghügel anzusehen, den sie gerade angelegt hatten. Wir fuhren hinter ihnen her, von der Hauptstrecke herunter bis zu einem alten, verlassenen Bergwerkscamp. Auf einer Lichtung, die sich einen steilen Abhang hinunterzog, standen drei Hütten mit eingestürzten Dächern in einer Reihe hintereinander. Direkt hinter der am höchsten gelegenen ragte die »Schanze« auf, sie war ungefähr 1,80 Meter hoch. Es ging darum, so schnell über sie hinwegzufahren, dass das Tempo reichte, um uns über alle drei Hütten zu katapultieren. Wenn man sie zu langsam anfuhr, riskierte man es, zu früh zu landen – mitten in einer der Hütten. Als einer der Ranger sich in Bewegung setzte, folgte ich ihm, ohne mich eine Sekunde lang zu besinnen. Als ich den Sprunghügel zwischen den Spitzen meiner Skier zu Gesicht bekam, war mir, als raste ich auf Hochhäuser zu, aber ich hatte ein Gefühl von Unausweichlichkeit. Es war völlig irrational. Ich hätte jederzeit zur Seite fahren und es vermeiden können, springen zu müssen, tat es aber nicht. Ich fuhr einfach weiter. Und jetzt fühlte ich in Bezug auf die CIA genau das Gleiche, was ich damals empfunden hatte.

»Klar, Jim. Ich kann in zwei Wochen da sein. Ich kann sogar schon nächste Woche da sein.«

Nachdem ich den Hörer aufgelegt hatte, dachte ich: Ach, zum Teufel. Ich würde es irgendwie deichseln, dass man mich in die Schweiz schickte, wo ich mich von Zeit zu Zeit mit einer jener zwielichtigen Figuren treffen würde, von denen Scott gesprochen hatte, um ein paar Informationen zu sammeln, die die Welt retten würden. Den Rest der Zeit würde ich auf den Skihängen verbringen. Eine Reise in die Schweiz – und dann wieder raus aus dem Verein. In was für Probleme könnte ich da schon groß reingeraten?

3

August 1977. Irgendwo im Schwemmland an Virginias Küste

Ich hockte in der offenen Ausstiegsluke der C-46 und sah überhaupt nichts. Es war so, als ob man in einen abgrundtiefen Brunnenschacht hineinschauen würde. Als ich mich ein bisschen vorbeugte, um das Gelände direkt unter dem Flugzeug in den Blick zu bekommen, traf mich der Luftstrom der Propeller wie ein zentnerschwerer Sack Zement und fegte mich beinahe aus der Luke.

Wir hatten mehr als drei Stunden auf der Rollbahn gestanden und auf Gott weiß was gewartet, in das Gurtwerk unserer Fallschirme eingeschnürt, während wir auf dem heißen Metallboden des Flugzeugs schmorten. Die Mücken aus den Sümpfen bohrten sich durch meinen Drillichoverall, der noch aus dem Koreakrieg stammte. Bald war der Punkt erreicht, an dem ich sogar über dem Nordpol liebend gern abgesprungen wäre: Alles wäre mir recht gewesen, um aus diesem Flugzeug herauszukommen und mich irgendwo abkühlen zu können.

Los, Red, gib mir den Klaps, dass ich rausspringen soll!

»Red« Winstead, unser Instrukteur, hatte den Kopf nach draußen gestreckt, sein rostbraunes Haar wurde gegen die Seite seines Kopfs geklatscht. Er schaute aufmerksam nach unten. Der Rest der Gruppe war schon gesprungen, und vermutlich waren die Männer jetzt kurz vor der Landung. Red zog die Gruppe mit Absicht auseinander; bei einem Kampfeinsatz ließe man auch nicht alle in einem geschlossenen Haufen abspringen, hatte er uns bei der Ausbildung auf dem Boden eingebläut. Das würde die ganze Operation gefährden. Es kam mir trotzdem wie eine Ewigkeit vor, seit der letzte Mann vor mir durch den Ausstieg verschwunden war. Wenn wir über die Absprungzone hinausschössen, würde es keine zweite Chance für mich geben: Ich würde mit dem Flugzeug zur Basis zurückkehren müssen.

Red, ein großer, zäher Bursche aus Minnesota, dessen Vorfahren aus Schweden stammten, war ein Veteran, der an beinahe jedem der geheimen Kampfeinsätze der CIA teilgenommen hatte. Keiner wusste mehr über Fallschirmabsprünge hinter den feindlichen Linien als er. Der Legende nach hatte Red ein Verfahren ausgeklügelt, um Tibeter in den Bergen des Himalaia abzusetzen. In Höhen von acht- bis zehntausend Metern machten Seitenwinde das Hinabschweben zu einer tückischen Angelegenheit, Red hatte die Tibeter daher nach Camp Hale geholt und ihnen dort beigebracht, erst in der allerletzten Sekunde die Reißleinen ihrer Schirme zu ziehen. Sich wie ein Stein in ein Gebirgstal fallen zu lassen, war die einzige Möglichkeit, mit den Winden fertig zu werden.

Red hatte unsere Sprungausbildung damit begonnen, dass er uns Landungen in einer mit Sägespänen gefüllten Grube üben ließ. Es war wichtig, zuerst mit den Fußballen aufzukommen, und sich dann in einer einzigen gleitenden Bewegung hintereinander auf die Waden, die Schenkel, das Becken, die Hüften und den Rücken rollen zu lassen, um die Wucht des Aufpralls so gleichmäßig wie möglich zu verteilen – und Red sorgte dafür, dass man das wirklich begriff.

»Du hast, verflucht noch mal, nicht mit allen fünf Stellen den Boden berührt!«, brüllte er, über mich gebeugt, während ich mir noch die Sägespäne und den Schweiß aus dem Gesicht wischte.

Um sicherzugehen, dass die Botschaft auch bei uns ankam, präsentierte Red uns einen ehemaligen Offizier einer paramilitärischen Einheit, der einen Absprung nur dank seiner guten Technik überlebt hatte. Eines Nachts, es war, glaube ich, in Laos, öffnete sich sein Schirm nicht ganz, und er kam mit dreißig oder vierzig Stundenkilometern heruntergezischt. Wenn er sich nicht mit allen fünf Körperpartien abgefangen hätte, wäre es um ihn geschehen gewesen. So hatte er nur ein starkes Hinken zurückbehalten. Wir hatten kapiert. Abends übten wir sogar Fünf-

Punkt-Landungen vom Bartresen herunter. Die anderen Auszubildenden, die denselben Lehrgang, aber ohne paramilitärisches Training absolvierten, wandten sich dann peinlich berührt ab.

Nachdem wir die Grube mit den Sägespänen hinter uns gebracht hatten, machte Red uns mit dem gefürchteten Turm bekannt. Sich von ihm herunterfallen zu lassen, war nach unserer einhelligen Meinung viel schlimmer, als aus einem Flugzeug zu springen. Aufgrund irgendeiner psychischen Macke kam es einem viel schauriger vor, sich, mit Gurten an einer Stahltrosse befestigt, von einem dreizehn Meter hohen Gerüst zu stürzen, als in einer Höhe von über dreihundert Metern mit einem Fallschirm aus einem Flugzeug zu springen – wenn ich überhaupt jemals die Gelegenheit dazu erhalten würde, woran ich in dieser besonderen Nacht, als ich da immer noch in der offenen Luke kauerte, ernsthaft zu zweifeln begann. Ich wollte nichts als raus aus dem verdammten fliegenden Glutofen.

Red, los, Mann, springen wir! Wir werden drüber hinwegfliegen!

Ohne Vorwarnung gab Red mir einen Klaps auf den Hintern, und ich war draußen. Ein kurzer heftiger Ruck an den Gurten, und dann Stille. Es sollte mich jedesmal wieder überraschen. Das Dröhnen der Flugzeugmotoren wich beinahe sofort einer monumentalen Stille, doch bei einem Absprung aus einer Höhe von dreihundert Metern hatte man nicht viel Zeit, den Schwebeflug zu genießen.

Überprüfe die Fallschirmkappe!

Ich tat es, sie war okay. Es war immer noch zu dunkel, um viel zu erkennen, aber als ich scharf an der rechten Steuerschnur zog, wodurch der Schirm sich mit mir im Kreis zu bewegen begann, konnte ich in der Ferne ganz schwach den Waldrand ausmachen. Ich dankte Red im Stillen für sein perfektes Timing. Ich würde nicht in dem Dach aus Ästen und Blättern landen.

Schau niemals auf den Boden!

Red hatte das immer wieder in unsere Schädel gehämmert: »Schaut auf den Boden, kurz bevor ihr auf ihn aufprallt, und ihr werdet, ohne es zu wollen, eure Beine von euch strecken und versteifen, was die beste Methode ist, um sich eines von ihnen zu brechen.« Ich drehte den Schirm in letzter Minute in den Wind, wodurch ich meine Fallgeschwindigkeit genügend drosselte, um aufrecht stehend landen zu können, wenn ich es gewollt hätte. Während der ganze Zeit hielt ich meine Augen starr auf den Horizont gerichtet. Ich kam mit angewinkelten Beinen auf. Nicht ganz ein »Fünfpunkter«, aber es machte nichts; der Boden war weich und feucht. Ich stand auf und taumelte in den Leinen meines Schirms herum. Ich schaute mich nach dem Rest der Gruppe um. Alan vermochte ich zu erkennen, um die anderen drei, Peter, Curt und Eric, auszumachen, war es zu dunkel.

Alan sah mich ebenfalls, zeigte auf eine Baumgruppe und bedeutete mir, ihm dorthin zu folgen, nachdem ich meinen Schirm vergraben hatte. Er und die anderen kauerten in hohem Ried. Man hatte uns gewarnt, dass die »Bösen« Nachtsichtgeräte hatten. Es war besser, in Deckung zu gehen.

Der Trupp, zu dem ich in jener Nacht gehörte, war von seiner Zusammensetzung her mehr oder weniger repräsentativ für die gesamte Gruppe der Teilnehmer am Schulungskurs des DO, in den ich gesteckt worden war: ungefähr sechzig Prozent ehemalige Armeeoffiziere und vierzig Prozent Zivilisten. In den darauf folgenden zwei Jahrzehnten würde ich miterleben, wie die CIA sich zu einer Organisation entwickelte, deren Angehörigen es wichtiger war, Beförderungen zu ergattern und den jeweiligen politischen Herren zu gefallen, als Geheimnisse in Erfahrung zu bringen, doch damals war in ihr noch der Geist ihrer Vorgängerorganisation aus dem Zweiten Weltkrieg, des Office of Strategic Services (OSS), wach. Wir waren letztlich alle Abenteurer, die Auslandseinsätze dem Schreibtischjob beim DI vorgezogen hatten, doch auch wir ließen uns von hehren Idealen leiten, auch wir wollten der Öffentlichkeit einen Dienst erweisen. Wir glaubten, dass die USA einen kompetenten Geheimdienst benötigten, und wir wollten einer höheren Sache dienen.

Alan, der Führer unseres Trupps bei dieser Nachtübung, war Pilot bei der Air Force gewesen. Nachdem er mit den hohen Tieren einmal zu oft im Clinch gelegen hatte, war er von seiner Kampfjetschwadron zu den Caribous versetzt worden: kleinen einmotorigen Flugzeugen, die auf einer Fläche so groß wie ein Teller zu starten und zu landen zu vermochten. Natürlich kostete es auch viel weniger, eine dieser Maschinen zu ersetzen.

Alan sprach nie über seine Zeit in Vietnam, aber wir erfuhren in Fort Bragg etwas darüber, wohin wir zu einer Ausbildung an schweren Waffen bei den Special Forces geschickt worden waren. Es passierte eines Abends, als wir mit ein paar Unteroffizieren in einer Bar an Fayettevilles Amüsiermeile ein paar Drinks kippten.

»Einer der schlimmsten Orte, die ich in Nam erlebt habe, war ein Army-Camp an der Grenze zu Laos«, sagte ein alter Haudegen von Sergeant, als die Kellnerin uns die dritte Runde Bier brachte. »Wir waren umzingelt, und Charlie* stand kurz davor, uns zu überrennen. Uns war alles ausgegangen, alles – mit Ausnahme blöder Entschuldigungen: Mit denen bedachten sie uns nämlich, um zu erklären, warum sie uns keinen Nachschub liefern konnten. Munition hatten wir vielleicht noch für einen oder zwei Tage. Charlie war schon zu nahe, als dass ein Hubschrauber bei uns hätte landen können. Doch unser Hauptmann meinte, ein kleines Flugzeug, das niedrig und schnell anflog, könnte es schaffen. Die Air Force meinte, wir könnten das vergessen. Es sei zu gefährlich.

Doch dann, verdammich, nur zwei Stunden später hörten wir ein Flugzeug. Es war eine Caribou, und sie kam knapp über den Bäumen herein, ja so niedrig, dass sie die Wipfel abrasierte. Äste und Zweige flogen in alle Richtungen. Ein gottverdammter fliegender Rasenmäher war das. Das Schönste, was ich jemals gesehen habe. Und als das Ding dann auf uns zurollte, konnten wir sehen, dass es bis obenhin voller Munition war.«

Der Sergeant unterbrach sich, um einen Schluck von seinem Bier zu trinken, womit er uns gleichzeitig zu verstehen gab, dass das Beste der Geschichte noch folgte.

»Doch wisst ihr, was der verrückte Wichser von Pilot dann tat?«, fragte er, wobei er uns der Reihe nach anschaute.

---

* GI-Slangausdruck für Vietcong

Niemand antwortete.

»Er hüpfte aus der verdammten Caribou, und ohne ein Wort zu sagen, langte er hinter seinen Sitz und zog einen neuen Propeller hervor, um den zu ersetzen, aus dem er Kleinholz gemacht hatte, als er herangerauscht war. Dann brüllte er uns an: ›Los, macht zu und entladet die Scheißkiste. Ich will noch mal wiederkommen – und zwar heute!‹

Sobald wir das ganze Zeug ausgeladen hatten, flog er wieder los, wobei er es nur ein paar Millimeter über die Spitzen der Bäume rüber schaffte. Und tatsächlich kam er am Nachmittag wieder. Mit neuem Propeller und allem. Er hat das eine ganze Woche lang gemacht, bis wir wieder regulär versorgt werden konnten. Der verrückteste Bursche, dem ich jemals begegnet bin.« Der Sergeant schüttelte seinen Kopf.

Als Alan ganz ruhig den Namen des Camps nannte, starrte der Sergeant ihn in verblüfftem Schweigen an. Er begriff, dass Alan den Namen nur wissen konnte, weil er der »verrückte Kerl« gewesen war, der damals den Nachschub herbeigeschafft hatte.

Peter war der zweite Mann nach Alan. Nach dem Abschluss seines Studiums in Berkeley hatte er ein paar Jahre Dienst bei der Blue Water Navy abgeleistet und auch eine Zeit in Vietnam hinter sich gebracht. Dann hatte man ihn gezwungen, seinen Abschied zu nehmen, weil er auf Landurlaub in San Francisco unbedachterweise eine Petition gegen den Krieg unterzeichnet hatte. Die Navy gewährte niemandem eine zweite Chance in seinem Leben, doch wie mein eigener Fall bewies, war die CIA bereit, einem ein paar Jugendsünden zu verzeihen. Peter war in großartiger physischer Form; er lief jeden Tag neun bis zehn Kilometer. Er war auch ein passionierter Angler. Jahre später traf ich ihn in Westafrika wieder, wo er als Operationschef in einem kleinen Land arbeitete. Er hatte es geschafft, die CIA zu überreden, ein Boot anzuschaffen, und verbrachte seine freie Zeit damit, Barrakudas zu fischen.

Curt, ein ehemaliger Hauptmann der Marines, der bei der Beförderung übergangen worden war, hatte den Dienst quittiert, um für IBM Computer zu verkaufen. Sein neuer Job hatte ihn aber bald gelangweilt, und er war der CIA beigetreten, um mit anderen Mitteln in den Kalten Krieg einzugreifen. Ab und zu ertappte ich ihn mit dem Grinsen eines Besessenen im Gesicht, einem Ausdruck, der verriet, dass er wirklich daran glaubte, eines Tages hinter dem Eisernen Vorhang abgesetzt zu werden, um dort irgendeinen Auftrag auszuführen. Es überrascht wohl nicht, dass Curt es nur wenige Jahre bei der CIA aushielt.

Und dann war da noch Eric. Wie ich selbst hatte er nie einen wie auch immer gearteten Militärdienst absolviert. Bevor er in die CIA aufgenommen wurde, hatte er an einem kleinen College für Geisteswissenschaften an der Ostküste Englisch unterrichtet. Mit seiner Brille mit den dicken Gläsern und seiner etwas gravitätischen Art wirkte er von seinem Aussehen und seinem Auftreten her immer noch so, als ob er vor eine Klasse gehörte. Er pflegte auf den geringsten Anlass hin ganz obskure Passagen aus den Werken Miltons zu deklamieren.

Als wir eines Tages in Fort Bragg in der Kantine Schlange standen, geriet Eric mit einem Oberst der 82nd Airborne Division aneinander. Eric hatte sich zwar den vorgeschriebenen Bürstenhaarschnitt verpassen lassen und trug den Standardtarnanzug der Army wie jedermann sonst in Fort Bragg, er sah aber nicht ein, warum er sich der militärischen Etikette ganz und gar fügen sollte – er weigerte sich, auf seine Pfeife zu verzichten. Kaum hatte der Colonel Eric und seine Pfeife – die nicht brannte – entdeckt, als er auch schon mit Mordlust in den Augen quer durch den ganzen Speisesaal geschossen kam. Er pflanzte sich so dicht vor Eric auf, dass ihre Nasen sich fast berührten, und knurrte:»Gottverdammich, Soldat, nehmen Sie den Dildo aus Ihrem Mund.« Wir konnten sehen, wie sich auf Erics Lippen schon die Worte »Fuck you« bildeten, als unsere Eskorte, ein Hauptmann der Special Forces, zwischen Eric und den Colonel trat und dem alten Burschen ins Ohr zischelte: »Ein Zivilist, Sir« – womit er uns fünf ohne Zweifel davor bewahrte, Verwundetenabzeichen verliehen zu bekommen.

In dieser Nacht waren wir fünf im Küstenschwemmland von Virginia unterwegs, um die Abschlussübung unseres vier Monate dauernden paramilitärischen Trainings hinter uns zu bringen, das seinerseits die letzte Phase der einjährigen Ausbildung durch das DO bildete und vermutlich das intensivste und zermürbendste Trainingsprogramm war, das die US-Regierung zu bieten hatte – auf diesem Niveau zumindest, darüber kam dann schon die SEAL-Grundausbildung. Für viele von uns würde die nächste Station bereits ein Auftrag im Ausland sein.

In dieser Nacht bestand unsere Mission darin, einen Agenten, der auf der Flucht war, aufzulesen und ihn zu einem Boot zu lotsen, das darauf wartete, ihn an Bord zu nehmen. Der Punkt, an dem wir ihn treffen sollten, lag nur etwas über zwei Kilometer von der Zone, in der wir gelandet waren, entfernt und von dem Treffpunkt aus waren bis zu der kleinen Bucht, in der das Boot lag, weniger als zwei Kilometer zurückzulegen. Wir hatten mehr als zwölf Stunden Zeit, um das Unternehmen zu einem Abschluss zu bringen. Falls der Agent nicht rechtzeitig am verabredeten Punkt eintreffen würde, sollten wir nicht auf ihn warten. Es würde ein Spaziergang werden – so dachten wir zumindest.

Alan brauchte ungefähr fünf Minuten, um auf der Landkarte die Stelle zu bestimmen, an der wir uns befanden, und eine Route für uns auszuarbeiten. Wir hatten das Terrain anhand von Satellitenaufnahmen und ein paar Fotos von Aufklärungsflugzeugen studiert. Es schien dort keine besonderen Hindernisse zu geben. Alan meinte, dass wir weniger als eine Stunde benötigen würden, um zu dem Treffpunkt zu gelangen, doch wir entschlossen uns, nicht länger hier, wo wir gelandet waren, die Zeit totzuschlagen, sondern uns stattdessen unserem Bestimmungsort schon so weit zu nähern, wie es klug erschien, und dort zu warten.

Es war gut, dass wir uns so zeitig auf den Weg machten. Nachdem wir ungefähr drei Meter weit in den Wald vorgedrungen waren, stießen wir auf einen Wall aus Dornenranken, Schlingpflanzen und wilden Brombeerbüschen. Wir hatten nur eine einzige Machete bei uns, und der Wall hätte ebenso gut aus Beton bestehen können. Alan fing als Erster an, uns einen Weg durch ihn hindurchzuhacken. Ungefähr eine halbe Stunde später bluteten seine Hände so stark, dass Eric ihn ablösen musste. Indem wir uns ständig abwechselten, versuchten wir uns in den nächsten zwei Stunden weiter einen Weg durch das Dickicht zu bahnen. Von wegen in einer Stunde zum Treffpunkt gelangen!

Als wir uns endlich durch den Wall gekämpft hatten, ließen wir uns auf den Boden sinken, erschöpft, aber auch mit neuem Mut im Herzen weil es – in der Dunkelheit – so aussah, als ob keine Hindernisse mehr vor uns lagen. Alan scheuchte uns alle nach ungefähr zehn Minuten wieder hoch. Peter ging vor uns her, und tastete systematisch nach Stolperdrähten, indem er einen Handrücken auf den Boden legte und dann den Arm langsam bis über den Kopf hob.

Wir kamen ganz gut voran, bis wir mitten in einen der stinkigsten Sümpfe hineingerieten, die ich jemals erlebt habe. Die untere Schicht bestand aus Morast, der einen in die Tiefe saugte, die Oberfläche war von dichtem Riedgras bewachsen. Wir erkannten schnell, dass wir dieses Gelände nicht umgehen konnten. Es war zu groß, und wir wären zu weit von unserer Route abgekommen. Alan peilte das Terrain mit seinem Kompass, zeigte auf einen Baum auf der anderen Seite des Sumpfes und tat den ersten Schritt in den stinkenden Schlamm hinein. Wir folgten ihm, einer hinter dem anderen, und versanken sofort bis zum Hals in der zähen Brühe.

Der einzige angenehme Gedanke, den ich zu fassen vermochte, als wir auf der anderen Seite angelangt waren, war, dass kein Esel blöd genug sein würde, uns durch diesen Sumpf hindurch zu folgen. Wenn sie uns fangen wollten, dann würden sie von vorne kommen müssen. Wir warfen uns auf den Boden, aus den Schnitten blutend, die wir uns an dem Riedgras geholt hatten, und legten wieder eine Atempause von einer Viertelstunde ein.

Kurz nach Mitternacht kamen wir an einem flachen Hügel an, der von mehreren großen Steinbrocken flankiert war. Peter, Eric und ich sollten an dieser Stelle warten, während Alan allein weiterlief, um den Agenten aufzusammeln. Wir konnten nicht sicher sein, dass wir nicht verraten worden waren. Möglicherweise lauerte jemand im Hinterhalt auf uns, und es machte keinen Sinn, das ganze Team zu gefährden.

Um halb vier erhoben wir uns und begannen genau nach Osten zu marschieren und dann nach Norden, um die Route zu kreuzen, der Alan mit dem Agenten folgen würde. An diesem

Treffpunkt angelangt, gingen Eric und Kurt unten in der Schlucht in Deckung, die Alan durchqueren würde, während Peter und ich die Hänge hinaufkletterten, um uns zu vergewissern, dass niemand sich in einer der anderen, parallel zu der unseren verlaufenden Schluchten anschleichen würde.

Eine Stunde später, um ungefähr halb fünf, hörte ich zuerst eine, dann eine zweite Person, die sich beide mühsam über den Grund der Schlucht vorwärts bewegten. Niemand hatte es für erwähnenswert gehalten, dass der Agent gewaltiges Übergewicht hatte und zudem noch krank war. Wir wechselten uns dabei ab, ihn zu stützen, und trugen ihn sogar alle zehn Minuten ein Stück weit. Als wir endlich den Schotterweg erreichten, fühlte ich mich, als ob ich die letzten zwölf Stunden in der Todeszone des Everest herumgeklettert wäre.

Es war jetzt kurz vor sechs Uhr. Die Morgendämmerung begann gerade anzubrechen, und wir mussten immer noch die Bucht ausfindig machen, in der das Boot liegen sollte – wenn es überhaupt noch da war. Alan ging allein voran, um die Lage zu sondieren. Wir hatten uns gerade inmitten einiger Büsche niedergekauert, als wir eine Autotür zuschlagen hörten, dann eine zweite, und schließlich einen Motor, der weniger als dreißig Meter von uns entfernt gestartet wurde.

Eric und ich ergriffen jeder einen Arm des Agenten, zerrten ihn hoch und schleiften ihn quer über die Straße. Man hörte, wie der Motor des Autos rasch hochgeschaltet wurde, der Wagen kam auf uns zugerast. Wir schlugen uns in die Büsche und stürzten uns ins Wasser, als die Scheinwerfer das Blattwerk erhellten. Dann brach das totale Chaos aus: Sirenen, Rufe und das Knattern einer Salve aus einem Maschinengewehr. Wir konnten Leute hören, die durch das Unterholz herankamen. Eine Granate explodierte im Wasser. Ich wusste, dass es nur ein harmloser Knallkörper war, doch ich begann, den Sinn für die Realität zu verlieren.

Genau in diesem Moment tauchte ein Boot, ein Boston Whaler, aus der Dämmerung auf. Alan stand vorne am Bug. Es war jetzt heller, und wir waren vom Ufer aus deutlich zu erkennen. Überall blitzte das Mündungsfeuer von Automatikwaffen auf, und wegen des Schilfs ließ sich das Boot nicht ganz bis an das

Ufer steuern. Der Agent begann abzusaufen und zog Peter und mich mit sich, als Alan uns einen Bootshaken entgegenstreckte, an den wir uns klammern sollten. »Der Agent zuerst rein!«, schrie er. Die Mannschaft und Alan hievten ihn an Bord, während Peter und ich uns über die Bootswand wälzten. Von Eric und Curt war keine Spur zu sehen, doch der Skipper wendete das Boot und raste davon, als ob der Teufel hinter uns her wäre. Er hatte das an Bord, was er haben wollte – den Agenten. Wir interessierten ihn nicht.

Wir hatten im Mai auf der *Farm*, dem Haupttrainingslager der CIA, angefangen, und jedes Sturmgewehr, jedes MG, jede Pistole und jede andere Schusswaffe, die der Menschheit bekannt war, in ihre Einzelteile zerlegt. Sobald wir uns mit einem M-16 oder AK-47 oder einer schallgedämpften Sterling-Maschinenpistole auskannten, zogen wir damit zum Schießplatz, um dort zu üben. Das war aber noch nicht alles. Wir nahmen die Waffe dann wieder auseinander und reinigten sie – mit verbundenen Augen. Und damit wir auch ganz bestimmt gut mit ihr zurechtkamen, feuerten wir anschließend von einem fahrenden Auto aus und bei Nacht auf eine Zielscheibe, die plötzlich aus dem Boden schnellte. Wir übten sogar mit mehreren Waffen, nachdem wir ein vierzigminütiges körperliches Training absolviert hatten, um das aufgeregte Herzklopfen zu simulieren, das sich in einer realen Kampfsituation einstellt.

Es folgten zwei Wochen Orientierungsläufe. Hierzu musste man sich hinter einer mit einer Nummer versehenen Stange aufstellen und sich dann an die Durchquerung eines Waldes machen, wobei nur ein Kompass benutzt werden durfte, um den Weg zu einer Stange mit derselben Nummer auf der anderen Seite des Waldes zu finden. Nachdem wir es bei Tageslicht geschafft hatten, übten wir solche Läufe in der Nacht, und dann durch Sümpfe hindurch. Das war das Muster, das sich stets wiederholte: zuerst im Hellen, dann im Dunkeln.

Im Anschluss an das dreiwöchige Fallschirmspringertraining wurden wir in den Süden von North Carolina verlegt und waren dort zwei Wochen mit nichts anderem beschäftigt, als Dinge in die Luft zu jagen. Zwei Tage lang trainierten wir, wie man Sprengkapseln »anwürgt«, das heißt den Rand der Metallhülse umbiegt, nachdem man die Ladung eingeführt hat – wieder, wie gehabt, des Tags und dann des Nachts nach Gefühl. Dann begannen wir, Autos, Busse, Dieselaggregate, Absperrungen, Bunker zu zerstören. Mit ungefähr 20 Pfund C-4, made in USA, ließen wir einen Schulbus verschwinden. Um einen Vergleich zu haben, wiederholten wir das Ganze dann noch einmal mit tschechischem Semtex und mit ein paar anderen im Ausland hergestellten Plastiksprengstoffen. Dabei braucht man eigentlich gar nichts Raffiniertes. Wir ließen einen Bus mit drei Säcken voll Dünger und ein paar Litern Dieselöl hochgehen, einer Mixtur, die sich ANFO (Ammonium Nitrate Fuel Oil) nennt und die mehr Schaden anrichtete, als der C-4-Sprengstoff es getan hatte. Das größte Stück, das von dem Bus noch übrig blieb, war das Fahrgestell, und das wurde im hohen Bogen mehrere hundert Meter weit weggeschleudert. Wir lernten, einen höchst explosiven Cocktail namens Methylnitrat zu mixen. Wenn man mit einem Hammer auf einen kleinen Tropfen davon hieb, zerbarst der Hammerkopf – ehrlich. Man machte uns auch mit einigen wirklich »esoterischen« Dingen bekannt wie »E-cell Timers«, brachte uns bei, mit einem Kondom und Aluminiumfolie improvisierte Druckzünder für Fliegerbomben anzufertigen oder eine Pistole in einer Mischung aus Expositharz und Graphit verborgen an Bord eines Flugzeugs zu schmuggeln. Als unser Training zu Ende war, hätten wir selbst einen Lehrgang für – fortgeschrittene – Terroristen abhalten können.

In Arizona absolvierten wir ein Wüsten- und Gebirgstraining. Es unterschied sich eigentlich in nichts vom vorhergehenden – Orientierungsläufe, Märsche die ganze Nacht hindurch, Anfertigung improvisierter Waffen. Die einzige Neuerung bestand darin, dass man uns eine Klapperschlange mit einem gegabelten Ast fangen und danach braten und essen ließ. Zwei Wochen später waren wir wieder auf der Farm, wo wir lernten, einen Hubschrauber zu fliegen und ein Flugzeug, das nur eine winzige Fläche zum Landen und Abheben benötigte, zu einem Feld lotsen, das nicht größer war als mein Hinterhof daheim in Aspen. Es war nicht so einfach, wie es sich vielleicht anhört. Auf einer Karte sehen Orientierungspunkte ganz anders aus als in der Realität, und bei schlechtem Wetter ist alles noch vertrackter. Nach der Zeit in Arizona schipperten wir zwei Wochen lang in kleinen Booten auf dem Atlantik umher und eigneten uns einige der Fertigkeiten an, die einem im Leben von Nutzen sein können – wie zum Beispiel mitten in der Nacht vor der Atlantikküste ein abgetauchtes U-Boot zu lokalisieren.

Damit wir ein bisschen Sonne tanken und ein wenig Spaß haben konnten, schickte man uns für eine Woche in die Ten-Thousand-Islands-Region Floridas, ein elendes, mit Mangroven bestandenes Sumpfgebiet. Nach vier Tagen Herumgeplantsche in dem von giftigen Mokassinschlangen verseuchten Wasser war unsere Haut algengrün. Nach weiteren vier Tagen, in denen wir auf den Wurzeln der Mangrovenbäume campierten, begannen uns die Kleider am Körper zu verrotten. Unsere letzte Übung dort bestand darin, ein Waffenversteck auf einer verlassenen Insel, die ungefähr eine Meile vom Land entfernt im Golf von Mexiko lag, aufzuspüren und freizuschaufeln. Da sahen wir schon wie Komparsen aus dem Film *Die Nacht der lebenden Toten* aus. Wir waren gerade dabei den schützenden Fettfilm von den – nicht geladenen – M-16-Gewehren zu wischen, die in dem Versteck gelagert waren, als uns ein Motorboot auffiel, das mit hoher Geschwindigkeit auf die Insel zuhielt. Erst als der Mann am Steuer das Boot schon auf dem Strand aufsetzen wollte, bemerkte er uns. Er riss seinen Kahn so schnell herum, um sich wieder davonzumachen, dass er beinahe kenterte. Ich würde zwar nie bei einem richtigen Unternehmen ein Waffenversteck freilegen, immerhin hatte ich aber einen Beitrag zu Amerikas Kampf gegen die Drogenmafia geleistet.

Sogar als ich noch mitten in der paramilitärischen Ausbildung steckte, wusste ich schon, dass die Aufgabe eines Case Officer nicht darin bestand, Waffenverstecke auszubuddeln. Der paramilitärische Lehrgang war ein Überbleibsel aus den Zeiten des Office of Strategic Services, dessen Leute im Zweiten Weltkrieg wirklich an Kämpfen teilgenommen hatten, während das DO dazu da war, Agenten einzusetzen, und nicht dazu, das Land auf dem Schlachtfeld zu verteidigen. Wahrscheinlich hielt das DO nur an dieser Ausbildung fest, um die neuen Leute mit einem *ésprit de corps* zu beseelen und daran zu erinnern, dass wir nicht für den in Nadelstreifen gewandeten Verein vom State Department arbeiteten.

Alle biederen und kreuzbraven Menschen in Washington werden blass, wenn ihnen die Case Officers so beschrieben werden, aber sie sind tatsächlich nichts anderes als Fassadenkletterer und Diebe, die die Geheimnisse anderer Länder stehlen. Das DO ist die einzige Institution der Bundesregierung, die sich ganz der Aufgabe widmet, Gesetze zu brechen – ausländische Gesetze zwar, aber immerhin Gesetze. Das Letzte, was das DO erleben will, ist, dass seine Beamten herumlaufen und Dinge in die Luft sprengen und sich Feuergefechte mit den bösen Buben in irgendeiner osteuropäischen Hauptstadt liefern. Sogar damals, bevor *political correctness* in Langley und überall um Washington herum tiefe Wurzeln schlug, war das Management sich nur zu gut der Tatsache bewusst, dass die CIA immer dann, wenn ihre Leute zu den Waffen griffen, in Schwierigkeiten geriet. Es gab genügend leidvolle Erfahrungen: Im Iran, in Chile, in Laos und im Kongo; in allen diesen Ländern war die CIA bezichtigt worden, sich an Umstürzen beteiligt zu haben. Besser war es, im Schatten zu operieren und das Herumgeballere den anderen zu überlassen. *No news was good news.*

Eine andere Sache, die ich über das DO erfuhr, war, dass es sich wie jede andere professionelle kriminelle Organisation strikt an einen Code der Geheimhaltung hielt. Jedes Dokument, das innerhalb der Reihen der Mitarbeiter des DO kursierte, wurde für geheim erklärt – ob es sich nun um eine Anforderung von Toilettenpapier handelte oder um Einladungen zu einer Weihnachtsparty im Büro. Alle Mitteilungen wurden verschlüsselt und nochmals verschlüsselt. Case Officers benutzten Pseudonyme statt ihrer wirklichen Namen. Kryptogramme ersetzten die Namen von Agenten. Sogar geographische Orte wurden umgetauft. Ich war völlig verblüfft, als ich erfuhr, dass die CIA eine eigene

Karte der Farm angelegt hatte, mit falschen Ortsbezeichnungen, und erfundenen Namen für Flüsse und Seen, die aber sonst wie eine richtige Landkarte aussah. Es war so, als ob die CIA in einer Welt parallel zu der realen existierte.

Als man mit Computern zu arbeiten begann, begriff man in der CIA sofort, wie gefährlich digital gespeicherte Informationen waren. Brisantes Material wurde weiterhin mit Textilfarbbändern auf Papierbögen getippt oder manchmal sogar mit der Hand aufgeschrieben. Die berühmten *Blue-striper*-Nachrichtenkommuniqués des DO wurden in Washington von Kurieren zugestellt, die dabeistanden, wenn der Empfänger sie las, um sie wieder zur Zentrale zurückzubringen, sobald er damit fertig war.

Meine Initiation in diesen Geheimhaltungskult fand bereits statt, bevor ich in Washington eintraf, um mit meinem Training zu beginnen. Ich machte mich gerade bereit, aus San Francisco abzureisen, als Scott mich anrief, um mir zu sagen, dass niemand am Flughafen sein werde, um mich abzuholen. *»Es ist zu unsicher«*, sagte er. »Während Ihrer ersten beiden Orientierungswochen werden Sie in einer konspirativen Wohnung bleiben.«

»Warum nicht in einem Hotel?«

»Es ist zu unsicher.«

Ich tat es mit einem Achselzucken ab. Ich war viel zu aufgeregt darüber, dass ich bald meinen ersten ernsthaften Job antreten würde, um mir Gedanken darüber zu machen, warum ich in meinen eigenen Land in einer konspirativen Wohnung von der Öffentlichkeit isoliert werden musste.

Ich nahm ein Taxi vom Washingtoner nationalen Flughafen zu der Adresse in Baileys Crossroads, die Scott mir durchgegeben hatte, einem neuen Apartmenthaus, das zu einem jener sterilen Gebäudekomplexe gehörte, die überall in Nordvirginia wie Pilze aus dem Boden schossen. Ein anderer neuer Rekrut, ein schlaksiger, blonder Bursche von ungefähr fünfunddreißig, war schon eingezogen. Er stellte sich selbst nur als Hank vor. Ich fragte ihn nach seinem Nachnamen. »Sorry, darf ich dir nicht sagen. Scott hat mich darum gebeten.«

Am nächsten Morgen, genau um acht, erschienen ein Mann, der recht nett zu sein schien, und eine großmütterlich wirkende

Frau bei uns. Sie kamen von Central Cover, der Abteilung des DO, die unter anderem dafür zuständig ist, Ausweise zu fälschen oder telefonische Verbindungen vorzutäuschen, und mit anderen Institutionen der Regierung und Unternehmen zusammenarbeitet und auf diese Weise dafür sorgt, dass die Zugehörigkeit der überall in der Welt verstreuten CIA-Beamten zu dieser Organisation verborgen bleibt.

Die Frau ließ sich von Hank und mir alle unsere Identitätspapiere geben: Führerschein, Kreditkarten, Mitgliedsausweise von Clubs und alle anderen Dokumente, auf denen unser Name stand.

»Die werden Sie nicht mehr brauchen«, sagte sie, während sie sie in zwei separate Briefumschläge schob, die sie mit unserem Namen versah und zuklebte.

Ich überlegte gerade, wie man wohl ohne jeglichen Identitätsnachweis lebt, als ihr Partner Hank und mir laminierte Ausweise überreichte, auf denen schon unsere Fotos klebten. Wir wurden als Zivilangestellte der US-Streitkräfte geführt. Ich schaute mir meinen Ausweis näher an. Es war eindeutig mein Foto, das auf ihm klebte – es war eines von denen, die ich zusammen mit meiner Bewerbung eingereicht hatte –, aber das Dokument war auf den Namen Robert Endacott ausgestellt.

»Irgendjemand hat sich vertan«, sagte ich und reichte dem Mann den Ausweis zurück.

Er schaute mich überrascht an. »Hat Ihnen niemand erzählt, dass Sie ein Alias bekommen?«

Nein, niemand hatte mir das mitgeteilt.

Er erklärte mir daraufhin, dass Hank und ich von diesem Tag an unter neuen Namen leben würden, jedenfalls bis wir ins Ausland beordert würden. Nur eine Hand voll Leute in der CIA sei darüber informiert, wie wir wirklich hießen.

»Was sag' ich meinen Familienangehörigen?«, fragte ich.

Er lächelte und reichte mir eine gelbe Karteikarte, auf der die Nummer eines Postfachs in Washington D.C. getippt war. »Wir werden es einmal in der Woche leeren. Sie können so viele Briefe schreiben, wie Sie wollen, aber Sie dürfen sie nicht anrufen, weder hier von der Wohnung aus noch von einer anderen Einrichtung der CIA. Und natürlich können Ihre Angehörigen Sie ebenfalls nicht anrufen.« Dass es dieses Telefon-Tabu gab, hatte ich schon selbst herausgefunden. Ich hatte das Telefon in der Wohnung bereits überprüft: Die Leitung war tot.

Der Mann und die Frau, die Hank und mich umgetauft hatten, ließen es so aussehen, als ob alles ein Kinderspiel sei, aber der Deckmantel eines CIA-Agenten konnte manchmal auch Löcher haben. Zur Zeit des Golfkriegs war ein Case Officer nach Washington zurückbeordert worden, um sich um eine Gruppe arabischer Auszubildender zu kümmern, die im Hotel West Park in Rosslyn untergebracht waren. Gegen 24 Uhr in seiner ersten Nacht in der Stadt wurde einer der Araber vom Gefühl der Einsamkeit übermannt. Er war nie zuvor in den USA gewesen und sprach kaum Englisch. Er schlug die Seite mit den Notrufnummern im Telefonbuch auf, wählte 911 und erklärte dem Beamten der Einsatzleitung der Polizei, dass er dringend eine Frau benötige. Der Polizist war nicht auf den Kopf gefallen und wies ihn an, vor dem Hotel zu warten, bis die von ihm bestellte Frau auftauchen würde. Wie versprochen war da eine Frau in dem Park, als der Araber aus der Eingangshalle des Hotels trat, aber außer ihr lauerten, in den Büschen versteckt, auch noch fünf uniformierte Cops.

Dem Araber wurden Handschellen angelegt, doch er vermochte die Polizisten dazu zu überreden, ihn zurück ins Hotel zu begleiten und mit seinem Case Officer zu reden, der bezeugen würde, dass er sich in Washington aufhielt, um an einem Ausbildungsprogramm der Regierung teilzunehmen. Der Case Officer bestätigte die Geschichte. Es handle sich nur um ein sprachliches Missverständnis, erklärte er, und er hoffe, dass die Polizei über den Vorfall hinwegsehen könne. Die Beamten forderten den Case Officer auf, sich selbst auszuweisen. Der Mann präsentierte einen von der Central-Cover-Abteilung ausgestellten Ausweis der Regierung, der offenbar verdächtig genug aussah, um einen der Ordnungshüter dazu zu veranlassen, die Zentrale zwecks dortiger Überprüfung der Angaben anzurufen. Der Mann der CIA, der in der Regierungseinrichtung, für die der Case Officer angeblich arbeitete, in jener Nacht Telefondienst hatte, hielt sich an den Kodex des Schweigens und bestritt, jemals von diesem gehört zu haben.

Als der Polizist ein zweites Paar Handschellen hervorzog, meinte der Case Officer, wenn es eine Situation gebe, in der man die Tarnung fallen lassen dürfe, dann sei diese jetzt wohl gekommen. Der Cop gestattete ihm einen Anruf bei der CIA. »Wir können nicht bestätigen, dass jemand ein CIA-Beamter ist«, teilte der Sicherheitsbeamte vom Dienst dem Polizisten pflichtgemäß mit. An diesem Punkt des Geschehens riss der Case Officer, ein ehemaliger Marineinfanterist, den Hörer an sich und brüllte hinein: »Du Hurensohn, wenn du nicht meinen Namen in deinem beschissenen Computer suchst und bestätigst, dass ich bei euch arbeite, werde ich dir den Hals umdrehen, sobald ich wieder aus dem Gefängnis bin.«

Ein paar weitere Telefonate brachten schließlich die Klärung, doch die meisten Case Officers lebten in ständiger Angst davor, dass sie ihre Tarnung im entscheidenden Moment nicht würden aufrechterhalten können. In den USA konnte eine geplatzte Tarnung eine Nacht im Gefängnis bedeuten, im Ausland viel Schlimmeres.

Nachdem das Paar von der Central-Cover-Abteilung sich von Hank und mir verabschiedet hatte, kreuzten zwei schwarz gekleidete Männer vom Office of Security auf, einer Abteilung der CIA, die ich den folgenden einundzwanzig Jahren genau kennen lernen sollte. Die Sicherheitsabteilung kümmerte sich um Lügendetektortests und Überprüfungen der Zuverlässigkeit eines Mannes, sorgte aber auch dafür, dass die Safes in der Zentrale nachts geschlossen waren, und hörte hausinterne Telefongespräche mit. Die Abteilung besaß sogar einen Spezialisten, dessen einzige Aufgabe darin bestand, Leute zu feuern: den »Hackebeil-Mann«. Während er die schlechte Nachricht überbrachte, durchstöberten ein paar andere Grobiane vom Office of Security den Safe des in Ungnade Gefallenen, durchforsteten die Festplatte seines Computers und nahmen sich ganz genau alle persönlichen Besitztümer vor, die sich auf oder in seinem Schreibtisch befanden, sogar scheinbar so harmlose Dinge wie Familienfotos. Danach eskortierte eine Meute von Sicherheitsbeamten ihn zum Ausgang.

Die beiden Sicherheitsbeamten, die zu uns gekommen waren, zogen einen dicken Stapel Vordrucke aus ihren Aktentaschen, die wir durchlesen und dann unterschreiben sollten. Bei dem ersten handelte es sich um eine Erklärung, die uns zur Geheimhaltung verpflichtete: Als Gegenleistung dafür, dass wir alle vierzehn Tage unseren Gehaltsscheck bekamen, verbürgten wir uns, kein Buch, keinen Zeitungsartikel und kein Drehbuch zu schreiben und auch nicht im Fernsehen aufzutreten, ohne vorher eine entsprechende Freigabe von der CIA erlangt zu haben. Zwar galt das nur, wenn die Publikationen oder Fernsehsendungen vom Thema her mit der CIA und nachrichtendienstlichen Tätigkeiten zu tun hatten, doch wenn man sein Leben im Dienst der CIA verbrachte, betraf es so gut wie alles, worüber man vielleicht etwas zu schreiben oder sich auf andere Art und Weise zu äußern gedachte.

Wir verpflichteten uns mit unserer Unterschrift auch dazu, nie irgendjemandem anzuvertrauen, dass wir für die CIA arbeiteten: auch nicht unseren Müttern oder unseren Frauen, und ebenfalls nicht dem Polizisten, der einen vielleicht anhielt, weil man beim Verlassen des Hauptquartiers eine rote Ampel nicht beachtet hatte. Es war egal, ob der Cop mit eigenen Augen gesehen hatte, wie man aus dem Tor rauskam – man musste abstreiten, in irgendeiner Verbindung zur CIA zu stehen. Wenn DO-Beamte immer denselben Spruch wiederholten: »Gib nichts zu, streite alles ab und geh zu Gegenanklagen über«, dann meinten sie wirklich, was sie sagten. Wenn auch einige Case Officers vor ihren Frauen wirklich zu verbergen versuchten, wo sie arbeiteten, verzichteten, wie ich später herausfand, die meisten darauf. Es war einfach zu schwer, eine Begründung für alle die Nächte außer Haus zu finden, in denen man sich mit Agenten traf.

Wir unterzeichneten auch eine Erklärung, dass wir nichts preisgeben würden, was mit »*code word intelligence*« zu tun hatte, Informationen, die durch ein Codewort geschützt waren und zum Beispiel abgefangene Telefongespräche, Satellitenaufnahmen und Kenntnisse über Atomwaffen betrafen. An solche

Informationen kam nur derjenige heran, der über eine Unbedenklichkeitserklärung für den Zugang zu Material verfügte, das als »TS«, »*top secret*«, eingestuft worden war. Um eine TS-Genehmigung zu erhalten und zu behalten, musste man ganz spezielle, strenge Kriterien erfüllen

Ich las einiges von dem Kleingedruckten zu diesen »TS-Genehmigungen«, als ich auf das Wort *Satyriasis* stieß. Das war eines von den Dingen, mit denen man nichts zu tun haben durfte, wenn man weiter mit streng geheimem Material arbeiten wollte. Ich hatte keine Ahnung, was das Wort bedeutete. »*Satyriasis?*«, fragte ich.

Einer der Sicherheitsbeamten murmelte mit verschwörerischer Stimme: »Ein Satyrist ist jemand, der gern mit vielen Frauen ins Bett steigt. Und die Vorschriften besagen, dass wir Ihnen die TS-Genehmigung wieder wegnehmen müssen, wenn wir Sie dabei erwischen, dass Sie es in dieser Hinsicht zu bunt treiben.«

Heute kommt einem das alles komisch vor, doch Sex gehörte zu den Dingen, die dem Management die heftigsten Kopfschmerzen bereiteten. Letztlich lief alles darauf hinaus, dass die CIA nicht wollte, dass ihre Leute leichtfertig mit Frauen oder Männern aus dem feindlichen Lager das Schlafgemach teilten. Da alle Ausländer als Staatsfeinde galten, bis sie das Gegenteil bewiesen hatten, setzte das Sicherheitsbüro ganz strikt die Einhaltung einer Vorschrift durch, nach der Beamte jeden engen und anhaltenden Kontakt mit einer Person fremder Nationalität zu melden hatten. Das Problem war nur, dass keiner genau wusste, was mit »enger und anhaltender Kontakt« gemeint war. Ein *one-night stand*? Die Anbetung einer platonischen Geliebten in Gedichten? Das Office of Security blieb uns darüber die Auskunft schuldig. Mein späterer Boss in Khartum, Milt Bearden, fand die Definition, die am meisten Sinn machte: »Wenn du ein paar Hausschuhe unter dem Bett deiner Freundin stehen hast, dann ist die Beziehung ›eng und anhaltend‹.«

Alle sechs Monate schickten die CIA-Leute, die ins Ausland abkommandiert worden waren, ein so genanntes ███████████ an die Zentrale – ein Telegramm, in dem man seine »engen und anhaltenden« Kontakte aufzählte oder eine Versicherung abgab, dass man keine solchen Kontakte hatte. Man wusste genau: Wenn irgendein Kotzbrocken vom Office of Security einen schlechten Tag hatte und befand, dass der enge und anhaltende Kontakt, den man unterhielt, eine Bedrohung für die nationale Sicherheit darstellte, konnte er einen nach Washington zurückpfeifen, an einen Lügendetektor festschnallen lassen und auf Jahre hinaus in ein Fegefeuer schicken, weil man als mögliches Sicherheitsrisiko gelten würde. Doch wenn man keinen Kontakt mit einem Ausländer meldete und Security dann zufällig auf einen solchen stieß, würde das noch viel schlimmer sein.

In einen der bizarreren Fälle, von denen ich gehört habe, war ein bei der CIA angestellter Hindu verwickelt, der sowohl mit seiner Mutter als auch mit seiner Schwester ein inzestuöses Verhältnis hatte. Dies stellte sich bei einem routinemäßigen Lügendetektortest heraus. Der Hackebeil-Mann war dabei, den Hindu vor die Tür zu setzen, als dieser sich auf die Rechte berief, die ihm nach dem 1st Amendment* zustanden. Er behauptete, dass alles mit dem Kastenwesen zu tun habe: Er könne im ganzen Großraum Washington keine Frau finden, die zu seiner eigenen Kaste gehöre. Damit wurde der Fall zu einer Angelegenheit, mit der sich der General Counsel befassen musste, der schließlich entschied, den Mann trotzdem zu feuern. Ein extremer Fall, doch das waren die Dinge, mit denen die CIA sich beschäftigen musste, um ihren Geheimhaltungskult zu wahren.

Nachdem ich zwei Wochen lang in der konspirativen Wohnung eingesperrt gewesen war, Vordrucke unterzeichnet und Leuten aus dem Hauptquartier zugehört hatte, die uns etwas darüber vorleierten, was sie taten, um sich ihr Gehalt zu verdienen, war ich überglücklich, als ich endlich meinen praktischen Ausbildungskurs auf der Farm antreten konnte. Ich wusste, dass ich ein Gefängnis gegen ein anderes eintauschen würde, doch das neue ähnelte mehr einem Country Club und ich würde mich zumindest wieder körperlich betätigen können.

---

* siehe Glossar auf Seite 402

Obwohl die Farm schon in zahlreichen Büchern beschrieben worden ist und auch Luftaufnahmen von ihr in TV-Dokumentarfilmen gezeigt worden sind, bin ich von der CIA ersucht worden, weder ihre Lage noch ihren Decknamen preiszugeben. Alles was ich Ihnen erzählen kann, ist daher, dass sie in Virginias Küstenregion liegt, an ██████████████████████████. Das ganze Gelände ist militärisches Sperrgebiet, wie die Wachposten demjenigen zu verstehen geben werden, der sich jemals durch Zufall an die Eingangstore mit ihren gelben Blinklichtern und ihren Schranken verirrt haben sollte.

Die Farm selbst erinnerte wirklich an einen Country Club, jedenfalls ein Teil von ihr. Es gab Tennisplätze, einen überdachten Swimmingpool, Fischerboote für Ausflüge auf dem Fluss und mehrere Bars. Sie verfügte über Anlagen zum Skeet- und Trapschießen zur Erholung der Schüler, die in Wohnheimen in Einzelzimmern untergebracht waren. Es war nicht gerade das Ritz, aber es war auch nicht unbequem. Die Ausbilder wohnten auf dem Gelände in mit weißen Holzschindeln verkleideten Häusern.

Die Farm gab sich gern den Anschein eines kleinen, ländlichen College, aber es war eines der ganz besonderen Art. Sobald wir uns gemeldet hatten, wurde bekannt gegeben, dass abends ein ███████████████████████████ stattfinden werde. Als Gastgeber werde ein imaginäres fremdes Land fungieren. Ich kann mich an den Namen, den man dem Land gab, nicht mehr erinnern, weiß aber noch, dass man die Hauptstadt Wilton nannte. Die Ausbilder übernahmen die Rollen von Staatsbeamten des fremden Landes, während wir Schüler Besucher aus Amerika mimten. Unsere Aufgabe bestand darin, irgendetwas zu erfinden, das unsere Anwesenheit in dem Land erklärte. Das Ganze sollte dazu dienen, uns beizubringen, wie man sich bei einem gesellschaftlichen Anlass verhält und den Einheimischen Informationen entlockt: Es war die CIA-Version eines diplomatischen Empfangs.

Ich wählte mir einen kleinwüchsigen, kahlen, schlapp wirkenden und kurzsichtigen Ausbilder aus, der aussah, als ob er schon Jahrzehnte zuvor in den Ruhestand hätte gehen sollen. Da er überdies noch einen Martini schlürfte, bildete ich mir ein, mit ihm leichtes Spiel zu haben.

»Wie geht's, wie steht's?« Ich streckte ihm meine Hand entgegen.

Er behielt seine Hand in der Hosentasche und schaute mich nur an.

»Ich bin Amerikaner und gerade erst hier angekommen«, sagte ich, immer noch krampfhaft grinsend.

»Das ist seltsam«, erwiderte der Mann in einem nicht sonderlich freundlichen Ton. »Wir bekommen hier nicht viele Amerikaner zu Gesicht. Was machen Sie hier?«

»Ich arbeite für ein amerikanisches Erdgasunternehmen. Wir hoffen, in Ihrem Land ein paar Lagerstätten erschließen zu können.«

»Sind Sie Geologe?«

»Nein.«

»Nun, das erklärt vielleicht, warum Sie nicht wissen, dass es in unserem Land keine Erdgasvorkommen gibt«, meinte er, während er sich umdrehte und mich stehen ließ.

Kaum war ich wieder in meinem Zimmer, als ich in der Informationsbroschüre über das fremde Land nachschlug: Tatsächlich war dort ganz klar angegeben, dass es in ihm keine Hydrokarbonvorkommen gab. Als sich die Schüler am nächsten Morgen im Hörsaal versammelten, konnte ich deutlich erkennen, dass ich nicht der Einzige war, der seine Hausaufgaben nicht gemacht hatte.

Um Punkt halb neun betrat ein fast 1,90 Meter großer Mann, der wie aus einem Felsen gemeißelt zu sein schien, den Hörsaal und schlenderte ganz bedächtig zum Podium, so als ob alles ihm gehörte. Mit seinem wettergegerbten, rötlichen Gesicht sah er so aus, als er ob viel Zeit in der Wüste verbracht hätte.

»Mein Name ist Joe Lynch. Ich bin der Ausbildungs-Koordinator. Wer hat sich gestern Nacht im Anschluss an den ›Empfang‹ noch mit jemandem getroffen?«

Man hätte eine Stecknadel zu Boden fallen hören können. Niemand hob die Hand.

Lynch wanderte den Mittelgang herauf und blieb in der Nähe

meines Pults stehen. Die Wandtafeln, Pulte mit den Resopalplatten und kahlen Wände versetzten mich wieder in die Georgetown University zurück, doch so wie dieser Mann hatte keiner der Professoren ausgesehen und geklungen, denen ich jemals zuvor begegnet war

»Hat jemand eine Ahnung, warum wir hier sind?« Seine Stimme dröhnte durch den Hörsaal.

Ich zumindest wusste das nicht und war erleichtert, als sich eine ältere Frau meldete. Sie sah so aus, als ob sie schon eine Weile bei der CIA wäre und jetzt im Recyclingverfahren zu einem Case Officer gemacht werden sollte.

»Wir sind hier, um zu lernen, wie man Informationen einholt«, sagte sie.

Lynch gab mit keinem Zeichen zu erkennen, dass sie etwas gesagt hatte. Er ließ die Augen durch den Raum schweifen und stellte sich dann wieder hinter den Katheder.

»Anscheinend hat niemand ein zweites Treffen gehabt. Hat denn zumindest auf dem Empfang einer die Telefonnummer eines seiner Gesprächspartner bekommen mit der Aufforderung, ihn anschließend anzurufen?«

Ungefähr die Hälfte der Anwesenden hob die Hand.

Lynch wandte sich an einen von denen, die sich gemeldet hatten und der in der ersten Reihe saß. »War es eine Büronummer?«

Der Angesprochene nickte.

»Was werden Sie also sagen, wenn seine Sekretärin den Anruf entgegennimmt und fragt, wer Sie sind? Wenn Sie Ihre Informationsschrift gelesen haben, dann wissen Sie, dass Wilton den USA gegenüber feindselig eingestellt ist. Kontakte von Regierungsangestellten zu Amerikanern sind untersagt, wenn sie nicht gemeldet werden. Indem Sie Ihren Freund im Büro angerufen haben, haben Sie ihn gerade reingeritten.«

Lynch ließ wieder seine Augen durch den Raum wandern.

»Um zu der Frage zurückzukehren, was Sie hier eigentlich tun. Die US-Regierung gibt Millionen aus, um Sie in Wölfe zu verwandeln, in Raubtiere. Letzte Nacht hat man von Ihnen erwartet, dass Sie eines der Lämmer von seiner Herde trennen, das Lamm, das die Geheimnisse kennt, und es auf den Pfad des Verrates führen würden – des Verrates an seinem Land und allem anderen, was ihm lieb und teuer ist. Und gleichzeitig hätten Sie niemanden merken lassen sollen, was Sie da taten.

Wenn Sie der CIA beigetreten sind, weil Sie denken, dass das die Abkürzung ist, die Sie schneller in die Position eines Beamten des auswärtigen Dienstes befördert, sodass Sie sich auf Cocktailpartys kostenlos voll laufen lassen oder einen langen Urlaub in Europa machen können, dann empfehle ich Ihnen, zum Hauptquartier zurückzukehren und sich nach einem Schreibtischjob umzusehen.«

Ich glaube, ich begriff erst in diesem Augenblick, dass es der CIA völlig ernst damit war, mich zum Spionieren in die Welt zu schicken. Meinen Traum, auf Kosten der Agency in der Schweiz Ski zu fahren, konnte ich vergessen.

In den folgenden fünf Monaten taten die Ausbilder ihres Bestes, um uns in Raubtiere zu verwandeln. Indem wir mehr oder weniger die Tage und die Nächte hindurch arbeiteten, erlernten wir die esoterische Kunst des Spionierens – das Ausfindigmachen, Einschätzen, Anwerben und schließlich das Einsetzen von Agenten, alles innerhalb des Rahmenwerks, das von dem imaginären Land vorgegeben wurde, dessen Hauptstadt Wilton war. Auf der Oberfläche wirkte es wie ein gespenstisches Kabuki-Stück, doch es stand viel auf dem Spiel. Wenn von der Farm das Daumen-nach-unten-Zeichen kam, bedeutete das, dass man nicht zum Case Officer qualifiziert war, was wiederum hieß, dass man nicht im Ausland eingesetzt werden konnte. Man würde für immer dem Hauptquartier zugeteilt werden, und damals, in den Siebzigerjahren, war es in einem solchen Fall besser, den Dienst zu quittieren.

Es überrascht wohl kaum, dass einem die Rekrutierung von Agenten, das Anwerbegespräch, *the pitch*, wie es im Jargon hieß, am schwersten fiel. Wenn man zu dem Schluss gekommen war, dass die Person, die man aufs Korn genommen hatte, tatsächlich Geheimnisse kannte, die die CIA in Erfahrung bringen wollte, musste man herausfinden, ob sie irgendwelche Schwachstellen hatte, die sie so verletzlich machten, dass man sie für die Agency rekrutieren konnte. Die allgemeine Regel war, dass man sich an die schwächste Person heranmachte – an jemanden, der in finanziellen Schwierigkeiten steckte, der einen tiefen Groll gegen sein eigenes Land hegte oder ein Alkoholproblem hatte –, doch einige der besten Agenten, die von der CIA verpflichtet werden konnten, arbeiteten einfach aus Liebe zu Amerika für sie. Man musste – und das wurde uns immer wieder eingebläut – absolut sicher sein, dass man über die wunden Punkte der Zielperson wirklich im Bilde war, bevor man sie anzuwerben versuchte. Jemandem mit einer Hundertdollarnote vor der Nase herumzuwedeln, der sich nichts aus Geld machte, brachte einen nur in Schwierigkeiten.

Die Teilnehmer eines späteren Lehrgangs erfuhren aus erster Hand, welche Folgen es haben konnte, wenn eine Anwerbung nicht klappte. Die ganze Geschichte begann in Afghanistan, in Kabul, als ein Case Officer einen sowjetischen Diplomaten rekrutieren wollte. Als die Einsatzzeit des Case Officer in dem Land zu Ende ging und er immer noch keine Schwachstelle bei dem Mann entdeckt hatte, bei der er hätte ansetzen können, raspelte er stattdessen Süßholz und erzählte dem Diplomaten etwas über die Notwendigkeit, dass die Sowjetunion und die USA einander besser kennen lernen müssten. Als der Russe zustimmte, schlug der Case Officer ihm vor, ihn mit seinem Nachfolger bekannt zu machen, sodass sie ihre Ansichten austauschen könnten.

Leider stellte der Case Officer das in seinem Abschlussbericht aber ganz anders dar. Er behauptete, den Russen für die CIA rekrutiert zu haben, und der Mann, der ihn ablöste, er hieß Bob ▬▬▬▬▬▬▬, nahm ihn beim Wort. Bei seinem ersten Solotreffen mit dem Russen in einem Restaurant fragte Bob ihn nach Geheimdokumenten. Der Russe lief rot an, hämmerte mit den Fäusten auf den Tisch und fing an zu brüllen. Es war für alle in dem Restaurant offensichtlich, was da vor sich ging. Der Vorfall geriet zu einer solchen *cause célèbre* in Kabul, dass Bob nach Hause zurückbeordert wurde. Er wurde auf die Farm geschickt, um zu unterrichten. Da er für sich erkannt hatte, dass es mit seiner Karriere vorbei war – und er ohne Zweifel noch unter anderen Problemen litt –, erschoss Bob sich an einem Weihnachtsmorgen auf der Veranda vor seinem Haus, während seine Frau und seine Kinder drinnen auf ihn warteten.

Das DO hämmerte uns noch eine andere Sache vom allerersten Tag an in den Schädel, und zwar: Nichts ist so wichtig wie das Leben deines Agenten. Ebenso wie man von einem Beamten des Secret Service erwartete, dass er mit seinem Körper eine für den Präsidenten bestimmte Kugel auffing, so erwartete man von einem Case Officer, dass er alles tat, um seine Agenten zu schützen – dass er log, betrog, stahl oder noch Schlimmeres tat, wenn es sein musste. Nur wenige Menschen, die nicht dem Verein angehören, verstehen, welcher Art die Bindungen zwischen einem Case Officer und seinem Agenten sind – doch vom Emotionellen einmal abgesehen: Wenn bekannt würde, dass das DO seine Agenten nicht schützte, würde niemand mehr für die CIA spionieren.

Manchmal verriet ein Maulwurf einen Agenten oder ließ sogar ganze Spionagenetze auffliegen, doch viel öfter ging ein Agent verloren, weil er bei einem Treffen mit seinem Case Officer beobachtet wurde. Entsprechend gab das DO Millionen aus, damit die CIA-Beamten lernten, Leute der Gegenseite, die sie beschatteten, zu ermitteln und auszuschalten. Während unseres Aufenthalts auf der Farm verbrachten wir ungefähr ein Drittel der Zeit mit Überwachungsübungen, vor allem in Richmond, Virginia. Manchmal folgten wir den Ausbildern, zu Fuß oder im Auto, manchmal folgten sie uns, manchmal beschatteten die Schüler sich gegenseitig. Es war ein raffiniertes Katz-und-Maus-Spiel, und es diente nur als Vorbereitung für das Hauptereignis – den *internal operations course*, der in Washington D.C. abgehalten wurde.

Dieser Kurs war für Case Officers bestimmt, die in Orten wie Moskau oder Peking eingesetzt wurden. Man wollte sie im Feuer stählen, indem man, so gut es ging, simulierte, wie es war, gegen ein Team von zwei- bis dreihundert zu allem entschlossenen gegnerischen Überwachungsagenten zu arbeiten. Ich will die Ausbilderin Martha nennen. Sie war eine kecke Blondine von ungefähr dreißig, die man gerade aus der Sowjetunion herausgeschmissen hatte, nachdem sie in Moskau bei einem Treffen mit einem Agenten erwischt worden war. Das Ganze war vom KGB inszeniert gewesen. Martha war ausgewählt worden, um den *internal operations course* zu leiten, weil sie sich auf der Straße bewährt und einer äußerst unangenehmen Befragung durch den KGB standgehalten hatte. Ein Überwachungsteam abzuhängen war nicht etwas, das man lernte, indem man ein Buch las oder eine Vorlesung besuchte.

Am ersten Tag entließ sie uns zeitig. »Geht nach Hause, bezahlt eure Rechnungen und erledigt alles andere, was nötig ist, um das in Ordnung zu bringen, was auch immer ihr in eurem Leben tut«, sagte sie, »denn in den nächsten sechs Wochen werdet ihr mir gehören.«

Sie meinte das wirklich so. Während jener sechs Wochen kamen wir an jedem Tag, sechzehn Stunden lang, nicht von den Straßen Washingtons herunter. Wir deponierten Nachrichten für Agenten in toten Briefkästen, brachten Kreidezeichen für sie an Wänden an, erkundeten Routen, auf denen wir den gegnerischen Überwachungsteams entgehen konnten, und das alles verschwamm im Verlauf der Zeit miteinander.

Die Teams, die uns verfolgten, waren gut. Manchmal setzten sie die so genannte »Delfin-Technik« ein: Jetzt seht ihr uns, jetzt seht ihr uns nicht. Zwei, drei Tage lang wuselten sie überall herum. Man konnte sie einfach nicht übersehen. Am nächsten Tag dann ließ sich niemand mehr blicken. Nach einer Weile begann man Gespenster zu sehen.

Bei anderen Gelegenheiten wandten sie die »Wasserfall-Technik« an, die darin besteht, dass man direkt auf den zu Beschattenden zugeht, anstatt ihm zu folgen. Für eine erfolgreiche Wasserfall-Überwachung sind Hunderte von Leuten und Autos nötig. Sobald einer der Beschatter an der Zielperson, dem »Kaninchen«, vorbeigegangen ist, biegt er in die nächste Seitenstraße ein, geht bis zu einer Straße, die parallel zur ersten verläuft und steigt in einen Lieferwagen ein, der ihn dann ein Stück weit voraus bringt, sodass er sich wieder in die Kette der Agenten, die dem Kaninchen entgegengehen einreihen kann, wobei er oft andere Kleidung als vorher trägt.

Dies alles übten wir Tag für Tag ohne Pause. Sowohl die Techniken als auch die Teams wurden ohne festen Plan gewechselt. Das Ziel war, uns mürbe zu machen und uns auf diese Weise zu Fehlern zu provozieren. Genau dann, wenn man meinte, nicht mehr weiter zu können, heizten sie einem richtig ein. Eines Nachts, als ich schon ziemlich am Ende war, brachen sie in meinen Wagen ein und stahlen meine Aufzeichnungen darüber, wo sich der nächste tote Briefkasten befand, den ich anlaufen sollte. Natürlich wartete schon ein Überwachungsteam auf mich, als ich dort hinkam. Es war ein Fehler, der mir nie wieder unterlaufen würde.

In diesem Kurs wurde einem aber nicht nur beigebracht, wie man eine Überwachung durch die Gegenseite entdeckt, sondern auch, wie man sich ihr erfolgreich entzieht. Bleibt man in Bewegung – ob man nun in einer Stadt herumläuft oder über Land fährt –, so kommt immer ein Moment, in dem die Verfolger einen nicht sehen können. Und genau in diesem Augenblick, ob man sich nun in der Senke einer Landstraße befindet oder an einer nicht einzusehenden Stelle zwischen Gebäuden, tut man das, was man zu tun hat. Wahrscheinlich wird man aber nur den Bruchteil einer Sekunde Zeit dafür haben. Vorbereitet zu sein, ist alles.

Als der Kurs auf der Farm seinem Ende zuging, zeichnete sich schon mehr oder weniger ab, wer bestehen würde und wer nicht. Lynch wurde lockerer und gesellte sich eines Abends an der Bar für die Auszubildenden zu uns.

»Ich weiß, dass es fünf Monate in der Hölle für euch gewesen sind. Glaubt ihr, dass ihr für einen Einsatz im Feld bereit seid?«

Niemand sagte ein Wort.

»Ich bin froh, dass ihr zumindest das hier bei uns rausbekommen habt«, meinte Lynch. »Denn was diesen Beruf anbelangt, so habt ihr gerade mal an der Oberfläche gekratzt. Wenn es etwas gibt, das ihr gelernt haben solltet, dann ist es das: dass der Gegner darauf aus ist, euch zu kriegen. Und er besitzt auch die Ressourcen und die Geduld dazu. Gleichgültig ob es Moskau oder Paris ist: Wo immer ihr am Ende auch landen werdet, stets werden eine Million Augen euch beobachten und nur darauf warten, dass ihr einen Fehler macht.

Wisst ihr, was ich im Ausland morgens nach dem Aufwachen immer als Erstes tue? Ich durchsuche meine Taschen. Ich durchblättere das Buch, das ich am Abend vorher gelesen habe. Ich überprüfe meine Aktentasche. Ich schaue unter das Bett. Ich bin jemand, der geradezu besessen nach dem verräterischen Fetzen Papier sucht, auf dem der Name, die Telefonnummer oder die Adresse meines Agenten stehen – oder irgendetwas anderes, das ihn verraten könnte. Ich muss einfach davon ausgehen, dass die Gegenseite in dem Moment, in dem ich mein Haus oder mein Hotelzimmer verlasse, erscheint, um meine Sachen zu durchstöbern.«

Lynch bestellte sich ein weiteres Bier. Noch ein paar Auszubildende schoben ihre Hocker herüber, um ihm zuzuhören.

»Aber lasst mich euch noch etwas anderes sagen. Es geht nicht nur um Disziplin. Wenn man sklavisch die Regeln befolgt, dann wird man scheitern. Nehmen wir einmal an, es ist halb zwei in der Nacht, und ihr seid gerade mit eurem Agenten fertig geworden. Ihr seid todmüde und denkt an nichts anderes als daran, endlich ins Bett zu kriechen. Ihr wollt gerade anhalten, um euren Agenten abzusetzen, als ihr ein Paar Scheinwerfer im Rückspiegel bemerkt. Bis dahin habt ihr kaum andere Autos auf der Straße gesehen. Ein Zufall? Ihr könnt es nicht mit Sicherheit sagen. Ihr fahrt weiter, und nach zehn Minuten sind die Scheinwerfer immer noch da. Was würdet ihr tun?«

»So lange herumfahren, bis sie nicht mehr da sind«, meinte einer der Eleven.

»Vielleicht. Doch wenn man spät in der Nacht ziellos umherfährt, verrät man der gegnerischen Überwachung möglicherweise, dass man im Einsatz ist. Ein gefundenes Fressen für die Wölfe. Sie würden die Straße mit Überwachungsbeamten überschwemmen. Jetzt ist die Zeit für unseren Case Officer gekommen, sich selbst etwas auszudenken – die Regeln zu brechen.«

»Ich weiß, was ich tun würde«, unterbrach ich ihn. »Ich würde dem Agenten sagen, dass er sich auf den Boden des Wagens legen soll, nach Hause fahren, ihn in der Garage aussteigen lassen und ihm irgendein Lager zurechtmachen, auf dem er ein paar Stunden schlafen kann. Am nächsten Morgen würde ich ihn auf die gleiche Weise aus dem Haus schmuggeln. Es würde wie ein ganz normaler Tag aussehen. Also, keine Überwachung. Ich würde ihn dann an irgendeinem entlegenen Ort aussteigen lassen.«

Lynch ergriff über den Bartresen hinweg meine Hand und schüttelte sie. »Der Punkt geht an Sie.«

»Oder wie wär's damit«, sagte er dann. »Ihr bereitet euch für diese Eventualität vor – ladet zum Beispiel an dem Tag des Treffens morgens ein paar Gepäckstücke in den Kofferraum eures Autos. Die Million Augenpaare wären zu dem vorschnellen Schluss gekommen, dass ihr die Stadt für eine Reise verlassen wollt. Anstatt in Kreisen herumzukurven, fahrt ihr also mit dem Agenten aus der Stadt heraus. Die Überwachungsleute denken, dass ihr eure Reise antretet, und bleiben zurück. Ihr lasst den Agenten in der ersten Stadt, von wo aus ein Bus zurückfährt, aussteigen. Der Agent ist nicht glücklich darüber, doch zumindest landet er nicht im Gefängnis.«

Lynch erteilte uns weise Ratschläge, doch er sprach aus jahrelanger praktischer Erfahrung, und er hatte mit allem Recht. Wie ich in meiner Laufbahn noch herausfinden sollte, war Spionieren nicht etwas, das man aus einem Buch lernen konnte oder indem man sich Lehrfilme ansah oder Vorlesungen hörte. Man lernte es in der Praxis: indem man es tat, während einem jemand dabei über die Schulter schaute.

4

August 197■. Madras, Indien

Mein PanAm-Ticket erzählte eigentlich schon die Geschichte meiner Reise: ein Sieben-Stunden-Flug nach Frankfurt, von dort aus in weiteren fünf Stunden nach Teheran, wo ich übernachtete; von Teheran in zwei Stunden nach Neu-Delhi, wo ich wieder einen Zwischenstopp einlegte, dann in weiteren zwei Stunden bis zu meinem Bestimmungsort Madras. Ich war auf der anderen Seite der Welt angekommen, doch an was für einen entlegenen Fleck die CIA mich geschickt hatte, begriff ich erst, als ich aus dem Flugzeug stieg und mich mitten in dem süßlichen Geruch wiederfand, den verfaulende Früchte und offene Abwassergräben verströmten. Es war pechschwarze Nacht, und ich brauchte eine Zeit, bis ich kapierte, dass der Wellblechschuppen auf der anderen Seite der Rollbahn der Terminal des Flughafens von Madras war.

In dem Gebäude vermochten die klapprigen Deckenventilatoren die heiße Luft nur aufzuwirbeln. Schweißtropfen rannen mir von der Nasenspitze. Wegen eines defekten Gepäckförderbands türmten sich Koffer von Gott weiß wie vielen Flügen in der Mitte des Zementfußbodens zu einem wahren Berg. Zwei Gepäckträger stritten, während sie seinen Gipfel erklommen, um ein und denselben Koffer herunterzuholen. Drei ihrer Kollegen hefteten sich mir an die Fersen und ließen mir keine Ruhe: Jeder wollte, dass ich ihm mein Gepäck zum Tragen überließ. Sie hörten gar nicht zu, als ich ihnen erklärte, dass ich vorhatte, meinen Rucksack selbst zu schleppen. Während der ganzen Zeit rutschte ein Bettler, der einen verdorrten Arm und nur ein Bein hatte, hinter mir her: Er zog und schob sich mit den ihm verbliebenen gesunden Gliedmaßen über den schmutzigen Boden. Immer wieder langte er nach oben und grapschte nach meinem Hosenbein. Ich konnte noch so viele Rupien in das Säckchen um seinen Hals werfen und noch so oft von einer Seite des Gebäudes zur anderen wechseln – er folgte mir. Ich war hier der einzige Weiße.

Ich kapitulierte schließlich und gab einem der Träger eine Hand voll Rupien, damit er meinen Rucksack ausfindig machte. Er brauchte ungefähr zwei Minuten dazu.

»Madras ist nicht Paris« – das hatte der für Indien zuständige Abteilungsleiter zu mir gesagt, bevor ich in Washington zum Flughafen aufgebrochen war. »Sitzen Sie Ihre zwei Jahre dort ab, sehen Sie zu, dass Sie eine reine Weste behalten, und Sie werden beim nächsten Mal zu den Kandidaten für einen guten Posten gehören.«

Mit anderen Worten: Ich musste eine Probezeit absolvieren. Obwohl ich die Kurse auf der Farm mit Erfolg abgeschlossen hatte, hatte die Division Naher Osten, die mich für den Job in Madras rekrutiert hatte, entschieden, dass ich zunächst einmal eine Zeit in einem ihrer Drecklöcher hinter mich bringen musste, um zu beweisen, dass ich als Case Officer zurecht kommen würde. Damals war es üblich, Arabisch sprechende Neulinge nach Sanaa im Nordjemen zu schicken und den Rest auf die kleinen Außenposten der CIA in Südasien zu verteilen. Eigentlich war das gar kein so schlechtes System: Orte wie Madras schieden wirklich diejenigen, die das Zeug für den Job hatten, von denen, die es nicht hatten. Einige wurden krank, entwickelten einen Hass dagegen, im Ausland zu leben oder konnten die Arbeit einfach nicht bewältigen. Andere wurden bei einem Treffen mit einem Agenten erwischt, zur *persona non grata* erklärt und mit Schimpf und Schande nach Hause gejagt. Ein, zwei von uns wurden auch verrückt, und ein paar andere hielten durch und hofften, etwas bewerkstelligen zu können.

Indien war besser als die meisten anderen Länder, um im Einsatz erste Erfahrungen zu sammeln. Zunächst einmal lernte man, gegen echte Überwachungsleute zu operieren. Indiens Nachrichtendienst, das Intelligence Bureau (IB), dessen Aufgabe darin bestand, ein wachsames Auge auf die CIA und andere Feinde des Landes zu haben, war von den Briten geschaffen worden, was bedeutet, dass er straff durchorganisiert war und disziplinierte und harte Burschen für ihn arbeiteten. Das IB konnte Tausende und Abertausende Leute zur Beschattung einsetzen. Diejenigen von ihnen, die zu Fuß operierten, waren kaum auszumachen, weil sie die gleichen weißen *dhotis* oder Lendentücher trugen wie jeder andere Mann, der sich auf den Straßen herumtrieb. Sie konnten die Straßen einer indischen Stadt überfluten und dennoch in dem Knäuel von Menschen verschwinden. Diejenigen, die einen mit dem Auto beschatteten, waren nicht einfacher zu entdecken. Es gab damals in Indien nur zwei Autotypen, im Rückspiegel glich ein Wagen dem anderen. Von Moskau und Peking einmal abgesehen, war Indien für einen CIA-Beamten eines der schwierigsten Operationsgebiete in der ganzen Welt.

Mehrere Jahre bevor ich auf den Subkontinent geschickt wurde, schnappte das IB in Delhi einen unserer Männer, als er nach einem Treffen einen Agenten absetzte. Der Case Officer hatte immer wieder einen Blick in den Rückspiegel geworfen und nach dem verräterischen Paar Scheinwerfer eines Autos, das sich in einiger Entfernung hielt, Ausschau gehalten. Als der Zeitpunkt gekommen war, den Agenten aussteigen zu lassen, fuhr er in eine kleine Straße hinein, hielt an und gab dann, sofort nachdem der Mann aus dem Auto war, wieder Gas. Das Problem war, dass ein Auto des IB hinter Büschen verborgen an einer Kreuzung lauerte, die der Case Officer gerade mit seinem Wagen überquerte. Die Leute darin fuhren los und holten den Wagen des CIA-Beamten gerade noch rechtzeitig ein, um mitzubekommen, wie sich die Tür öffnete und der Agent ausstieg. Es war eine Katastrophe. Sowohl der Case Officer als auch der ranghöchste CIA-Mann in Delhi wurden zur *persona non grata* erklärt, und für fast zwei Jahre mussten alle Operationen der Agency in Indien eingestellt werden.

Indien hatte aber auch eine positive Seite: Dieses Land war in idealer Weise dazu geeignet, Geheiminformationen erster Güte zu sammeln. Das Interesse der CIA beschränkte sich damals mehr oder weniger auf SOVMAT und Indiens Nuklearprogramm; beides war in Washington Gegenstand intensiver Nachforschungen. SOVMAT lautete im CIA-Jargon das Kürzel für *Sowjet Military Manuals*, sowjetische Militärhandbücher. In den Siebzigerjahren war Indien zu einem der weltgrößten Käufer von sowjetischen Waffen geworden, von Panzern und Flugzeugen bis hin zu Unterseebooten. Da die Sowjets den Indern normalerweise ihre modernsten Waffensysteme verkauften, war es auch das Land in der Welt, in dem sich am besten Informationen über das sowjetische Militär einholen ließen. In erster Linie dank ihrer Dienststellen in Indien war die CIA in der Lage, dem Pentagon mitzuteilen, was über den *Fulda Gap* auf das westliche Bündnis zukommen würde, falls der Dritte Weltkrieg ausbrechen sollte. Und was die potenzielle Weltkatastrophe betraf: Indien hatte 1974 einen Atombombentest durchgeführt, und das Weiße Hause wollte im Voraus wissen, wann vielleicht die nächste Bombe gezündet werden würde – vor allem falls dies in Pakistan geschehen sollte.

Indien war auch das perfekte Revier für einen jungen Officer, der seinen ersten Agenten an Land ziehen sollte. Als eines der Gründungsländer der Vereinigung der Blockfreien Staaten war es Gastgeberland für Missionen aus beinahe jedem Staat der Welt. Man konnte auf einer Cocktailparty ebenso gut einen mongolischen Diplomaten treffen wie den Abgesandten des African National Congress. Die wahre Attraktion bildeten aber die Tausende von russischen Diplomaten, Offizieren und Technikern. Um auf einen von ihnen zu stoßen, brauchte man nicht viel mehr zu tun, als aus der Vordertür seines Hauses zu schreiten, und wenn es einem tatsächlich gelang, einen von ihnen für die CIA zu rekrutieren, hatte man so gut wie ausgesorgt.

Indien war überdies noch ein Land, in dem man seine gesellschaftlichen Fähigkeiten aufpolieren konnte: Es war möglich, sich darin zu üben, wie man mit den Dienstboten umging, einen trockenen Martini mixte, eine Zigarrenspitze korrekt abschnitt und wie man bei dem inhaltsleeren Geschwatze im Kricketclub mithielt. Man konnte für ein paar Cents einen professionellen Tennistrainer anheuern, und einige Case Officers lernten sogar,

Polo zu spielen. Selbst in Madras waren die Lebensbedingungen für unsereinen nicht gerade kläglich.

Meine Stimmung hatte sich deutlich gehoben, als ich nach dem ganzen Elend auf dem Flughafen durch die Tore des Anwesens chauffiert wurde, das für die nächsten zwei Jahre mein Zuhause sein sollte. Das Haus war ein zweistöckiges Gebäude aus weißem Stein und Stuck mit einer Pergola aus Jasminpflanzen, die sich über die gesamte Zufahrt wölbte, und einem riesigen Banyanbaum. Unter dem Dach der Veranda hatten sich meine Diener in Reih und Glied aufgestellt: ein Koch, ein Servierer, ein Mädchen, eine Zugehfrau für drinnen, eine für draußen, und zwei Gärtner. Sie waren zwar barfuß, doch die Männer trugen weiße, gestärkte Uniformen und die Frauen Saris in leuchtenden Farben. Sie verneigten sich, als ich aus dem Wagen stieg. Als der Servierer mir ein Glas eiskalten, frischen Mangosaft auf einem silbernen Tablett kredenzte, reifte in mir die Überzeugung, dass Indien eigentlich doch gar nicht so schlimm war.

Es zeigte sich, dass Madras der ideale Ort für mich war, um meine Tätigkeit als Spion zu beginnen. Ich erbte nur zwei Agenten, und die beiden waren auch nicht gerade Stars. Ich hatte aber reichlich Zeit, mich auf Treffen vorzubereiten, lange Umwege zu machen, um einer möglichen Überwachung zu entgehen, und meine Depeschen an das Hauptquartier in Washington sorgfältig auszuformulieren. Ein Anfänger als Case Officer, der tausende Meilen von Washington entfernt stationiert war, stieg oder fiel je nach dem Stil, in dem seine Mitteilungen abgefasst waren

Madras erwies sich auch als ein großartiger Ort, um erste, unvermeidbare Fehler zu begehen. Eines Nachts, nach einem besonders heftigen Monsunregenschauer, nahm ich mit einem meiner Agenten im Auto eine falsche Abzweigung und landete auf der Straße, die zum Strand führte. Ich würgte den Motor an einer Stelle ab, an der das Wasser mindestens sechzig Zentimeter hoch stand, und wir blieben stecken. Voller Angst, in der Dunkelheit der Polizei in die Hände zu geraten, scheuchte ich den Agenten aus dem Wagen und sah ihm nach, wie er in der Schwärze der Nacht verschwand, mit den Schuhen in der Hand und mit bis zu den Knien hochgerollten Hosenbeinen. Bei einer anderen Gelegenheit erschien mein Agent nicht zur vereinbarten Zeit und ließ sich dann auch nicht zu den Ersatzterminen blicken. Ich hatte nur die Wahl, untätig dazuhocken und zu hoffen, dass er eines Tages auftauchen würde, oder loszuziehen, um nach ihm zu suchen. Indem ich zum ersten Mal die Regeln brach, ging ich zu seinem Haus und klopfte an der Vordertür. Wenn die IB-Teams in Madras genauso tüchtig gewesen wären wie die in Delhi, dann hätten wir beide dran glauben müssen, doch Madras war auch für die andere Seite ein Ort, an dem die Unerfahrenen oder die Hinterbänkler stationiert wurden.

Chris ███████████████, der dortige Operationschef, war ein CIA-Mann alter Schule. Er war der Sohn eines Botschafters, der der Agency sofort, nachdem er sein Studium in Harvard abgeschlossen hatte, beigetreten war und in Afrika für sie gearbeitet hatte, bevor er sich in Indien wiederfand. Am Tag bevor ich mich mit einem Agenten traf, setzte Chris sich immer mit mir zusammen, um alles zu besprechen. Er wollte wissen, was für eine Route ich zu nehmen gedachte, um einer Beschattung zu entgehen; was für Unterlagen ich mitzunehmen plante; für welchen Termin ein Ersatztreffen verabredet war, falls der Agent sich nicht blicken lassen sollte; welche Fragen ich ihm stellen wollte und dergleichen mehr. Nach dem Treffen diskutierten wir dann detailgenau alles, was dabei gesagt worden oder geschehen war. Und anschließend las Chris mit einem dicken Rotstift in der Hand meine Entwürfe für die Telegramme an die Zentrale durch.

Doch das Leben in Madras bestand zum Glück nicht nur aus Arbeit. Ich mietete ein Häuschen am Strand, südlich der Stadt. Es stand auf Pfählen, war von Palmen umgeben und nicht mehr als fünfzehn Meter vom Meer entfernt. Dort verbrachte ich die meisten Wochenenden mit Lesen und Schwimmen; es war eine regelrechte Erlösung von dem langweiligen Alltagsleben in Südostasien. In Madras gab es auch einige ganz gute Tennisplätze, und ich begann ernsthaft zu spielen. Mit dem Skilaufen war es zwar nichts, doch ich lernte, mich anderweitig zu amüsieren.

Ich hatte mich gerade an eine behagliche Routine gewöhnt, als Chris dabei gesehen wurde, wie er sich mit einem Agenten traf.

Anstatt zu warten, bis die indische Regierung eine formelle Beschwerde vorbrachte, schickte die zentrale Dienststelle in Neu-Delhi ihn nach Hause. Ich war nicht glücklich darüber, auf seine Gesellschaft – und seine hilfreichen Ratschläge – verzichten zu müssen, nahm mir aber vor, jetzt, da ich allein war, sowohl dem Hauptquartier als auch Neu-Delhi zu beweisen, wie gut ich war. Es gab eine Regel, die besagte, dass man einen Neuling nie unbeaufsichtigt lassen sollte, weil er sonst unvermeidlich eines Tages alles vermasseln würde. Ich war entschlossen, allen zu zeigen, dass ich eine Ausnahme war.

Kurze Zeit nachdem Chris abgereist war, machte ein *spotter*, ein Kundschafter oder *access agent*, jemand, der einem »Zugang« zu Geheimnisträgern verschaffen kann, mich mit einem arabischen Armeeoffizier bekannt, der zu den indischen Streitkräften abkommandiert worden war. Sami, wie ich ihn nennen will, war auf einer Militärbasis stationiert, die ungefähr zehn Autostunden von Madras entfernt lag. Er stellte ein viel versprechendes Ziel dar, weil die Beziehungen zwischen seinem Land und den USA dabei waren, sich von unterkühlt zu eisig zu entwickeln. Alle diplomatischen Kanäle würden binnen kurzem unterbrochen sein, was bedeutete, dass sehr bald nur noch die CIA in Samis Land Augen und Ohren haben würde, um das Geschehen dort zu verfolgen. Überdies kaufte auch Samis Regierung viele Waffen von den Sowjets, und die Anleitungen, die mit diesen zusammen geliefert wurden, gingen uns nie aus dem Sinn.

Seit dem so unglücklich verlaufenen »diplomatischen Empfang« an meinem ersten Tag auf der Farm wusste ich, dass die erste Kontaktaufnahme ein kitzliger Moment war. Kaum hatte ich Samis Hand geschüttelt, als ich schon anfing zu lamentieren. Ich beklagte mich darüber, wie langweilig es in Indien sei, wie schwierig es sei, Freundschaften zu schließen, wie schlimm das Wetter sei und so fort. Ich überschüttete ihn erbarmungslos mit einem Redeschwall. Sami hatte nicht die geringste Chance, selbst etwas zu sagen oder mich stehen zu lassen. Bevor ich eine Pause machte, um wieder zu Atem zu kommen, befestigte ich noch den Köder am Haken. Ich erwähnte das Strandhaus, schwärmte davon, was für eine erfrischende Brise dort wehte, und wie angenehm es war, einen Tag fern der ganzen Hektik zu verbringen.

»Wenn Sie nach Madras kommen, rufen Sie mich an. Es wird Ihnen dort gefallen«, sagte ich.

Sami sah mich ein, zwei Sekunden lang an und kam dann zu dem Schluss, dass das wirklich nur eine harmlose Einladung war.

»Klar«, sagte er, »nur zu gerne.«

Als Sami meine Karte einsteckte und mir dafür seine gab, musste ich mir auf die Lippen beißen, um ein Lächeln zu unterdrücken. Es funktionierte. Und der Bursche war wirklich jemand, den sich zu rekrutieren lohnte, das erste *hard target*, auf das ich selbst mich einschoss. Ich war so aufgeregt wie bei meinem ersten Rendezvous mit einem Mädchen.

Als ich Sami zwei Wochen später in seinem Stützpunkt anrief, schien er wirklich erfreut, von mir zu hören. Er entschuldigte sich dafür, dass er sich nicht von sich aus gemeldet hatte. Wir wollten beide gerade einhängen, als er noch damit herausrückte, dass er in der Woche darauf durch Madras kommen werde. Ich erwähnte wieder das Haus am Strand. Er zögerte einen Herzschlag lang, dann nahm er die Einladung an und fügte hinzu, dass er auch seine Frau mitbringen werde. *Bingo:* Er hatte angebissen. Jetzt ging es nur noch darum, den Fisch an Land zu ziehen.

Ich verbrachte eine Woche damit, das Strandhaus für Sami und seine Frau herzurichten. Ich stellte ihnen ein paar Flaschen Whisky der Marke Johnny Walker Black Label hin sowie einen Karton guten kalifornischen Weißweins und amerikanische Lebensmittel, die in Indien nicht erhältlich waren. Ich brachte auch meine Stereoanlage von daheim mit, damit sie Musik hören konnten, und schickte sogar am Tag vor ihrer Ankunft meinen Koch in das Haus, damit alles für sie bereit war.

Als der große Tag kam, hing nicht eine einzige Wolke am Himmel. Eine Brise wehte stetig vom Golf von Bengalen herüber. Man spürte kaum die Luftfeuchtigkeit. Am Morgen gingen wir schwimmen, und dann saßen wir eine Stunde lang am Strand zusammen und unterhielten uns. Wir schlenderten zum Lunch zum Haus zurück, und nach dem Essen saßen wir auf der Veranda und tranken Wein. Mein Gast und seine Frau waren vollkommen entspannt. Sie sprachen über den Islam und erzählten von Samis Kindheit – er war als Beduine in der Wüste aufgewachsen – und von seinem blinden Vater.

Alles lief ausgezeichnet, bis gegen ungefähr vier Uhr nachmittags bei meiner *ayah*, dem Hausmädchen, die Wehen einsetzten. Da sie immer einen weiten Sari trug, hatte ich nicht die geringste Ahnung gehabt, dass sie schwanger war. Ich glaube beinahe, ihr Ehemann hatte es auch nicht gewusst. Wir schlossen das Haus schnell ab und packten alles in das Auto. Sami und seine Frau bestanden darauf, mit mir und der *ayah* ins Krankenhaus zu fahren.

Während Samis Frau bei dem Hausmädchen blieb, nahmen Sami und ich auf einer Bank Platz, die vor dem Krankenhaus im Schatten eines Baumes stand, und unterhielten uns. Er ging ganz unbefangen dazu über, über das Militär seines Landes zu erzählen. Er hatte während des Sechstagekriegs gegen Israel 1967 Dienst getan und zwar in einer Abhörstation, die den feindlichen Funkverkehr überwachte, als die Israelis die U.S.S. *Liberty* angegriffen und vierunddreißig Besatzungsmitglieder dieses Schiffes getötet hatten. Bis zu jenem Tag hatte er der Behauptung der arabischen Propaganda Glauben geschenkt, dass Israel eine Marionette der Amerikaner sei, doch als er Zeuge geworden war, wie die israelischen Piloten sich miteinander unterhielten, während sie das Schiff mit ihren Bordwaffen unter Beschuss nahmen, begriff er, wie sehr er sich hatte täuschen lassen. Er meinte, dass der Osten und der Westen ihre Kommunikationskanäle offen halten müssten. Sonst würde es im Nahen Osten niemals Frieden geben.

Während er sprach, vermochte ich nur noch zu denken, wie gefügig er, ohne es zu wissen, nach meiner Pfeife tanzte. Ich hatte nicht nur eine lohnende Zielperson in meinen Pferch getrieben, sondern auch noch eine Schwachstelle entdeckt: Samis Befürchtungen, dass Araber und Amerikaner ihren Dialog abbrechen könnten. Er hatte eine Tür geöffnet, die zu durchschreiten ich entschlossen war.

Zwei Wochen danach war Sami wieder in Madras und rief mich an. Ich hatte vom Hauptquartier schon eine so genannte *provisional operations approval* oder POA, eine provisorische

Handlungserlaubnis, erhalten. Eine POA bedeutet, dass das Hauptquartier Samis persönlichen Hintergrund durchleuchtet hatte und auf nichts Nachteiliges gestoßen war. Er war nicht als Schwindler bekannt und offensichtlich auch kein Doppelagent, den sein Land abgestellt hatte, um die CIA in Schwierigkeiten zu verwickeln. Das Hauptquartier entschied nicht, ob Sami rekrutierbar war oder nicht – das lag bei mir. Aber ich hatte die Erlaubnis erhalten, auf die Beute niederzustoßen.

Sami bot mir an, mich zum Lunch auszuführen. Ich willigte ein, schlug aber vor, dass er mich in meinem Büro abholen sollte. Auf der Farm hatten sie es uns unmissverständlich eingebläut: Ich musste den Schauplatz, auf dem es zum *pitch* kam, unter Kontrolle haben.

Als Sami in meinem Büro umherwanderte, einen Kaffee trank und sich umschaute, wirkte er weniger gesprächig, als er es vor dem Krankenhaus gewesen war. Ich achtete aber nicht darauf, sondern ging in Gedanken noch einmal das ganze Gespräch durch, so wie ich es mir in der Nacht zuvor ausgedacht hatte, und übernahm auch Samis Part – jedenfalls die Stelle, an der er »Ja« sagte.

»Sami«, begann ich dann schließlich, alarmiert über das Zittern in meiner Stimme. Ich fühlte, wie mir der Schweiß ausbrach, obwohl die Klimaanlage arktische Luft in das Zimmer pustete. »Ich muss Sie etwas fragen.«

Sami schaute mich fragend an und nahm auf einem Stuhl an der gegenüberliegenden Seite des Raumes Platz. Ich selbst saß hinter meinem Schreibtisch.

»Vor ein paar Wochen haben wir über die Notwendigkeit eines Dialoges zwischen unseren beiden Ländern gesprochen. Nun, ich dachte, dass Sie vielleicht irgendwie dazu beitragen könnten.«

Sami hörte wortlos zu, als ich mich durch eines der unbeholfensten Anwerbungsgespräche hindurchhangelte, die wohl jemals von einem Case Officer der CIA geführt wurden. Als ich zu der Stelle kam, dass wir unsere Vereinbarung vor seiner Regierung geheim halten müssten, schoss Sami von seinem Stuhl hoch. Er zitterte vor Wut.

»Fordern Sie mich etwa auf zu spionieren?«, fragte er mit leiser, heiserer Stimme.

Als er seine Tasse auf den Boden schmetterte, wusste ich, dass ein »Ja« die Zahnpasta nicht in die Tube zurückdrücken würde.

Ich murmelte irgendetwas der Art, es sei doch seine Idee gewesen, dass es zwischen unseren Ländern zu einem Einverständnis kommen müsse. Sein Zorn kühlte um ein paar Grad ab, aber wir gingen nicht zusammen essen. Ich sah Sami danach noch ein paar Mal, doch er sorgte immer dafür, dass wir nicht allein waren, wenn wir uns begegneten.

5

197■. *Neu-Delhi, Indien*

Einen Tag nachdem ich Neu-Delhi telegrafisch über den vermasselten Rekrutierungsversuch informiert hatte, bat mich der dortige Operationschef, Bill ███████████, vorbeizukommen, um mit ihm zu sprechen.

Wild Bill, wie er liebevoll genannt wurde, war ein zäher kleiner Hitzkopf von Ire und einer der besten Street Officers – vielleicht sogar aller Zeiten. Er hatte den ersten Nordkoreaner rekrutiert wie Dutzende anderer *hard targets*. Er war auch ein Genie, was technische Geräte und Verkleidungen anbelangte. Einer Geschichte zufolge war er einmal mit der Aufgabe betraut worden, Wanzen in einem Konferenzzimmer anzubringen. Wild Bill fertigte einen Pfeil aus Eis an, mit dem er ein Miniaturmikrofon in die mit schalldämmenden Platten verkleidete Decke des Konferenzraums schoss – mitten in der Nacht und von der Straße aus durch ein offen stehendes Fenster. Der Pfeil würde schmelzen, und nur das Mikrofon sollte, in die Decke eingebettet, zurückbleiben – theoretisch jedenfalls: Ich erfuhr nie, ob es wirklich funktioniert hatte. Aber das war Bill, wie er leibte und lebte. Es zirkulierte noch eine andere Geschichte über ihn. Als er in Tokyo stationiert gewesen war, soll er sich selbst eine Wendejacke und einen ebensolchen Hut geschneidert haben. Wenn er von den Japanern beschattet wurde, ging er zu Fuß einen bestimmten Weg hinunter, bis er vorübergehend außer Sicht war, dann wendete er seine Jacke und seinen Hut, kehrte um und spazierte mitten durch das Überwachungsteam hindurch, ohne erkannt zu werden.

Als ich sein Büro in Neu-Delhi zum ersten Mal betreten hatte, war ich überrascht, den amerikanischen Botschafter in Indien, Robert Goheen, zu sehen, der über Bills Schulter hinweg etwas betrachtete, was meinen Blicken zunächst verborgen blieb. Bill hatte eine Juwelierlupe in ein Auge geklemmt und hielt eine Pinzette in der einen Hand und eine Rasierklinge in der anderen. Als ich näher trat, erkannte ich, dass er in einem mit Schreibmaschine geschriebenen Brief unter einem Punkt einen Einschnitt machte: Er stellte eine Tasche für einen *microdot* her, ein Fotonegativ von so geringen Ausmaßen, dass es in einem derart winzigen Versteck Platz hatte.

»Diese neue Generation weiß noch nicht einmal, was ein *microdot* ist«, murmelte Bill dem Botschafter zu und wies mit dem Kopf in meine Richtung.

Als er fertig war, tauschten er und Goheen die Plätze, und er geleitete den Botschafter dann Schritt für Schritt durch die Prozedur. Goheen war nicht nur eine Zeit lang Präsident von Princeton gewesen, sondern hatte auch klassische Sprachen unterrichtet. Ich bezweifelte, ob er sich im Geringsten fürs Spionieren interessiert hatte, bevor er mit Bill zusammengetroffen war, doch er war ganz eindeutig fasziniert von diesen *microdots*. Bill war so ein Mensch: Sein Enthusiasmus hatte etwas Ansteckendes.

Etwas anderes, was ihn kennzeichnete, war, dass er ohne auch nur mit der Wimper zu zucken jedes Risiko einging. Als das Pentagon Neu-Delhi wissen ließ, dass es nahezu alles dafür geben würde, in Erfahrung zu bringen, woraus genau sich die Frontpanzerung des sowjetischen T-72-Tanks zusammensetzte, machte Bill einen Sergeanten ausfindig, der in einer Panzerreparaturwerkstätte der indischen Armee Dienst tat und uns eine Nacht lang an einen T-72 heranlassen würde. Ein Team von Technikern wurde hinzugezogen, die mit einem Hochgeschwindigkeitspräzisionsbohrer der Panzerung eine Probe entnehmen sollten. Bei einer anderen Gelegenheit ließ Bill durch einen der Case Officers in Delhi einen Panzerfahrer anwerben, der seinen T-72 über die Grenze nach Pakistan steuern sollte. Beide Operationen schlugen fehl – die CIA würde mich hier nicht über sie berichten lassen, wenn sie erfolgreich abgeschlossen worden wären –, doch sie zeigten, dass Bill bereit war, alles zu tun, um einen Auftrag zu erledigen.

Ich begab mich vom Flughafen Delhis direkt in Bills Büro. Nachdem ich das Zimmer betreten hatte, stand er auf und schloss die Tür hinter mir.

»O mein Gott, jetzt geht's los«, dachte ich, »er schickt dich nach Hause.«

»Nun?«, fragte Bill.

Ich stammelte irgendetwas davon, dass es wohl falsch gewesen sei, Sami schon nach kurzer Zeit so zu bedrängen, aber Bill schnitt mir das Wort ab. »Mein Junge, ich habe dich nicht herbestellt, um dir den Kopf abzureißen, weil du versucht hast, den Typen anzuheuern. Was mich fuchst, ist nur, dass du nicht dahin gefahren bist, wo er stationiert ist, um es nochmals zu versuchen!«

Bevor ich meine Gedanken wieder beisammen hatte, fragte Bill: »Wie viel zahlt Uncle Sam dir im Jahr?«

»Ungefähr 26 000 Dollar.«

»Und was hat deine Ausbildung gekostet?«

»Ich weiß es nicht mit Sicherheit, doch ich habe von 250 000 Dollar reden hören.«

»Okay. Jetzt lass mich den Rest zusammenzählen. Da sind dein Auto, deine Miete, deine Stromrechnung, deine Flugtickets, und da ist das ganze Geld, das es gekostet hat, alle deine Sachen nach Indien zu schaffen. Und dann noch die Gehälter all der Leute, die dir daheim im Hauptquartier Beistand leisten. Das bringt uns auf ungefähr fünfhundert Riesen. Glaubst du, dass du uns das bislang wieder eingebracht hast?«

Unter diesem Gesichtspunkt hatte ich meine Tätigkeit als Spion noch nie betrachtet, aber 500 000 Dollar hörte sich wirklich nach einer Menge Geld an. Als unser Gespräch zu Ende war, waren wir übereingekommen, dass ich nach Neu-Delhi übersiedeln würde, um damit anzufangen, meine Schulden abzutragen. Bill gefiel mein Vorstoß bei Sami. Wenn er mich ein bisschen unter seine Fittiche nahm, würde er mich vielleicht zu einem ganz ordentlichen Case Officer machen können, meinte er.

Zwei Monate später zog ich nach Neu-Delhi, wo mir eine Wohnung in einer der neuen Vorstädte zugewiesen wurde. Sie hatte vier Schlafzimmer, war aber natürlich nicht mit meinem herrschaftlichen Haus in Madras zu vergleichen. Ich hatte jetzt nur noch zwei Dienstboten und kein Strandhaus, aber das hatte alles nichts zu bedeuten. Wichtig war nur, dass ich in der Oberliga mitspielen würde.

In der ersten Woche übergab Bill mir einen Ordner mit den Unterlagen über einen Agenten. »Nun«, sagte er, »versuch's mal mit dem hier, um Erfahrungen zu sammeln.«

Der Mann war einer der besten Spionageabwehrbeamten von Neu-Delhi. Er arbeitete eigentlich für den KGB, war aber bereit gewesen, als Doppelagent gegen ihn tätig zu werden. Über die Jahre hinweg hatte er Aufsehen erregende Informationen über den KGB in Indien geliefert – Namen von Führungsoffizieren, welche Dinge auf amerikanischer Seite ausgekundschaftet werden sollten, sogar die Namen einiger indischer Agenten. Natürlich bestand die Möglichkeit, dass der KGB ihn auf uns angesetzt hatte, um Informationen über uns zu erhalten. Oder vielleicht wusste der Doppelagent selbst nicht, für wen er eigentlich arbeitete – an einem Tag für die CIA, am nächsten für den KGB. Spionageabwehr war so ähnlich, wie mit verbundenen Augen Schach zu spielen.

Tatsächlich nahm der KGB die CIA in Indien ganz aggressiv aufs Korn. Das Land war für den sowjetischen Geheimdienst genauso ein Übungsgelände, wie es eines für den amerikanischen war. Die Sowjets schickten eine ganze Meute hungriger junger Leute ins Feld, die bereit waren, beinahe alles zu tun, um einen von uns zu rekrutieren. Sie spickten unsere Häuser mit Abhörgeräten, beschatteten uns und von Zeit zu Zeit führten sie auch ein Anwerbungsgespräch mit einem von uns.

Wie ich herausfand, konnten die Russen durchaus Erfolge verbuchen; sie zogen einen unserer Kommunikationsexperten auf ihre Seite, einen der Männer also, die sich um die Telegramme kümmerten, die zwischen der Wildnis und Washington hin- und hergingen. Wäre er verhaftet worden, so hätten wir unseren Informanten in Gefahr gebracht, einen sowjetischen »Maulwurf«, einen Doppelagenten. Die CIA ließ den Mann also weiter seine Arbeit verrichten, beschattete ihn aber rund um die Uhr, was nicht einfach war. Der Officer, der für diesen Fall verantwortlich war, kommunizierte mit dem Hauptquartier mithilfe eines nur einmal zu verwendenden »Chiffrierblocks«. Er musste jede Nachricht von Hand ver- und entschlüsseln, was zwar fürchterlich zeitraubend, aber die einzige Möglichkeit war, vor dem Kommunikationsexperten geheim zu halten, dass er unter Beobachtung stand, denn eines unserer Überwachungsteams hatte einen KGB-Mann kurz nach vier Uhr in der Nacht dabei erwischt, wie er einen Kommunikationsfachmann vom State Department absetzte. Die einzige Erklärung war, dass der KGB auch diesen Mann für sich gewonnen hatte.

Paul ███████████, der damalige Einsatzoffizier des indischen Doppelagenten, war ausschließlich auf sowjetische Ziele angesetzt und ein wandelndes Lexikon, was den KGB betraf. Er konnte, ohne auch nur eine Sekunde ins Stocken zu geraten, die Namen der Unterdirektoren des Ersten Direktorats des KGB im Jahr 1958 herunterrasseln und sich über eine Menge Geheimnisse der Organisation auslassen.

Als ich Paul bat, mich mit dem Doppelagenten bekannt zu machen, holte er aus seinem Safe ein halbes Dutzend dicker Ordner hervor: mehr als einen halben Meter Informationen über den persönlichen Hintergrund des Mannes.

»Zieh los, lies das hier durch und komm in zwei Wochen wieder«, sagte Paul.

Es waren die langweiligsten Texte, durch die mich jemals hindurchgequält hatte, Hunderte von langen Berichten über Kontakte des Doppelagenten, durchsetzt mit Gedächtnisprotokollen der Zusammentreffen mit ihm. Jeder Bericht begann mit einem Rückblick auf die vorangegangene Begegnung; dann wurde in zermürbender Detailtreue aufgeführt, mit wem der Doppelagent seit dem letzten Treffen Kontakt gehabt hatte, was sein KGB-Offizier ihm gegenüber geäußert hatte, wie seine Antworten gelautet hatten und so weiter. Indem man das immer wieder durchkämmte, hoffte man den Inder bei einer Lüge zu ertappen oder aber den Beweis für seine Vertrauenswürdigkeit zu erbringen.

Die Fülle an Einzelheiten überwältigte mich jedoch, und ich begann die Akten immer flüchtiger durchzublättern.

Paul schaute mich misstrauisch an, als ich eine Woche später mit den Ordnern unter den Armen zurückkam. »Ist dir aufgefallen, dass der Doppelagent Oleg Iwanowitschs Namen nur einmal erwähnt hat?«, fragte er, bevor mein Hosenboden den Stuhl berührt hatte. »Wir wissen, dass Oleg eine absolute Leuchte ist, der Wunderknabe des Residenten. Doch warum weiß unser Doppelagent das nicht?«

Ich erinnerte mich überhaupt nicht daran, den Namen gelesen zu haben. Paul wies in Richtung Tür, und ich verließ sein Zimmer so, wie ich gekommen war – mit Stapeln von Aktenordnern unter den Armen.

Diesmal verschlang ich die Unterlagen. Einen Monat später kannte ich die Vor-, Spitz- und Nachnamen jedes verdammten Russen in der Niederlassung, der *residentura* des KGB. Ich hatte mir sogar eingeprägt, wo und wann die Männer geboren waren und wie ihre Frauen hießen. Ich wusste alles über ihre Karrieren. Ich hatte mir ihre Fotos immer wieder genauestens betrachtet. Ich hätte jeden von ihnen bei einer Gegenüberstellung identifizieren können. Als ich erneut bei ihm erschien, stellte Paul mir wieder ein paar Quizfragen. Diesmal bestand ich und war jetzt reif dafür, den Doppelagenten zu übernehmen.

Ich traf den Mann zweimal im Monat, gewöhnlich nach Mitternacht im alten Teil von Delhi. Zu jener Stunde der Nacht, wenn die Straßen menschenleer waren, konnte man einen Spitzel des IB leicht entdecken, ob er nun einen Lendenschurz trug oder in einen Anzug mit Weste gekleidet war. Außerdem gab es keinen Ort, an dem die IB-Leute ein Auto hätten verbergen können. Ich pflegte ein paar Stunden mit dem Doppelagenten durch die Gegend zu kutschieren und ihn zu befragen. Hin und wieder hielt ich an, um mir Notizen zu machen. Nach dem Treffen fuhr ich nach Hause, um eine Mütze voll Schlaf zu nehmen. Am nächsten Morgen saß ich dann vor meiner Schreibmaschine und haute einen *contact report* in die Tasten, der genauso detailliert und so langweilig war wie alle früheren. Wahrscheinlich füllten meine den Mann betreffenden Berichte am Ende zwei weitere Ordner.

Wenn man den Kontaktbericht zu Papier gebracht hatte, hieß das noch lange nicht, dass man mit der Arbeit fertig war. Ich musste die Informationen, die der Doppelagent geliefert hatte, überprüfen. Einmal bat ich ihn, sich mit Oleg Iwanowitsch zu befassen, und er brachte mir Olegs Privatadresse und das Nummernschild seines Autos. Am Morgen darauf fuhr ich ganz früh an dem Haus vorbei. Ein Auto mit der Nummer, die er angegeben hatte, stand in der Einfahrt. Ich fuhr noch vier-, fünfmal vorbei, um mich zu vergewissern, dass es kein Zufall war. Als der Doppelagent mir bei einer anderen Gelegenheit mitteilte, dass Oleg nach Moskau geflogen sei, ließ ich einen anderen unserer Agenten die Passagierliste der Aeroflot für jenen Tag überprüfen. Olegs Name stand nicht darauf. Ich ließ den Agenten auch noch die Passagierliste des Air-India-Flugs nach Moskau kontrollieren. Wieder Fehlanzeige. Das bedeutete, dass Oleg entweder mit einem Pass reiste, in dem ein anderer Name stand, oder dass der Doppelagent mich angelogen hatte. Einen Doppelagenten zu führen, ist wie ein langer Gang durch einen Wald voller Spiegel. Letztendlich fanden wir heraus, dass der KGB ihn bei uns eingeschleust hatte, um unseren Leuten Geheimnisse zu entlocken.

Der *Terminus technicus*, mit dem man innerhalb der CIA das bezeichnete, was ich tat, war *building matrices*, »festen Boden schaffen«, eine recht ausgefallene Bezeichnung für solch fundamentale Detektivarbeit. Aber es ging eben darum, Vermutungen, Annahmen, Gerüchte, Informationen aus unzuverlässigen Quellen und alles, was reinem Wunschdenken entsprang, auszusieben, sodass nur noch die harten Fakten übrig blieben. Gleichgültig wie spärlich diese faktischen Informationen waren, nur aus ihnen konnte man zuverlässige Schlussfolgerungen ziehen. Und so war »festen Boden zu schaffen« ein unentbehrliches Training für alle anderen Aktivitäten, für die man einmal innerhalb der CIA vorgesehen war.

Ich führte jetzt zwar den Doppelagenten vom KGB und eine Hand voll anderer Agenten, doch ich wollte unbedingt selbst einen Mann rekrutieren – um endlich damit anzufangen, meine Schulden in Höhe von 500 000 Dollar zurückzuzahlen.

Ich entschied mich, mir einen anderen indischen Heeresoffizier vorzuknöpfen. Seit dem letzten Krieg zwischen Indien und Pakistan waren erst acht Jahre vergangen, und es bestand jederzeit die Möglichkeit, das ein neuer ausbrach. Bei dieser nächsten Auseinandersetzung könnten auch Atomwaffen eingesetzt werden; wenn wir einen indischen Offizier in der Tasche hätten, würden wir vorher gewarnt werden.

Das Problem bestand darin, nahe genug an die Herde heranzukommen, um eines der Lämmer von ihr trennen zu können. Indische Armeeoffiziere bildeten eine eigene, isolierte Kaste; es war ihnen untersagt, Cocktailpartys zu besuchen, zu denen auch Ausländer geladen waren, oder Clubs beizutreten, denen auch Ausländer angehörten. Die Kontakte mit Ausländern unterlagen einer strikten Meldepflicht. Im Unterschied zu vielem anderen in Indien waren die Maßnahmen, die die Regierung ergriff, um Armeeoffiziere von Kontakten mit Ausländern abzuhalten, alles andere als ineffizient.

Ich fand aber bald heraus, dass versehentlich eine Hintertür offen geblieben war. Indische Offiziere liebten es, auf die Jagd zu gehen. An Wochenenden und in ihren Ferien fuhren sie ins Pandschab, um Rebhühner zu schießen oder manchmal auch einen jener großen Hirsche, die man in Indien *Blue Bull* nennt. Ich nahm an, dass ich einige von ihnen kennen lernen könnte, indem ich mich ganz einfach zu einem begeisterten Jäger ummodelte.

Bei meinem ersten Urlaub in der Heimat kaufte ich eine doppelläufige Schrotflinte der Firma Browning und eine Kiste voller Patronen. Um mich möglichst unauffällig unter die einheimischen Nimrode mischen zu können, erstand ich nach meiner Rückkehr nach Indien einen Jeep aus Restbeständen der Armee, der dem amerikanischen Original aus dem Zweiten Weltkrieg nachempfunden war. Er war in fantastischem Zustand und noch mit seinem Tarnanstrich versehen. Der Besitzer erzählte mir, dass der Wagen nach dem Krieg gegen Pakistan von 1971 ausgemustert worden sei, aber er sah viel neuer aus. Die Zulassung auf mich schien ewig zu dauern, bis ich von mir aus ein paar Zivilnummernschilder anschraubte, weil ich überzeugt war, dass keiner es bemerken würde. Und dann erschlich ich mir eine Einladung zu einer Rebhuhnjagd am Wochenende.

Wir zogen am Morgen los, gegen neun Uhr, als die Sonne schon vom Himmel strahlte und das Gras trocken war. Um die Rebhühner aus dem Getreide hochzuscheuchen, von dem sie fraßen, heuerten wir einige Feldarbeiter an, die zwischen den hohen Halmen hindurchgingen und mit Stöcken auf sie schlugen, wobei sie »titah, titah« riefen, das Hindiwort für Rebhuhn. Am Nachmittag hatten wir gut hundert Vögel erlegt. Als wir am Abend um ein Lagerfeuer in einem Hof saßen, bereitete uns der Koch ein Dutzend zum Abendessen zu.

Bei meinem vierten Ausflug ins Pandschab lernte ich einen Sikh kennen, der ungefähr fünfunddreißig Jahre alt zu sein schien. Er stellte sich selbst als Major Singh vor und sagte, dass er ein Cousin des Besitzers der Ländereien sei, auf denen wir jagten. Ich vermied es, über irgendwelche heiklen Themen zu sprechen, sondern unterhielt mich mit ihm nur über die Jägerei. Ich versuchte auch nicht, ein Zusammentreffen mit ihm im Anschluss an das Wochenende zu arrangieren. Ich wusste, dass ich ihm wieder begegnen würde, wenn ich auf das Landgut seines Cousins zurückkehrte, was schon am darauf folgenden Samstag der Fall war.

Bei dieser Gelegenheit blieb ich während der ganzen Jagd bei Major Singh. Wie die meisten indischen Armeeoffiziere war er ein großartiger Schütze und verfehlte nie einen Vogel. Als am Ende des Tages unsere Munition zur Neige ging, feuerte er sein Gewehr nur noch ab, wenn er die Chance hatte, zwei Rebhühner, deren Flugbahnen sich kreuzten, auf einmal zu treffen. Und sogar dabei vergeudete er kaum eine Patrone. Als wir an jenem Abend um das Feuer saßen, unterhielten wir uns mehrere Stunden lang über Indien und die USA. Singh liebte Amerika. Er war überzeugt, dass sein Land einen Fehler beging, indem es sich mit Russland verbündete, aus ideologischen Gründen, aber auch, weil die sowjetischen militärischen Ausrüstungsgegenstände den amerikanischen weit unterlegen waren. Sein geheimer Wunsch sei es, so vertraute er mir an, eine Generalstabsakademie in den USA zu besuchen. Wir legten uns erst nach Mitternacht schlafen.

In jenem Herbst verbrachten Singh und ich beinahe jedes Wochenende miteinander. Ich bot ihm schließlich an, eine italienische Schrotflinte für ihn zu kaufen, eine großartige Waffe, die in Indien nicht zu haben war. Als ich ihm die Flinte einige Wochen später übergab, nahm Singh mich in die Arme. Zu unserem nächsten Treffen brachte er Geld mit, um mir die Summe, die ich ausgelegt hatte, zurückzuzahlen. Ich weigerte mich aber, es anzunehmen, und sagte ihm, dass das Gewehr ein Geschenk sei und es eine Beleidigung wäre, wenn er mir Geld dafür gebe. Er stotterte eine Weile lang verlegen herum, akzeptierte dann aber das Geschenk. Er war dabei, mir an den Haken zu gehen.

Aus Sorge, dass andere bemerken könnten, wie viel Zeit wir miteinander verbrachten, begann ich Singh auch unter der Woche auf die Jagd zu führen. Wir hatten zwar an einem normalen Wochentag keine Zeit, tief in das Pandschab vorzustoßen, aber auch in näher an Delhi gelegenen Gegenden gab es genügend Rebhühner zu schießen.

Eines Abends fuhren wir wieder Richtung Stadt, und zwar auf einer Nebenstraße, weil wir dem Verkehr auf der Hauptstrecke ausweichen wollten, als Singh plötzlich »Stop!« rief. Zuerst dachte ich, dass irgendetwas vor uns auf der Straße liege, doch sobald ich angehalten hatte, sprang Singh mit seiner neuen Flinte in den Händen aus dem Wagen, lief zur anderen Straßenseite hinüber und setzte über eine niedrige Steinmauer. Nach ungefähr zwei Minuten hörte ich einen Schuss, und kurze Zeit danach sah ich Singh, der einen toten Pfau über die Mauer schleuderte. Er wollte gerade hinterherspringen, als plötzlich von allen Seiten Männer, die Seitenwaffen und automatische Gewehre trugen, auftauchten und auf ihn zuliefen.

Ich blieb im Auto sitzen, während Singh mit den Männern sprach. Zwischendurch schauten sie immer wieder zu meinem Jeep herüber, und ich befürchtete schon, dass sie nach den Fahrzeugpapieren fragen könnten. Mir kam der Verdacht, dass der Jeep vielleicht heiß sein könnte, dass er dem indischen Heer gestohlen worden war. Falls das der Fall sein sollte, würde man sowohl Singh als auch mich ins Gefängnis werfen. Zum Glück war es schon so dunkel, dass sie nicht erkennen konnten, dass ich kein Inder war und der Jeep ein Zivilnummernschild hatte. Singh trug seine Uniform, und ohne Zweifel dachten sie, dass wir beide beim Militär waren.

Singh übergab schließlich einem der Bewaffneten den toten Pfau und kam wieder zu mir herüber, wobei er ein wenig verlegen grinste.

»Das war Frau Gandhis Landgut«, sagte er, als wir wieder losfuhren.

Singh hatte sich nicht nur unberechtigterweise auf Indira Gandhis Besitz vorgewagt, sondern auch den Nationalvogel des Landes getötet, was ebenfalls illegal war. Solche Erlebnisse, bei denen man gerade noch davonkam, hatten während der Ausbildungszeit auf der Farm nicht auf dem Lehrplan gestanden.

Je öfter ich Singh traf, desto mehr wuchs mein Eindruck, dass er reif war, von der Herde getrennt zu werden. An einem Wochenende nahm ich Wild Bill mit auf unseren Jagdausflug. Es schadete nichts, noch die Meinung eines Fachmanns einzuholen. Bill und Singh kamen sofort gut miteinander aus. Bill stimmte mir im Anschluss an den Ausflug zu, dass die Zeit gekommen sei, Singh die entscheidende Frage zu stellen. Ich lud Bill ein, bei der Show zugegen zu sein.

Sofort, als Singh ins Zimmer trat und Bill sah, begriff er, dass etwas Besonderes los war. Er lächelte jedoch weiter. Wir waren alle Freunde. Ich schenkte Singh ein Bier ein.

Ich war anfangs so »ruhig« wie damals, als ich versucht hatte, Sami anzuwerben, und stammelte etwas über unsere schon so lange während Freundschaft.

»Major«, unterbrach Bill mich. »Wir wollen nicht lange daherschwafeln. Bob und ich arbeiten für die CIA.«

Jetzt, nachdem die Katze aus dem Sack war, übernahm ich wieder. Ich fragte Singh, ob er als Agent für die CIA tätig werden wolle. Er wurde ganz blass. Einen Augenblick lang sah es so aus, als ob er aufstehen und weggehen würde. Er besann sich dann aber eines anderen; wahrscheinlich dachte er auch daran, dass er gegen die Vorschriften verstoßen hatte, indem er den Kontakt zu mir nicht gemeldet und die Flinte als Geschenk akzeptiert hatte. Er hatte sich damit bereits kompromittiert. Als ich mit meiner

Rede zu Ende war, zögerte er eine, zwei Sekunden und entgegnete dann, er werde sich unseren Vorschlag durch den Kopf gehen lassen.

Major Singh lehnte schließlich doch ab, doch dass ich überhaupt ein Anwerbungsgespräch mit ihm geführt hatte, tat unendlich viel für mein Selbstvertrauen. Agenten zu rekrutieren wurde bald etwas so Selbstverständliches für mich, wie eine Pizza zu bestellen. Es kommt dabei nur darauf an, wirklich auf das zu hören, was die Leute sagen. Geldprobleme, ein unausstehlicher Chef, geheime Sehnsüchte oder emotionelle Bindungen – das alles kann einen Menschen zu kleinen Zugeständnissen veranlassen, die sich dann zu stetig größer werdenden auswachsen. Ich brauchte eine Weile dafür, doch ich lernte es schließlich, das Dickicht in den Köpfen anderer zu durchschauen und sie dann Schritt für Schritt zu einer Spionagetätigkeit hinzulenken. Gegen Ende meiner Karriere erhielt ich auf keines meiner Anwerbungsgespräche eine abschlägige Antwort.

Ich hatte das große Glück, während der meisten Zeit, in der ich in Neu-Delhi als Case Officer im Einsatz war, nicht in das Überwachungsnetz des IB zu geraten. Ich wurde lediglich sporadisch beschattet. Diese laxe Überwachung war nicht unwichtig, da mir nicht nur der Doppelagent anvertraut worden war, und ich versuchte, Singh zu rekrutieren, sondern noch fünf weitere Agenten führte. Ich hatte jede zweite oder dritte Nacht ein Treffen mit einem Agenten, und das war in einer feindseligen Atmosphäre, wie sie in Indien nun einmal herrschte, eine Menge.

Mein Glück wäre in einer Augustnacht beinahe ins Gegenteil umgeschlagen. Ein eine Woche andauernder Monsunregen hatte beinahe die Hälfte der Straßen in Delhi überflutet und unpassierbar gemacht, somit also sehr ungünstige Bedingungen geschaffen, um einen Agenten zu treffen. Doch seit meiner Zeit in Madras hatte ich gelernt, die tiefer gelegenen Gebiete zu meiden. Außerdem erwartete ich, dass das Treffen kurz sein würde. Ich hatte nur vor, dem Mann ein bisschen Geld zuzustecken und ihn dann in der ersten finsteren Seitenstraße wieder aus dem Auto zu werfen.

Schon als ich um die Ecke bog, sah ich, dass er einen prall gefüllten Matchsack bei sich hatte. Er atmete außerdem schwer, als ob er zu unserem Treffpunkt gerannt sei.

»T-72-Handbücher«, keuchte er, als er zu mir ins Auto stieg, und deutete auf den Sack.

»*Was?*«, fragte ich. Ich war beinahe sicher, mich verhört zu haben.

Er grinste bis über beide Ohren und wiederholte, was er gesagt hatte.

Die Betriebsanleitungen für den T-72-Kampfpanzer waren so etwas wie der Heilige Gral für uns, hinter dem wir seit Jahren hergejagt waren, die Schlüssel zum Königreich des Wissens. Mein Herz begann zu rasen, vor allem als der Agent mir zu verstehen gab, er müsse sie in zwei Stunden wiederhaben. Der Sergeant, der ihm die Anleitungen geliehen hatte, musste sie wieder in den Safe zurücklegen, bevor er abgelöst wurde. Ich hatte also nicht genug Zeit, um zum Büro zu fahren, Kopien zu machen und eine Straße zu nehmen, auf der ich mich einem potenziellen Überwachungsteam entziehen konnte. Was noch schlimmer war – um diese Stunde des Tages wimmelte es in der Stadt von Leuten des IB. Doch ich konnte die Anleitungen entweder in dieser Nacht entgegennehmen oder nie.

Mir blieb eigentlich gar keine Wahl. Ich trat auf die Bremse, schubste den Agenten aus dem Wagen und schrie noch hinter ihm her, er solle mich in zwei Stunden hinter dem Gästebungalow Nummer 3 des Gymkhana-Clubs treffen. Er drehte sich um und schaute mich verwirrt an. »Du bist entweder in den verdammten Büschen hinter Nummer 3, oder du bekommst deine Anleitungen nicht zurück.« Ich ließ einen Schauer kleiner Steinchen auf ihn regnen, als ich den Wagen herumriss und wegraste.

Im Büro angekommen, rief ich sofort den Techniker zur Hilfe. Er bediente den Dokumentenkopierer und ich das einsame Xerox-Gerät. Natürlich gab es einen Papierstau, kurz bevor der Toner zu Ende ging. Die Behälter mit dem Toner waren in einer Abstellkammer eingeschlossen, zu der keiner von uns den Schlüssel hatte. Als wir mit dem Kopieren fertig waren, blieben mir noch genau siebzehn Minuten, um zum Gymkhana-Club zu fahren.

Als ich den ersten Kreisverkehr durchfuhr, bemerkte ich, wie die Scheinwerfer eines dort geparkten Autos eingeschaltet wurden. Der Wagen setzte sich in Bewegung und folgte mir. Ein zweiter schloss sich ihm an. Ich schaute auf meine Uhr. Ich hatte jetzt noch sechs Minuten, um zu der Stelle zu gelangen, an der ich dem Agenten die Dokumente wieder übergeben wollte. Normalerweise wäre ich in der Gegend herumgefahren, bis ich die beiden Autos abgehängt hatte, doch dazu hatte ich jetzt absolut keine Zeit.

Ich blieb auf der Hauptstraße, auf der die Autos Stoßstange an Stoßstange hintereinander herfuhren. Da im Rückspiegel eine Menge von Lichtern aufleuchtete, konnte ich nicht feststellen, ob die beiden Autos noch hinter mir waren oder ob ich sie schon abgehängt hatte.

Ungefähr eine halbe Meile von meinem Ziel entfernt, bog ich in eine kleine Seitenstraße ein, um den Weg zu dem Club abzukürzen. Ich war sie schon Hunderte von Malen langgefahren und wusste, dass hier zu dieser Nachtstunde kein Verkehr herrschte. Sobald ich um die Ecke gekurvt war, trat ich aufs Gaspedal. Ich muss eine Geschwindigkeit von achtzig Stundenkilometern draufgehabt haben, als ich den Block zur Hälfte hinter mich gebracht hatte. Auf den Seitenstraßen Delhis fuhr normalerweise niemand so schnell, jeder der versucht hätte, mir zur folgen, wäre mir also aufgefallen. Ich starrte immer wieder gebannt in den Rückspiegel, ob sich irgendwelche verräterischen Scheinwerfer zeigten.

Ich weiß nicht, ob es eine Vorahnung war oder nicht, doch als ich die Augen wieder auf die Straße richtete, sah ich, dass eine riesige Kuh sie versperrte. Mir wurde in Bruchteilen von Sekunden bewusst, dass der Wagen ins Schleudern geriete, wenn ich auf die Bremse träte, und ich die Kuh voll erwischen würde. Mir blieb nicht anderes übrig, als zu versuchen, sie zu umfahren. Leider sind aber die heiligen Kühe in Indien völlig unberechenbar in ihrem Verhalten. Wenn sie in Panik geraten, können sie genauso gut nach vorne preschen wie sich umdrehen und in die entgegengesetzte Richtung rennen. Indem ich im Geiste eine Münze hochwarf, peilte ich das freie Stück Straße hinter der Kuh an und umfuhr sie, wobei ich sie nur Zentimeter verfehlte. Der Wagen sackte jedoch mit den Rädern auf der rechten Seite in einen schlammgefüllten Abwassergraben, der den Straßenrand säumte, und ich konnte hören, wie die Achse über die Kante des Grabens hinwegschrammte. Der Wagen hatte aber genügend Schwung, um wieder freizukommen. Es war ein Wunder, dass er nicht umkippte. Sobald er aufgehört hatte, von links nach rechts zu schlingern, schaute ich wieder in den Rückspiegel: Die Kuh war verschwunden, dafür leuchteten jetzt aber mindestens drei Scheinwerferpaare hinter mir auf. Das mussten Autos vom IB sein. Und schlimmer noch – sie holten auf.

Ich wusste, dass ich gegen sämtliche Regeln verstoßen hatte. Was man unter allen Umständen zu vermeiden sucht, wenn man überwacht wird, ist, das Interesse der Leute noch weiter zu verstärken, die auf einen angesetzt sind. Das macht den Gegner nur entschlossener. Ich hatte aber keine Wahl. Ich konnte entweder die Bedienungsanleitungen zurückgeben – ich hatte jetzt noch drei Minuten Zeit – oder den Versuch abbrechen, und der Agent hatte es mir unmissverständlich zu verstehen gegeben, dass man dem Sergeant auf die Schliche kommen und ihn verhaften würde, wenn er die Dokumente nicht in dieser Nacht noch zurücklegte – womit das ganze Kartenhaus einstürzen würde.

Als ich das Tor des Gymkhana-Clubs durchquerte, waren aus den drei Scheinwerferpaaren fünf geworden. In meinem Rückspiegel sah ich, wie sie eines nach dem anderen hinter mir durch das Tor huschten. Der erste Wagen war vielleicht drei Meter von meiner hinteren Stoßstange entfernt. Vor mir war keine Straße mehr, doch ich fuhr weiter – über einen mit Kies bestreuten Fußweg, der zwischen zwei Tennisplätzen hindurchführte. Ich rechnete damit, dass sie mir nicht folgen würden, und ich hatte Recht. Alle fünf Autos hielten von dem Hauptgebäude des Clubs, die Insassen schwärmten aus, um sich zu Fuß an meine Verfolgung zu machen. Ich trat auf die Bremse, stopfte den Matchsack mit den Dokumenten in eine Tennistasche und ging hinter zwei Tamarindenbäumen in Deckung. Als ich einen Pfad hinunterhuschte, der von hohen Myrtenbüschen gesäumt war, hallten

Schritte hinter mir. Ich gelangte schließlich zu einem vor Blicken geschützten Teil der Hecke, die sich vor dem Gästebungalow Nummer drei langzog. Durch die Blätter hindurch konnte ich die schattenhafte Gestalt des Agenten ausmachen, er stand genau dort, wo ich ihn hinbefohlen hatte. Ohne innezuhalten, zog ich in einer einzigen raschen Bewegung den Matchsack aus der Tennistasche und warf ihn durch die Hecke hindurch. Aus den Augenwinkeln sah ich, wie der Agent den Sack aufhob und sich mit ihm davonmachte.

Ich ging den Weg weiter hinunter und betrat durch die Hintertür die Bar des Clubs. Der Raum war leer bis auf einen würdevollen indischen Gentleman in einem dreiteiligen Anzug, der in einem Sessel saß und die Zeitung las. Ich ging zu ihm hinüber und ließ mich in den Sessel neben ihm sinken. Wortlos winkte ich einen Ober herbei und bestellte für jeden von uns beiden einen doppelten Scotch, ohne Soda und ohne Eis. Als ich dann noch mit ihm ein Gespräch begann, als ob wir alte Freunde wären, machte der Inder ein Gesicht, als ob er am liebsten das Weite suchen würde.

Ich warf einen verstohlenen Blick in Richtung Hintertür und erkannte zwei meiner Verfolger. Ihre Blicke wanderten zwischen der Tennistasche, dem alten Herrn und mir hin und her. Man konnte aber sehen, dass ihr Interesse schnell nur noch dem indischen Gentleman galt. Sie dachten krampfhaft darüber nach, wieso ich wohl solche Eile gehabt hatte, mit ihm zusammenzutreffen. Wenn sie anfingen, ihn zu befragen, würde der Agent das Gelände schon längst verlassen und die Handbücher dem Sergeanten zurückgegeben haben.

Nichts ist so schön, wie noch einmal davongekommen zu sein. Ich bestellte einen zweiten Scotch für mich und für meinen neuen Freund.

Nach drei Jahren in Indien kam ich mir wie ein Zimmermannslehrling vor, dessen Ausbildungszeit zu Ende war. Ich besaß jetzt alle die Werkzeuge und die Fähigkeiten, um auf eigene Faust tätig zu werden. Das Einzige, was mir noch fehlte, war irgendeine spezielle Fertigkeit. Ich beantragte, Chinesisch lernen zu dürfen, doch bevor die Division Ostasien antworten konnte, bot die Division Naher Osten mir an, ihren zwei Jahre dauernden Arabischkurs zu absolvieren. Ich wusste so gut wie gar nichts über den Nahen Osten, akzeptierte jedoch das Angebot, ohne noch einmal darüber nachzudenken. Ich hatte lang genug in Indien geschmort, jetzt war die Zeit gekommen, ins Feuer zu springen.

Teil II
Der Sprung ins Feuer

6

18. April 1983. Beirut, Libanon

Ein verbeulter GMC-Pick-up neueren Baujahrs fuhr direkt gegenüber der ausgebrannten Hülle des Saint George's Hotel an den
Straßenrand. Der Fahrer ließ den Motor laufen und beobachtete
in aller Ruhe den Verkehr auf Beiruts Uferstraße.

Niemand beachtete den Pick-up und niemand bemerkte, dass
er so schwer beladen war, dass die Last den Wagen bis auf die Rad-
federn hinabdrückte. Der Bürgerkrieg war, für die meisten Libanesen zumindest, zu Ende. Die israelischen Streitkräfte, die im
Juni 1982 in den Libanon eingedrungen waren, um palästinensische Guerillatrupps zu zerschlagen, die von hier aus operierten,
hatten die Hauptstadt verlassen und waren dabei, sich noch weiter in Richtung Süden zurückzuziehen. Und die Palästinenser,
denen seit dem Ausbruch des libanesischen Bürgerkriegs im
April 1975 die Straßen Beiruts gehört hatten, waren ebenfalls aus
der Stadt und nach Tripoli im Norden sowie ins Bekaa-Tal abgezogen. Die amerikanischen, britischen, französischen und italienischen Soldaten, aus denen die multinationale Schutztruppe bestand, patrouillierten an ihrer Stelle durch die Straßen. Sogar die
Libanesen, die Ausländer verabscheuten und ihnen die Schuld an
den Problemen ihres Landes gaben, mussten widerwillig einge-
stehen, dass der Anblick der französischen gepanzerten Truppentransporter vom Typ LeClerc, die durch Hamra, das Hauptge-
schäftsviertel Beiruts, rollten, beruhigend war. Obwohl sie es
niemals zugegeben hätten, waren sie auch erfreut darüber, dass
amerikanische Marines mit ihren M-16-Maschinengewehren
und Panzerwesten den Flughafen bewachten. Im Libanon war

nicht wirklich Frieden eingezogen, aber das Land hatte sich einem solchen Zustand wesentlich mehr angenähert, als dies seit langem der Fall gewesen war.

Man konnte den Optimismus, der sich allenthalben ausbreitete, geradezu riechen. Die Libanesen, die ihre Heimat während des Bürgerkriegs verlassen hatten, kamen nach und nach zurück, und sie hatten genügend Geld in den Taschen, um Beirut wieder aufzubauen, das einst eine der europäischsten und modernsten arabischen Städte gewesen war. Nur sechs Monate nach der Invasion der Isarelis war Beirut eine einzige große, sich in alle Richtungen ausbreitende Baustelle. Es gab kaum ein Gebäude, das nicht einen frischen Anstrich erhielt, instand gesetzt oder auch abgerissen wurde, um Platz für ein neues zu machen. Baukräne, Gerüste, Baufahrzeuge und Trupps von Arbeitern verstopften Tag und Nacht die Straßen. Da fiel ein ramponierter Kleinlaster, dessen Federn durchgedrückt waren und der mit laufendem Motor am Straßenrand stand, noch am wenigsten auf.

Gegen 12.43 Uhr bemerkte der Fahrer des Wagens den alten grünen Mercedes, der vor der Ayn-Muraysah-Moschee um die Ecke sauste und, um in dem wie üblich dichten Verkehr rascher voranzukommen, immer wieder die Spur wechselnd, die Fahrzeugschlangen überholte. Als der Mercedes näher kam, erkannte der Fahrer des Pick-ups die beiden Männer, die auf den Vordersitzen saßen. Nur ein paar Stunden zuvor war er mit ihnen zusammengekommen, um die letzten Vorbereitungen zu treffen. Der Fahrer wartete, bis die Scheinwerfer des Mercedes dreimal aufblitzten. Das war das verabredete Zeichen für freie Fahrt bis zum Ziel. Der Fahrer legte den ersten Gang ein und fädelte sich sofort in den fließenden Verkehr ein, wobei er ganz knapp einen Kipplaster verfehlte. Er fuhr die Uferstraße in Richtung Ayn-Muraysah-Moschee hinauf, in die Richtung, aus der der Mercedes gerade gekommen war. Zu seiner Rechten schlenderten Spaziergänger über die Promenade, am Rand des blaugrünen und silbrig flimmernden Meeres entlang. Zu seiner Linken schienen die Appartementhäuser von Ayn Muraysah den Hügel hinab auf ihn zu zu stürzen. Der Fahrer hielt jedoch seine Augen auf das Fahrzeug direkt vor sich gerichtet. Sie hatten

114

etwas nicht in ihre Planung einbezogen: den Verkehr zur Mittagszeit.

Als er sich dem siebenstöckigen Gebäude der amerikanischen Botschaft näherte, wartete er auf eine Gelegenheit, nach links über die Gegenfahrbahn hinweg abzubiegen. Er drosselte das Tempo, bis sein Pick-up beinahe zum Stehen kam. Hinter ihm ertönte wütendes Gehupe. Als sich zwischen zwei Fahrzeugen auf der Gegenfahrbahn eine Lücke auftat, stieß er mit seinem Wagen rasch hinein, wobei er beinahe mit dem Auto einer Frau kollidierte, die ihre beiden Kinder von der Schule abgeholt hatte. Jetzt drückte der Fahrer das Gaspedal bis zum Anschlag durch und zielte mit der Kühlerhaube auf die Ausfahrt des halbkreisförmigen, überdachten Zufahrtswegs zur Botschaft. Als er hindurchfuhr, hatte sein Fahrzeug schon eine solche Geschwindigkeit erreicht, dass die Wachposten ihre Waffen nicht mehr rechtzeitig in Anschlag bringen konnten. Die Männer begriffen sofort, was gleich geschehen würde. Sie hatten es schon so viele Male in Beirut miterlebt. Alles was sie tun konnten, war, sich auf den Boden zu werfen und zu beten.

Der Pick-up schrammte an der Mauer eines Nebengebäudes lang, setzte aber seine Fahrt fort und holperte die paar Stufen hoch, die zur Eingangshalle führten. In dem Moment, in dem der Wagen durch die Türen brach – um genau 13.03 Uhr Ortszeit, wie es später in dem offiziellen Kommuniqué des State Department hieß –, flog er in die Luft. Sogar für Beiruter Verhältnisse war es eine ungeheure Explosion. Die Druckwelle ließ in einem Umkreis von vielen Kilometern Fensterscheiben zerbersten und brachte die U.S.S. *Guadalcanal*, die fünf Meilen vor der Küste geankert hatte, zum Erzittern. Bei *ground zero* stieg der ganze Mitteltrakt des siebenstöckigen Botschaftsgebäudes Dutzende von Metern in die Luft, blieb dort scheinbar eine Ewigkeit lang schweben und stürzte dann in einer Wolke aus Staub, menschlichen Körperteilen, Holzsplittern und Papierfetzen in sich zusammen. Die Eingangshalle wurde vollkommen pulverisiert. Die dicke Plexiglasscheibe, die den *Guard Post I*, die Wachstation, schützte, implodierte, die einzelnen Plexiglasbrocken fegten mit einer wahnwitzigen Geschwindigkeit durch die Luft und zerfetzten den jungen Marineinfanteristen, der dort Dienst tat, in winzigste Bestandteile. Alles was man später von ihm noch finden sollte, waren die geschmolzenen Messingknöpfe seines Uniformrocks.

Dreiundsechzig Menschen, darunter siebzehn Amerikaner, kamen bei dem bis dahin schlimmsten terroristischen Schlag gegen die USA ums Leben, und die CIA wurde am härtesten getroffen. Sechs ihrer Beamten starben, darunter der Operationschef, sein Stellvertreter und dessen Frau. Die Frau des stellvertretenden Operationschefs hatte erst an jenem Morgen ihre Stelle in der Botschaft angetreten. Auch Bob Ames, der Beauftragte der CIA für den Nahen Osten, wurde getötet. Er war auf einem Besuch in Beirut gewesen und hatte nur kurz in der Botschaft vorbeigeschaut. Bobs Hand, an der noch der Ehering saß, fand man eine Meile vor der Küste im Wasser treiben. Niemals zuvor hatte die CIA bei einem einzigen Überfall so viele Leute eingebüßt. Es war eine Tragödie, von der sich die Agency nie wieder erholen sollte.

In den vierundzwanzig Stunden nach dem Anschlag trafen ganze Schwärme von Untersuchungsbeamten der CIA und des FBI in Beirut ein. Das Problem war nur, dass kaum etwas übrig war, das sie hätten untersuchen können. Die Explosion hatte den Fahrer des Pick-ups vom Erdboden weggefegt. Auch von dem Zünder gab es keine Überbleibsel, was zu der Hypothese führte, dass der Hersteller der Bombe eine kleine Menge Sprengstoff an dem Zünder selbst angebracht hatte, um dafür zu sorgen, dass dieser bei der Explosion vollkommen zerstört wurde. Zünder sind wie Unterschriften – etwas, das ein Fachmann nicht gern am Ort des Geschehens zurücklässt.

Das Geheimnis wurde nur noch größer, als sich herausstellte, dass forensische Experten des FBI nicht in der Lage waren, genügend Material aus dem Schutt herauszuklauben, um die Zusammensetzung des Sprengstoffs zu ermitteln. War es Semtex gewesen? RDX? C-4? Sie hatten keine Ahnung. Schließlich fanden sie eine Spur PETN, doch die meisten für militärische Zwecke verwendeten Explosivstoffe enthalten etwas von dieser Substanz.

Auf jeden Fall trug die Entdeckung wenig dazu bei, den Vorfall zu erhellen. Eine Erklärung war, dass zur Hälfte gefüllte Acetylen-Tanks, die um die Sprengladung herum angebracht worden waren, nicht nur deren Durchschlagskraft erhöht hatten – also den zerstörerischen Fragmentierungseffekt –, sondern auch dafür gesorgt hatten, dass die Explosivstoffe ebenso wie der Zünder und der Fahrer bis auf die letzte Spur getilgt worden waren. Was den Kleinlaster anbelangte, so gelang es dem FBI schließlich ein Bruchstück des Fahrgestells zu finden, auf dem noch die Nummer zu lesen war. Die Fahnder konnten das Auto bis zu seinem ersten Käufer, der in Texas lebte, zurückverfolgen. Jemand anderes hatte den Wagen dort später gekauft und zum Arabischen Golf transportieren lassen; dort verlor sich die Spur aber. Das FBI konnte nicht herausbekommen, wie das Fahrzeug nach Beirut gelangt war, und schon gar nicht den letzten Besitzer ermitteln.

Der libanesische Geheimdienst und die CIA hatten nicht mehr Erfolg. Die libanesischen Untersuchungsbeamten nahmen an, dass der Fahrer ein schiitischer Moslem war, doch nur deswegen, weil die Menschen dieser Glaubensrichtung eher als andere Moslems dazu neigten, bei einer terroristischen Aktion ihr eigenes Leben zu opfern. Die libanesischen Agenten schwärmten aus und durchkämmten Beiruts südliche Vororte und das Bekaa-Tal, wo die meisten der radikalen Schiiten lebten, doch sie kehrten weder mit einer Information zurück, ja noch nicht einmal mit einem Gerücht, das einigermaßen glaubwürdig war, noch hatten sie irgendwelche konkreten Anhaltspunkte gefunden. Auch die Informanten der CIA vermochten keine Hinweise zu liefern.

Drei Gruppen meldeten sich telefonisch und bekannten sich zu dem Anschlag, doch die CIA war sich noch nicht einmal sicher, ob diese Vereinigungen überhaupt existierten. Bei allen drei Anrufen konnte es sich sehr gut um üble Scherze handeln. Die Libanesen verhafteten ein halbes Dutzend Leute, doch hatte es den Anschein, als ob sie nur die üblichen Verdächtigen zusammentrieben, um unter Beweis zu stellen, dass sie mit ihren Nachforschungen vorankamen.

Die Bombenattentäter hinterließen keine Absenderadresse. Wer immer sie waren – sie waren sehr, sehr gut.

Ich war in Tunis und lernte Arabisch, als die Nachricht von dem Bombenattentat wie der von einem Überschallflugzeug verursachte Knall durch die ganze Stadt hallte. Alle von uns, Schüler wie Dozenten, kannten jemanden, der in der Botschaft in Beirut arbeitete. Ich werde nie vergessen, wie Khaldiyah, eine ältere Frau, die viele Jahre lang an der Botschaft dort tätig gewesen war, ihren Kopf auf die Tischplatte sinken ließ und hemmungslos vor sich hinschluchzte.

Ich dachte mir, dass irgendeine radikale Palästinenservereinigung hinter dem Anschlag stehen müsse und es nur eine Sache von wenigen Wochen sein werde, bis man jemanden gefangen habe und das Komplott aufgedeckt sein würde. Ich sollte mich irren. Ich ahnte nicht, dass der Anschlag nie offiziell aufgeklärt werden und für mich zu einer lebenslangen Obsession werden würde, doch der Same für letztere war schon ausgebracht. Ich hatte Beirut ein paar Monate vor dem Bombenattentat besucht und mit einigen unserer Leute dort gesprochen – darunter auch mit dem Operationschef und seinem Stellvertreter, die ja beide dem Anschlag zum Opfer gefallen waren. Sogar heute noch sehe ich, wenn ich die Augen schließe, die beiden Männer und ihre Büros vor mir und male mir gegen meinen Willen aus, wie sie sich in Staub auflösen. Da mich auf der eine Seite die Erinnerung an die quälte, die dort ihr Leben verloren hatten, und auf der anderen Seite das ungelöste Geheimnis, wer dafür verantwortlich gewesen war, würde mich dieses Ereignis nie wieder loslassen. (Die Schilderung der Vorfälle, die ich oben abgegeben habe, basiert, wie ich hervorheben möchte, aus mühsam über Jahre hinweg zusammengetragenen Fakten, Gerüchten und Informationen sowie auf Mutmaßungen, deren Grundlagen Nachforschungen sind, die ich über nahezu zwei Jahrzehnte hinweg angestellt hatte.)

Vier Monate nach dem Bombenattentat schloss ich den Arabischkurs ab, den ich zwei Jahre zuvor begonnen hatte, und wurde nach ▬▬▬▬▬▬ versetzt, einem kleinen, aber wichtigen Außenposten im Nahen Osten. Die Berichte, die von dort eingingen, wurden in Washington begierig gelesen. Ich verfügte vor Ort über einen exzellenten Agenten, der uns mit einer ganzen Flut von Dokumenten und Informationen erster Güte versorgte. Überdies gab es dort viele *hard targets*, während es – im Vergleich zu Neu-Delhi – ein Kinderspiel war, der Überwachung zu entgehen. Es war ein großartiges Gefühl, wieder auf den Straßen unterwegs zu sein, Agenten einzusetzen und meine Arabischkenntnisse anwenden zu können. Und offen gesagt: Ich brauchte jegliche Art von Praxis, die sich mir anbot. Sogar nach zwei vollen Jahren Unterricht sprach ich bei weitem noch nicht fließend Arabisch; es würde noch zwei weitere Jahre dauern, bis ich mich in der Sprache heimisch fühlte.

Anfänglich ließ sich alles ganz gut an mit meinem neuen Leiter, John ███████, doch es dauerte nicht lange, bis ich erkannte, dass er kein Wild Bill war. Er war ein schmächtiger Mann mit einem nervösen Gesichtszucken, der jeden Tag in einem sorgsam gebügelten Anzug und mit auf Hochglanz polierten Schuhen mit Flügelkappen an den Füßen im Büro erschien. Ich hätte mich ja mit der Tatsache abfinden können, dass er sich wie ein Beamter des Foreign Service kleidete, nicht aber damit, dass er eine zu seinem Erscheinungsbild passende buchhalterische Einstellung zum Spionieren hatte. John weigerte sich, irgendwelche Risiken einzugehen. Er war der Meinung, das Schlimmste, was einem Einsatzoffizier zustoßen könne, sei, dabei erwischt zu werden, wie er versuchte, einen Agenten zu rekrutieren.

Statt sich Gedanken über das Herbeischaffen von Informationen zu machen, sorgte er sich darum, Termine einzuhalten, die das Hauptquartier hinsichtlich des zu erledigenden Papierkrams setzte. Wenn aus Langley irgendein belangloser Bericht über den Fortschritt, den eine bestimmte Sache nahm, angefordert wurde, dann ließ John alles andere stehen und liegen, um ihn eine Woche vor der Frist präsentieren zu können – vor jedem anderen CIA-Büro im Nahen Osten. Es machte ihn wütend, wenn ich meine Abrechnungen zu spät einreichte, obwohl mir stets noch Geld zustand. Es war klar, dass wir irgendwann aneinander geraten würden. Zum Streit kam es schließlich, als ich versuchte, Wanzen in einer konspirativen Wohnung von Arabern unterzubringen.

Während des ersten Jahres meines Arabischkurses in Washington D.C. hatte ich mich mit einem jungen palästinensischen Studenten angefreundet. Er hatte anfänglich keine Ahnung, dass ich bei der CIA war. Er half mir mit dem Arabischen, ich ihm mit dem Englischen. Wir fielen zusammen in die Bars von Georgetown ein, und er machte mich mit der arabischen Küche bekannt. Zementiert wurde unsere Freundschaft aber, als ich ihm dabei behilflich war, einen Essay auf Vordermann zu bringen, der ihm ein Stipendium für eine Fachhochschule einbrachte. Als für mich die Zeit kam, meinen Posten anzutreten, zog er mich zur Seite und erzählte mir, dass ein Bruder von ihm in der Stadt lebe, die mein Bestimmungsort war. Ich will diesen Bruder Khalid nennen. Mein Freund gab mir Khalids Adresse und Telefonnummer und fügte sehr kryptisch hinzu, dass sein Bruder mir bei allen Sicherheitsproblemen helfen könne, die sich mir vielleicht stellten.

Ich rief Khalid kurze Zeit nach meiner Ankunft in der Stadt an, und er verabredete sich sofort zu einem Treffen mit mir. Es stellte sich heraus, dass er Mitglied einer palästinensischen terroristischen Vereinigung war. Es hätte ihn den Kopf kosten können, wenn er mit einem CIA-Agenten erwischt worden wäre, doch Khalid tat es, weil sein Bruder ihn darum gebeten hatte. Das war meine erste Lektion darüber, wie es im Nahen Osten läuft: Man rekrutiert nicht eine einzelne Person, sondern ganze Familien, Sippen und Stämme.

Als wir einmal spät in der Nacht zusammen herumfuhren – unsere Treffen fanden mittlerweile im Geheimen statt –, war Khalid merkwürdig schweigsam, obwohl er über beide Ohren grinste. Schließlich kam er – unfähig länger an sich zu halten – mit der Neuigkeit heraus. Er hatte gerade alles über eine geheime Abu-Nidal-Niederlassung herausgefunden, in der, wie er glaubte, terroristische Aktionen geplant wurden.

Khalid hatte guten Grund, aufgeregt zu sein. Abu Nidal stand in der Hitparade der CIA auf einem der obersten Plätze. Er war ein kaltblütiger Mörder, zu dessen Opfern fast auch der israelische Botschafter in London gezählt hätte. Durch dieses Attentat hatte er Israel provoziert, am 6. Juni 1982 in den Libanon einzudringen. Beinahe wäre damals der ganze Nahe Osten mit in den

Krieg hineingerissen worden. Wir wussten, dass Abu Nidal noch einmal versuchen würde, es darauf anzulegen, wenn er die Gelegenheit dazu bekäme.

Als ich Khalid aus dem Auto aussteigen ließ, steckte er mir einen Zettel mit der Adresse des Abu-Nidal-Büros zu. Ohne John gegenüber ein Wort darüber zu erwähnen, machte ich mich am nächsten Morgen auf den Weg, um mir das Haus und die Nachbarschaft anzusehen. Es handelte sich zwar um ein nach außen hin ganz normal aussehendes dreistöckiges Gebäude, wie es in jenem Teil der Stadt zum Straßenbild gehörte, doch in der unbeleuchteten Vorhalle stand ein mit einer Maschinenpistole bewaffneter Wachposten, der von der Straße aus kaum zu erkennen war. Da das Haus durch nichts als ein Regierungsgebäude ausgewiesen wurde – was den Wachposten erklärt hätte –, standen die Chancen nicht schlecht, dass sich in ihm genau das befand, wovon Khalid gesprochen hatte.

Die Gebäude links und rechts von dem Haus, in dem sich das Abu-Nidal-Büro befand, hatten je eine Seitenwand mit ihm gemeinsam. Wenn ich in eine der Wohnungen hineingelangen könnte, würde ich nur noch mit einem schallgedämpften Bohrer ein Loch in die Wand bohren und ein Mikrofon hineinschieben müssen. Wenn man die Wand nicht ganz durchbohrte, wäre die ganze Operation ein Klacks. Wenn es sein müsste, würden wir auch vermutlich mit einem Akzelerometer oder Kontaktmikrofon durch die Wand hindurch lauschen können.

Im Büro schaute John mich mit vor Staunen geweiteten Augen an, als ich ihm meinen Plan darlegte. »Das State Department wird es in keinem Fall billigen«, unterbrach er mich bald.

»Was hat das *State* damit zu tun?«, fragte ich. Ich dachte, dass er mich missverstanden haben müsse. »Wir treiben einen Agenten auf, der eine Wohnung in einem der angrenzenden Gebäude mietet, schleusen ein Team von Technikern ein, bohren ein Loch, stecken ein Mikro hinein, und dann brauchen wir nur noch die Daumen zu drücken, dass wir mit ihm etwas einfangen.«

»Bob, Sie haben nicht die geringste Ahnung, wie heikel das alles in politischer Hinsicht ist. Dieses Land ist wichtig für die USA. Wir dürfen nicht das Risiko eingehen, es uns durch eine gewagte Operation zu entfremden. Wir können uns auch nicht den kleinsten falschen Schritt leisten, der der Regierung eine Entschuldigung dafür liefern würde, aus den Bemühungen um den Frieden auszuscheren.«

John vertrat unmissverständlich die Meinung, ich müsse selbst in der Lage sein, die politischen Implikationen bis in ihre letzten Verästelungen hinein zu durchschauen. Ich wollte die Sache schon auf sich beruhen lassen, als er den Fehler beging, mich beschwichtigen zu wollen.

»Wissen Sie, wir können uns hier doch ganz gut mit den nicht ganz so brisanten Zielen, mit einigen der *soft targets*, beschäftigen«, meinte er. »Der australische Nationalfeiertag steht vor der Tür. Warum versuchen Sie nicht, eine Einladung zu ergattern?«

»Sie nehmen mich wohl auf den Arm«, erwiderte ich. »Wem in Gottes Namen sollte ich denn auf einem Empfang der australischen Botschaft begegnen?«

John zog einen Lappen hervor, den er in der obersten Schublade seines Schreibtischs aufbewahrte, und fing an, die Kappen seiner Schuhe zu polieren. Ich wusste: Wenn der Putzlappen zum Vorschein kam, dann war das Gespräch zu Ende.

Wenn ich damals begriffen hätte, dass John mit seiner Strategie des »Nichts-Böses-Sehen, Nichts-Böses-Hören, Nichts-Böses-Tun« ein Vorbild für die neue CIA war, die ganz unmerklich daheim in Washington und überall auf der Welt heranwuchs, wäre ich dann ausgestiegen? Ich glaube nicht. Schon deswegen nicht, weil das Bombenattentat auf unsere Botschaft in Beirut mich völlig in seinen Bann zu ziehen begann.

Offiziell ging die Untersuchung des Falls weiter. Inoffiziell war sie abgebrochen worden. Nach den Verhaftungen, die die Libanesen in der Frühphase zum Schein vorgenommen hatten, war nichts mehr geschehen; es hatten sich keinerlei Spuren ergeben. Die Untersuchungsteams des FBI versiegelten die Plastiktütchen mit den Beweisstücken darin, klebten Etiketten darauf, packten alles in Schachteln, was sie von dem Pick-up hatten finden können, und machten sich dann nach Hause auf, um ihre Berichte zu schreiben. Es blieb dem State Department und der

CIA überlassen, die Untersuchungen vor Ort fortzusetzen, doch führte dies bald zu Schwierigkeiten. Die libanesischen Ermittlungsbeamten prügelten nämlich einen Verdächtigen bei seiner Befragung tot, und es kam das Gerücht auf, dass ein CIA-Agent den ganzen Vorgang beobachtet habe, ohne einzugreifen. Ob diese Geschichte stimmte oder nicht, Washington beendete abrupt jede Zusammenarbeit

Die Libanesen machten allein weiter, doch wie das FBI vermochten sie den Fahrer und den Besitzer des Wagens nicht zu ermitteln und auch nicht festzustellen, was für eine Art von Sprengstoff verwendet worden war. Sechs Monate nach dem Ereignis legten sie einen Schlussbericht vor, in dem es nur so von unbegründeten und politisch motivierten Beschuldigungen der Feinde des libanesischen Präsidenten Amin Gemayel wimmelte: Syrien, der Iran, Jassir Arafats Al Fatah und drei andere palästinensische Gruppierungen würden hinter dem Attentat stecken. Sogar einer von Gemayels christlichen Rivalen habe seine Hände mit im Spiel. Für das alles brachte man nicht einen einzigen noch so winzigen Beweis vor, und niemand schenkte daher dem Bericht die geringste Beachtung.

Das Weiße Haus und das State Department mussten sich überdies in dieser Zeit mit anderen Dingen beschäftigen. Weder der Abzug der israelischen Streitkräfte aus Beirut im August 1982 noch das Eintreffen der multinationalen, unter amerikanischer Führung stehenden Schutztruppe ein paar Monate später, ja noch nicht einmal das von Washington vermittelte Waffenstillstandsabkommen zwischen dem Libanon und Israel vom 17. Mai 1983 konnten die Tatsache verschleiern, dass der Libanon keine funktionierende Regierung besaß. Nachdem die Israelis abgezogen waren und Syrien seine Anhänger von der Leine gelassen hatte, schmolzen die letzten Spuren zentraler Herrschaft dahin wie ein Schneeball in der Sonne. Und die nächste Katastrophe ließ nicht lange auf sich warten.

Die multinationale Truppe musste sich immer häufigerer und zunehmend heftigerer Angriffe erwehren. Zunächst wurden ihre Soldaten nur aus dem Hinterhalt attackiert oder von Heckenschützen aufs Korn genommen, doch dann, am 23. Oktober 1983, erlitten die Vereinigten Staaten den schlimmsten militärischen Verlust, den sie jemals in Friedenszeiten hatten hinnehmen müssen. Ein Selbstmordattentäter steuerte einen bis obenhin mit Sprengstoff beladenen Lastwagen durch die Vordertür eines Gebäudes, das die Marines zu einer Kaserne umfunktioniert hatten. 241 Soldaten wurden getötet. Eine französische Kaserne wurde auf die gleiche Weise zerstört, dabei kamen 58 Soldaten ums Leben. Die Regierung Reagan sah sich gezwungen, die Marines auf Schiffe zu verlegen, die vor der libanesischen Küste ankerten, und sie schließlich ganz wieder nach Hause zu holen. Im Dezember 1983 gab die US-Regierung auch den letzten Anschein von Bemühungen auf, sich vor Ort für die Einhaltung des Abkommens vom 17. Mai einzusetzen. Zur totalen Auflösung kam es am 6. Februar 1984, als die libanesische Zentralregierung vollkommen zusammenbrach und eine bunt zusammengewürfelte Allianz von moslemischen Milizen Westbeirut einnahm. Der Teil der Stadt war jetzt zum Wilden Westen geworden, und ganz Beirut – ja das gesamte Land – war dabei, sich zu einem sehr gefährlichen Territorium zu entwickeln.

Daheim in Washington kamen die Mitarbeiter Reagans zu dem Schluss, dass es keinen Sinn habe, die Libanesen aufzufordern, die Untersuchung des Falls wieder aufzunehmen. Fast ein Jahr nach der Explosion waren wir immer noch keinen Schritt weitergekommen. Keiner wusste, wer für das Attentat verantwortlich gewesen war, und die Schuldigen hatten sich gleichsam in Luft aufgelöst.

Vier Tage nach dem Anschlag auf die Kaserne der Marines saß ich an meinem Einsatzort in meinem Büro und blickte aus dem Fenster. Auf offizieller Ebene hatte ich nicht mehr über dieses Sprengstoffattentat erfahren als über das auf die Botschaft im Jahr zuvor, doch die Buschtrommeln werden in Nachrichtendienstkreisen rasch und laut geschlagen und die Gerüchte hatten sich rasend schnell verbreitet.

Es war kurz nach ein Uhr mittags, und die Straßen waren menschenleer. Jedermann hatte sich vor der für die Jahreszeit ungewöhnlichen Hitze nach Hause geflüchtet, und war jetzt beim

Essen oder machte ein Nickerchen. Erst am frühen Abend, wenn es sich abkühlte, würden die Menschen wieder aus ihren Häusern und Wohnungen hervorkommen. Das einzige Anzeichen für Leben gab es vor der kleinen Moschee auf dem Hügel oberhalb unseres Bürogebäudes, wo eine Gruppe alter Männer in langen Gewändern sich vor dem Torbogen versammelt hatte, der sich zum Innenhof öffnete. Aus dem an einer Wand der Moschee angebrachten Lautsprecher ertönte der Ruf zum Gebet. Ich schaute auf meine Uhr. Es war noch vor der üblichen Gebetsstunde. Fand eine Beerdigung statt? Ein Gedächtnisgottesdienst? Man konnte es nicht herausbekommen. Im Nahen Osten spielt sich das Leben hinter hohen Mauern ab, vor den Blicken von Fremden verborgen – vor allem vor den Blicken von Ausländern.

Und diese Mauern waren nicht nur solche, die aus Steinen und Mörtel bestanden. Der Nahe Osten ist eine Region, in der sich alles auf die Verschleierung der Wahrheit spezialisiert hat. Die Fernsehsender und die Zeitungen bringen keine echten Nachrichten: Sie verbreiten die Propagandameldungen, die die jeweilige Regierung zu verbreiten wünscht. Enthüllungsjournalisten existieren nicht. Was es an Büchern über Politik oder über die Gesellschaft gibt, ist es nicht wert, gelesen zu werden. Ein Skandal dringt nur dann an die Öffentlichkeit, wenn die Regierung entschieden hat, dass dies zu ihrem Nutzen ist. Auf der Ebene persönlicher Beziehungen verhält es sich nicht anders. Die Menschen im Nahen Osten glauben, je weniger sie über sich preisgeben, desto vorteilhafter sei es für sie. Sie sprechen immer nur ganz allgemein über politische Dinge, und sie würden nie im Leben mit anderen über den Terrorismus diskutieren. In ihren Augen ist Terrorismus eine Aktivität des Staates: Seine Meinung darüber zu äußern, würde einen ins Gefängnis bringen.

Man muss nicht in Beirut stationiert sein, um zu erfahren, dass es einen Ort im Nahen Osten gibt, der von noch höheren und dickeren Mauern umgeben ist als alle anderen – Baalbek im Libanon. Baalbek ist zum Sodom und Gomorrha der Terroristen geworden. Jeder Bombenleger oder Heckenschütze, ob er nun ein Radikaler oder ein Verrückter war, jeder, der meinte, die Israelis aus dem Libanon hinausjagen zu können, hatte sich dort niedergelassen. Der wirkliche Wendepunkt war aber für den Ort gekommen, als am 21. November 1982 Hussein al-Mussawi, der Anführer einer radikalen Moslemgruppe, die als Islamische Amal bekannt war, und seine Sippe die Sheikh-Abdallah-Kaserne von der libanesischen Gendarmerie eroberten. Mussawi, der ganz eindeutig auf Weisung Teherans handelte, überließ die Kaserne sofort danach den iranischen »Wächtern der Revolution«, den Pasdaran, wie die Iraner diese Organisation nennen. Die syrischen Truppen, die das Gebiet seit 1976 besetzt gehalten hatten, schauten zu, ohne einzugreifen. Die libanesische Zentralregierung konnte oder wollte nichts unternehmen. Der Iran hatte jetzt die Herrschaft über ein Stück libanesischen Territoriums inne und konnte darüber bestimmen, wer Baalbek betreten durfte und wer nicht. Die Informationen aus jeder Quelle, die wir besaßen, deuteten überdies darauf hin, dass die Pasdaran den Kampf gegen den Westen aufnehmen würden.

Zu einer ersten Kampfhandlung war es sogar schon gekommen. Am 19. Juli 1982 wurde David Dodge, der amtierende Präsident der American University of Beirut, auf der Straße ergriffen, in eine Kiste gepackt und auf einem Lastwagen über die libanesisch-syrische Grenze transportiert. Auf dem Flughafen von Damaskus wurde er dann an Bord einer schon startbereiten Maschine von Iran Air geschafft. Die Pasdaran hatten die ganze Operation von Baalbek aus geleitet. Dodge wurde sechs Monate lang in Teheran festgehalten, bevor Syrien – der engste Verbündete, den der Iran in der ganzen Welt besaß – die Regierung unter Druck setzte und seine Herausgabe erzwang.

Im Juni 1983, fast zwei Monate bevor Dodge freigelassen wurde, erhielten wir einen Hinweis, dass der Iran vorhatte, weitere Geiseln in seine Gewalt zu bringen. Der Geheimdienstchef der Pasdaran für den Libanon, der mittlerweile in der Sheikh-Abdallah-Kaserne residierte, hatte eine libanesische Kontaktperson zu einem dringenden Treffen bestellt. Nachdem der Mann bei ihm aufgekreuzt war, hatte der Iraner ihn nach draußen geführt, außer Reichweite von irgendwelchen Wanzen, und ihm erzählt, dass die Pasdaran die Sache mit Dodge vermasselt hätten. Indem sie ihn aus dem Libanon herausgeschafft hatten, hatten sie den

Amerikanern die Möglichkeit gegeben, seinen genauen Aufenthaltsort zu ermitteln. Schlimmer noch, dadurch, dass man ihn nach Teheran verschleppt hatte, war der Iran direkt in die Entführung verwickelt worden. Obwohl Teheran keine andere Möglichkeit bliebe, als Dodge auf freien Fuß zu setzen, habe man dort immer noch vor, Ausländer, die sich im Libanon aufhielten, zu kidnappen – nur wollte man dabei vorsichtiger vorgehen. Man würde in der Lage sein müssen, glaubhaft abzustreiten, etwas mit der Sache zu tun zu haben, und brauche daher libanesische Agenten, die für solche Aktionen geeignet seien. Als der libanesische Kontaktmann seine Hilfe zusagte, wies der Pasdaranoffizier ihn an, den ganzen zu Entführungen nötigen Apparat aufzubauen: Überwachungsteams zusammenzustellen, geheime Gefängnisse einzurichten, Autos zu besorgen, deren Besitzer nicht zu ermitteln waren, und so weiter. Der Iran würde alle Rechnungen bezahlen, die Entführungsopfer aussuchen und jegliche andere Hilfestellung leisten, die ihn nicht direkt mit den Entführungen in Verbindung brachte.

Obwohl wir alle unsere Quellen in dem Gebiet anzapften, war die CIA nicht in der Lage, weitere Informationen über die neue Kidnapping-Kampagne des Iran zusammenzutragen. Am ehesten vermochten wir noch herauszufinden, was in Baalbek vor sich ging, indem wir die auf Hochglanzpapier abgezogenen Schwarz-Weiß-Fotos studierten, die von einem Satelliten stammten und uns vom Hauptquartier von Zeit zu Zeit geschickt wurden. Auf ihnen war die Sheikh-Abdallah-Kaserne wirklich sehr gut zu sehen. Man konnte die Lastwagen und Personenautos erkennen, die innerhalb des Kasernenbezirks geparkt waren, die Schatten von Leuten, die dort umherliefen, hin und wieder sogar eine Abteilung Soldaten. Davon abgesehen verschwendete man für diese Abzüge nur Fotopapier bester Qualität. Da sie aus einer Höhe von 150 Kilometern aufgenommen waren, konnte man auf ihnen keine Uniform von der anderen unterscheiden. Wenn wir es nicht in der lokalen Presse gelesen hätten, hätten wir nicht einmal erfahren, dass die iranischen Pasdaran die Kaserne übernommen hatten.

Weder konnten sie es damals, noch können Satellitenfotos uns heute verraten und werden es auch nicht in Zukunft tun, was im Innern von Gebäuden vor sich geht oder in den Köpfen der Menschen, die sich in ihnen aufhalten. Um das in Erfahrung zu bringen, braucht man eine menschliche Informationsquelle, und wie ich es damals sah, konnte man eine solche Quelle nur auftun, wenn man aufhörte, lediglich Spekulationen darüber anzustellen, was sich hinter den Mauern abspielte, die errichtet worden waren, um die Wahrheit vor uns zu verbergen. Ich musste mich in den Libanon begeben, mitten hinein ins Bekaa-Tal. Wenn man mit den Wölfen jagen will, muss man von seinem Hochsitz herunterklettern.

John war verblüfft, als ich ihn in seinem Büro aufsuchte. Seit unserer Auseinandersetzung wegen des Abu-Nidal-Büros hatten sich unsere ohnehin schon nicht guten Beziehungen weiter verschlechtert. Es geschah nur noch selten, dass ich mit ihm sprach, und dann nur, wenn ich auf irgendetwas Besonderes gestoßen war.

»Wie wär's, wenn ich einen Ausflug in den Libanon, ins Bekaa-Tal machte?«, fragte ich.

Schwups, kam der Schuhputzlappen zum Vorschein. Nachdem er seine Schuhe wieder auf Hochglanz gewienert hatte, erwiderte John schließlich: »Das ist nicht unser Revier, wie Sie wissen. Es würde Beirut nicht gefallen.«

Das mochte möglich sein, doch John und ich, wir wussten beide, dass das CIA-Büro in Beirut kein Jagdrevier hatte. Es hatte sich noch nicht von dem Bombenanschlag erholt. Alle zwei Monate kamen neue Agenten, während alte gingen, und nur selten wagten sie es, sich weiter als ein, zwei Häuserblocks von der neuen Botschaft zu entfernen. Niemand war dort lange genug stationiert, um sich darum zu scheren, ob ich in dem Gebiet wilderte oder nicht.

Je länger John über meinen Vorschlag nachdachte, desto mehr sah er sich gezwungen, ihn – wenn auch widerwillig – gutzuheißen. Wenn man mich dabei erwischte, wie ich im Libanon tätig wurde, würde ich ausgewiesen werden. Das war aber nicht sein Problem, ja, wenn man mich weit genug wegjagte, würde es sogar sein Problem lösen. Und selbst er musste zugeben, dass es den Beziehungen der USA mit dem Libanon nicht schaden könnte, wenn ich im Bekaa-Tal herumschnüffelte – denn es gab keine solchen Beziehungen. Er erklärte sich schließlich damit einverstanden, dass ich einen kurzen Abstecher machte, aber nur nach Shtawrah, einer kleinen an der Überlandstraße von Beirut nach Damaskus gelegenen Stadt. Obwohl Shtawrah vierzig Kilometer von Baalbek entfernt war, würde ich die Tür zumindest einen Spalt weit öffnen können, wenn ich dort hinfuhr.

Shtawrahs Geschäftszentrum hatte die Jahre des Bürgerkriegs größtenteils unbeschadet überstanden. Die syrische Elite ging dort einkaufen, wie auch die Mitglieder von Hilfsorganisationen der UNO und Diplomaten aus Beirut und Damaskus. Man konnte in dieser Stadt beinahe alles haben, von amerikanischen Waschmitteln bis hin zu Schweizer Schokolade. Kubanische Zigarren kosteten nur einen Bruchteil von dem, was man im Duty-free-Shop des Londoner Flughafens Heathrow für sie bezahlen musste. Man konnte in den Banken der Stadt jede erdenkliche Währung wechseln, und zwar zu günstigeren Kursen als in Zürich. Hier wurden alle möglichen Waffen angeboten, Pistolen ebenso wie Raketenwerfer, oder jede andere Art von Konterbande, die man vielleicht benötigte. Wenn einem der Sinn eher nach einem Kilo reinsten Kokains oder Heroins stand, dann brauchte man sich nur an den Portier des Park Hotel zu wenden.

Außerhalb des Geschäftsbezirks unterschied Shtawrah sich in keiner Weise von den anderen Städten im Bekaa-Tal. Am Tag meiner Ankunft kam ich am Stadtrand an den rauchenden Ruinen eines Ausbildungslagers der Volksfront für die Befreiung Palästinas/Generalkommando (PFLP/GC) vorbei. Eine Staffel israelischer F-16-Kampfjets hatte es am Tag zuvor dem Erdboden gleichgemacht. Ich wollte mehr über diesen Angriff wissen und fragte Ghazali, dessen Supermarkt das größte Lebensmittelgeschäft von Shtawrah war, ob die Attacke ihm Sorge bereite. Er zuckte mit den Achseln. »Wir machen hier Geschäfte. Was können wir tun?«

Ghazalis Antwort klang vernünftig. Es gab nichts, was irgendeiner der Libanesen im Bekaa-Tal bei einer Schar von Nachbarn, zu denen die Hisbollah, die japanische Rote Armee Fraktion, die Baader-Meinhof-Gruppe, der Sendero Luminoso, die PFLP, die Abu-Nidal-Gruppe, die ASALA und ein halbes Dutzend anderer zum Suizid oder zum Genozid bereiter terroristischer Vereinigungen gehörten, hätte tun können. Solange die israelische Luftwaffe ins Ziel traf, konnten die Libanesen ihr Leben wie bisher fortsetzen und auch noch ein bisschen Geld verdienen – vor allem wenn sie sich zusätzlich noch um ihre eigene Sicherheit kümmerten. Ghazalis Angestellte trugen halbautomatische Neun-Millimeter-Pistolen in Schulterhalftern mit sich herum, und sein Assistent, dessen Büro mit einer Panzerglasscheibe vom Verkaufsraum abgetrennt war, hatte ein AK-47 mit einem Trommelmagazin auf seinem Schreibtisch liegen und war stets auf freies Schussfeld die Gänge hinunter bedacht.

Bei jenem ersten Besuch wanderte ich eine Weile lang in Shtawrah herum und fuhr dann in die Berge, die oberhalb der Stadt aufragen und an deren Fuß die Überlandstraße nach Beirut entlangführt. Dort stieg ich in einem Restaurant ab, von dem aus man einen Blick auf das ganze Bekaa-Tal hatte; es war aber zu dunstig, um Baalbek auszumachen. Gerade als der Kellner mir ein Tablett mit Vorspeisen brachte, erbebte das ganze Restaurant, sodass die Fensterscheiben und die Tassen und Teller klirrten. Der Kellner wandte den Kopf ab; er tat so, als ob er nichts gehört habe. Ich lenkte seine Aufmerksamkeit auf mich.

»Eure *New Jersey*«, murmelte er.

Die U.S.S. *New Jersey*, ein wieder aktiviertes Schlachtschiff aus dem Zweiten Weltkrieg, das vor der Küste des Libanon lag, feuerte in regelmäßigen Abständen Granaten von der Größe eines Volkswagens in die Berge um Beirut. In Washington dachte man, wenn die *New Jersey* im Zweiten Weltkrieg die Japaner in Schrecken versetzt hatte, dann würde sie vielleicht auch den Libanesen Angst machen, die sich immer noch nicht an das Abkommen vom 17. Mai mit Israel hielten.

Nach dem Lunch fand ich, dass es Zeit sei, mit einigen der Ortsansässigen zusammenzukommen. Ich fuhr nach Barilyas, einem Dorf ein paar Kilometer außerhalb von Shtawrah, und hielt neben zwei Polizisten an, die an einer Straßenecke standen.

Als ich verkündete, dass ich ein amerikanischer Altertumswissenschaftler sei, der sich gerne die römischen Ruinen im Bekaa-Tal ansehen würde, starrten sie mich an, als ob ich gerade aus einem Raumschiff geklettert sei. Sie wiesen mir den Weg nach Masna, der letzten Stadt vor der Grenze zu Syrien, wo die libanesische Sûreté Générale ein Büro unterhielt.

Das Gebäude der Sûreté in Masna hatte 1982 ein paar schwere Treffer abbekommen. Das rote Ziegeldach war von den Granaten weggerissen worden, und alle Fenster waren in Scherben gegangen. Ausgebrannte Autowracks schmückten immer noch den Parkplatz. Sergeant Ali stand draußen vor dem Eingang, sonnte sich und rauchte eine Zigarette. Mit seinem Dreitagebart, der offenen Uniformjacke und dem lässig umgehängten AK-47 fügte er sich wunderbar in die Gesamtszenerie ein. Als ich auf ihn zuging, sah er mir ganz freundlich entgegen.

Als ich bei ihm angelangt war, begann ich ein Gespräch, wobei ich mich bemühte, möglichst harmlos zu klingen. Ich erkundigte mich nach Anjar, einem Dorf ganz in der Nähe, wo sich in der Antike eine römische Handelsniederlassung befunden hatte. Ich wusste, dass ein paar Ruinen davon übrig geblieben waren, wodurch die Frage nach dem Weg dorthin für einen Reisenden aus dem Westen nicht zu merkwürdig klang. Doch Anjar war auch eines der wenigen Dörfer im Bekaa-Tal, die nicht von den USA feindlich gesonnenen Terroristen besetzt waren. Die ASALA, die Geheimarmee zur Befreiung Armeniens, die im Juli 1983 in Orly einen Anschlag auf Abfertigungsschalter der türkischen Luftfahrtgesellschaft unternommen hatte, hatte dort ein Lager eingerichtet, doch diese Guerilleros befanden sich nicht im Krieg mit den USA. Einige ihrer Anführer waren sogar amerikanische Staatsbürger. Wir waren hier im Nahen Osten: Baalbek, dem Ort, dem mein wirkliches Interesse galt, konnte man sich nur auf indirektem Weg nähern.

Ali führte mich in sein Büro und servierte mir ein fingerhutgroßes Glas Tee, der so schmeckte, als ob er fast nur aus Zucker bestand. Er wollte sich mit mir über die USA unterhalten. Mehrere seiner Cousins lebten in Michigan und in New Jersey. Er selbst würde auch dorthin ziehen, wenn er könnte, aber er machte sich keine Illusionen, jemals ein Visum zu bekommen. Ich ließ das Thema Anjar fallen und überließ Ali jetzt das Wort. Als ich bemerkte, dass er anfing nervös zu werden, stand ich auf, um zu gehen. Als wir uns voneinander verabschiedeten, versprach ich ihm, ihn wieder zu besuchen, wenn mein Weg mich erneut nach Masna führte. Ali nannte mir die Tage, an denen er im Dienst war.

Als ich ihn wieder traf, brachte ich ihm einen Antrag für ein US-Visum mit, sowie ein paar Broschüren für Touristen. Ich versprach ihm nicht, ihm bei der Erlangung eines Visums zu helfen, doch indem ich ihm den Antrag überreichte, machte ich ihm implizit das Angebot. Diesmal verbrachten wir mehr als eine Stunde damit, über Amerika zu sprechen, aber auch über den Nahen Osten. Ali erwähnte Baalbek oder den Iran mit keinem einzigen Wort, und ich tat es auch nicht. Als ich zur Tür hinausging, steckte Ali mir ein Stück Papier mit seinem vollen Namen und seiner privaten Telefonnummer zu. Erst als ich las, was auf dem Zettel stand, begriff ich, dass er mit Hussein al-Mussawi, dem Handlanger der Pasdaran, verwandt war, der mit seinen Leuten die Sheikh-Abdallah-Kaserne an sich gebracht hatte.

Ich traf mich weiterhin alle paar Wochen mit Ali. Es gefiel ihm, einen amerikanischen Freund zu haben, und er erwog ernsthaft, eine Reise in die USA zu unternehmen, um seine Cousins zu besuchen. Er versuchte herauszufinden, ob ich ihm helfen könnte. Ich bot ihm an, mich zu bemühen, etwas für ihn zu tun.

Erst im Januar kam in unseren Gesprächen etwas Interessantes zutage. Als ich mich hinhockte, und Ali ein Glas Tee kredenzte, erzählte ich ihm, dass ich eingeladen worden sei, in der Woche darauf Baalbek zu besuchen, um die berühmten Ruinen des römischen Sonnentempels zu besichtigen. Natürlich stimmte das nicht, aber es war an der Zeit, endlich über den Ort zu sprechen, den ich unbedingt aufsuchen wollte. Ich fragte ihn, ob es ungefährlich sein würde, sich dorthin zu begeben. Ohne ein Wort zu sagen, ergriff er mich beim Ellbogen und schob mich durch eine Hintertür zu dem freien Gelände hinter dem Bürogebäude. Wir setzten unsere Unterhaltung zwischen Schutthaufen fort.

»Mr. Bob, Sie dürfen da nicht hingehen«, sagte er ernst.

»Warum nicht?«

»Vergessen Sie fürs Erste einmal Ihre römischen Ruinen.«

»Aber warum denn, Ali?«

Es war offensichtlich, dass es ihm schwer fiel, mehr zu sagen. »Sie werden einen Amerikaner im Libanon entführen«, flüsterte er schließlich. »Irgendeinen Beamten.«

Ich wusste, dass es keinen Sinn hatte, Einzelheiten aus ihm herauszulocken, zu versuchen, in Erfahrung zu bringen, wer wann und wo entführt werden sollte.

Mit seiner Körpersprache brachte Ali zum Ausdruck, dass er mir alles gesagt hatte, was er mir sagen wollte. Aber das hatte es in sich! Das war zumindest meine Meinung.

»Das ist Bockmist«, sagte John.

»John, er ist ein Mussawi. Er ist aus Baalbek. Er könnte etwas aufgeschnappt haben. Wir können den Hinweis nicht einfach negieren. Wir müssen in unserem Bericht etwas darüber schreiben.«

»Ach, begreifen Sie doch, dieser Lumpenhund besitzt keine POA. Er ist kein von uns rekrutierter Informant. Sie kennen noch nicht einmal sein Geburtsdatum. Sie können nicht von mir erwarten, dass ich diesen Unsinn als Geheimmeldung nach Washington weitergebe. Ziehen Sie wieder los, besorgen Sie sich seinen Lebenslauf, erledigen Sie den Papierkram, der Ihnen so verhasst ist – dann werden wir weitersehen.«

Es hatte keinen Sinn, etwas zu sagen. Die POA war in diesem Fall völlig ohne Bedeutung; Ali war nicht daran interessiert, Agent zu werden. Er gab mir vielleicht hin und wieder einen Tipp, ansonsten war er seiner Sippe, den Mussawis, gegenüber völlig loyal. Das bedeutete aber nicht, dass die Information, die ich von ihm hatte, falsch war. Ich gab Alis Warnung an einen Freund an der Botschaft weiter, der sie seinerseits über einen Bekannten im State Department nach Washington weiterleitete. Die Abteilung Consular Affairs nahm sie in eine geheime Informationsschrift für die Konsuln im Ausland auf. Jahre später stieß ich zufällig auf diese Schrift. Sie war das allererste Dokument in der CIA-Akte über die Geiselnahmen im Libanon, und diese hatte im Laufe der Zeit gewaltige Dimensionen angenommen.

Um 10.38 Uhr am 16. März 1984 saß ich noch zu Hause und trank gerade meine dritte Tasse Kaffee, während ich gleichzeitig in einer eine Woche alten Nummer der *Herald Tribune* blätterte, als mein Motorola-Wechselsprechgerät knisternd und knackend zum Leben erwachte. Es war John. »Kommen Sie ins Büro, so schnell Sie können!« John klang zu jeder Zeit nervös, doch jetzt vernahm ich schiere Panik in seiner Stimme.

Als ich im Büro eintraf, sah ich, dass Johns Gesicht eine kränklich-gelbe Farbe angenommen hatte. »Man hat Buckley gekidnappt«, sagte er, während er mir ein Telegramm hinhielt. An jenem Morgen hatte jemand Bill Buckley, dem CIA-Chef in Beirut, eins über den Schädel gegeben, als er das Gebäude, in dem er wohnte, verließ; man hatte ihn in einen Wagen gestoßen und war mit ihm davongefahren. Niemand hatte die Nummer des Autos notiert oder vermochte eine Beschreibung der Entführer zu geben. Die Organisation Islamischer Dschihad (IJO), Islamischer Heiliger Krieg, eine der Gruppen, die behauptet hatten, für das Bombenattentat auf die Botschaft verantwortlich zu sein, erklärte nach einiger Zeit, auch hinter der Entführung Buckleys zu stecken, doch das half uns nicht weiter, denn wir wussten noch nichts über diese Vereinigung.

Buckley war nicht der erste Amerikaner, der seit der Invasion des Landes durch die Israelis im Jahr 1982 entführt worden war. Außer David Dodge hatte es auch noch Frank Regnier getroffen, einen Professor für Elektrotechnik an der American University in Beirut. Er war im Februar 1984 geschnappt worden, und einen Monat später hatte das gleiche Schicksal Jeremy Levin ereilt, den Leiter des Beiruter Studios von CNN. Doch die beiden waren Zivilisten. Jetzt hatte es ein Mitglied der eigenen Familie erwischt, jemanden, der bis obenhin voller Geheiminformationen steckte.

»Ich muss zurück zum Bekaa-Tal und mit Ali sprechen, John.«

John sah mich an, als ob ich endgültig den Verstand verloren hätte.

»Wir können nicht einfach untätig herumsitzen«, fuhr ich

fort, bevor er mich unterbrechen konnte. »Ich habe mit meinen eigenen Augen gesehen, dass Syrien im Bekaa-Tal das Sagen hat. Die Syrer werden nicht zulassen, dass unter ihren Augen einem Ausländer etwas geschieht. Buckley und die anderen wurden in Beirut gekidnappt, wo Syrien keine Soldaten stationiert hat. John, Sie müssen mich…«.

»Vergessen Sie es«, schnitt er mir das Wort ab. »Washington würde mich in einer Zwangsjacke nach Hause transportieren lassen, wenn ich nur eine Anfrage in der Sache stellte.«

Ich drehte mich auf dem Absatz um und stürmte aus seinem Zimmer. Es hatte keinen Sinn, John an Alis Warnung zu erinnern. Und außerdem hatte er Recht. Das Hauptquartier würde es niemals genehmigen. Es war dabei, alle Operationen im Libanon zum Abschluss zu bringen, so schnell es eben ging.

Während der folgenden sieben Monate tat sich keine Spur auf, es gab keinerlei Hinweis auf Buckleys Verbleib. Es blieb uns nicht nur verborgen, wer ihn entführt hatte, sondern wir wussten auch noch nicht einmal, ob er sich noch auf libanesischem Territorium befand. Die CIA wandte sich an jede Regierung und auch an jeden privaten Informanten, über den sie verfügte, doch niemand vermochte uns etwas zu erzählen – es gab noch nicht einmal ein einigermaßen glaubwürdiges Gerücht. Was mich selbst betraf, so war ich überzeugt, dass man genauso gut in Baalbek mit der Suche anfangen könnte wie an jedem anderen Ort, und je mehr ich über den Fall nachsann, desto sicherer wurde ich mir, dass ich ungefährdet in die Stadt hinein- und wieder aus ihr herausgelangen könnte. Und schließlich gewann die Neugier in mir die Oberhand über alles andere.

Als Erstes arrangierte ich ein Treffen mit ███████████████, einem Berater von ██████████ ███████████. Ein Zweig seiner Familie, der sich im Bekaa-Tal niedergelassen hatte, lebte dort friedlich mit den schiitischen Nachbarn, einschließlich der Mussawis, zusammen. Ich war überzeugt, dass sogar die Pasdaran es nicht wagen würden, mich anzurühren, solange ich unter ████████████s Schutz stand. Als ich ihm mitteilte, was ich vorhatte, rief er einen anderen Verwandten hinzu, der Hauptmann in der libanesischen Armee war, und dieser Mann kam mit mir überein, dass wir uns in Shtawrah treffen und von dort mit seinem Wagen nach Baalbek fahren würden. Der Hauptmann, das sollte ich wohl anfügen, hatte nicht die geringste Ahnung, wer ich war oder warum ich Baalbek besuchen wollte.

Die Fahrt nach Baalbek ähnelte einem Abstieg in die Hölle. Kurz vor der Stadt bekam man finstere, bedrohliche Graffiti zu Gesicht, die auf die Wände ausgebombter Gebäude gemalt waren. Eines dieser Kunstwerke zeigte den Felsendom in Jerusalem, die drittheiligste Stätte des Islam, der eine amerikanische Flagge durchbrach, ein anderes den Ayatollah Khomeini, der einen Demonstrationszug gegen die amerikanische Botschaft in Teheran anführte, ein drittes ein mit Blut beflecktes Sternenbanner. In Baalbek selbst verkündeten Transparente auf Farsi und Arabisch: TOD DEN AMERIKANERN.

Der Hauptmann schlug mir vor, mit ihm im Haus eines Freundes zu essen. Ich nahm an. Wir hatten schon die Eingangstür durchschritten, als er erwähnte, dass es das Haus eines der Cousins von Hussein al-Mussawi sei.

Das Dutzend Gäste, das im Salon auf dem Boden saß, beäugte mich misstrauisch, als wir eintraten. Ich war wahrscheinlich der erste Besucher aus dem Westen, der sich seit Monaten hier blicken ließ. Nachdem wir eine Tasse Tee getrunken hatten, servierte man uns einen Teller voll Lauch, Favabohnen und Brot.

Es lief alles ganz gut, bis einer der Gäste ein besonderes Interesse für mich entwickelte. Der Mann, der nicht nur einen langen, ungepflegten Bart hatte, sondern auch ein Band um den Arm trug, auf dem stand: *Wir sehnen uns danach, Märtyrer zu sein*, machte mich nervös. Nachdem er mich ein paar Sekunden lang angestarrt hatte, fragte er: »Was bringt Sie nach Baalbek?«

Anstatt ihm die Geschichte mit dem Interesse für das klassische Altertum aufzutischen, griff ich lieber sofort zu einer noch dreisteren Lüge

»Ich bin Belgier und arbeite für eine Hilfsorganisation«, sagte ich.

Ich betete inständig, dass keiner der Anwesenden Französisch oder gar Flämisch sprach. Ich konnte kein Wort Flämisch, und mein Französisch war ziemlich eingerostet.

»Sir, darf ich Ihren Namen erfahren?« fragte der Filzbart beharrlich weiter.

»Äh, Rémy.«

»Ist das Ihr Nachname?«

»Nein, der lautet Martin«, sagte ich, bevor ich mich bremsen konnte. Es war keineswegs so, dass im Libanon kein Cognac der Marke Rémy Martin verkauft wurde. Glücklicherweise wandte der Mann sich wieder seinem Essen zu.

Anschließend geleitete der Hauptmann mich zum Sonnentempel. Als wir an das geschlossene Tor zum alten römischen Viertel Baalbeks klopften, öffneten sich dessen Flügel, und vor uns standen unsere beiden Führer – persische Pasdarankämpfer in ihren Khakiuniformen. Sie waren glücklich, uns alles zeigen zu dürfen.

Wir fuhren aus der Stadt hinaus, als ich den Hauptmann ganz beiläufig fragte, was das für ein Komplex da auf dem Hügel sei. In Wirklichkeit wusste ich ganz genau, dass es sich um die Sheikh-Abdallah-Kaserne handelte. Der Hauptmann hielt an der äußeren Begrenzungsmauer an, und ich erhielt die Gelegenheit, mir alle Gebäude anzusehen. Es war bemerkenswert, wie anders sie sich hier vom Boden aus ausnahmen, als sie auf den Satellitenfotos ausgesehen hatten.

Ein Gebäude vor allem zog meine Aufmerksamkeit auf sich. Zwei Pasdaransoldaten standen vor der Eingangstür Wache, und die Fenster waren entweder von innen mit Pappe bedeckt oder mit Decken verhängt. Ein hölzernes Schild an der Wand gab an, dass es sich um die Unterkunft der verheirateten Offiziere handelte.

Erst Jahre später sollte ich erfahren, dass Bill Buckley sich im Inneren dieses Gebäudes befand, mit einer Binde um die Augen und an einen Heizkörper gekettet, zusammen mit fünf weiteren Geiseln aus dem Westen. Jahrelang wusste ich auch nicht, dass dieses Gebäude ein entscheidendes Bindeglied bei meiner Suche nach den Männern, die die Botschaft in die Luft gesprengt hatten, darstellte. Keine dieser späteren Entdeckungen überraschte mich aber wirklich. Alles im Nahen Osten ist irgendwie miteinander verbunden. Wenn man an einem Faden zupft, zieht man ein Dutzend weiterer aus dem Knäuel heraus. Wenn man einer Spur nachgeht, gelangt man zu zwanzig Abzweigungen, denen zu folgen sich lohnt.

Man muss jedoch Informationen von Menschen erhalten, um dazu fähig zu sein – von Menschen, welche die Bodenhaftung nicht verloren haben. Man braucht Agenten, Leute, die Zugang zu Geheimnissen haben, ein Netzwerk von Verrätern und einen Case Officer, der willens und fähig ist, diese Verräter einzusetzen. Kein aus der Luft gemachtes Aufklärungsfoto hätte einem die bewachte Tür des Kasernengebäudes zusammen mit den verhüllten Fenstern gezeigt. Kein elektronisches Beobachtungsgerät hätte an jenem Tag ein menschliches Augenpaar ersetzen können. Am Ende sind es die Menschen, die Nachrichten liefern. Ich glaube, dass die CIA das damals noch wusste – der Geist unserer Gründerväter war zu jener Zeit noch in der Agency lebendig. Doch es würde nicht mehr lange dauern, bis wir Hals über Kopf in die entgegengesetzte Richtung rennen würden – mit katastrophalen Folgen nicht nur für den Nahen Osten, sondern am Ende auch für die USA selbst: auf ihrem eigenen Territorium.

Ich will offen sein. Mein Besuch in Baalbek stellte einen groben Verstoß gegen alle Regeln dar. Ich mag durch ihn ein Gefühl für das Terrain bekommen haben, Kenntnisse, die man durch Satellitenfotos oder aus einem Buch nicht erhält, aber es war ein riskantes Unterfangen, das weder Buckley noch sonst jemandem half.

Kurze Zeit später wurde ich in die Hauptstadt des Sudan, nach Khartum, versetzt. Obwohl er nichts von meinem Ausflug nach Baalbek wusste (er erfuhr nie etwas davon), hatte John genug von mir – von mir und meinen zu spät eingereichten Abrechnungen.

7

Januar 1986. Langley, Virginia

Auf dem Flur G im fünften Stock sah es aus wie auf einer Baustelle: Überall türmten sich Kartons, Möbelstücke, Kabelrollen und Abfälle. In den Büroräumen auf beiden Seiten des Ganges wimmelte es von Elektrikern und Malern. Bauarbeiter rissen Bodenbeläge heraus, brachen Trennwände nieder und zogen neue. Niemand hatte eine Ahnung, wo eigentlich das Büro des neuen Leiters der Antiterrorismus-Abteilung war. Ich musste von Zimmer zu Zimmer wandern, um es zu finden. Als ich schließlich an meinem Ziel angekommen war, hatte es jedoch etwas unverkennbar Einzigartiges.

Zunächst hing Zigarrenrauch in der Luft wie eine niedrige Wolkendecke, so dicht, dass sie die meisten Flughäfen gezwungen hätte zu schließen. Und anders als die meisten CIA-Beamten hielt Duane »Dewey« Clarridge nichts von Schreibtischen. Er hatte stattdessen einen runden Tisch mit einem halben Dutzend Stühlen drum herum in der Mitte seines Büros aufstellen lassen. Er glaubte, dass eine ungezwungene Atmosphäre jüngere Beamte dazu ermunterte, einfach zu ihm hereinzukommen und mit ihm zu sprechen. Die besten Ideen stiegen eher von unten nach oben, als dass sie von oben nach unten sickerten, davon war er überzeugt.

Dewey brauchte sich vielleicht nicht um das zu scheren, was normalerweise in den Büros üblich war. Anders als die meisten CIA-Leute hatte er engen Kontakt zum Weißen Haus. Als Chef der Division Lateinamerika hatte er alles getan, um Ronald Reagans geliebten »Contras« zu helfen. Obendrein hatte er noch im

November 1985 die erste Schiffsladung Waffen für den Iran auf den Weg gebracht. Dewey war ein Spion von der Art, wie man sie sich in Washington wünschte. Es überraschte niemanden, dass das Weiße Haus nach den Überfällen der Abu-Nidal-Organisation in den Flughäfen von Wien und Rom Dewey dazu auserwählte, einer neuen Antiterrorismus-Einheit der CIA vorzustehen, einer, die den Gegnern die Zähne zeigte.

Sobald er mich im Türrahmen stehen sah, bedeutete Dewey mir, näher zu kommen und mich neben ihn an den runden Tisch zu setzen. Ich hatte genug über ihn gehört, um zu wissen, dass es zwecklos war, um den heißen Brei herumzureden.

»Ich möchte gern in der Antiterrorismus-Abteilung arbeiten, Mr. Clarridge. Jede Aufgabe wäre mir recht.«

Die Wahrheit war, dass mich nicht nur der Terrorismus beziehungsweise seine Bekämpfung interessierte, sondern dass ich mich ganz einfach langweilte. Als die Libyer mich zum Ziel von Mordanschlägen machten, nachdem sie herausgefunden hatten, dass ich mich mit Vertretern der Opposition traf, hatte das Hauptquartier mich nach nur vier Monaten aus Khartum abgezogen. Stattdessen musste ich mich mit einem todlangweiligen Job in der Division Afrika zufrieden geben. Ich erzählte Dewey von meiner vergeblichen Suche nach Bill Buckley und wie ich es am Ende mit John verdorben hatte.

»Das Arschloch ist also immer noch nicht aus dem Verkehr gezogen?«, war Deweys einziger Kommentar. Bevor ich antworten konnte, fragte er: »Wie gut ist Ihr Arabisch?«

Nach fast drei Jahren im Nahen Osten war es natürlich viel besser als damals, als ich gerade den Sprachkurs abgeschlossen hatte.

»Sie sind bereit, zu jeder Zeit überallhin zu reisen?«

»Ich steige heute in ein Flugzeug, wenn Sie es wollen.«

Das war alles, was Dewey hören wollte. Er wollte noch nicht einmal meine Personalakte sehen. Ich fragte ihn, ob ich irgendjemanden informieren solle, wie zum Beispiel die Division Naher Osten, der ich rein technisch immer noch angehörte.

»Sie machen gar nichts«, knurrte er, während er mich, indem er mit seiner Zigarre wedelte, aus seinem Büro scheuchte. »Sie gehen zu Ihrem Schreibtisch zurück und bleiben beim Telefon sitzen.«

Zwei Wochen später wurde ich in Deweys neue Organisation aufgenommen: das Counterterrorism Center, kurz CTC.

Die ersten Monate, während denen ich als »Fußsoldat« in Deweys Krieg gegen den Terrorismus mitkämpfte, waren ungefähr so belebend, wie es das Spionagegeschäft überhaupt sein kann. Ich hatte im Bekaa-Tal das Antlitz des Bösen erblickt und war sowohl fasziniert als auch abgestoßen von ihm. Ich wollte den Terrorismus im Allgemeinen bekämpfen, vor allem auch meine private Suche nach den Männern, die für den Bombenanschlag auf die Botschaft verantwortlich waren, fortsetzen. Das CTC schien genau die richtige Abteilung zu sein, um beides zu tun. Dewey hatte einen neuen Bescheid des Präsidenten: Er besaß jetzt die Befugnis, fast nach Belieben zu schalten und zu walten, wie er wollte, um die Terroristen zur Strecke zu bringen. Er bekam auch alles Geld, das er benötigte. Der Direktor der CIA, Bill Casey, versprach ihm eine *carte blanche*: Er dürfe das DO und das DI plündern, um das CTC mit Mitarbeitern zu versehen. Dewey rekrutierte sogar eine Hand voll Cops aus Los Angeles. Er plante, sie in alle Winkel der Welt zu entsenden und die Terroristen in Handschellen vor den Kadi schleppen zu lassen.

Als ich mit meiner neuen Tätigkeit begann, waren die neuen Büroräume des CTC wie durch ein Wunder fertig, und alles war schon in Betrieb. Alle arbeiteten zusammen in einem einzigen großen Raum ohne Unterteilungen. Mit den ununterbrochen klingelnden Telefonen, den ratternden Kopierern, den überall gestapelten Unterlagen und den an den Wänden befestigten Fernsehmonitoren, auf denen das Programm von CNN zu sehen war, machte der Raum den Eindruck einer Kommandozentrale im Krieg. Ich musste immer an einen jener britischen Propagandafilme aus dem Zweiten Weltkrieg denken, in dem der unterirdische Bunker zu sehen war, von dem aus Churchill während der Luftschlacht um England seine Anweisungen gegeben hatte.

Die Erwartungen waren hoch. Jedermann hatte von Deweys erfolgreicher Antiterrorismusaktion als Leiter der Division Europa gehört. Eines seiner Büros war ihm dabei behilflich, einen Agenten in eine überaus gefährliche terroristische Vereinigung der Palästinenser einzuschleusen, die als »Organisation 15. Mai« bekannt war und sich darauf spezialisiert hatte, Bomben an Bord von Flugzeugen zu schmuggeln. Der Agent wurde zu einer wahren Goldgrube an Informationen. Dank seiner Meldungen konnten einige Anschläge verhindert werden, und Dewey wollte ihn natürlich um keinen Preis verlieren. Als der Boss des Agenten innerhalb der »Organisation 15. Mai« ihm befahl, ein amerikanisches Ziel zu attackieren, ließ Dewey die CIA auf dem Gelände einer amerikanischen Botschaft ein Auto in die Luft jagen, und zwar so, dass der Agent vorgeben konnte, es sei sein Werk gewesen. Niemand kam dabei zu Schaden, doch der Boss des Agenten war überzeugt, dass dieser sein Bestes gegeben hatte, und der Mann konnte weiter mit großartigem Erfolg als »Reporter« für uns tätig sein.

Die neuen Rekruten erwarteten, dass Operationen dieser Art beim CTC an der Tagesordnung sein würden, doch es dauerte nicht lange, bis die von den maßgeblichen Leuten des Geheimdienstes betriebene Politik alles unterminierte, was Dewey zu unternehmen versuchte. Obwohl das Hauptquartier des CTC wie eine High-Tech-Kommandozentrale aussah, hatte Dewey in Wirklichkeit niemanden draußen im Feld stehen, dem er hätte Weisungen erteilen können. Trotz der Versprechungen Bill Caseys befolgten die CIA-Büros im Ausland immer noch die Anordnungen ihrer jeweiligen Länderchefs daheim im Hauptquartier, und wie diese unmissverständlich zu verstehen gaben, waren sie nicht daran interessiert in Deweys Krieg zu kämpfen – keiner von ihnen. Es war zu riskant. Eine fehlgeschlagene – oder sogar eine gelungene – Operation könnte eine befreundete ausländische Regierung verärgern. Irgendjemand könnte sein bequemes Pöstchen verlieren und nach Hause geschickt werden. Irgendjemand könnte sogar sein Leben verlieren. Es war egal, wie heftig Dewey mit dem Erlass, der in der unteren Ecke Präsident Reagans Unterschrift trug, auch herumwedelte – die Divisionschefs würden es nicht zulassen, dass ein paar ehemalige Cops aus L.A. in ihren Vorgärten herumrannten und um sich schossen.

Wir baten zum Beispiel das Pariser Büro, ein Team zusammenzustellen, das die Wohnung eines mutmaßlichen Terroristen überwachen sollte, und Paris antwortete, das sei nicht möglich, weil der lokale Geheimdienst es herausfinden würde. Wir baten Bonn, ein paar Araber und Iraner zu rekrutieren, die die Gemeinde der Emigranten aus dem Nahen Osten in der Bundesrepublik Deutschland im Auge behalten sollten, und erhielten die Antwort, dass man dafür nicht genügend Beamte habe. Einmal baten wir Beirut, mit einem bestimmten Agenten, der auf dem Weg in den Libanon war, zusammenzutreffen, und handelten uns eine Absage ein, weil es ein Sicherheitsproblem gebe. Dabei gab es in Beirut zu keiner Zeit kein Sicherheitsproblem, zum Teufel. Statt Terroristen zu bekämpfen, mussten wir uns mit der bürokratischen Trägheit unserer eigenen Leute herumschlagen – und die war ein unversöhnlicher Feind.

Dewey konnte noch nicht einmal die Mitarbeiter einstellen, die man ihm versprochen hatte. Nach sechs Monaten hatte er nur zwei Leute, die Arabisch sprachen, an Land ziehen können: Einer davon war ich. Da der andere Beamte eine Abteilung leitete, war ich der Einzige, der reisen und sich mit Agenten treffen konnte. Ein einziger Mann – das war nicht viel, da ungefähr 80 Prozent der Zielpersonen des CTC Arabisch sprachen. Es gab überhaupt niemanden in unseren Reihen, der des Persischen, des Paschtuni oder des Türkischen mächtig war.

Ich wurde einer Abteilung zugewiesen, die die Aufgabe hatte, die Geiseln im Libanon aufzuspüren, ich war aber der Einzige in dieser Abteilung, der einige Erfahrungen hatte, was den Nahen Osten betraf. Unser Leiter hatte nie einen Fuß in die Region gesetzt, kannte also auch den Libanon nicht. Einmal wurde er deshalb auch prompt reingelegt: Man brachte ihn dazu, Karten zu kaufen, auf denen die Abwässerkanäle der südlichen Vororte Beiruts verzeichnet waren. Er wusste nicht, dass die Häuser dieser Stadtbezirke alle ohne Genehmigung gebaut worden waren und es dort gar keine Kanalisation gab. Anderen Abteilungen erging es aber noch schlechter: Analytiker standen an ihrer Spitze – und das war nun völlig verrückt. Leute, die nie im Leben einen Agenten getroffen hatten, die nicht wussten, was ein toter Briefkasten war, und sich nur selten aus dem Stadtgebiet Washingtons herausbegaben, erteilten Field Officers im Ausland Anweisungen, wie sie ihre Agenten einzusetzen hatten. Es war so, als ob man den Chef einer Krankenhausverwaltung zum Leiter des Chirurgenteams ernannt hätte.

Zu meiner ersten Begegnung mit der Realität kam es ungefähr einen Monat nach meinem Wechsel zum CTC.

Das Bonner Büro telegrafierte, dass ein Anführer der syrischen Moslemischen Bruderschaft, der in Deutschland lebte, ein Treffen mit der CIA verlangt habe. Bonn selbst weigerte sich natürlich, mit ihm zusammenzutreffen, aus Angst, die Deutschen verärgern zu können. Man erklärte sich dort aber widerwillig damit einverstanden, dass jemand vom CTC hinflog, um festzustellen, was der Syrer eigentlich wolle.

Ich legte Dewey das Telegramm auf den Schreibtisch. »Was kann dabei für uns rausspringen?«, wollte er wissen.

Gute Frage. Die Moslemische Bruderschaft war eine unstrukturierte, gefährliche, unberechenbare Bewegung, deren Aktivitäten jede Regierung im Nahen Osten bis ins Mark erschütterten. Sie war von einem Ägypter, Hassan al-Banna, 1929 gegründet worden und sah es als ihr erklärtes Ziel an, das Königreich Gottes auf Erden zu verwirklichen. Die Moslembrüder in Ägypten hatten vergeblich versucht, den dortigen Präsidenten Gamal Abdel Nasser umzubringen, und der syrische Zweig hatte einige Attentate auf den syrischen Präsidenten Hafez al-Assad verübt. 1982 eroberten die Gefolgsleute der Bewegung Hama, eine historische Stadt in Mittelsyrien, wodurch sie Assad dazu provozierten, sie durch Granatenbeschuss zu islamischen Märtyrern zu machen – allerdings überstand auch Hama diesen Angriff der syrischen Truppen nicht.

Die Moslembrüder sind auch entfernte Vettern der Wahhabiten in Saudi-Arabien, der islamischen Sekte, die so puritanisch ist wie keine andere. Aus ihren Reihen, zu denen auch die saudische Königsfamilie zählt, ging Osama bin Laden hervor. Sie dienten auch den Taliban in Afghanistan und anderen radikalen sunnitischen Bewegungen als Inspirationsquelle. Viele Moslems sehen die Wahhabiten als gefährlich an, weil sie sich die Glaubenssätze von Ali ibn Tajmijah zu Eigen gemacht haben, einem islamischen Gelehrten des vierzehnten Jahrhunderts, der Mord aus politischen Motiven entschuldigt. Die ägyptischen Fundamentalisten der Organisation Al-Dschihad, die Präsident Anwar as-Sadat ermordeten, beriefen sich auf Tajmijah, um ihre Tat zu rechtfertigen.

Ich hatte während meiner – vorzeitig beendeten – Tätigkeit in Khartum einige Erfahrungen mit den Moslembrüdern sammeln können. Eine meiner Aufgaben dort war es gewesen, die ████████████ gegen Gaddhafis Regime zu ████████████. Eines Abends, bald nach meinem Eintreffen in Khartum, lud ich zwei der libyschen Dissidenten, einen politischen Führer und einen Militärkommandanten, in meine Wohnung zum Tee ein. Wie gewöhnlich tobte draußen ein Sandsturm, und der Strom war ausgefallen. Wir saßen im Dunkeln, schwitzten vor uns hin und unterhielten uns über die Dinge, über die man sich normalerweise mit Arabern unterhält, um ein Gespräch in Gang zu bringen: Ehe, Kinder, den Brotpreis und so weiter. Meine Wohnung lag in der Nähe des Flughafens, und hin und wieder hörten wir das Dröhnen eines startenden Flugzeugs.

Der Militärkommandant begann schließlich über Politik zu reden. Er erwähnte *en passant*, dass er es geschafft habe, die Militärkader der Gruppe in Libyen nach dem fehlgeschlagenen Angriff vom Mai 1984 auf Gaddhafis Residenz rasch wieder aufzubauen, obwohl die meisten der Angreifer bei der Aktion ums Leben gekommen waren.

Ich fragte meinen Gast, wieso er geglaubt habe, Gaddhafi an einem so gut verteidigten Ort überwältigen zu können.

»Gott hat uns befohlen, es zu tun.«

»*Gott?*«

»Ja.« Der Mann fügte dann ohne eine Spur von Ironie hinzu: »Er hat uns den Tag und die Stunde genannt.«

Das brachte eine Glocke zum Läuten – zumindest in meinem Kopf. Diese libyschen Dissidenten wurden in Washington nicht als Moslembrüder geführt, doch wenn man zu hören bekam, dass Gott die Befehle gab, dann war es gut möglich, dass ihre Leute nicht allzu weit weg waren.

Ich war jetzt neugierig geworden, und ich besaß eine Möglichkeit, meine Vermutung zu überprüfen. Als ich in Washington Arabisch lernte, hatte ich einen sudanesischen Studenten kennen gelernt, der nachts im Empfang des Apartmenthauses arbeitete, in dem ich wohnte. So wie ich es vorher mit dem Studenten aus Palästina praktiziert hatte, saß ich auch mit meinem sudanesischen Freund stundenlang zusammen, um mit ihm Arabisch zu büffeln. Dafür half ich ihm dann mit dem Englischen. In einem vertraulichen Gespräch gestand er mir eines Nachts, dass er ein Moslembruder sei. Er legte mir die Ideologie dieser Gruppierung dar – dass sie sich verpflichtet fühlte, jedes moslemische Oberhaupt zu beseitigen, das vom Islam abgefallen war. Er war der Meinung, dass der ägyptische Dschihad, ein Ableger der Moslemischen Bruderschaft, dazu berechtigt gewesen sei, Anwar as-Sadat zu ermorden. Sadat sei ein Apostat gewesen, sagte er, und der Koran verfüge, dass Apostaten sterben müssten. Mein Freund kehrte ungefähr zur gleichen Zeit in den Sudan zurück, zu der auch ich hinbeordert wurde, und wir erneuerten unsere Freundschaft in seinem Land. Als ich mich bei ihm nach den libyschen Dissidenten erkundigte, bestätigte er mir, dass sie Moslembrüder seien, und fügte noch hinzu, dass seine Organisation sie voll und ganz unterstütze.

Ich informierte Milt Bearden, den stämmigen ██████-Chef in Khartum, über das Resultat meiner ersten Nachforschungen. Bearden war ebenjener Mann, der gesagt hatte, eine »enge und anhaltende Beziehung« zu unterhalten, bedeute ein Paar Hausschuhe unter dem Bett der Freundin stehen zu haben. Er war ein beliebter Chef. Seine Einsatzoffiziere nannten ihn Uncle Milty.

Ich erzählte ihm ausführlich von meinem die Libyer betreffenden Verdacht, und nachdem ich ausgeredet hatte, sagte er nur: »Und?«

Ich kam mit der üblichen Erklärung an, dass Gaddhafi zwar so verrückt sein möge wie alle Insassen eines Irrenhauses zusammen, dass es aber viel schlimmer sein würde, wenn die Moslembrüder in Tripoli an die Macht kämen. Da Libyen gemeinsame Grenzen mit Algerien und Ägypten besitze, würden sie auch in diesen beiden Ländern für Unruhe sorgen.

146

»Wissen Sie, wie sie Gaddhafi im Weißen Haus nennen?«, fragte Bearden.

Ich verneinte.

»Sie nennen ihn den ›tollen Hund‹ des Nahen Ostens. Hören Sie zu, Baer, wenn Dschingis Khan aus seinem Grab gekrochen käme und erklärte, dass er vorhabe, Gaddhafi umzulegen, würde diese Regierung ihn unterstützen. Also vergessen Sie alles, was Sie rausgefunden haben.«

Bearden hatte einen guten Riecher für Politik, also vertraute ich ihm voll und ganz. Außerdem war der Sudan dabei zu implodieren. Das Land war nahezu bankrott, und Präsident Dschafaar Numeiri war mental instabil und nicht in der Lage, die Krise zu bewältigen. Demonstranten, die einer uns nicht bekannten Ideologie anhingen, hatten die Regierung zur Abdankung gezwungen. Als der einzige Mitarbeiter unseres Büros, der Arabisch sprach, mischte ich mich als libanesischer Journalist getarnt unter die Menge, um herauszufinden, ob die Leute antiamerikanisch eingestellt waren oder nicht. Wenn einige der Demonstranten in die Nähe unserer Botschaft oder der Unterkünfte von Amerikanern zogen, gab ich über ein kleines Funkgerät, das ich versteckt bei mir trug, eine Warnung durch.

Die beiden Libyer verschwanden während dieser Unruhen aus meinem Blickfeld, doch ein paar Tage, nachdem das Regime Numeiris zusammengebrochen war, tauchten sie in der Nacht unerwartet wieder auf. Anscheinend hatten sie erfahren, dass Gaddhafis Schergen sich nun in Khartum herumtrieben, und nur auf die Gelegenheit warteten, Rache zu nehmen. Die beiden hofften daher, dass ich sie aus dem Sudan herausschmuggeln könnte. Wie das Unglück es wollte, war ich nicht zu Hause, als sie kamen, um mit mir zu sprechen. In ihrer Aufregung verwechselten sie meine Wohnungstür mit der meiner Nachbarin. Diese, eine ältere Verwaltungsangestellte der Botschaft, war zum ersten Mal im Ausland stationiert. Der Staatsstreich hatte sie ohnehin schon nervös gemacht, und als sie nun durch das Guckloch in ihrer Tür zwei vollbärtige und wild blickende Fanatiker sah, die mit AK-47-Sturmgewehren herumfuchtelten, geriet sie in Panik. Als die beiden dann noch anfingen, mit den Kolben ihrer Gewehre auf die Tür einzuhämmern, verlor sie das bisschen Fassung, das sie sich noch bewahrt hatte, und türmte durch die Hintertür, die Feuerleiter hinunter und quer durch Khartum zum Haus ihres Chefs. Das alles im Nachthemd. Am Tag darauf schickte die Botschaft sie zur Erholung nach Deutschland.

Um es mit anderen Worten auszudrücken: Ich wusste, dass es ein Spiel mit dem Feuer war, mit der Moslemischen Bruderschaft Kontakt aufzunehmen. Diese Burschen waren so programmiert, dass es Ärger gab, wo immer sie auftauchten. Doch wenn die Regierung Reagan wirklich entschlossen war, den Kampf mit unseren Feinden in Syrien und im Libanon siegreich zu beenden, dann konnten wir keine besseren Helfershelfer finden. Die Frage war nur, was sie für uns zu tun bereit waren, und um das herauszufinden, musste jemand mit ihnen sprechen.

Dewey war einverstanden, dass ich mich mit ihnen traf, und am Tag darauf saß ich schon im Flugzeug nach Frankfurt.

Ich machte mir nicht die Mühe, mich im Bonner Büro zu melden, sondern nahm sofort den Zug nach Dortmund. Ich wollte dort, wie verabredet, in der Nähe eines bestimmten Bahnhofskiosks warten, bis ein Mitglied der Bruderschaft mir ein Zeichen gab – es war kein besonders brillantes Arrangement, doch da ich von Bonn, wie ich wusste, keine Hilfe erwarten konnte, hatte ich keine andere Wahl, als darauf einzugehen..

Punkt zwei Uhr kam ein ungefähr 45-jähriger Mann, mit Bauch und dunklem Bart, auf mich zu und bedeutete mir wortlos, ihm zu folgen. Wir steuerten auf einen Seitenausgang zu, als er mich plötzlich am Arm fasste und in den Raum zog, in dem die Reisegepäckausgabe untergebracht war. Der Mann hinter dem Ausgabeschalter, der ebenfalls wie ein Araber aussah, nickte meinem Begleiter zu, als wir zwischen einer langen Reihe von Regalen hindurch, auf denen sich Gepäckstücke stapelten, zu einer Hintertür liefen, durch die wir dann auf eine Laderampe an der Rückseite des Gebäudes traten. Hier warteten schon zwei identische anthrazitgraue Mercedes-Limousinen mit getönten Scheiben. Wir nahmen auf dem Rücksitz des vorderen Wagens Platz.

Nach einer kurzen Fahrt zum Aufwärmen durch Dortmund

hindurch bogen die beiden Limousinen auf die Autobahn ein, und die Fahrer gaben Gas. Wir kamen nicht mehr von der Überholspur herunter, die ja in Deutschland für Fahrer reserviert ist, die meinen, zweihundert Kilometer in der Stunde sei eine vernünftige Geschwindigkeit. Jedesmal wenn ein fremdes Auto uns in die Quere kam, betätigte unser Fahrer wie wild die Lichthupe, bis der andere nach rechts hinüberzog. Der zweite Mercedes raste in geringem Abstand hinter uns her.

Nach ungefähr dreißig Kilometern, als ich gerade begann, mich an diese Raserei zu gewöhnen, bog unser Fahrer abrupt nach rechts ab; er zog schräg über die mittlere und die rechte Spur hinüber, ohne den Fuß vom Gaspedal zu nehmen, und schoss dann in eine Abfahrt hinein, die ich überhaupt nicht gesehen hatte. Der zweite Mercedes kam hinter uns her, doch ich merkte, dass er sich zurückfallen ließ, um jeden abzublocken, der möglicherweise versuchte, uns zu folgen. *Diese Burschen meinen es ernst*, dachte ich.

Der Mercedes fuhr anschließend, wie es schien, ziellos, durch einen wie frisch geschrubbt aussehenden deutschen Vorort mit bescheidenen neuen Häusern. Es war jetzt früher Nachmittag und kaum jemand auf den Straßen unterwegs. Der Fahrer bog schließlich in eine Einfahrt vor einem Haus ein, das genauso aussah wie alle anderen, und ließ den Wagen in eine Garage im Souterrain rollen. Sobald wir drinnen waren, schloss sich das Tor hinter uns. Ich wäre niemals in der Lage gewesen, das Haus wiederzufinden.

In einem kleinen Büroraum, der direkt neben der Garage lag, wartete ein zerbrechlich wirkender, elegant gekleideter Mann mit einem sorgfältig gestutzten Bart. Ich nahm an, dass er Ende fünfzig war. Er trug einen Anzug aus weichem, grauem Flanellstoff und ein gestärktes weißes Hemd mit einem steifen Kragen. Er kam mir ausgesprochen ruhig und beherrscht vor. Der Islam kennt die Vorstellung nicht, doch das Wort, das mir bei seinem Anblick in den Sinn kam, war »selig-verklärt«. Er bedeutete den anderen, dass sie uns allein lassen sollten, und schloss die Tür hinter ihnen.

Eine Stunde lang schmähte und verunglimpfte der Führer der

Moslemischen Bruderschaft dann das Regime in Damaskus. Er nannte Hafez al-Assad einen Heiden, bezeichnete ihn als Inkarnation des Bösen und belegte ihn noch mit anderen Ausdrücken, wie man sie sogar in Washington, wo Assad seit jeher nicht sehr populär gewesen war, nie gehört hatte. Er zog ein Ringbuch hervor, das lauter Fotos von Hama nach der Beschießung enthielt – von verbrannten, zerfetzten und unter dem Schutt begrabenen Menschen. Ganze Familien waren an die Wand gestellt und erschossen worden.

Ich unterbrach ihn schließlich, um zu fragen, was man tun könne.

Der Mann lächelte. »Wir sind bereit, Hand in Hand mit den USA zusammenzuarbeiten und dieses Krebsgeschwür aus dem Blickfeld Gottes zu entfernen.«

»Wie?«, fragte ich, Schlimmes ahnend.

»Wir haben in Ghuta, in der Nähe des Flughafen von Damaskus, eine SA-7-Rakete im Boden verborgen«, sagte er so nonchalant, als spreche er von einem Petunienbeet in seinem Garten. »Wir sind nur darauf angewiesen, dass Sie uns mitteilen, wann Assads Flugzeug mit ihm an Bord zum Start bereit ist.«

Mein erster Gedanke als Case Officer war: *Verdammt, das ist eine heiße Information.* Sie konnte aus keiner zuverlässigeren Quelle kommen – dieser Mann war ein Chef der syrischen Moslemischen Bruderschaft, und er redete davon, wie man Hafez al-Assad erledigen könnte, der das größte Hindernis für den Frieden im Nahen Osten darstellte. Da unser neuer Freund vorschlug, Assad zu ermorden, was der Exekutivanweisung 12333 zuwidergelaufen wäre, würde ich Dewey Meldung erstatten müssen. Ich hoffte aber, dass wir weiter Kontakt zu dem Mann halten und seine Energien so umdirigieren könnten, dass sich ein gemeinsames Ziel verfolgen ließ. Selbst wenn uns das nicht gelänge, würde es meiner Meinung nach nicht schaden, wenn wir die Kommunikationskanäle offen hielten. Wer konnte schon sagen, ob wir die Moslemische Bruderschaft nicht eines Tages benötigen würden?

Wieder zurück in Washington, erstattete ich Dewey, der aufmerksam zuhörte, Bericht über den Verlauf meines Treffens, von dem Moment an, da ich in Dortmund auf dem Bahnhof kontaktiert worden war, bis zu dem, in dem ich dem Führer der Bruderschaft gesagt hatte, ich würde mich mit meinen Vorgesetzten beraten müssen.

»Gehen Sie los und schreiben Sie alles auf!«, befahl Dewey.

»Warten Sie«, fügte er hinzu, als ich schon fast zur Tür hinaus war. »Nicht mit einem Computer. Nehmen Sie sich stattdessen eine Schreibmaschine und vernichten anschließend das Farbband. Und machen Sie keine Kopie. Ich will, dass das unter Ollie, Ihnen und mir bleibt.«

Ollie war Oliver North, der Mitarbeiter des National Security Council, der später in jenem komplizierten Spiel, bei dem es um Raketen, Geiseln und Geld für die Rebellen in Nicaragua ging und das als Iran-Contra-Affäre bekannt wurde, zu Fall kam. Obwohl die Moslembrüder nichts mit dem Iran oder den Contras zu tun hatten, war North genau der richtige Mann dafür, sich mit ihnen zu befassen.

Wie befohlen überließ ich Dewey das einzige Exemplar meines Kontaktberichts – und sollte niemals wieder von der Sache hörte.

Bonn war unbeeindruckt von dem Telegramm, in dem ich Mitteilung von dem Treffen machte – wobei ich die Sache mit der SA-7 nicht erwähnte. Bonn hielt an seiner Position fest: Man wollte mit niemandem von der Bruderschaft sprechen. Ich hatte nicht die Zeit, mich wieder nach Deutschland zu begeben, und die CIA würde keinen weiteren Kontakt zu der Moslemischen Bruderschaft aufnehmen. Der Moslembruder, den ich in jenem so unscheinbaren Haus in Dortmund getroffen hatte, sollte jedoch in meinem Leben ein zweites Mal in Erscheinung treten – in den Tagen nach dem 11. September 2001 nämlich, als das FBI mir einen Besuch abstattete, um mich darüber zu informieren, dass einer der Verbündeten des Syrers im Verdacht stand, zu dem globalen Netzwerk zu gehören, dass die Anschläge auf das World Trade Center und das Pentagon mit getragen hatte.

Die wirklich bösen Burschen, diejenigen, die in der Lage sind, uns oder unseren Gegnern – je nachdem was Gott ihnen an einem bestimmten Tag zu tun befiehlt – großen Schaden zuzufügen, verschwinden nicht einfach von der Bildfläche. Ich war immer der Meinung, dass es besser sei, sie nicht aus den Augen zu verlieren, sogar wenn es bedeutete, dass man selbst sich zu diesem Zweck die Hände ein wenig schmutzig machen musste. Natürlich kann man nicht mit Gewissheit sagen, dass der Syrer, den ich 1986 getroffen hatte, uns, selbst wenn wir die Verbindung zu ihm aufrecht erhalten hätten, zu Mohammed Atta oder zu einer der Zellen von Osama bin Ladens El-Kaida-Organisation in Deutschland, die möglicherweise bei den Anschlägen vom 11. September eine wesentliche Rolle gespielt haben, geführt hätte. Doch indem wir damals die Kanäle schlossen, sorgten wir dafür, dass der Syrer uns zu niemand führte. Es bleibt, sowohl was das Büro in Bonn als auch was die CIA im Allgemeinen betrifft, ein unverzeihlicher Fehler.

Das Weiße Haus saß Dewey immer noch im Nacken, etwas wegen der Geiselnahmen im Libanon zu unternehmen, und seinem Stil entsprechend wartete er immer noch darauf, dass eine Antwort auf das Problem aus den Reihen seiner Leute in der Antiterrorismus-Abteilung wie eine Blase nach oben stieg.

Ich war seit ungefähr einer Woche aus Deutschland zurück, als Dewey mich eines Morgens in sein Büro rief. »Sie haben einen guten Instinkt«, begann er. »Welches ist die verrückteste Idee zur Befreiung der Geiseln, die Ihnen jemals gekommen ist?«

Aus einer ganzen Reihe von Gründen gab es keine auf der Hand liegende Lösung für dieses Problem. Noch im Jahr 1986 war man sich innerhalb der Geheimdienstgemeinde sogar darüber uneins, wer die Geiseln eigentlich in seine Gewalt gebracht hatte. Die CIA vertrat die Ansicht, dass die IJQ – über die die Agency immer noch so gut wie gar nichts wusste – die entführten Amerikaner festhielt und dass diese Organisation im Wesentlichen unabhängig von irgendeinem Staat operierte. Die CIA konzedierte zwar, dass die Gruppierung Verbindungen zum Iran und zu Syrien unterhielt, glaubte aber nicht, dass eines der beiden Länder entscheidenden Einfluss auf sie ausübte. Andere Analytiker im Raum Washington, vor allem die, die im Pentagon saßen, waren nicht dieser Meinung. Bei ihnen herrschte die Überzeugung vor, dass die Mitglieder der IJQ lediglich Marionetten der iranischen Pasdaran waren.

Die Hypothese der CIA basierte keineswegs auf harten Beweisen, aber sie war so oft vorgetragen worden, dass sie sich kaum noch ignorieren ließ. Nach der Entführung Buckleys hatte die CIA ein Jahr lang absolut keine Ahnung, wer sich ihn oder die anderen Geiseln der IJO geschnappt hatte. Wir sahen erst Land, als Algerien auf uns zukam und uns informierte, dass ein junger schiitischer Moslem aus dem Südlibanon namens Imad Fa'iz Mughnija nicht nur Buckley gekidnappt hatte, sondern auch Jeremy Levin von CNN und die beiden Geistlichen Benjamin Weir und Lawrence Martin Jenco. Vor 1982 habe Mughnija für den PLO-Führer Jassir Arafat gearbeitet, ließen die Algerier uns wissen. Jetzt sei er auf eigene Faust tätig. Dieser Quelle zufolge wollte der Entführer seine ausländischen Gefangenen gegen siebzehn Leute austauschen, die in Kuwait im Gefängnis saßen, weil sie angeklagt waren, dort am 12. Dezember 1983 Bombenanschläge auf die französische und die amerikanische Botschaft verübt zu haben. Zu ihnen gehörte auch Mughnijas Schwager Mustafa Badr al-Din.

Mughnija war mehr oder minder von der Bildfläche verschwunden, bis am 14. Juni 1985 Hijacker den TWA-Flug 847 von Athen nach Beirut umdirigierten. Drei Tage später erschossen die Entführer einen jungen Taucher der Navy und warfen seine Leiche aus dem Flugzeug auf die Rollbahn. Die Geiseln wurden schließlich der Amal übergeben, einer libanesischen schiitischen Miliz, und in den südlichen Vororten Beiruts verteilt, vier von ihnen blieben aber in den Händen der IJO. Ein Agent, der an der richtigen Stelle saß, identifizierte Mughnija als Urheber der ganzen Aktion, was gut mit dem Porträt des Einzelkämpfers übereinstimmte, das die Algerier von ihm gezeichnet hatten. Dies reichte dem Justizministerium aus, um Mughnija und drei Komplizen wegen der Entführung der TWA-Maschine anzuklagen. Alles das schoss mir durch den Kopf, als ich jetzt in der Tür zu Deweys Büro stand.

»Alles. Ohne Einschränkungen?«, fragte ich schließlich.

»Ja, alles«, sagte Dewey.

»Wir versuchen Mughnija da zu treffen, wo es ihn am meisten schmerzt – seine Familie.«

Dewey verstand nicht, worauf ich hinauswollte.

»Schauen Sie, Dewey«, sagte ich. »Nehmen wir einmal an, dass drei Dinge wahr sind. Mughnija hat wirklich die Geiseln in seiner Gewalt, er hängt mit ganzem Herzen an seiner Familie – wie die meisten Menschen im Nahen Osten es tun –, und schließlich: Unsere Regierung würde jede Aktion in Betracht ziehen, um die Geiseln zu befreien. Wenn das alles wirklich stimmt, dann könnten wir daran denken, uns einige von Mughnijas Familienangehörigen zu greifen, um sie gegen die Geiseln auszutauschen.«

Die Idee war natürlich verrückt, doch damals erwartete man von der CIA, dass sie bei ihren Operationen bis an Grenzen heranging, dass sie sich auf Dinge einließ, die keine andere Institution der Regierung überhaupt in Erwägung zog. Einer der Ausbilder auf der Farm hatte uns davon erzählt, wie nach dem Arabisch-Israelischen Krieg von 1967 einige der Leute in der Agency, deren Aufgabe es war, den Gegner auszuschalten, die Idee ausgebrütet hatten, ein erbeutetes russisches Transportflugzeug mit sowjetischen Hoheitszeichen und allem zu versehen, es mit lebenden Schweinen voll zu stopfen und diese dann über Mekka, der heiligsten Stadt des Islam, abzuwerfen. Man hatte damit die Lunte im Nahen Osten entzünden und die Wucht der Explosion in Richtung Sowjetunion lenken wollen, deren Einfluss in der Region immer mehr gewachsen war. Verglichen mit diesem Plan hörte sich das, was ich Dewey vorschlug, beinahe vernünftig an.

»Sehr schön. Ziehen Sie los und machen Sie Imads Familie ausfindig«, meinte Dewey.

Ich war erfahren genug, um nicht wirklich sofort aufzubrechen – Dewey würde den Plan erst noch von Ollie North oder jemand anderem aus dem National Security Council absegnen lassen müssen. Als ich nichts mehr von oben hörte, vergaß ich die ganze Sache. Erst als die Iran-Contra-Geschichte publik wurde, erfuhr ich, dass North meine Idee über PROF, ein internes E-Mail-System, als Teil einer seiner infamen Botschaften im ganzen Weißen Haus hatte zirkulieren lassen.

Dewey sollte sich noch ein letztes Mal wegen der Geiseln an mich wenden, und bei dieser Gelegenheit war ich etwas zuversichtlicher, was den Ausgang der leidigen Angelegenheit betraf.

Während meines Abstechers nach Baalbek im Oktober 1984 hatte ich mit eigenen Augen feststellen können, dass Syrien ziemliches Unbehagen darüber empfand, dass die iranischen Pasdaran sich im Land häuslich eingerichtet hatten. Was Syrien Sorge bereitete, war, dass die Pasdaran so gut wie jede islamische terroristische Vereinigung im Nahen Osten – mit Ausnahme der syrischen Moslemischen Bruderschaft – unterstützten. Hafez al-Assad, der ganz und gar weltlich eingestellt war, konnte nicht vorhersehen, wann der vom Iran genährte Fundamentalismus über die Grenze in sein eigenes Land schwappen würde. Meine Idee war es, Assad glauben zu machen, dass der Iran beschlossen hatte, sein Regime zu unterhöhlen. Wenn es funktionierte, so würde Syrien, wie ich hoffte, aktiv werden, ohne lange nachzudenken, und gegen die Pasdaran und ihre Handlanger, die Leute der Hisbollah, vorgehen. Selbst wenn sich herausstellen sollte, dass die IJO eine unabhängige Organisation war, konnte es nicht schaden, ihre ideologischen Verbündeten zu schwächen.

Der Plan, den ich entwickelt hatte, war unkonventionell, würde aber mit Sicherheit Assads Aufmerksamkeit erregen. Ich hatte vor, syrische Diplomaten in Europa in Angst und Schrecken zu versetzen und glauben zu machen, dass sie von terroristischen Anschlägen der Hisbollah bedroht waren. Es sollte folgendermaßen laufen: In einer bestimmten Nacht sollte ein halbes Dutzend Technikerteams der CIA heimlich relativ schwache Sprengladungen an den Autos syrischer Diplomaten anbringen und mit den Zündschlössern verkabeln. Wenn die Diplomaten am nächsten Morgen die Motoren ihrer Wagen anließen, würden sie von einem Knallen und Zischen überrascht werden. Die Sprengstoffe, die zur Verwendung gelangen sollten, brennen eher ab, als dass sie explodieren, doch ihre chemische Zusammensetzung ist nahezu identisch mit der hochexplosiver Materialien. Ich nahm daher an, die Polizei würde zu dem Schluss kommen, dass man den für die Anschläge verantwortlichen Terroristen einfach schlechten Plastiksprengstoff verkauft habe. Nach den Explosionen würden wir ein gefälschtes Kommuniqué in Umlauf bringen, mit dem die Hisbollah sich als für die Attentate verantwortlich erklärte. Ein wütender Assad würde dann genauso brutal gegen die Hisbollah vorgehen wie damals gegen die Moslemische Bruderschaft in Hama. Jedenfalls war das in meinem Plan so vorgesehen, den ich, kurz zusammengefasst, per Telegramm allen unseren Büros in Europa zukommen ließ.

»Ollie wird verrückt werden«, sagte Dewey, als er diese Zusammenfassung gelesen hatte. Er rannte zur Tür raus, um Clair George, den Director of Operations, von meinem Plan in Kenntnis zu setzen.

Es dauerte keine fünf Minuten, bis er mit dem Telegramm in der Hand wieder neben mir stand.

»Clair sagte, wir sollen das alles vergessen. Nein – ich will Ihnen die Wahrheit sagen: Er hat mich angebrüllt, was seine Stimme hergab, dass wir das alles vergessen sollten. Er sagte, nur über seine Leiche würde die CIA in Westeuropa Bomben zur Explosion bringen. Denken Sie sich was anderes aus – etwas ohne Plastiksprengstoff.«

Schließlich bekamen wir doch eine Operation von den Bürokraten genehmigt. Die CIA hat mich gebeten, nichts Genaueres darüber zu erzählen. Ich kann jedoch sagen, dass wir es mit dieser Aktion zwar schafften, Hafez al-Assad zu irritieren – aber so wie ein Hautausschlag einen irritiert und nicht so sehr, dass er sich veranlasst sah, die Hisbollah zu zerschlagen.

Ich weiß nicht, ob Dewey das Weiße Haus jemals über die letztgenannte Operation informierte, ich bezweifle aber, dass man dort beeindruckt gewesen wäre, wenn er es getan hätte. Das Weiße Haus hielt nichts von lindernden Mitteln. Es wollte, dass die Geiseln endlich befreit wurden. Aber auch in diesem Fall erkannte ich erst nach Bekanntwerden der Iran-Contra-Affäre, wie verzweifelt die Regierung gewesen war und dass ich beinahe in die Geschichte hineingezogen worden wäre.

Als ich mich eines Morgens im April 1986 umdrehte, fand ich mich von Angesicht zu Angesicht mit Dewey, der direkt hinter mir gestanden hatte. Draußen war es warm geworden, und Dewey trug ein zweireihiges Leinenjackett mit einer riesigen Nelke im Knopfloch. Er hielt eine unangezündete, zur Hälfte aufgerauchte Giftnudel in der einen Hand und die Personalakte eines Agenten in der anderen.

»Lesen Sie das«, bellte er und knallte den Ordner auf meinen Schreibtisch. »Sie und Cave, Sie werden in Urlaub fahren.«

George Cave war der legendäre Iranexperte der CIA. Er sprach fließend Persisch und ganz gut Arabisch und war vermutlich der Angestellte der CIA, der die meisten Erfahrungen hatte, was den Nahen Osten betraf. Er war so wertvoll, dass man ihn aus dem Ruhestand zurückgeholt hatte, denn die Reihen der Nahostkenner im Dienst der CIA lichteten sich schnell, und es gab kein Programm, um neue heranzuziehen.

Als Dewey wieder abmarschiert war, fiel mein Auge auf das Kryptonym, den Decknamen des Agenten, auf dem Deckel des Ordners: ██████████/I. Die ersten beiden Buchstaben zeigten an, dass der Mann entweder Iraner war oder über den Iran Bericht erstattete. Ich schlug den Ordner auf und schaute mir das erste Dokument an, auf dem der richtige Name des Mannes stand: Manucher Ghorbanifar. Der Name sagte mir nichts, doch am linken Rand des Blattes sah ich das, was man im DO eine *burn notice* nennt: eine Anweisung, sich von einem Agenten fern zu halten. Diese Anweisungen ergehen an jedes CIA-Büro auf der Welt, wenn das DO eine negative Erfahrung mit einem Agenten hatte: etwa wenn der Mann Informationen gefälscht hatte und die CIA, als sie auf diese Informationen reagierte, von der Presse mit peinlichen Artikeln bedacht worden war oder beim Weißen Haus einen schlechten Eindruck gemacht hatte. So war es im Fall Ghorbanifars gewesen. Er hatte am 17. März 1984 gemeldet, dass ein Iraner mit radikalen politischen Ansichten namens Mehdi Karrubbi plane, Präsident Reagan zu ermorden. Ghorbanifar wurde am Tag darauf einem Lügendetektortest unterzogen und gestand schließlich, dass er sich die ganze Geschichte ausgedacht habe, um ein bisschen Geld zu verdienen, doch da war der Secret Service schon in allerhöchste Alarmbereitschaft versetzt worden.

Ich machte mir nicht die Mühe, die Unterlagen des Mannes

weiter durchzulesen. Wenn jemand einmal als Schwindler enttarnt wurde, arbeitet die CIA nicht mehr mit ihm zusammen. Ich legte Ghorbanifars Akte oben auf den Stapel anderer Schriftstücke, in die ich niemals einen Blick werfen würde.

Dewey stand ein paar Wochen später wieder neben meinem Schreibtisch. »Also, haben Sie's gelesen?«

Als ich gestand, dass ich es nicht getan hatte, nahm er den Ordner wieder an sich, und nicht lange danach wurde ich aus dem Antiterrorismus-Team herausgenommen und nach Beirut geschickt. Es gab nichts, was Dewey dagegen unternehmen konnte. Die Division Naher Osten vermochte sonst niemanden zu finden, der dort hingegangen wäre. Der Posten galt nicht nur als gefährlich, sondern ihn zu besetzen wurde auch als ungünstiger Schritt angesehen, was die Karriere betraf. Mir machte das alles nichts aus. Ich wusste, dass man nur vor Ort etwas über den Terrorismus lernen konnte.

George Cave nahm Deweys Angebot einer »Ferienreise« nach Teheran an, und als der Iran-Contra-Skandal aufgedeckt wurde, wäre er beinahe mit angeklagt worden. Dewey kam nicht ganz so ungeschoren davon: Er wurde unter Anklage gestellt, schließlich aber amnestiert. Wenn ich damals wie befohlen Ghorbanifars Personalakte gelesen hätte, wäre ich wahrscheinlich am Ende ebenfalls nach Teheran geschickt worden und mit größter Sicherheit als ein Iran-Contra-Mitverschwörer vor den Richter gebracht worden. Das war eine der Gelegenheiten, bei der ich mir dafür auf die Schulter klopfen konnte, dass ich Befehle nicht befolgt hatte.

Ich habe oft darüber nachgedacht, wie die Reagan-Leute in die Iran-Contra-Geschichte hineingerasselt sind. Es ist jetzt klar, dass die Iraner das Weiße Haus für dumm verkauft haben. Sobald der Iran die erste Flugzeugladung Waffen im Austausch für eine Geisel bekommen hatte, stieg er *full-time* in das Geiselgeschäft ein und ließ Dutzende weiterer Menschen kidnappen. Aber das war nicht alles, was schief lief. Als das Weiße Haus Ghorbanifar, einen überführten Schwindler, damit beauftragte, sich um einen der heikelsten diplomatischen Kontakte zu kümmern, die es in der amerikanischen Geschichte gegeben hatte, stellte es sicher, dass diese Verbindung abreißen würde. Es war so, als ob man den Jungen, der einem die Zeitung bringt, damit betraut, für einen auf dem Aktienmarkt zu investieren. Nein, es war viel schlimmer.

Ich glaube, dass zwei Dinge mit hineinspielten. Zum ersten war nach dem Bombenanschlag von 1983 auf die Kaserne der Marines in Beirut die Möglichkeit einer militärischen Rettungsaktion vom Tisch. Das Pentagon würde keine Soldaten mehr entsenden, es sei denn, man begänne eine Invasion vollen Umfangs. Das Pentagon würde noch nicht einmal der Entsendung eines Delta-Force-Teams zustimmen, einer Eliteeinheit der Army zur Bekämpfung des Terrorismus, es sei denn, dass ein Mitglied dieser Einheit mindestens vierundzwanzig Stunden vor dem Einsatz »Augen auf« die Geiseln »gelegt« hätte – eine Bedingung, die sich nie erfüllen ließ.

Damit blieb nur eine diplomatische Lösung übrig. Das Problem war nur, dass es in den Kreisen der Mitarbeiter der verschiedenen für die nationale Sicherheit zuständigen Stellen niemanden gab, der einen guten Kanal zum Iran hatte. Das State Department versuchte es über die Schweiz, doch die Geiseln waren ein zu heikles Thema, als dass das Schweizer und das iranische Außenministerium sich der Sache hätten annehmen können. Die CIA besaß keine Verbindung zu Teheran. Zu Zeiten des Schahs hatte das Weiße Haus die Agency ganz formell angewiesen, sich von den iranischen Oppositionellen fern zu halten, um den Schah nicht zu brüskieren. Sogar als Ayatollah Khomeini sich außerhalb von Paris in seinem Exil befand, mied die CIA ihn und sein Gefolge. Als es 1979 zur iranischen Revolution kam, war die CIA daher in diesem Land völlig blind und taub – alles dank der Politik Washingtons.

Da sowohl eine militärische als auch eine diplomatische Lösung vom Tisch waren, sah sich das Weiße Haus gezwungen, Ghorbanifar als Mittelsmann zu akzeptieren, als Israel den Mann servierte. Was mich überraschte, war, dass das Weiße Haus, als man dort schließlich erkannte, von diesem Schwindler hereingelegt worden zu sein, sich an den amerikanisch-iranischen Vermittler Albert Hakim wandte, der den zweiten »Kanal« nach Teheran eingerichtet hatte. Wie Ghorbanifar machte auch Hakim nur des Geldes wegen mit. Anders als dieser konnte er aber alle weiteren Mittelsmänner ausschalten und direkt bis dorthin vordringen, wo sich das *outlet* für die Geiseln befand – zu den Pasdaran. Der Hauptkontaktmann war Ali Haschemi Bahramani, ein Offizier der Pasdaran und der Neffe von Ali Akbar Haschemi Rafsandschani, dem iranischen Parlamentssprecher.

8

April 1986. Washington D.C.

Bevor ich mich auf den Weg nach Beirut machen musste, blieb mir noch Zeit, mir selbst einen Intensivkurs in Sachen Terrorismus zu verabreichen. Solange ich noch beim CTC war, standen mir die allerbesten Möglichkeiten dafür offen. Ich hatte dort Zugang zu allen Archivmaterialien und Datenbanken der CIA, die irgendwie mit Terrorismus zu tun hatten. Ich kam mir beinahe wie ein Kind in einem Süßwarenladen vor.

Die erste Sache, mit der ich mich beschäftigte, war – ich kam wohl auch kaum darum herum – der Bombenanschlag auf die Beiruter Botschaft. Mittlerweile hatte dieser ungelöste Fall irgendwie Wurzeln in mir geschlagen. Ein Blick auf den dünnen, abgegriffenen, apfelgrünen Ordner reichte, um mir zu sagen, dass die Angelegenheit für die anderen passé war: Die jüngste Ergänzung, die man den Unterlagen hinzugefügt hatte, hatte beinahe zwei Jahre auf dem Buckel. Es gab zwei Gründe dafür. Das Attentat hatte die Reihen der CIA-Leute in Beirut dezimiert, und als die Agency dann später nach Ostbeirut umgezogen war, hatte sie die meisten ihrer moslemischen Topagenten verloren. Wenige von ihnen konnten ungehindert die *Green Line* überschreiten, die die christliche von der moslemischen Hälfte der Stadt trennte. Die »Grüne Linie« hieß so nach dem Gras, das in den verlassenen Straßen zu wuchern begann, die die Demarkationslinie bildeten.

Es würde natürlich nicht einfach, ja vielleicht sogar unmöglich sein, den Fall wieder aufzunehmen. Der libanesische Präsident Amin Gemayel hatte alle Personen, die im Verdacht standen, etwas mit dem Anschlag zu tun zu haben, und verhaftet worden waren, still und leise wieder auf freien Fuß setzen lassen. Wir argwöhnten, dass er bestochen worden war – aber was auch immer der Grund gewesen war, jetzt, da die wenigen Verdächtigen sich über den ganzen Nahen Osten verstreut hatten, mussten wir wieder bei null anfangen. Alles, an das wir uns halten konnten, waren die drei Telefonate, die am Tag des Anschlags bei der Presse eingegangen waren und mit denen drei verschiedene Gruppen die Verantwortung für das Geschehene übernommen hatten. Allerdings konnten wir jetzt mit einer dieser Vereinigungen, der Islamic Jihad Organisation, auch einen Namen in Zusammenhang bringen – den von Imad Mughnija. Bei ihm konnte man ebenso gut ansetzen wie überall sonst.

Imad Mughnija war ein Rätsel. Seinem Antrag auf einen Pass zufolge war er 1962 in Tyar Dibba geboren worden, einem bettelarmen Dorf im Südlibanon, aber sogar das brauchte nicht zu stimmen. Oft gaben schiitische Libanesen das Dorf, aus dem die Familie ursprünglich stammte, als Geburtsort eines Kindes an, um zu verschleiern, dass sie einen illegalen Wohnsitz hatten, der sich meistens irgendwo in den südlichen Vororten Beiruts befand. Wir wussten, dass Mughnija in einem hastig aus Löschbetonblöcken zusammengeschusterten Haus, in dem es kein fließendes Wasser gab, aufgewachsen war, und zwar in 'Ayn Al-Dilbah, einem der ärmsten Viertel in den südlichen Vororten. Dieser Bezirk grenzte an den Flughafen Beiruts, und Flugzeuge dröhnten in einer Höhe von wenigen Dutzend Metern über ihn hinweg, doch das Haus war alles, was der Vater Mugnhijas, ein kleiner Gemüsehändler, seiner Familie bieten konnte. Während des Bürgerkriegs lag der Vorort inmitten des Bereichs der Green Line, ja, er bildete einen wesentlichen Teil von ihr. Als Teenager muss Mughnija oft von Artillerie- und Gewehrfeuer aus dem Schlaf gerissen worden sein. Vermutlich schlugen auch hin und wieder verirrte Kugeln und Splitter von Schrapnellgeschossen in das Haus ein.

Alle diese Informationen hatten wir mithilfe von Agenten zusammentragen können, doch kein CIA-Officer, gleich welcher Hautfarbe oder welcher ethnischen Zugehörigkeit, konnte es wagen, sich nach 'Ayn Al-Dilbah zu begeben, um sie zu überprüfen.

Dieses Viertel war eine Festung, so uneinnehmbar wie kaum eine andere auf der Welt. Dort kannte jeder jeden. Wenn ein Fremder nicht zu erklären vermochte, was ihn herführte, dann konnte er sich noch glücklich schätzen, wenn er auf demselben Weg, auf dem er gekommen war, wieder herauseskortiert wurde. Sogar libanesischen Regierungsbeamten blieb der Zutritt zu 'Ayn Al-Dilbah verwehrt.

Mughnija, das hatte sich bestätigt, war Jassir Arafats Force 17 – der persönlichen Elite-Schutztruppe des Palästinenserführers – beigetreten, und zwar schon in sehr frühem Alter, vielleicht bereits als 14- oder 15-Jähriger, er war aber immer ein gewöhnlicher Ballermann geblieben, einer von den Dutzenden, die ihre Tage und Nächte damit verbrachten, über die Green Line hinweg aus dem Hinterhalt auf Christen zu feuern. Angeblich war er ein Jahr lang an der American University of Beirut immatrikuliert gewesen. Wenn das stimmte, hatte aber irgendjemand seine Unterlagen entwendet. Zu Mughnijas entfernteren Verwandten gehörte auch ein islamischer Gelehrter, aber davon einmal abgesehen, hatte er keine erkennbaren Wurzeln im Islam.

Das war das, was wir wussten, aber es reimte sich irgendwie alles nicht zusammen. Wie sollte ein armer Bursche aus 'Ayn Al-Dilbah aus dem Schutt und der Asche, die nach der Invasion der Israelis im Jahr 1982 zurückgeblieben waren, aufsteigen und in weniger als einem Jahr die gefährlichste und finanziell am besten ausgestattete terroristische Organisation der Welt zusammenbekommen? War das wirklich der Mann, der Dutzende von Ausländern entführt hatte und als Geiseln festhielt? War Mughnija derjenige, der die amerikanische Botschaft im April 1983 in die Luft gesprengt und dann seine Spuren so gut verwischt hatte, dass nichts zu ihm hingeführt hatte? Je mehr ich mich in die Unterlagen versenkte, desto überzeugter wurde ich, dass die Algerier sich irrten, wenn sie meinten, Mughnija operiere auf eigene Faust.

Ich verbrachte zwei Monate damit, im CTC alles durchzugehen und auch überall sonst nach Informationen zu fahnden, die es vielleicht nicht bis in die Akten geschafft hatten. Oft erschien ich schon morgens um sechs auf meinem Fahrrad vor den Eingangstoren des CIA-Gebäudes an der Route 123. Manchmal musste ich an die Glasscheibe klopfen, hinter der der Wachmann saß, und ihm meine Erkennungsmarke präsentieren. Gegen sechs oder acht am Abend fiel mir dann vielleicht auf, dass beinahe alle anderen, die im CTC arbeiteten, schon nach Hause gegangen waren, ich las dann aber noch ein, zwei Stunden weiter in den Akten. Die anderen rissen bald ihre Witze über den Berg von Ordnern und Schriftstücken auf meinem Schreibtisch und auf dem Boden um ihn herum.

Dennoch hatte ich immer noch nicht genügend Informationen, um zu einem definitiven Resultat zu gelangen, was Mughnijas Rolle bei dem Anschlag auf die Beiruter Botschaft betraf. Doch als ich vor meinem inneren Auge die Geiseln Revue passieren ließ, die im Nahen Osten gekidnappt worden waren, setzte sich bei mir immer mehr die Überzeugung fest, dass Mughnija, wenn er wirklich zu einem großen Teil für die Entführungen verantwortlich sein sollte, eine ganze Menge Hilfe von den Pasdaran erhalten hatte – hinter denen letztlich die Regierung des Iran stand.

Wir wussten zum Beispiel mit absoluter Sicherheit, dass die Pasdaran David Lodge entführt hatten. Wir wussten auch, dass im Juni 1983 ein Pasdaranoffizier, der im Bekaa-Tal stationiert war, von einem Plan gesprochen hatte, Ausländer zu kidnappen. War es nicht wahrscheinlich, dass die neuerliche Entführungswelle auf diesen Plan zurückzuverfolgen war, das heißt, dass man die Pasdaran zumindest genauso dafür verantwortlich machen konnte wie Mughnija? Schließlich waren da noch die Umstände von Bill Buckleys Tod. Er war vermutlich im Juli 1985 ums Leben gekommen. Obwohl wir nie ein genaues Datum ermitteln konnten, fanden wir doch mit nahezu absoluter Gewissheit heraus, dass der Pasdarankommandant Ali Saleh Schamkhani, der jetzt, zu der Zeit, da ich dieses Buch schreibe, der Verteidigungsminister des Iran ist, bei einem Treffen in Teheran einen Wutanfall bekam und seine Untergebenen anbrüllte, es sei sinnlos, die Geiseln im Libanon infolge purer Vernachlässigung sterben zu lassen. Wir hatten gehört, Schamkhani habe den Befehl gegeben, dass die Pasdaraneinheit, die in der Sheikh-Abdallah-Kaserne lag, sofort dafür sorgen solle, dass ein Arzt sich der anderen erkrankten Geiseln annähme. Und dem Bericht zufolge wurde ein libanesisch-jüdischer Kinderarzt, Ellie Hallak, der sich bereits in der Gewalt der Hisbollah befand, herbeigeholt, um Michel Seurat zu untersuchen, einen französischen Wissenschaftler, den die IJO entführt hatte. Hallak konnte letztlich nichts für Seurat tun, der im Jahr darauf starb, vermutlich an Krebs. Hallak vermochte auch nichts für sich selbst zu tun: Er wurde exekutiert, sobald die IJO einen anderen Arzt auftrieb, der willens war, sich um ihre Gefangenen zu kümmern.

Schließlich gab es da noch den merkwürdigen Fall des Studioleiters von CNN, Jeremy Levin. Die IJO hatte Levin am 7. März 1984 in Beirut in ihre Gewalt gebracht. Man hörte nichts mehr von ihm, bis er fast ein Jahr später, am 14. Februar 1985, zu einem Kontrollpunkt der syrischen Armee in der Nähe von Baalbek marschiert kam. Levin erklärte, als er an jenem Morgen erwacht sei, habe er festgestellt, dass seine Ketten gelöst waren, daraufhin zwei Bettlaken aneinander geknotet, sich aus einem Fenster des Wohnhauses, das als sein Gefängnis diente, »abgeseilt« und sich aus dem Staub gemacht. Es war ganz einfach gewesen – so einfach, dass Levin sich fragte, ob man ihn nicht absichtlich hatte entkommen lassen. Seiner Beschreibung zufolge war es sehr wahrscheinlich, dass auch er in der Sheikh-Abdallah-Kaserne eingesperrt gewesen war. Wenn das stimmte, dann waren es die iranischen Pasdaran gewesen, die ihn festgehalten hatten, wenngleich er von der IJO entführt worden war.

All dieses wirbelte in meinem Kopf herum, als früh an einem Morgen der stellvertretende Leiter des CTC, Fred Turco, mich in sein Büro kommen ließ. »Jenco ist frei«, sagte er. Er hörte sich erschöpft an, so als ob er die ganze Nacht auf den Beinen gewesen sei. »Er ist auf dem Weg nach Wiesbaden. Gehen Sie nach Hause, packen Sie ein paar Sachen ein und machen Sie sich auf, um mit ihm zu sprechen.«

Pater Lawrence Martin Jenco, der amerikanische Priester, war am 8. Januar 1985 in Beirut verschwunden. Wie im Fall Levins hatte es auch von ihm kein Lebenszeichen mehr gegeben, bis er am 26. Juli 1986 freigelassen wurde. Eine weitere Geisel, der

Reverend Benjamin Weir, war schon früher wieder in die Freiheit entlassen worden, doch Weir hatte sich geweigert, mit dem FBI oder der CIA zu sprechen. Wir hofften, dass Jenco in der Lage sein würde, Informationen über die Zeit zwischen Levins Flucht und dem Tag seiner Freilassung beizusteuern.

Ich hatte nicht genügend Zeit, um mit dem Fahrrad nach Hause zu fahren und es dann von dort noch rechtzeitig bis zur Andrews Air Force Base zu schaffen. Fred ließ mich mit einem der Einsatzwagen des CTC – einem gepanzerten Chevrolet Suburban 2500 – zu meiner Wohnung bringen, sodass ich ein paar Kleidungsstücke einpacken konnte, und dann nach Andrews fahren, wo ich zu einem Team von rund zwanzig Leuten stieß, das für die Befragung Jencos zusammengestellt worden war. Wir waren bereit, an Bord der C-141 mit Ziel Wiesbaden zu gehen, als ein Major der Air Force angetrottet kam, um Botschafter Bob Oakley, dem Antiterrorismus-Oberbeauftragten innerhalb des State Department, mitzuteilen, dass unser Abflug sich verzögern werde. Zwei Sturmfronten liefen über dem Atlantik aufeinander zu, und die Federal Aviation Administration, die Bundesluftfahrtbehörde, räumte eintreffenden Flügen strikte Priorität ein, da einige der Maschinen schon zwei Stunden länger als geplant unterwegs waren und ihnen der Treibstoff auszugehen drohte. Die FAA scherte es nicht, wie wichtig unsere Mission war – wir würden warten müssen.

Völlig unbeeindruckt von dieser Mitteilung fragte Oakley nach einem Quarter zum Telefonieren. Er wolle Ollie North im Weißen Haus anrufen. Ein paar Minuten später kam er grinsend zurück. »Los, packen wir's«, sagte er. Erst als wir zum Start rollten, erklärte Oakley uns, was geschehen war. North hatte den Chef der FAA angerufen und ihm – im Namen des Präsidenten sprechend – den Befehl gegeben, uns sofort die Starterlaubnis zu erteilen. Ich merkte mir das für später: Ein Mitarbeiter vom National Security Council ist in Washington eine große Nummer, jemand, mit dem man sich nicht unnötigerweise anlegt.

Jenco erwies sich keineswegs als die Goldgrube, die wir uns erhofft hatten. Er hatte zwar ein bemerkenswertes Gedächtnis, war aber während der meisten Zeit seiner Gefangenschaft mit verbundenen Augen an eine Mauer gekettet gewesen. Den wenigen Gesprächen, die er mit seinen Wächtern geführt hatte und über die er uns berichtete, war nichts zu entnehmen. Auf Fotos erkannte Jenco weder Mughnija noch sonst jemanden.

Ich dachte schon, dass wir völlig vergeblich nach Wiesbaden geflogen waren, als Jenco auf Jeremy Levin zu sprechen kam. Als die Wächter erfahren hatten, dass Levin verschwunden war, hatten sie mit einer Mischung aus echter Überraschung, Wut und Panik reagiert und die anderen Geiseln zunächst in aller Eile auf Privathäuser im Bekaa-Tal verteilt, um sie schließlich in den südlichen Vororten Beiruts unterzubringen, wo sie dem Zugriff der Syrer entzogen waren. Das verriet uns, dass Levin tatsächlich gegen den Willen der Leute, die ihn gefangen gehalten hatten, entkommen war, und auch, dass diese eine Konfrontation mit Syrien vermeiden wollten.

Als wir Jenco die Satellitenfotos der Sheikh-Abdallah-Kaserne vorlegten, präsentierte er uns einen weiteren funkelnden Goldklumpen an Information. Seinen Wärtern war offenbar ein schwerer Fehler unterlaufen, als sie den Blick aus dem Fenster der Toilette, die er benutzte, nicht vollständig versperrt hatten. Durch einen winzigen Spalt hatte Jenco bei mehreren Gelegenheiten iranische Pasdaransoldaten in ihren Khakiuniformen gesehen, die anscheinend Essen aus einer Kantine in das Wohngebäude brachten, in dem er und die anderen Geiseln gefangen gehalten wurden. Jenco war in der Lage, das Gebäude, aus dem die Soldaten gekommen waren, anhand von Fotos zu identifizieren: Es war die Hauptkantine der Sheikh-Abdallah-Kaserne. Aber, besser noch, er brachte es auch fertig, den Wohnkomplex für die verheirateten Offiziere als das Gebäude zu bestimmen, in dem er eingesperrt gewesen war – genau das Gebäude, vor dem ich während meines Abstechers ins Bekaa-Tal im Oktober 1984 die Wachposten hatte stehen sehen.

Wie vieles andere im Nahen Osten wurde auch die ganze Mughnija-Geschichte nur umso komplizierter, je eingehender man sich mit ihr befasste. Das, worauf ich bei meinen Nachforschungen stieß, machte jedoch zunächst überhaupt keinen Sinn.

Am 30. September 1985 entführte eine Gruppe namens Islamic Liberation Organization, Islamische Befreiungsorganisation, in Beirut vier sowjetische Diplomaten, wobei einem der Männer so schwere Verletzungen zugefügt wurden, dass er später in der Gefangenschaft starb. Niemand hatte jemals zuvor von einer Gruppe, die sich so nannte, gehört, doch ihre Forderung, dass die Syrer ihre Offensive gegen Fundamentalisten in Tripoli einstellen sollten, brachte uns zu der Überzeugung, dass es sich nur um eine Tarnbezeichnung für die Moslemische Bruderschaft handelte, die sich damals nach Tripoli verzogen hatte. Kurze Zeit später wurde ein unbekannter Palästinenser namens Khudur Salamah festgenommen. Der Mann gestand, an den Entführungen der Russen beteiligt gewesen zu sein, und wurde gegen die drei noch lebenden Diplomaten ausgetauscht. Möglicherweise hatte Salamah sein Geständnis nicht ganz freiwillig abgelegt, jedenfalls besagte ein Gerücht, dass die Untersuchungsbeamten ihm die Hoden abgeschnitten hätten, um ihm die Zunge zu lösen.

Wir wussten nicht, was wir glauben sollten – die Salamah-Geschichte trug ganz die Kennzeichen einer Legende Beiruter Machart –, doch als die Wahrheit ans Licht kam, war sie merkwürdiger, als jede Art von Dichtung es hätte sein können. Es war Imad Mughnija, der die Freilassung der Russen in die Wege geleitet hatte, indem er nach Tunis geflogen war, um mit keinem anderen als mit Jassir Arafat persönlich zu verhandeln, der mittlerweile für die Sowjets als Kontaktmann zu den Geiselnehmern fungierte. Wir erfuhren, dass Mughnija Arafats Zusicherung zu erlangen versucht und auch erhalten hatte, dass die Sowjets keine Rache an den Kidnappern nehmen würden. Um ihm die Freigabe der Geiseln zu versüßen, ließ Arafat Abu Ijad, den Sicherheitschef der PLO, 200 000 Dollar auf Mughnijas Konto überweisen. Die Sowjets hielten sich an ihren Teil der Abmachung: Sie fahndeten nie nach Mughnija oder der Islamic Liberation Organization. Was auch immer das für eine Gruppierung war, sie versuchte niemals wieder, jemanden zu entführen.

Dies alles ließ Mughnija in einem ganz neuen Licht erscheinen. Es stimmte wohl, dass er einmal Angehöriger von Arafats

Force 17 war, doch die Algerier hatten anscheinend mit der Annahme falsch gelegen, dass er alle Bindungen zu Arafat gelöst habe. Wir wussten jetzt zumindest, dass er sich sein Futter aus dem Trog der Palästinenser holte.

Die Geschichte wurde noch interessanter, als wir herausfanden, wer Khudur Salamah war. Sein richtiger Name lautete Ali Dib. Er war ein 1957 geborener libanesischer Schiit, der in jungen Jahren Arafats Al Fatah beigetreten war und dort schließlich in der Nachrichtendienstabteilung landete. 1975, zu Beginn des Bürgerkriegs, war er zum Kommandanten des Abschnittes 'Ayn Al-Dilbah befördert worden, was bedeutete, dass er Mughnijas Vorgesetzter gewesen war. Nach der Invasion der Israelis war Dib anscheinend in den internationalen Terrorismus verwickelt worden. Sein Name wurde im Adressbuch eines Hisbollah-Terroristen entdeckt, der 1984 im italienischen Ort Ladispoli festgenommen wurde.

Dib brachte uns auf die Spur zu einem anderen Fatah-Mitglied, zu dem 1950 in Jordanien geborenen Abd al-Latif Salah. Nach dem Abschluss eines Studiums an der American University of Beirut hatte Salah die Tochter eines prominenten schiitischen Politikers geheiratet. Ungefähr zur gleichen Zeit war er zum Nachrichtendienst der Fatah gestoßen. 1982, nachdem die Fatah aus Beirut abgezogen war, hatte Salah sich einer kleinen Zelle angeschlossen, die zurückgeblieben war, um die Israelis zu bekämpfen. Er erschien – für uns jedenfalls – erst nach der Verhaftung von Ali Dib, alias Khudur Salamah, wieder auf der Bildfläche, als er nämlich als Kontaktmann zu Mughnija fungierte. Am 17. Dezember 1985 wurden er und einer seiner Untergebenen dann auf Zypern verhaftet, weil sie eine in einer Flasche verborgene Pistole mit sich führten. (Das Glas der Flasche sollte die Durchleuchtungsgeräte am Flughafen täuschen; mit diesem Trick schmuggelten auch die Hijacker des TWA-Fluges 847 ihre Waffen an Bord der Maschine.) Während der gesamten Zeit hatte Salah weiter auf Arafats Gehaltsliste gestanden. Und später erfuhren wir, dass Arafat überdies mithilfe von Salah regelmäßig Mughnija und der Hisbollah finanzielle Unterstützung hatte zukommen lassen.

Die Verbindung mit Arafat führte mich zu dem Bombenattentat auf die Botschaft zurück. Ich erinnerte mich daran, dass unter den Verdächtigen, die man nach dem Anschlag verhaftet hatte, ein Mitglied der Fatah namens Muhammad Na'if Jada gewesen war. Er war der einzige Häftling, der eine glaubhafte Geschichte erzählt hatte. Diese Aussage sollte tatsächlich später entscheidend zur Aufklärung des Falles beitragen.

Jada, ein Palästinenser, war von der Botschaft ein paar Monate, bevor das Gebäude in die Luft gejagt wurde, als Wachmann angestellt worden. Nach dem Anschlag gab er sofort zu, an dem Komplott beteiligt gewesen zu sein. Er erklärte bei seiner Befragung, dass er Leutnant innerhalb der Fatah sei. Im Herbst 1982 hatte sein Chef in der Organisation, Azmi Sughayr, ihn angewiesen, sich irgendwie eine Anstellung an der Botschaft zu erschleichen. Ohne nach dem Grund zu fragen, hatte Jada auf der Küstenstraße direkt gegenüber dem Botschaftsgebäude einen Verkaufsstand errichtet. Er hatte sich mit einigen Marines angefreundet, die dort Dienst taten, und war von diesen angeheuert worden, um in ihrem Gebäude kleine Arbeiten zu verrichten. Der nächste Schritt war dann seine Aufnahme in die Truppe gewesen, die das Botschaftsgebäude bewachte. Ein paar Wochen vor dem Bombenanschlag hatten zwei der Stellvertreter Sughayrs ihn aufgefordert, sie über die Bewegungen des Botschafters John Habib auf dem Laufenden zu halten, der dabei half, das Abkommen vom 17. Mai auszuhandeln, und immer wieder Beirut verließ, um nach einiger Zeit zurückzukehren. Wieder hatte Jada seinen Auftrag, ohne Fragen zu stellen, ausgeführt. Ein paar Tage vor dem Attentat meldeten sich Sughayrs Stellvertreter wieder bei Jada, diesmal sollte er bei einer Aktion assistieren, deren Ziel es war, Habib zu »erschrecken«. Sobald Habib die Botschaft betreten hatte und die Zufahrt frei war, sollte Jada einem Auto ein Signal geben, das immer vor dem Gebäude hin- und herfahren würde. Am Morgen des 18. April 1983 machte ein Wachposten Jada die irrtümliche Mitteilung, dass Habib sich in der Botschaft befinde. Da die Zufahrt frei war, schritt Jada auf die Fahrbahn und gab dem grünen Mercedes ein Zeichen. Das Letzte, was er wahrgenommen habe, so berichtete er beim Verhör, waren ein greller

Blitz und eine Wand aus herumfliegenden Trümmerteilen gewesen, die auf ihn zuraste. Es war ein Wunder, dass er mit dem Leben davonkam, und sicherlich hatten die Attentäter es anders geplant. Die CIA unterzog Jada nach seiner Verhaftung einem Lügendetektortest. Den Daten nach beantwortete er alle Fragen wahrheitsgetreu. Doch nachdem die Libanesen einen Verdächtigen zu Tode gefoltert hatten, und die CIA sich im Anschluss daran aus der Untersuchung des Falles zurückzog, hatte nie wieder einer ihrer Beamten mit Jada gesprochen. Und drei Jahre später,1986, hatte niemand von uns eine Ahnung, wo der Mann abgeblieben war.

Als ich damit fertig war, alle Unterlagen zu dem Fall, die ich im Hauptquartier fand, zu durchstöbern und alles begierig in mich aufzusaugen, was ich über die IJO und Mughnija in Erfahrung zu bringen vermochte, war die Zeit gekommen, nach Beirut zu übersiedeln. Ich wusste jetzt mit einem relativ hohen Grad an Gewissheit, dass sich die Geiseln zumindest in einer Phase des Geschehens in der Gewalt der iranischen Pasdaran befunden hatten, dass Mughnija den TWA-Flug 847 entführt hatte und immer noch in enger Verbindung zu Arafat und der Al Fatah stand und dass Angehörige dieser Organisation mit großer Wahrscheinlichkeit für das Bombenattentat auf die Botschaft in Beirut verantwortlich waren. Es war an der Zeit, vor Ort weiterzumachen und die einzelne Punkte so zu verbinden, dass sich ein Gesamtbild ergab.

9

August 1986. Larnaka, Zypern

Der Fahrer hatte schon über vierzig Minuten Verspätung. Wenn der Hubschrauber ohne mich an Bord nach Beirut abfliegen würde, würde ich drei Tage auf den nächsten Flug warten müssen. Auf Zypern untätig herumzuhängen, würde schon schlimm genug sein – doch die Treffen in Beirut zu versäumen, bei denen mir die Agenten »übergeben« werden sollten, wäre eine Katastrophe. Die meisten könnten erst einen ganzen Monat später wieder angesetzt werden. Ich saß in einer fast menschenleeren Cafeteria auf dem Flughafen und schaute jede Minute auf meine Uhr.

Ich erwog, in Nikosia anzurufen, um herauszufinden, ob ich vielleicht die Uhrzeit irgendwie falsch mitbekommen hatte, doch die Anweisungen des Hauptquartiers an mich waren unmissverständlich gewesen: Sprich nicht über die Hubschrauberabflugzeiten am Telefon. Ich würde ein Taxi nehmen und nach Nikosia zurückfahren müssen – was ungefähr eine Stunde in Anspruch nähme –, um herauszufinden, was geschehen war.

Ein Flug mit einer ganz normalen Linienmaschine nach Beirut kam nicht infrage. Die Hisbollah überprüfte alle Passagierlisten der eintreffenden Flüge. Ich würde von Glück reden können, wenn ich es aus dem Terminal heraus schaffte, bevor ich gekidnappt wurde. Ein Boot verkehrte jede Nacht zwischen Larnaka und Junieh, einem Fischerhafen in der Nähe des christlichen Teils von Beirut, doch mit ihm konnte ich auch nicht reisen, da die Syrer und ihre libanesischen Alliierten es von Zeit zu Zeit als Zielscheibe für Schießübungen benutzten.

Ich rechnete noch einmal den Zeitunterschied zwischen London und Larnaka aus. Nein, ich hatte mich nicht vertan. Ich sah auch auf meinem Ticket nach, in dessen linke obere Ecke ich mit Bleistift die Abflugzeit des Hubschraubers gekritzelt hatte und auch, wo und wann ich den Fahrer treffen sollte. Ich war genau an dem Ort, an dem ich sein sollte, zu genau der Zeit, zu der ich dort zu sein hatte. Das würde nur schwer zu verkraften sein: Altgedienter CIA-Officer verirrt sich auf dem Weg nach Beirut. Dewey und Fred würden einen riesigen Spaß haben, wenn sie das Telegramm in den Händen hielten, mit dem die Welt davon in Kenntnis gesetzt wurde, dass ich verschütt gegangen war.

Gerade als ich aufstehen und mich noch einmal auf dem Flughafen umschauen wollte, kam der Fahrer angerannt, mit einem Klemmbrett in der Hand. »Baer?«, fragte er völlig außer Atem. Ein Unfall auf der Straße von Nikosia hier heraus hatte einen Verkehrsstau verursacht.

Wir eilten zu dem Lieferwagen, den er mit laufendem Motor vor dem Terminal hatte stehen lassen. Wir fuhren um das Flughafengebäude herum bis zu einer Schranke. Der Mann dort erkannte den Wagen und ließ uns durch. Der Fahrer bahnte sich einen Weg zwischen ein paar kleinen Flugzeugen hindurch, bog um eine Ecke und hielt zwischen zwei Blackhawk-Helikoptern der Army an. Die Mannschaften, die in olivfarbene Overalls gekleidet waren, warteten auf mich.

»Sie sind der nach Beirut, stimmt's?«, fragte der *loadmaster*, während er meinen Matchsack ergriff und mir eine eine aufblasbare Rettungsweste reichte. »Es ist ein Flug von einer Stunde. Wir schicken zwei Vögel rüber. Wenn der eine runterfällt, nimmt der andere die Überlebenden auf. Und ich sag' Ihnen, diese Dinger taugen nicht als Boote. Wenn einer auf dem Wasser aufsetzt, dann dauert es weniger als eine Minute, bis er absäuft. Aber Sie dürfen auch nicht sofort ins Wasser hüpfen. Wenn die Rotorblätter sich noch drehen, machen sie Hackfleisch aus Ihnen. Es kommt alles aufs richtige Timing an.« Er zwinkerte mir zu und setzte sein schönstes Stewardessenlächeln auf.

»Oh, und noch was. Wir bleiben nur zwanzig Sekunden auf dem Boden, keinen Augenblick länger. Wenn wir unter Beschuss geraten, versuchen Sie erst gar nicht auszusteigen. Es würde Ih-

nen nicht gefallen, an einer Kufe baumelnd nach Larnaka zu-
rückzufliegen.«

Die zwei Hubschrauber stiegen nebeneinander vom Boden auf,
drehten sich langsam, bis das Meer vor ihnen lag, kippten ihre
Nasen ein wenig nach unten und preschten los. Binnen weniger
Sekunden hatten sie ihre Höchstgeschwindigkeit erreicht. Wir
flogen in einer Höhe von etwas unter achthundert Metern Seite
an Seite. Es war ein sonniger Tag. Das Mittelmeer lag glitzernd
unter uns.

Als wir noch ungefähr zehn Flugminuten von Beirut entfernt
waren, legte die Crew vier Zentimeter dicke Panzerwesten aus
Kevlar an, während der *loadmaster* die Lastenluke aufschob und
durch sie einen Luftschwall zu uns hereinließ. Die Piloten drück-
ten ihre Maschinen nach unten, bis sie sich nur noch ungefähr
sechs Meter über der Wasseroberfläche befanden. In dieser Höhe
waren sie vom Land aus nur schwer auszumachen und konnten
kaum unter Feuer genommen werden. Ich hatte gehört, dass die
Hubschrauber in jenen Tagen sogar noch niedriger als gewöhnlich flogen, weil sie erst kurz zuvor – vermutlich von syrischen
Stellungen aus – mit Boden-Luft-Raketen unter Beschuss genommen worden waren.

Falls der Libanon wirklich vor uns lag, so konnte ich ihn nicht
sehen. Ein dichter bräunlicher Dunst hüllte die Küste ein. Wir
flogen mitten hindurch und waren plötzlich direkt über dem
Meeresufer und der Autostraße, die an ihm entlang führte. Ich erwartete, dass die Hubschrauber über der Straße nach Süden drehen und dann in gerader Linie zur Botschaft fliegen würden.
Stattdessen blieben sie – sie flogen jetzt hintereinander – auf
ihrem Kurs, rasten in eine Art Klamm hinein und durch sie hindurch. Wir flogen nach wie vor nur ungefähr sechs bis sieben Meter über dem Boden. Leute kamen auf die Balkone ihrer Häuser
gerannt, um uns nachzuschauen.

Als die Schlucht schmaler und flacher wurde, schwenkten die
Hubschrauber abrupt nach rechts, flogen einen Moment lang in
einem rechten Winkel zum Boden, ließen sich dann wieder aus
der Schräglage nach links fallen, sodass der Erdboden erneut genau unter uns war, und überquerten einen Gebirgskamm. Sofort

tauchte vor uns das auf, was von dem vierstöckigen Botschaftsgebäude in Ostbeirut übrig geblieben war. Ein Selbstmordattentäter hatte seinen Wagen hineingesteuert, das Gebäude zerstört und vierzehn Menschen getötet. Das war am 20. September 1984 geschehen, nur siebzehn Monate nachdem das siebenstöckige Vorgängergebäude am Meeresufer in die Luft gejagt worden war. Die Seitenwandungen, die nicht von der Explosion weggefegt worden waren, hatte man später abmontiert, sodass nur ein Skelett zurückgeblieben war – ein Spukhaus auf einem von Gespenstern heimgesuchten Boden.

Auf dem Dach bemerkte ich beim Aussteigen zwei Schützen hinter Maschinengewehren vom Kaliber .30, von denen die Patronengurte herabhingen. Die Mündungen waren vom Helikopterlandeplatz abgewandt: Jedermann, der dumm genug war, seinen Kopf zu erheben, solange die beiden Hubschrauber Bodenberührung hatten, würde unter Beschuss genommen werden. Diese Burschen nahmen ihre Aufgabe ernst. Ein paar Monate zuvor hatten sie das Feuer auf einen UN-Hubschrauber eröffnet, der der Botschaft aus Versehen zu nahe gekommen war, und den Piloten verwundet.

Während ich den beiden Blackhawks nachschaute, schrumpften diese zu Pünktchen zusammen und verschwanden dann vollends, als sie sich, ganz dicht über der Oberfläche des Mittelmeers fliegend, wieder entfernten. Sogar als ich schon mehr als fünfzigmal nach Beirut eingeflogen worden war, fühlte ich mich, nachdem man mich abgesetzt hatte, jedesmal so, als sei ich im untersten Kreis der Hölle zurückgelassen worden. Die unheimliche Stille nach dem lauten Flappen der Rotorblätter, die Granaten, die um den Hafen herum einschlugen, die Linien, die Leuchtmunition aus einem Maschinengewehr des Kalibers .50 in den Himmel zeichnete, die dicke Wolke schwarzen, von brennenden Gebäuden aufsteigenden Rauchs, die zu jeder Zeit über den Hafenvierteln zu hängen schien – alles das verband sich zu einer gespenstischen Szenerie. Jeder, der 1975 in Saigon zurückblieb und zusah, wie der letzte Hubschrauber vom Dach der Botschaft aufstieg, muss Ähnliches empfunden haben.

Die neue Botschaft in Beirut, eine zweistöckige Villa, die ein paar Dutzend Meter von dem Skelett aus Stahl und Beton entfernt lag, gehörte zu den bestgeschützten Anwesen auf der ganzen Welt. Die zehn Hektar Grund um das Gebäude waren mit einem Meer von Stacheldrahtrollen bedeckt und mit Bunkern, Wachtürmen, Maschinengewehrstellungen und Schützengräben, an deren Rändern sich Sandsäcke zu Wällen auftürmten, gespickt. Dreißig Zentimeter dicke Stahlwände schützten die Villa vor Artillerie- und Raketenbeschuss. Auch auf dem Dach waren Schutzschilde gegen Raketen aufgestellt. Mit mehr als sechshundert aus Beirut stammenden Wachleuten verfügte die US-Botschaft über die viertgrößte stehende Miliz im Land. Sogar eine Panzerdivision würde darum kämpfen müssen, das Gebäude einzunehmen.

Der Schutzring zog sich aber nur um das Botschaftsgelände, jenseits davon schwebten US-Amerikaner im Libanon in ständiger Gefahr. Während der vergangenen zwei Jahre hatte die CIA zwei Operationschefs, weitere fünf Officer und viele Agenten eingebüßt. Und natürlich waren Beirut und der Libanon nicht nur für uns gefährlich. Seit Januar 1984 waren insgesamt siebenunddreißig Ausländer als Geiseln genommen und ein halbes Dutzend von ihnen exekutiert worden.

Ungefähr zu der Zeit, als ich nach Beirut versetzt wurde, begannen die Mordanschläge auch auf den christlichen Ostteil der Stadt überzugreifen, in dem die Botschaft lag. Der französische Militärattaché wurde auf dem Parkplatz der französischen Botschaft aus allernächster Nähe erschossen. Der stellvertretende Leiter der französischen Nachrichtendienstabteilung wurde vor dem Hauptquartier des libanesischen Nachrichtendienstes von Maschinengewehrsalven niedergemäht, die ohne Zweifel einer jener libanesischen Offiziere abgefeuert hatte, die eigentlich mit ihm hätten zusammenarbeiten sollen. Drei bewaffnete französische Gendarmen fielen an einem ihrer freien Tage am hellichten Nachmittag Heckenschützen zum Opfer. Da amerikanische Staatsangestellte und Beamte auf derselben schwarzen Liste standen wie die Franzosen, nahmen wir alle diese Anschläge ernst.

Um sie vor der Welle von Gewalttätigkeiten zu schützen, verfügte das State Department, dass die Angestellten der Beiruter Botschaft nie einen Fuß außerhalb des Botschaftsgeländes setzen durften, außer wenn sie sich nach Hause begaben. Und sogar dann fuhren sie in gepanzerten Limousinen durch die Straßen und wurden von einem Dutzend schwer bewaffneter Wachmänner eskortiert, die in Führungs- und Verfolgungsfahrzeugen saßen. Die Wohnungen der Mitarbeiter wurden rund um die Uhr von Bewaffneten bewacht, und es waren Patrouillen unterwegs, die Uzi-Automatikwaffen trugen. Um wirklich vor jeder unliebsamen Überraschung sicher zu sein, trafen sich Angestellte des State Department mit ihren Kontaktpersonen innerhalb der Botschaft, nachdem diese Metalldetektoren passiert hatten, und unter den wachsamen Augen von Marines mit M-16-Maschinengewehren.

Im Allgemeinen wagte sich nur der Botschafter persönlich in das Stadtgebiet, und dann saß er in einem Auto, das zu einem aus insgesamt zwölf Fahrzeugen bestehenden Konvoi gehörte, die mit eingeschalteten Sirenen durch die Straßen rasten und aus denen Bodyguards in die Luft schossen, um die Fahrbahn freizumachen. Das Hauptfahrzeug war ein gepanzerter Chevrolet Suburban, aus dem oben ein Schütze herausschaute, der den Finger am Abzug eines Maschinengewehrs des Kalibers .50 hatte. Der Mann nahm seinen Job noch ernster als der Bursche, der den UN-Hubschrauber beschossen hatte. Den Botschafter durch Beirut fahren zu sehen, war beeindruckend, sogar für die Libanesen, denen eigentlich in dieser Hinsicht nichts mehr fremd war.

Wir von der CIA verfolgten einen anderen Ansatz, um am Leben zu bleiben. Natürlich trugen wir Pistolen mit uns herum, doch in einem Land, in dem beinahe jeder, der älter als zwölf war, ein Maschinengewehr besaß, konnte man mit Handfeuerwaffen nicht allzu viel ausrichten. Stattdessen verließen wir uns auf unser handwerkliches Geschick, auf Techniken, die wir von den Terroristen selbst gelernt hatten: Wir blieben ständig in Bewegung, versuchten, mit der Umgebung zu verschmelzen und in unserem ganzen Verhalten nicht berechenbar zu bleiben. Wir müssen an die dreißig Wohnungen und doppelt so viele Autos besessen haben. Wenn man seine Adresse und sein Auto oft genug wechselt, wird man als Ziel schwer erfassbar; wenn man sich schnell genug bewegt, kann man nicht mehr getroffen werden. Ich verbrachte unter Umständen eine Nacht in einer Wohnung in Ashrafija, einem alten Viertel der Stadt an der Green Line, und die nächste in einem Appartementhaus am Strand dreißig Kilometer nördlich von Beirut. Manchmal verwendeten wir an einem Tag zwei oder drei verschiedene Autos, für gewöhnlich alte Rostlauben, die sich von den Fahrzeugen der Libanesen durch nichts unterschieden. Hin und wieder fuhr ich in einem verbeulten brokkoligrünen Mercedes-Taxi, Baujahr 1964, herum. Es fügte sich perfekt in das Straßenbild ein: Libanesen signalisierten mir vom Straßenrand mit Handzeichen, dass ich anhalten und sie mitnehmen sollte, nicht ahnend, dass ein Amerikaner hinter dem Lenkrad saß.

Es klingt vielleicht verrückt, aber ich arbeitete gern in Beirut. Statt mich mit all den Dingen beschäftigen zu müssen, die einen im Hauptquartier nur von der Arbeit ablenkten, von einem Meeting zum anderen zu hetzen und mich mit dem ganzen Papierkram herumzuschlagen, der einem nur Zeit stahl, war ich auf den Straßen unterwegs, auf denen ich mich stets am wohlsten gefühlt hatte. Das Beste von allem war jedoch, dass ich weit weg war von der in Washington betriebenen Politik, die für uns vielleicht das größte Hindernis bei der Erfüllung unseres Jobs darstellte.

Jerry, der unser Operationschef war, als ich diesmal nach Beirut kam, war ein drahtiger, Zigarren rauchender, ehemaliger Offizier der Luftlandetruppen, der sich früher einmal sein Geld als Rodeoreiter verdient hatte. Jerry hatte einen gesunden Respekt vor Beirut, er wusste genau, wie gefährlich dieser Ort war – wir hatten eine Ausrüstung, die Bill Buckley gehörte, in einem Spind für ihn bereitliegen, für den Fall, dass er wieder auftauchen sollte –, doch nachdem er zu dem Schluss gekommen war, dass ich wusste, was ich tat, ließ er mich von der Leine und gab mir die ganze Freiheit, die ich brauchte. Es spielte keine Rolle, dass ich mich tagelang nicht im Büro blicken ließ, weil ich mich mit Agenten traf und von konspirativen Wohnungen aus agierte.

In Beirut Agenten einzusetzen, war nicht das Gleiche wie anderswo, doch schließlich war Beirut selbst wie kein anderer Ort auf der Welt. Wir forderten einmal einen Mann an, der nach Beirut kommen sollte, um einen palästinensischen Informanten einem Test mit dem Lügendetektor zu unterziehen, und sie schickten uns Bernie, einen mageren kleinen Afroamerikaner, der ein riesiges Brillengestell aus Plastik auf der Nase hatte und schon von dem Moment an, als er in Larnaka den Hubschrauber bestiegen hatte, eine heftige Abneigung gegen Beirut empfand.

Sobald wir Bernies Sachen in einer konspirativen Wohnung abgeladen hatten, fuhren wir mit ihm in eine andere Wohnung am entgegengesetzten Ende der Stadt, wo er den Test mit dem Palästinenser durchführen sollte. Es war ein wunderschöner Tag. Eine frische Brise hatte den Dunst vertrieben. Im Meer badeten Menschen, und andere schlenderten über den Strand. An der Green Line schwiegen merkwürdigerweise die Waffen. Wenn man die Augen ein wenig zukniff, konnte man sich beinahe vorgaukeln, auf dem kalifornischen Pacific Coast Highway zwischen Santa Monica und Malibu unterwegs zu sein. Ich merkte, dass Bernie anfing, sich in Beirut ein wenig wohler zu fühlen, er war zwar nicht gerade entspannt, doch er hörte zumindest auf, vor sich hinzumurmeln, dass er seinen Boss erschießen werde, weil dieser ihn hierher geschickt habe.

Kurz vor Ashrafija bogen wir in die Berge ab, um zu dem Teil Beiruts zu gelangen, der Hazmija heißt. In den Wäldern dort hatten sich mehrere Artilleriestellungen der libanesischen Armee eingenistet, doch ansonsten war es ein ruhiges Wohngebiet, das sich bei Heeresoffizieren großer Beliebtheit erfreute. Während Bernie den Lügendetektor auf dem Esstisch aufbaute, schrieb ich die Fragen auf, die er dem Palästienser stellen sollte. Weil der Mann fließend Englisch sprach, brauchte ich während des Tests nicht dabei zu sein, um zu übersetzen. Ich hatte vor, mich so lange in einem Schlafzimmer im hinteren Teil der Wohnung hinzulegen und ein wenig Schlaf nachzuholen.

Ich hatte gerade die Augen geschlossen, als ein gewaltiger Knall das ganze Gebäude dermaßen erzittern ließ, dass die Fensterscheiben klirrten. Ein zweiter Knall folgte.

Bernie riss die Schlafzimmertür auf. »Das war's«, sagte er. »Es ist aus und vorbei!«

»Die gingen raus. Kein Grund, sich Sorgen zu machen, Bernie«, sagte ich, bemüht, ihn zu beruhigen. Es stimmte tatsächlich. Der Klang sagte mir, dass die lokale Geschützstellung in Richtung Westen gefeuert hatte. »Du wirst den Unterschied hören, wenn von dort etwas zurückkommt.« Es war wohl ein Fehler, dass ich diese Erklärung hinzufügte.

»Nein, du hast verdammt noch mal nix kapiert!«, brüllte er, wohl überzeugt davon, dass das Geballere mich taub oder blöd gemacht hatte. »Der Scheißkerl hat überhaupt nicht reagiert. Die Nadeln haben kein bisschen ausgeschlagen. Nicht bei dem ersten Schuss und nicht bei dem zweiten. Als ob er mausetot wäre. Wen jemand Eiswasser statt Blut in seinen Adern hat, dann habe ich nicht die beschissene Spur einer beschissenen Möglichkeit, ihn zu testen.«

Ich nehme an, dass wir alle mit der Zeit in Beirut so wurden, sogar die Ausländer. Die Feuergefechte schien immer woanders stattzufinden, und rückte das Kampfgeschehen einmal näher – wie damals, als eine Miliz aus Westbeirut 107-Millimeter-Raketen auf den Hügel um das Appartementhaus regnen ließ, in dem ich mich gerade aufhielt –, so war nach kurzer Zeit alles wieder vorbei. Ein paar Minuten Herzklopfen, dann war alles wieder normal – mehr oder weniger.

10

März 1987. Beirut, Libanon

Ich wandte mich wieder dem ungelösten Fall des Bombenattentats auf die Botschaft zu. Ihn nach so langer Zeit erneut aufzurollen, war ähnlich mühevoll, wie ein römisches Mosaik wieder zusammenzusetzen, das durch ein Erdbeben zerstört und ein Feuer verwüstet worden war. Man hatte keine Ahnung, was eine echte Spur war und was nicht.

Eigentlich war es sogar schlimmer. Da wir im christlichen Ostteil der Stadt saßen, arbeiteten wir im Dunkeln. Wir konnten uns nicht nach Westbeirut begeben, wo sich die meisten guten Agenten herumtrieben, die uns noch geblieben waren. Zudem war keiner unserer Agenten in einer Position, die es ihm erlaubt hätte, die Hisbollah oder eine andere radikale schiitische Gruppe zu infiltrieren, und niemand vermochte auch nur in die Nähe von Imad Mughnija oder der IJO zu gelangen. Das bedeutete, dass wir mit den Leuten auskommen mussten, die bei der CIA Access Agents heißen, das sind Agenten, die selbst keine Kenntnisse von irgendwelchen Geheimnissen besitzen, die aber *access*, Zugang, zu Personen haben, die über ein solches Wissen verfügen.

Einer meiner besten Access Agents war ein freier Journalist, den ich Farid nennen will. Obwohl er Christ war, gestattete seine Arbeit es ihm, die Green Line zu überqueren, sooft er wollte. Farid, ein kleiner, schon kahl werdender Mann mit einem gewinnenden Lächeln, hätte beinahe überall in der Welt unbemerkt bleiben können, so unauffällig war er von seiner Erscheinung her. Er besaß im ganzen Libanon Freunde und Kontaktpersonen und konnte eigentlich zu fast jedem vordringen, mit dem er sprechen wollte – mit Ausnahme von Mughnija oder der Hisbollah. Diese Einschränkung kam mir aber zupass: Wenn Farid sich an die wirklich giftigen Kerle herangemacht hätte, wäre er diesen nur aufgefallen. Überdies herrschte bei der Hisbollah in jenen Tagen eine besonders miese Stimmung. Im Jahr davor, am 8. März 1985, war ein Auto vor dem Wohnhaus eines geistlichen Führers der Schiiten, Mohammed Hussein Fadlallah, in die Luft geflogen und hatte achtzig Menschen in den Tod gerissen. Die Hisbollah hatte unverzüglich die CIA bezichtigt, die Bombenleger ausgebildet zu haben. Die Anschuldigung war absurd – niemand vermochte den Libanesen etwas beizubringen, wenn es um Autobomben ging –, aber Logik spielte keine Rolle: Jeder, der bei der Hisbollah in Verdacht geriet, wurde unverzüglich exekutiert.

Ich bat Farid als Erstes, die amtlichen Unterlagen der Leute zu besorgen, die wir verdächtigten, der IJO nahe zu stehen. Um ihm alles ein wenig zu erleichtern, mietete ich eine konspirative Wohnung in Sinn Al-Fill an, einem armen christlichen Viertel in der Nähe der Green Line. Ich erschien dort immer als Erster zu unseren Verabredungen, sodass ich Farid beobachten konnte, wie er sich mit seiner abgeschabten ledernen Aktentasche an den auf dem Gehsteig geparkten Autos und den Straßenhändlern vorbeischlängelte.

Sobald er in der Wohnung war, servierte ich ihm irgendein alkoholfreies Getränk, und er schüttete den Inhalt seiner Aktentasche zwischen uns auf das Sofa – Stapel von Meldepapieren, Mitgliederlisten von politischen Vereinigungen, alte Zeitungsartikel und Pressefotos von Hisbollah-Demonstrationen. Das meiste davon war Müll, doch ich hielt ihn nie davon ab, das Zeug weiter anzuschleppen. Es lag an mir, mich durch die Stapel durchzuarbeiten, um die einsame Perle zu finden, die von Wert für mich war. Ich zahlte Farid stets einen Bonus, wenn er etwas Gutes anbrachte. Geld hatten wir bei der CIA in Beirut immer genug.

Ich ließ Farid die libanesischen standesamtlichen Dokumente von Mohammed Hammadah, einem der Hijacker des TWA-Flugs 847, herbeischaffen, den wir im Verdacht hatten, ein aktives Mitglied von Mughnijas Gruppe zu sein. Farid brauchte ungefähr vier Wochen dafür, sie aufzustöbern, und platzte beinahe vor Freude und Stolz, als er danach bei mir aufkreuzte. Er erzählte mir froh-lockend, wie er endlich das richtige Amt gefunden hatte, hinein-getanzt war, eine Münze im Gegenwert von einem Nickel hin-gelegt und dem Beamten dabei zugeschaut hatte, wie er die Seite mit den Eintragungen zur Familie Hammadah kopiert hatte. Nie-mand hatte irgendwelche Fragen gestellt.

Ich nahm die Kopie hoch, als ob es sich um eine wertvolle, sel-tene Handschrift handelte. Da, vor mir, hatte ich die Eintragun-gen zu der ganzen Familie, von Mohammeds Vater Ali Hassan Hammadah, geboren 1929 in Al-Sawanah, bis zu seiner Mutter, Fatmah Abd-al-Hassan Dabbuk, geboren 1931 in Khirbat Silm. Alle seine lebenden Geschwister waren aufgeführt, darunter sein älterer Bruder Abd al-Hadi Hammadah, ein gefährlicher Führer innerhalb der Hisbollah.

Jemand, der seinen Lebensunterhalt nicht in der Antiterroris-mus-Branche verdient, könnte sich jetzt am Kopf kratzen und sich darüber wundern, warum ich das Leben eines Agenten aufs Spiel setzte, um an Informationen dieser Art heranzukommen. Doch waren es oft gerade solche Details, die uns einen Ansatz lie-ferten, mit dessen Hilfe wir einen Fall zu knacken vermochten. Die standesamtlichen Unterlagen informierten uns über Adres-sen und Telefonnummern und setzten uns über durch Heirat ent-standene Verbindungen zu anderen Familien in Kenntnis. Sie halfen uns, die Glaubwürdigkeit anderer Agenten zu überprüfen. Irgendwann würde ich oder ein anderer Case Officer mit Sicher-heit einem Agenten begegnen, der behauptete Mohammed Ham-madah zu kennen. Dann wären wir fähig, jenen Agenten auf Herz und Nieren zu prüfen, indem wir ihn nach Dingen fragten, die uns schon bekannt waren. Das standesamtliche Register verriet uns über die Familie Hammadah beispielsweise, dass Moham-meds Schwester Samira am 13. Februar 1969 geboren worden war, dass sie noch ledig war und im Heim der Hammadahs in Burj Al-Barajnah wohnte. Wenn der Agent nichts von ihr oder über sie wusste, dann stimmte irgendetwas nicht. Vielleicht kannte er Mohammed gar nicht so gut, wie er vorgab. Vielleicht war er zu uns geschickt worden, um uns in einen Hinterhalt zu locken. Wissen war Macht – und es zu besitzen, war auch unerlässlich für unsere Selbsterhaltung. Was Mohammed Hammadah betraf, so sollte er schließlich verhaftet werden, und zwar am 13. Januar 1987 auf dem Frankfurter Flughafen, als er versuchte, eine Flasche voll Methylnitrat durch den Zoll zu schmuggeln, eine hochexplosive Flüssigkeit, die sehr empfindlich auf Erschütterungen reagiert. Vermutlich sollte sie bei terroristischen Anschlägen in Frankreich zur Anwendung gelangen.

Farid half sogar dabei, einen Fall zu klären, in den Terroristen unmittelbar verwickelt waren. Am 25. Dezember 1986 entführten vier Libanesen nach dem Start in Bagdad ein irakisches Flugzeug. Die Maschine stürzte aber über Saudi-Arabien ab, wobei die Hijacker ebenso wie die meisten Besatzungsmitglieder und Passagiere den Tod fanden. Die Irakis informierten uns, dass unter den Entführern auch Ribal Khalil Jallul, ein junger Schiit aus den südlichen Vororten, gewesen war. Um das zu überprüfen, fahndete Farid nach einer Familie Jallul und fand sie schließlich auch. Sie war in Burj Al-Barajna gemeldet – Registrierungsnummer 117. Unter den Kindern von Khalil Jallul war auch ein Ribal Khalil Jallul aufgeführt, geboren am 10. Februar 1967. Einer von Farids Unterinformanten entdeckte dann einen Anschlag der Hisbollah an der Wand einer Moschee. Auf ihm war das Foto eines »jungen Märtyrers« zu sehen, der durch die Bildunterschrift als Ribal Jallul ausgewiesen wurde. Schließlich schaffte Farid es noch, eine Kopie des Passes aufzustöbern, den Ribal benutzt hatte. Der Name in diesem Ausweis war falsch, doch das Foto passte zu dem auf dem Anschlag der Hisbollah. Wir hatten den Kreis einmal ganz durchlaufen und ein weiteres Steinchen des Mosaiks dorthin platziert, wo es hingehörte.

Wo Farid nichts erreichen konnte, kamen Abhöranlagen ins Spiel.

In Beirut war das Telefon von jedermann angezapft. Man konnte beinahe jede beliebige Straße hinuntergehen und zusammengestoppelte Telefonleitungen sehen, die sich von einer Seite zur anderen spannten. Zum Teil lag das einfach daran, dass die Leute sich selbst halfen, so gut es ging. Wenn man in ein Haus in, sagen wir: Hamra, dem alten Geschäftsviertel im Zentrum von Beirut, zog und feststellte, dass es dort keinen Telefonanschluss gab, konnte man nicht einfach die Telefongesellschaft anrufen und sie beauftragen, einen Anschluss zu installieren. Es gab nämlich keine Telefongesellschaft mehr, ebenso wie alle anderen Dinge, die zur Infrastruktur des täglichen Lebens gehörten, nicht mehr existierten. Die Lösung bestand darin, eine Leitung ausfindig zu machen, die in Betrieb war, und sich an sie anzuschließen, legal oder illegal. Man konnte eine Leitung der zumeist aufgegebenen Hotels von Hamra stehlen. Da das Hotel nie eine Rechnung bekam, würde es nicht auffallen. Oder man ging einfach in den Keller, öffnete den Verteilerkasten und hängte sich bei seinem Nachbarn an. Da allenthalben von Privatleuten Leitungen angezapft wurden, war es ein Kinderspiel, eine Abhöranlage zu installieren, was bedeutete, dass es von ihnen nur so wimmelte.

Ich ging alte Mitschriften von abgehörten Telefongesprächen durch auf der Suche nach einer Erwähnung Ribal Jalluls und stieß dabei auf ein Gespräch zwischen Abd al-Hadi Hammadah, dem Bruder des TWA-Entführers, und einem Jihad Jallul. Da die Jalluls eine große Familie bilden, konnte ich nicht sicher sein, ob Ribal mit diesem Jihad verwandt war. Als ich aber die standesamtlichen Unterlagen der Familie Jallul überprüfte, entdeckte ich einen Jihad Khalil Jallul, zweifelsohne war das Ribals älterer Bruder. Mir fiel noch eine zweite interessante Mitschrift eines Telefongesprächs auf; es war am 16. April 1986 geführt worden. Ein Maulwurf der Hisbollah innerhalb der libanesischen Polizei namens Mohammed Murad hatte ein Gespräch mit einem mutmaßlichen Büro der Hisbollah geführt. Er hatte sich zuerst nach Mughnija erkundigt und zur Antwort bekommen, dass der nicht anwesend sei. Murad hatte dann nacheinander nach Abd al-Hadi Hammadah, Jihad Jallul und Zuhayr Jallul gefragt. (Zuhayr war, wie das Standesamtregister verriet, ein weiterer Bruder Ribals.) Ich hatte jetzt Mughnija – aufgrund von Indizien zumindest – mit der Entführung der Iraq-Air-Maschine in Zusammenhang gebracht. Was Murad betraf, so assistierte er später bei der Entführung von vier amerikanischen Professoren des Beirut University College.

Ich gab mich damit nicht zufrieden und fand durch einen anderen Agenten heraus, dass die Jalluls in Mughnijas Viertel, 'Ayn Al-Dilbah, wohnten. Ich bekam sogar eine Skizze, die die Außenfront ihrer Wohnung zeigte, die sich über einem Süßwarenladen in einem Gebäude befand, das nur ein paar Straßenblocks vom Haus Mughnijas entfernt war. Wir fanden noch viele andere Dinge über Jihad heraus: So brachten wir das Kennzeichen seines Autos in Erfahrung, seine Telefonnummer und ermittelten sogar das Fabrikat der Pistole, die er mit sich führte. Wir erkundeten auch die Familiengeschichte. Jihads Vater war Alkoholiker, und er selbst hatte versehentlich seine Mutter getötet, als er in der Küche ein Gewehr reinigte.

Ich hatte noch fünf weitere Agenten, die das Gleiche für mich taten wie Farid. Stückchen für Stückchen setzte ich ein Bild von Mughnijas Gruppierung zusammen. Ich verbrachte Stunden damit, über dem zu brüten, was ich von den Agenten geliefert bekam, Verbindungen zwischen Personen herzustellen, Spuren, die in die Irre führten, auszusondern, neue Fakten zu den schon bekannten hinzuzufügen. Meine provisorischen Diagramme nahmen allmählich das Aussehen eines Schaltplans für das Cockpit einer Boeing an. Die immer neuen Einzelheiten, die ich in Erfahrung gebracht hatte, ließen mich jetzt erkennen, wie Mughnija die Existenz seiner Gruppe so lange hatte geheim halten können. Ihre Mitglieder waren entweder miteinander blutsverwandt, oder hatten gemeinsam in der Al Fatah gekämpft, oder stammten alle aus demselben Viertel: aus 'Ayn Al-Dilbah. Wir begannen sie spöttisch die »'Ayn Al-Dilbah Gang« zu nennen, aber ebendiese engen Beziehungen zwischen den Mitgliedern machten die IJO zu einer Vereinigung, die sich nur schwer zerschlagen ließ.

Ein Name, der im Zusammenhang mit Mughnijas immer wieder auftauchte, war der Hussein Khalils, doch erst als dieser bei der Entführung des früheren ABC-Korrespondenten Charles Glass mitwirkte, wurde er zu jemandem, den aufs Korn zu nehmen sich lohnte.

Glass war im Juni 1987 in den Libanon gekommen, um für ein Buch zu recherchieren. Als Sohn einer libanesischen Mutter kannte er das Land besser als die meisten anderen amerikanischen Reporter, und er hatte sich vorübergehend einen gewissen Grad an Berühmtheit erworben, als er den Kapitän der entführten TWA-Maschine durch ein geöffnetes Cockpitfenster hindurch vor laufender Kamera interviewte. Anscheinend kannte Glass aber den Libanon nicht gut genug, um nicht den fatalen Fehler zu begehen, seine Reiseroute im Voraus bekannt zu geben. Sobald die Iraner Wind davon bekamen, dass er vorhatte, Sidon zu besuchen, suchte ein Pasdaranoffizier Hussein Khalil in dessen Haus in den südlichen Vororten auf und befahl diesem, Glass zu kidnappen. Wir wussten zwar, wann und wo die Entführung über die Bühne gehen sollte – wir kannten sogar das Kennzeichen eines der Autos, die dabei benutzt werden sollten –, wir hatten aber keine Möglichkeit, Kontakt mit Glass aufzunehmen. Hilflos mussten wir zusehen, wie er in der Nähe des Flughafens von seinen Entführern geschnappt wurde.

Obwohl der Vogel längst ausgeflogen war, ließ ich Farid alles über Khalil zusammentragen, was er finden konnte. Er brauchte weniger als eine Woche dafür, die standesamtlichen Unterlagen der Familie aufzutreiben. Khalils vollständiger Name lautete Hussein Ali Hussein Jawad Khalil, er war der Sohn von Ali und Samira Khalil und mit der Schwester von Ali Ammar verheiratet, einem ranghohen Mitglied der Hisbollah, das eines Tages in das libanesische Parlament gewählt werden würde. Ein anderer Agent brachte mir eine Hand voll Fotos von Khalil.

Es war zwar schön und gut, dass wir diese Hintergrundinformationen hatten, doch erst als Khalils Name in einem Gespräch mit einem ehemaligen Agenten der Al Fatah fiel, wurde die Geschichte des Mannes wirklich interessant. Samir, wie ich den Agenten hier nennen will, war eigentlich ein Offizier der libanesischen Streitkräfte, doch 1975 hatte die Al Fatah ihn auf ihre Seite gezogen und überzeugt, sich aus den Kämpfen um das Beiruter Hotelviertel herauszuhalten. Nachdem Arafat Beirut 1982 geräumt hatte, hatte Samir aufgehört, für dessen Organisation zu arbeiten, doch er hielt immer noch die Verbindung zu einigen ihrer Mitglieder aufrecht, die heimlich vor Ort geblieben waren. Samir und ich trafen uns in der Wohnung seiner ehemaligen

Geliebten, in Ashrafija im christlichen Teil Beiruts. Er ließ sich immer von ein oder zwei Soldaten begleiten – als Moslem konnte er nie sicher sein, dass nicht irgendwelche christlichen Schurken versuchen würden, ihn zu schnappen. Ich gewöhnte mich an die Soldaten, es machte einen aber doch nervös, wenn zwei von ihnen den Eingang zu der Wohnung blockierten.

Bei unserem ersten Treffen nach der Entführung von Glass übergab ich Samir drei Fotos, ohne sie mit einem Wort zu kommentieren. Zwei der Aufnahmen waren von Palästinensern, die zu einer linken Gruppierung gehörten – ich interessierte mich für keinen von ihnen. Die dritte zeigte Khalil beim Gebet in einer Moschee inmitten einer großen Menge anderer Gläubiger.

Samir reichte mir dieses dritte Foto sofort zurück. »Der hier ist Hussein Khalil«, sagte er und tippte mit dem Zeigefinger auf Khalils Gesicht. »Er war in den Siebzigerjahren bei der Fatah. Ich denke, dass er 1971 dazugestoßen ist. Wir haben ein paar Jahre lang zusammengearbeitet.«

»Und heute?«

»1982 verließ Khalil Beirut kurz vor dem Eintreffen der Israelis. Hussein al-Mussawi hat ihn danach zu seinem Sicherheitschef gemacht. Ich habe gehört, dass er die Übergabe der Sheikh-Abdallah-Kaserne geleitet hat. Ich weiß nicht, was anschließend aus ihm geworden ist, aber ich werde mich umhören.«

An jenem Nachmittag schickte ich ein Telegramm ans Hauptquartier und bat darum, mir alles mitzuteilen, was über Khalil bekannt war. Was dann bei mir eintraf, warf mich um. Das fünfseitige Telegramm enthielt auch die Mitschrift eines abgehörten Telefonats, aus dem hervorging, dass Khalil der Libanese gewesen war, dem Anfang 1985 das Wohngebäude für verheiratete Offiziere der Sheikh-Abdallah-Kaserne unterstanden hatte, das heißt zu der Zeit, als die Geiseln der IJO dort festgehalten worden waren. Die Zuverlässigkeit dieser Information konnte nicht angezweifelt werden.

Bei unserem nächsten Treffen fing Samir an darüber zu lamentieren, dass die Schiiten einander im Westen bekämpften. Ich konnte schließlich nicht mehr an mich halten und unterbrach ihn mit der Frage: »Irgendetwas über Khalil?«

»O ja, das hätte ich beinahe vergessen. Ich bin zufällig einem seiner alten Kollegen aus Tyrus begegnet.«

»Khalil war in Tyrus?«

»Ja, ein paar Jahre. Nachdem er eine Zeit in einer studentischen Zelle der Fatah in Beirut absolviert hatte, wurde Khalil von der Force 17 rekrutiert und nach Tyrus versetzt. Er hat für einen Mann gearbeitet, von dem Sie bestimmt noch nie etwas gehört haben.«

»Schauen wir mal.«

»Azmi Sughayr.«

Ich wäre beinahe aufgesprungen und hätte Samir geküsst. Sughayr war kein häufiger Name. Es musste derselbe Sughayr sein, der Jada dazu gebracht hatte, sich eine Stelle an der Botschaft zu besorgen. Wenn das stimmte, dann war das so, als ob ich ein Grand-Slam-Turnier für mich entschieden hätte und auf dem Weg zum Gesamtgewinn der »World Series« wäre. Ich hatte endlich noch eine andere Person außer Jada mit dem Bombenanschlag in Verbindung gebracht. Und weit besser noch: Ich war, zum ersten Mal, auf eine Person gestoßen, die sowohl mit den Geiselnahmen als auch mit dem Bombenanschlag zu tun gehabt hatte. Khalil war urplötzlich viel wichtiger als Mughnija.

Ich setzte mich mit dem Hauptquartier in Washington in Verbindung und forderte alles an, was wir über Sughayr hatten. Das war eine Menge. Meine Vorgänger in Beirut hatten ihren Job gut gemacht. Unseren Unterlagen zufolge war Sughayr 1944 in Palästina geboren und 1969 der Elite-Sicherheitseinheit der Fatah beigetreten, der Truppe, aus der dann Force 17 hervorgehen sollte. Er hatte 1970 für Jassir Arafat gegen die jordanische Armee gekämpft und war dann 1971 dem Schwarzen September beigetreten, einer Gruppierung innerhalb der Fatah, die terroristische Anschläge verübte. 1973 hatte Abu Jiad ihn zum Leiter des Sicherheitsbüros für Operationen im Ausland ernannt. Er war vermutlich an beinahe jeder größeren terroristischen Aktion des Schwarzen September beteiligt, auch an dem Massaker bei den Olympischen Spielen in München. Nachdem er mehrere Jahre in Libyen verbracht hatte, wurde er 1979 zum Kommandanten der Fatah für Tyrus ernannt. Kurze Zeit später hatte Hussein Khalil für ihn zu arbeiten begonnen. 1982, während der Invasion der Israelis, hatte die Fatah die Falschmeldung verbreitet, Sughayr sei getötet worden. In Wirklichkeit war er in Beirut zurückgeblieben, um Widerstandsaktionen gegen die Israelis zu leiten. Khalil hatte anscheinend zu Füßen eines Meisterterroristen gesessen, um von ihm sein Handwerk zu lernen.

Es gab eine Lücke in der Beweiskette, die mir Kummer bereitete: Was war mit Jada geschehen, nachdem er freigelassen worden war? Es war unwahrscheinlich, dass man im Hauptquartier viel darüber wusste, doch ich fragte wieder dort an. Zwei Tage später hatte ich meine Antwort, und sie war viel ausführlicher, als ich erwartet hatte. Jada war nach Dubai gegangen, wo ein Mann namens Anis Abdallah Hassan (Abu Ali), der Leiter einer Zelle von »Schläfern« der Fatah am Golf, ihn aufgenommen hatte. Am nächsten Tag durchforstete ich unsere Unterlagen über abgehörte Telefongespräche auf der Suche nach einem Abu Ali. Ich wollte schon aufgeben, als ich auf drei Telefonate eines IJO-Büros mit einem Abu Ali in Dubai stieß. Und nicht nur das, dem Mitgehörten zufolge arbeitete Abu Ali persönlich für Abd al-Latif Salah – den Partner Mughnijas und Vertreter Arafats bei der IJO.

Das war solides Beweismaterial, und alles passte zusammen. Sie dürfen es mir schon glauben: Man stößt im Nachrichtendienstgewerbe nicht auf hochwertigeres Beweismaterial. Und was genauso wichtig war – bei allen verschlungenen Wegen, die ich hatte gehen müssen, um an die Informationen heranzukommen, waren sie auf genau die Art und Weise erlangt worden, wie es zu sein hat: auf dem »Boden«, mithilfe menschlicher Quellen, durch abgehörte Telefongespräche und dadurch, dass ich das, was ich herausfand, mit dem in Zusammenhang gebracht hatte, was meine Vorgänger, denen noch daran lag, ihren Job gut zu erfüllen, in ungezählten Stunden ähnlicher Nachforschungen ermittelt hatten.

Die einzige Schlussfolgerung, zu der man als vernünftiger Mensch kommen konnte, war, dass eine Zelle der Fatah – mit oder ohne Wissen Arafats – am 18. April 1983 die amerikanische Botschaft in Beirut in die Luft gesprengt hatte. Mughnija und

Khalil waren beinahe mit Sicherheit in den Anschlag verwickelt. Es gab nur noch eine wichtige Frage zu beantworten: Wer hatte die Befehle gegeben?

Um noch einen Schritt weiterzukommen, musste ich eine Menge Einzelheiten in Erfahrung bringen, zum Beispiel, wer es eigentlich gewesen war, der den Kleinlaster durch die Vordertür des Botschaftsgebäudes gesteuert hatte. Wenn wir das herausfinden könnten, würde es uns vielleicht zu den Hintermännern führen.

Der Durchbruch kam im Oktober 1987. Ich saß am späten Nachmittag an meinem Schreibtisch, als der Sicherheitsoffizier der Botschaft bei mir erschien, um mir mitzuteilen, dass ein Mr. Walker mit mir sprechen wolle. Mr. Walker war der Codename für einen »*walk-in*«: für jemanden, der in die Botschaft kam, um sich mit einem CIA-Officer zu unterhalten. Diese Bezeichnung verdiente zwar nicht unbedingt einen Preis für Originalität, aber immerhin begriff man sofort, was gemeint war.

Wie bei jedem, der von sich aus Kontakt mit einem von uns aufnahm, musste ich davon ausgehen, dass er ein potenzieller Agent war, den ich für mich spionieren lassen könnte. Das bedeutete, dass ich ihn von allem Anfang an schützen und vor allem auch von den aus Beirut stammenden Wachleuten fern halten musste, die möglicherweise heimlich für jemand anderen arbeiteten. Anstatt Mr. Walker das ganze Kontrollsystem der Botschaft passieren zu lassen, ging ich also zu der äußeren Begrenzungsmauer des Geländes, um ihn dort in Empfang zu nehmen.

Der Mann, der dort auf mich wartete, war vermutlich erst um die fünfunddreißig, obwohl er viel älter aussah, und mit Narben übersät. Unter anderem hatte er einen regelrechten Krater im Schädel. Er war schmal und ausgemergelt und trug ein ausgebleichtes und geflicktes Hemd. Seine Sandalen zeigten an, dass er wahrscheinlich Moslem war, denn libanesische Christen bevorzugten normalerweise schicke europäische Schuhe.

Nachdem er den Metalldetektor passiert hatte, führte ich ihn an den sich labyrinthartig durch das Gelände um die Botschaft zie-

191

henden, mit Metall ausgekleideten und zusätzlich mit Sandsäcken geschützten Gräben entlang, einen Hügel hinunter und dann durch ein Hintertor, bei dem ich vorher ein Auto geparkt hatte.

Sobald wir auf die Küstenstraße eingebogen waren, bat ich Mr. Walker um seinen Personalausweis. Als er ihn aus seiner Hemdtasche zog und mir hinhielt, wäre ich beinahe von der Straße abgekommen. Er hatte denselben Nachnamen wie ein Mitglied von Mughnijas Gruppe. Ich hielt den Atem an, als ich auf seine Antwort auf meine Frage wartete, ob er mit dem Terroristen gleichen Namens verwandt sei. »Er ist mein Cousin«, antwortete Mr. Walker, den ich von jetzt ab Hassan nennen will.

Ab sofort unternahm ich alles, damit unsere Verbindung streng geheim blieb. Als Cousin ersten Grades eines berüchtigten IJO-Terroristen konnte Hassan im christlichen Ostteil Beiruts nicht damit rechnen, viel länger als fünf Sekunden am Leben zu bleiben, wenn man erfuhr, wer er war. Ich musste einen Platz finden, an dem ich ihn ungefährdet aussteigen, und einen anderen, an dem ich ihn bei unserem nächsten Treffen ebenso ungefährdet zu mir einsteigen lassen konnte. Je kürzer die Strecke war, die er in Ostbeirut zurücklegen musste, um mit mir zusammenzukommen, desto besser. Ich steuerte Sinn Al-Fill an, das Viertel, in dem ich mich auch mit Farid traf.

Auf dem Weg dorthin sprachen wir miteinander. Ich wollte alles über ihn wissen: wo er lebte, ob er verheiratet war, wie viele Kinder er hatte. Ich musste auch herausbekommen, welchem Mitglied der Hisbollah und der IJO er nahe stand. Er gehöre keiner der beiden Gruppen an, sagte er mir, doch während er noch sprach, überlegte ich schon, wie man ihn in eine dieser Vereinigungen von Ehrenmännern einschleusen könnte.

Wir überlegten außerdem, welche Entschuldigung er dafür angeben könne, dass er über die Green Line in den Ostteil der Stadt gekommen sei, wenn man ihn anhielt. Es war nicht so, dass man einfach mal nach Sinn Al-Fill rüberschlenderte, um sich eine Pizza zu kaufen. Niemand überquerte die Demarkationslinie ohne guten Grund. Ich kam mit Hassan überein, dass er behaupten solle, er habe Bücher über den Islam für einen deutschen Islamisten gekauft, der in Ostbeirut lebe und selbst nicht den

Westteil der Stadt aufsuchen könne. Das war keine wirklich geniale Begründung, aber etwas Besseres fiel mir auf Anhieb nicht ein. Ich gab Hassan eine so genannte sterile Telefonnummer, eine, die nicht mit dem CIA-Büro in Zusammenhang gebracht werden konnte.

Bevor ich Hassan aussteigen ließ, fragte ich ihn noch, warum er sich entschlossen hatte, Kontakt mit der CIA aufzunehmen.

»Ich ertrag es nicht, dass unschuldige Menschen ermordet werden. Was die Hisbollah tut, ist Unrecht.«

»Sie gehen aber ein großes Risiko ein«, sagte ich. »Sie haben Kinder. Wenn man Sie erwischt, wird man Sie zu Tode foltern.«

»Ich weiß. Aber Gott schützt mich.«

Ich wartete darauf, dass Hassan das weiter erklärte, meinte jedoch zu wissen, was er sagen wollte. Aber ich irrte mich.

»Ich spiele russisches Roulette«, sagte Hassan etwas verlegen.

Ich hatte gerüchteweise gehört, dass fanatische Moslems dieses Spiel betrieben, um zu ergründen, was Gott ihnen vorherbestimmt hatte. Ein Patrone in der Kammer war Gottes Methode, einen Menschen wissen zu lassen, dass seine Zeit abgelaufen sei. Ich hatte dieses Gerücht aber nie ernst genommen. Bevor ich Hassan aus dem Wagen klettern ließ, musste er mir versprechen, dass er aufhören werde, russisches Roulette zu spielen. Indem er sich mit mir traf, sagte ich, würde er das Schicksal schon genügend herausfordern.

Hassan trat der Hisbollah bei, verschaffte sich eine Arbeit in einem ihrer Büros und entwickelte sich zu einem fantastischen Agenten, dem ersten, den die CIA überhaupt innerhalb dieser Organisation besaß.

Die Analytiker daheim schickten mir Unmengen von Fragen; sie wollten wissen, was Sheikh Soundso von Sheikh Soundso hielt, wie viel die Hisbollah für ihre Sozialfürsorgeprogramme ausgab oder wann sie wohl in die offizielle libanesische Politik einsteigen werde. Mich jedoch interessierten eigentlich nur Imad Mughnija und die IJO.

Da man von der IJO rekrutiert werden musste und nicht einfach Mitglied bei ihr werden konnte, bat ich Hassan, sich auch um diesen Umstand zu kümmern. Es überrascht wohl nicht, dass ich ihn als Allererstes auf das Attentat vom 18. April 1983 ansetzte. Hassan und ich sprachen ausführlich darüber. Ich wusste, dass er in politischer Hinsicht durchblickte; ich gestand ihm daher einfach, dass die US-Regierung keine Ahnung hatte, wer ihre Botschaft in die Luft gejagt hatte. Im Nahen Osten bekam man auf diese Mitteilung hin für gewöhnlich die abgedroschene Phrase zu hören, es sei unvorstellbar, dass die CIA keinen Hinweis darauf habe, wer für einen terroristischen Anschlag verantwortlich sei, der siebzehn Amerikanern das Leben gekostet hatte. Hassan tischte mir nicht so etwas auf. »Wenn es keine viel versprechenderen Ansatzpunkte gibt«, meinte er, »warum fangen wir dann nicht bei Imad an?« Da wusste ich, dass Hassan mir mindestens genauso gut wie meine anderen Agenten einige der Antworten liefern könnte, nach denen ich suchte.

Hassan begann damit, zum Gebet eine Moschee aufzusuchen, deren Imam in enger Verbindung zu Mughnija stand. Er ging jeden Freitag dorthin und trat bald einer Gruppe bei, die sich mit religiösen Studien beschäftigte. Er hatte eine schöne Schrift und fing damit an, für den Imam Traktate mit der Hand abzuschreiben. Da der Imam wusste, dass Hassan mit einem IJO-Terroristen verwandt war, ging er davon aus, dass es mit einem der Getreuen zu tun hatte.

Als Hassan eines Tages allein mit dem Imam zusammensaß, beschloss er für sich, dass es an der Zeit sei, das Gespräch auf das Bombenattentat zu bringen. Wie wir es vereinbart hatten, versuchte er es mit einer List. Er preschte nicht sofort vor und fragte, wer der Selbstmordattentäter gewesen war, sondern erwähnte den Namen eines jungen Mannes, der viele Jahre zur Gemeinde des Imams gehört hatte, dann aber verschwunden war. Er sagte, ihm sei zu Ohren gekommen, dass dieser Bursche der Selbstmordattentäter gewesen sei, der im April 1983 die amerikanische Botschaft in die Luft gejagt habe.

»Wo hast du das denn gehört?«, fragte der Imam.

Hassan antwortete recht vage, sein Cousin, der in der IJO sei, habe es ihm erzählt. Er wusste, dass der Imam sich niemals bei seinem Cousin erkundigen würde, ob das stimmte.

»Nein«, sagte der Geistliche daraufhin. »Nein, er war nicht der gesegnete Märtyrer, der dieses Nest der amerikanischen Spione zerstörte.«

Hassan beharrte darauf, dass er Recht habe.

»Nein, du irrst dich.« Dem Imam gefiel es nicht, dass seine Autorität infrage gestellt wurde. »Es war Bruder Hassuna. Das weiß ich genau.«

»Wer?«

»Mohammed Hassuna.«

Jetzt hatten wir zum ersten Mal einen Namen für den Selbstmordattentäter, doch die ganze Geschichte musste noch überprüft werden. Ich lud Bernie ein, mal wieder nach Beirut zu kommen und Hassan an seinen Lügendetektor anzuschließen. Zwei Tage später kletterte mein alter Freund aus der Luke eines Blackhawk-Hubschraubers.

Es war wieder ein prachtvoller Tag. Bernie wirkte ruhiger als bei seinem ersten Aufenthalt. Die Kämpfe an der Green Line waren abgeebbt. Wenn alles glatt ging, würde Hassan noch vor dem Lunch die ganze Prozedur hinter sich gebracht haben.

Es ging auch alles glatt, bis wir von der Hauptstraße nach Sinn Al-Fill abbogen. Wir waren noch ungefähr drei Blocks vom Treffpunkt entfernt, als eine Salve aus einem schweren Maschinengewehr ein Neonschild zerstörte, das über der Straße hing, und einen Schauer von Glassplittern auf unseren Wagen herabregnen ließ. Direkt über dem Dach unseres Autos baumelten, funkensprühend und knisternd, die zerfetzten Kabel. Ich drehte mich zu Bernie um. Seinem Gesichtsausdruck nach schien er sich zu fragen: »Erschieße ich ihn, weil er mein Leben in Gefahr gebracht hat, und haue dann ab? Oder haue ich einfach nur ab?«

Eine zweite Salve fuhr in die Mauer eines Gebäudes weiter unten an der Straße.

Bernie deutete auf meinen Fuß. »Das da ist dein Fuß. Und direkt darunter ist das Gaspedal. Jetzt drückst mit dem ersten auf das zweite – *und dann lass uns, zum Teufel noch mal, von hier verschwinden!*«

Wir bogen in eine ruhige Straße ein, um uns aus der Schusslinie zu befördern, und Bernie blieb mit düsterem Gesicht im Auto. Offenbar meinte er, dass er keine andere Wahl hätte, als den Rest des Tages an der Seite eines Verrückten zu verbringen. Ich zog derweil los, um Hassan zu suchen.

Hassan kam nach einiger Zeit die Hauptstraße des Viertels herunter, er wirkte so, als ob er einen Spaziergang am Meer unternähme. Obwohl die Schießerei aufgehört hatte, war die Straße vollkommen verlassen. Vielleicht machte sich das Russisch-Roulette-Spielen doch bezahlt.

Hassan bestand den Lügendetektortest glorreich. Der Imam hatte ihm anscheinend wirklich den Namen des wahren Selbstmordattentäters genannt

Dieser Test war ein Anfang, doch ich konnte mich nicht allein auf ihn verlassen. Vielleicht hatte der Imam ja auch Hassan angelogen, oder möglicherweise wusste er gar nicht genau, wer der Attentäter gewesen war, und hatte sein Unwissen verschleiern wollen. Da ich den Imam nicht an den Lügendetektor anschließen konnte, war es Zeit, weitere Fakten zusammenzutragen.

Hassuna war im Libanon kein häufiger Name. Das half mir weiter. Ich setzte alle meine Agenten auf die Großfamilie Hassuna an. Samir kannte einen Major Hassuna und versprach, sich bei ihm danach zu erkundigen, ob irgendwelche Mitglieder der Familie verschwunden waren. Eine Woche später ließ er die Bombe platzen – einer der Brüder des Majors, Mohammmed, war im Krieg mit dem Irak im Iran gefallen.

»Im Iran?«, fragte ich ungläubig. »Wie ist das möglich? Libanesen brechen nicht einfach ihre Zelte ab und ziehen los, um für den Iran zu kämpfen.«

Samir zuckte die Achseln. »Ich werde es herausfinden.«

Bei unserem nächsten Treffen erzählte Samir, Major Hassuna habe berichtet, dass seine Familienangehörigen keine praktizierenden Moslems seien. Sie besuchten nur selten die Moschee und lasen kaum im Koran, Mohammed sei jedoch anders gewesen. Der Vater sei Alkoholiker, der sie oft beschimpfte, was Mohammed ihm mehr als die anderen übel genommen habe. Auf seiner Suche nach einer tieferen Verankerung im Glauben habe er sich schließlich der schiitischen Ausrichtung des Islam zugewandt und Anfang 1983 seine Familie völlig unerwartet darüber informiert, dass er in den Iran gehen werde, um im Krieg gegen den Irak mitzukämpfen. Das sei das Letzte gewesen, was sie von ihm gehört hätten, bis ihnen in einem Brief von der iranischen Botschaft mitgeteilt worden sei, dass Mohammed an der Front im Kampf gefallen sei. Das Wenige, was von ihm übrig geblieben sei, habe man auf einem Soldatenfriedhof im Iran beigesetzt. Diesem Schreiben habe ein Polaroidfoto von Mohammeds Grabstein beigelegen. Weiter habe der Major nichts über den Tod seines Bruders gewusst.

Ich ließ Farid die offiziellen Unterlagen zu Mohammed Hassuna ausgraben. Obwohl Hassuna einen Pass besaß, gab es keinen Hinweis darauf, dass er jemals ins Ausland gereist war. Den standesamtlichen Unterlagen seiner Familie zufolge, die sich in Sidon befanden, war der Wohnsitz der Hassunas in 'Awza'i, einem Viertel unweit des Beiruter Flughafens, das von der Hisbollah kontrolliert wurde.

Obwohl ich immer noch weit davon entfernt war, Beweise präsentieren zu können, die vor Gericht standhalten würden, kam ich diesem Ziel jeden Tag ein Stück näher. Ich fasste das, was ich über Hassuna wusste, in einem langen, detaillierten Bericht zusammen – dem ersten einer langen Reihe, die ich im Zusammenhang mit dem Bombenattentat zu Papier brachte.

Ein paar Tage später informierte das Hauptquartier mich, dass der Bericht nicht an unsere Büros geschickt werden würde. »Wenn das Gemeldete auch überzeugend ist«, schrieb man mir, »ist es doch gleichzeitig nur von historischem Interesse.« Simpel ausgedrückt: Den für unsere nationale Sicherheit verantwortlichen Bonzen war es mittlerweile scheißegal, wer unsere Botschaft in Beirut in die Luft gesprengt hatte.

In gewisser Weise konnte ich beinahe verstehen, dass Washington damit inzwischen nichts mehr am Hut hatte. Die CIA war dabei, Leuten in die Hände zu fallen, die nie ihr Leben riskiert hatten, um an Orten wie Beirut etwas über den Terrorismus zu lernen. Das Attentat auf die Botschaft war für sie nicht nur etwas, das der Geschichte angehörte; es war auch etwas, was ihnen bei ihren Bestrebungen, Karriere zu machen, nur schaden konnte. Warum sollte man selbst einen Fleck auf seine tadellosen Zeugnisse machen, indem man eine der schwärzesten Stunden der Agency wieder wach werden ließ? Ich fasste meine Aufgabe anders auf: Wenn wir nicht wussten, wer unsere Gegner waren, konnten wir auch nicht wissen, wozu sie fähig waren, und würden es möglicherweise auch nicht erfahren, bis sie an unseren Küsten auftauchten, bewaffnet bis an die Zähne.

Außerdem gab es da immer noch einen offenen Haftbefehl auf den Namen Imad Mughnija. Ich brauchte nur jemanden, der den Mumm hatte, ihn zu vollstrecken.

Ich werde den Mann, den ich zu diesem Zweck gewann, Jean nennen. Jean war ungefähr zweiunddreißig und hatte wie Mughnija sein Leben damit verbracht, an der Green Line zu kämpfen. Der einzige Unterschied bestand darin, dass er Moslems tötete und entführte – und nicht umgekehrt. Jean hatte eine gewisse Berühmtheit erlangt, als er eine ausländische Botschaft dem Erdboden gleichgemacht hatte, um freies Schussfeld zu haben.

Jean wartete auf mich in dem Nachtclub mit Namen »Dominos«.

»Ich habe immer gewusst, dass die CIA eines Tages an meine Tür klopfen würde, weil sie eine Arbeit auszuführen hat, die ihr selbst zu dreckig ist«, sagte Jean, während er mir die Hand schüttelte.

Ich erwiderte nichts, während ich mich umschaute. Obwohl es schon nach 23 Uhr war, begann das Etablissement sich erst allmählich zu füllen. Waffenhändler, kolumbianische Rauschgiftschmuggler, christliche Warlords in Gucci-Anzügen, alle möglichen Halbwelttypen wickelten hier ihre Geschäfte ab. Abgesehen von der indirekten Beleuchtung über der Bar war es in dem Lokal stockfinster, und die Musik hatte gerade jene Lautstärke, die nötig war, um ein Gespräch nicht zu übertönen, dass Außenstehende es aber nicht belauschen konnten.

Ich wandte mich wieder Jean zu. »Ich brauche ein Agentennetz im Westen der Stadt, Leute, die meine Zeit nicht verschwenden werden.«

»Ich bin nicht im Nachrichtendienst. Ziehen Sie los und sprechen Sie mit den *Lebanese Forces*, wenn Sie Informationen brauchen.«

Die Lebanese Forces waren die größte christliche Miliz. Wir wussten beide, dass ihr Nachrichtendienst nicht besonders gut war.

»Ich bin nicht hinter Informationen her. Ich muss eine Operation durchführen.«

Jean grinste. »Syrien hat also endlich die Linie überschritten.«

»Nein, ich muss jemand aus den südlichen Vororten erwischen.«

»Wollen Sie ihn um die Ecke bringen?«

»Nein, ich brauche den Kerl lebendig.«

»Wer ist es?«

»Sie besorgen mir die Leute, und ich werde es Ihnen erzählen.«

Jean schrieb mir den Namen eines Videoverleihs in Zuq auf, einem ziemlich entlegenen Viertel in Ostbeirut. »Morgen Vormittag um zehn.«

Er saß in seinem Landrover vor der Videothek, als ich dort eintraf. Er stieg aus und bedeutete mir, ihm zu folgen. Wir durchquerten den Laden, gingen zur Hintertür hinaus und betraten dann durch einen Nebeneingang ein Wohngebäude. Es gab keinen Strom. Wir stiegen die Treppe bis ins fünfte Stockwerk hinauf.

Ein Hauptmann der libanesischen Armee öffnete die Tür. Ein zweiter Offizier saß hinter ihm auf einem Sofa. Auf dem Eßtisch lag eine M-16 mit abgesägtem Lauf, Schalldämpfer und Laserzielfernrohr – nicht gerade die Standardausrüstung der libanesischen Streitkräfte.

Die linke Hand des Hauptmanns sah wie der Paddelfuß einer Ente aus. Ich nahm an, dass sie durch eine Sprengladung verstümmelt worden war. Als er in eine Ecke des Raums ging, um mit Jean zu sprechen, bemerkte ich, dass auch eines seiner Beine kürzer war als das andere.

»Der Captain ist bereit, sich anzuhören, was Sie wollen«, sagte Jean, während er sich mir wieder zuwandte.

Sobald ich davon anfing, dass ich ein Agentennetz im Westen benötigte, grinste der Offizier, wie Jean es getan hatte.

»Das Ziel sind nicht die Syrer«, beeilte ich mich zu sagen. »Es ist die Hisbollah. Ich will ein Mitglied des Islamischen Dschihad in die Hände bekommen.«

»Vergessen Sie's«, antwortete der Hauptmann, ohne zu überlegen. Er sprach Englisch mit amerikanischem Akzent, fühlte sich aber nicht bemüßigt, mir seinen Namen zu nennen. »Wenn Sie ihn umlegen lassen wollen, okay. Aber Sie werden niemanden finden, der sich in den südlichen Vororten auf eine Entführung einlässt.«

Jean und der Offizier unterhielten sich wieder in der Ecke miteinander. Ich nahm die M-16 vom Tisch. Die ganze Mechanik war mit Teflon beschichtet, um die Geräusche zu reduzieren.

»Es gibt jemanden, der möglicherweise verrückt genug ist, um etwas Derartiges zu versuchen«, meinte der Hauptmann. »Aber wir haben seit Jahren nicht mehr mit ihm gearbeitet. Er ist zu verrückt.«

»Macht das etwas aus?«, fragte ich. »Entweder bringt er mir den Kerl über die Green Line, oder er tut es nicht. Ich zahle nur ein Erfolgshonorar.«

Der Hauptmann erklärte sich zu dem Versuch bereit, Kontakt mit dem Mann aufzunehmen.

Als wir wieder draußen waren, fragte ich Jean, wer die beiden Offiziere waren. Beide hatten sich ohne Erlaubnis aus der libanesischen Armee entfernt und waren jetzt bei einer antisyrischen Guerilleinheit, die im Bekaa-Tal operierte. Diese Guerilleros hatten mehrere erfolgreiche Überfälle auf die Syrer durchgeführt, dabei aber jedesmal einige ihrer Leute verloren. »In sechs Monaten wird niemand mehr von ihnen übrig sein«, meinte Jean.

Eine Woche später sammelte er mich in der Abenddämmerung in Babda auf, einem christlichen Wohngebiet, das an die südlichen Vororte grenzt. Wir warteten in Jeans Landrover, bis es ganz dunkel war, dann fuhren wir langsam den Hügel hinunter. Je näher wir der Green Line kamen, desto mehr sahen die Gebäude wie Sandburgen aus, über die eine Woge hinweggerollt war. Von den letzten Häusern vor den Feldern, die Babda von den südlichen Vororten trennten, waren nur noch Schutthaufen übrig.

Wir passierten drei Kontrollpunkte, die von Angehörigen der Lebanese Forces bemannt waren. Jeder kannte Jean, und wir wurden überall durchgewunken. Der letzte Kontrollpunkt war nichts anderes als ein Loch von 1,20 mal 1,50 Meter, das man in den Schutt gegraben hatte. Zwei Typen sprangen heraus, als sie unser Auto näher kommen hörten, und starrten uns an, als ob wir Gespenster wären. Wir ließen den Landrover bei ihnen zurück und gingen zu Fuß weiter.

Wir durchquerten jetzt Niemandsland, nur ein paar hundert Meter von den Posten der Hisbollah entfernt. Dies war der Abschnitt, in dem Mughnija in den Siebzigerjahren für die Fatah gekämpft hatte. Wir folgten – was ich eigentlich nicht wissen durfte – einer Route, auf der die Lebanese Forces die Hisbollah mit Waffen und Munition versorgten. Als früher im Jahr ein Krieg zwischen der Hisbollah und ihrem säkularen Rivalen, der Amal, ausgebrochen war, hatten die Lebanese Forces begonnen, die Hisbollah zu unterstützen – lediglich aus dem Beweggrund heraus, dass Syrien der Amal half. Nur im Nahen Osten war es möglich, dass eine radikale christliche Gruppierung sich mit einer radikalen islamischen verbündete.

Wir warteten ungefähr zwanzig Minuten zwischen einigen Büscheln hohen Grases und lauschten dem Wummern eines schweren Maschinengewehrs und den gelegentlichen Explosionen von Granaten. Mir fiel auf, dass Jean unbewaffnet war, aber was könnte man auch schon mit einer Pistole ausrichten, falls Hisbollah-Angehörige sich entschlossen, über uns herzufallen.

In der Dunkelheit vor uns tauchte ein Schatten auf, der sich auf uns zu zu bewegen begann. Er lief im Zickzack über das freie Terrain, um unbeschadet ein Minenfeld zu durchqueren. Nach und nach wurde aus dem Schatten ein Mann mit einem sauber gestutzten Bart, der ein Polohemd, Jeans und Cowboystiefel trug. Ich will ihn Isam nennen.

Isam und Jean umarmten einander, und Jean erkundigte sich bei dem Mann nach seinen Kindern, die er alle sechs beim Namen kannte. Das ging ungefähr fünf Minuten lang so weiter, ohne dass Jean seinem Gegenüber erzählte, warum wir gekommen waren. Ich konnte es aber nicht mehr ertragen, um den heißen Brei herumzureden, und erklärte unverblümt, dass ich jemanden dingfest machen wollte, der in 'Ayn Al-Dilbah lebte.

»Was wissen Sie über 'Ayn Al-Dilbah?«, fragte Isam. Ich glaube nicht, dass die Aussicht auf das, was ich vorhatte, ihn irgendwie einschüchterte; er versuchte nur, mich irgendwie einzuschätzen.

Ich ignorierte seine Frage. »Imad Mughnija ist der, den ich haben will.«

Der Mann schaute mich jetzt genauer an. Dann wandte er sich Jean zu und fragte: »Meint er das ernst?« Jean nickte nur.

Isam sah mir wieder ins Gesicht. Er sagte: »Ich werde ihn für zweitausend Dollar umlegen. Eintausend im Voraus.«

»Ich will ihn lebend.«

Wir lauschten schweigend dem Gewehrfeuer. Es klang nun näher.

»Wie kann ich überhaupt wissen, dass Sie etwas in 'Ayn Al-Dilbah zuwege bringen können?«, fragte ich dann.

Isam lachte. »Hat Mr. Jean Ihnen nicht erzählt, wer ich bin? Ich habe mehr Leute getötet als Ihre Marines und Ihre *New Jersey* zusammen.«

»Isam hat einmal elf Autobomben gezündet – gleichzeitig«, betonte Jean, um mir zu erklären, was sein Freund meinte.

Einem durchschnittlichen Leser mögen derartige Prahlereien zuwider sein. Für einen Terroristen in Beirut kam so etwas aber dem Gewinn von drei olympischen Goldmedaillen gleich.

Kugeln pfiffen jetzt über uns hinweg. Es war Zeit, wieder zu gehen. Ich sagte Isam noch rasch, dass wir uns in der Woche darauf wieder treffen würden. In der Zwischenzeit solle er anfangen, alles über Mughnija zusammenzutragen, was er herausfinden könne – wo der Mann lebte, was für ein Auto er fuhr, wie seine engsten Kontaktpersonen aussahen. Ich fügte hinzu, dass ich Fotos von dem Haus, in dem er lebte, brauchte. Bevor Isam irgendwelche Einwände machen konnte, steckte ich ihm zehn nagelneue Hundertdollarscheine in die Tasche. Ich wollte ihm begreiflich machen, dass Geld kein Problem war.

Ich wusste natürlich, dass Mughnija nicht wirklich *irgendwo wohnte.* Da die CIA und so gut wie jeder andere sonst hinter ihm her waren, verbrachte er nie zwei Nächte hintereinander unter demselben Dach. Er verließ auch nie ein Gebäude durch die Tür, durch die er es betreten hatte. Er wechselte seine Autos öfter als seine Unterwäsche. Ich wollte aber sehen, was Isam mir über Mughnija liefern konnte, bevor ich ihm mein ganzes Vertrauen schenkte.

In der darauf folgenden Woche war Isam vor uns am Treffpunkt. Er hatte ein ganzes Bündel Notizen und einen Umschlag voller Fotos dabei.

»Hier hat Mughnija vergangene Woche zwei Nächte verbracht«, sagte er, während er mir ein Foto reichte. Ich erkannte das zweistöckige Gebäude darauf, eine Religionsschule in den südlichen Vororten.

»Was ist das hier für ein Haus?«, fragte ich.

»Da wohnt Mughnijas Schwägerin drin. Alle paar Wochen verbringt er da mal eine Nacht. Er kündigt sein Kommen aber nie an. Er taucht unangemeldet auf, für gewöhnlich allein.«

»Woher wissen Sie das?«

»Meine Cousine arbeitet in der Schule. Sie hat ihn kommen und gehen gesehen. Sie wohnt in 'Ayn Al-Dilbah und kennt seine Familie von Kindheit an.«

Am nächsten Tag schaute ich das ganze Material durch, das Isam mir gegeben hatte. Als ich endlich seine hingekritzelten Notizen entziffert hatte, war mir klar, dass Isam bestens über die »Ayn Al-Dilbah Gang« Bescheid wusste. Er hatte mir alles aufgeschrieben: Autokennzeichen, Adressen, Telefonnummern.

Isam erschien nicht zu unserem nächsten Treffen, und zum übernächsten auch nicht. Jean war besorgt. Keinem von uns gefiel es, stundenlang im Niemandsland herumzuhocken. In der dritten Nacht ließ Isam sich endlich wieder blicken. Er ignorierte meine Frage, wo er gewesen sei.

»Diese Woche wird Mughnija wieder in der Schule sein – Pflichttermin. Jemand aus Teheran will ihn dort treffen«, sagte Isam. »Wir bekommen vielleicht niemals mehr wieder so eine Chance.«

»Wie sollen wir ihn denn da drin überwältigen«, fragte ich.

»Ich habe Ihnen doch schon gesagt: Ich kann ihn umlegen, aber Sie sind verrückt, wenn Sie glauben, dass ich ihn kidnappen werde.«

Ich ließ Isam reden.

»Vor der Schule ist ein Parkplatz, und dahinter eine schmale Gasse. Ich schlage vor, dass wir vorne und hinten ein Auto platzieren und beide gleichzeitig in die Luft jagen. Ein paar tausend Kilo Semtex sollten Ihr Problem ein für alle Mal aus der Welt schaffen.«

Wir nannten so etwas einen »Wickel«, und Isam hatte Recht. Eine Autobombe an der Vorder- und der Rückseite des Gebäudes würde es bestimmt zum Einsturz bringen und jeden, der sich darin aufhielt, töten.

»Können wir sicher sein, dass Mughnija drin sein wird?«, fragte ich.

»Meine Cousine wird es mir sagen.«

»Was brauchen Sie, um loszulegen.«

»Zweitausend vorher und zehntausend danach – nachdem Mughnija tot ist.«

Ich brauchte nicht lange, um einen Entschluss zu fassen. Ich war der CIA aus Jux und Tollerei beigetreten. Doch irgendwann wurde ich bekehrt und entwickelte mich zu einem Junkie, aber zu einem, der süchtig nach Informationen ist. Ich wollte unbedingt herausfinden, wer die Botschaft in die Luft gesprengt hatte. Ich war besessen von diesem Wunsch. Nichts von alledem bedeutete aber, dass ich die moralische Berechtigung erhalten hatte, darüber zu entscheiden, wer umgebracht werden durfte. Das würde ich gefälligst den Politikern in Washington überlassen.

Ich sagte Isam, er solle wieder losziehen und weitere Informationen heranschaffen. Ich erstattete dem Hauptquartier nie Bericht über meinen Kontakt zu ihm, und ich sollte ihn auch nie wieder sehen. Bedaure ich das heute? Natürlich. Ob Imad Mughnija mit Osama bin Laden im Bunde ist – weiß ich nicht, doch ich bin überzeugt, dass der eine von ihnen um keinen Deut besser ist als der andere. Wenn wir uns damals schon eingestanden hätten, dass wir uns in einem Krieg mit Terroristen befanden, dann wäre Washington vielleicht eher geneigt gewesen, eine Operation, wie Isam sie vorschlug, zu billigen, und ich hätte mich vielleicht eher dazu aufgerafft, sie bei meinen Vorgesetzten in Langley durchzusetzen. Doch es war nicht so, und wie so viele andere Probleme ließen wir auch dieses einfach weiterschwelen.

11

Sieben Jahre nachdem wir darauf verzichtet hatten, Jagd auf Imad Mughnija zu machen und ihn mit allen Mitteln, über die wir verfügten, zur Strecke zu bringen, sollte der Mann, der ihm mit so großem Erfolg zu einer Karriere als blutrünstiger Killer verholfen hatte, den Friedensnobelpreis verliehen bekommen.

Was viele Leute heute in Bezug auf Jassir Arafat vergessen, vor allem seit dem Osloer Abkommen von 1993 und der Verleihung des Friedensnobelpreises 1994 an ihn gemeinsam mit Shimon Peres und Jizhak Rabin, ist, dass er sein Leben als islamischer Fundamentalist begann. Sogar nachdem er Vorsitzender der Dachorganisation PLO geworden war, löste er nie seine Bindungen an sunnitische oder schiitische Fundamentalisten. Sie waren für ihn eine zuverlässige Quelle politischer Macht.

Arafat wurde 1929 als Mohammed Abd-al-Rauf Arafat al-Qudwa geboren. Die Qudwas waren ein Zweig der Sippe der Husseinis, die berühmt für die Religionswissenschaftler war, die sie hervorgebracht hatte. Ein Mitglied der Sippe, der Mufti von Jerusalem gewesen war, hatte Adolf Hitler im Zweiten Weltkrieg unterstützt. Arafat wuchs in Ägypten auf, studierte Ingenieurwissenschaften an der Universität Kairo und stand eine Zeit lang der dortigen Union der palästinensischen Studenten vor. Nach dem Abschluss seines Studiums diente er als Unterleutnant in der ägyptischen Armee. Das war die Zeit, in der er der ägyptischen Moslemischen Bruderschaft beitrat. Später wurde er zweimal wegen seiner Aktivitäten als Mitglied dieser Vereinigung verhaftet. Arafat sah sich schließlich gezwungen, Ägypten zu verlassen, und ließ sich in Kuwait nieder, einem Land, in dem man toleranter gegenüber Menschen war, die extremistische religiöse Ansichten vertraten. In Kuwait gründete er in den späten Fünfzigerjahren die Al Fatah, für die er vor allem Mitglieder der Moslemischen Bruderschaft und Palästinenser, die am Golf lebten, gewann.

Sogar als Arafat sich mit dem ersten Angriff der Fatah auf Israel am 1. Januar 1965 eine gewisse Prominenz erworben hatte, wahrten viele politische Führer der Araber ihm gegenüber ein ausgeprägtes Misstrauen wegen seiner Beziehungen zu Fundamentalisten. Als der ägyptische Präsident Gamal Abdel Nasser Arafat zum ersten Mal auf ägyptischem Boden empfing, bestand er darauf, dass sein Gast sich einer Leibesvisitation unterzog, weil er offenbar überzeugt davon war, dass Arafat mehr daran lag, ihn zu ermorden, als Palästina zu befreien.

Arafats Interesse am Islam erlahmte dann etwas, bis 1977 ein neuer religiöser Wind durch den Nahen Osten zu fegen begann. Arafat, der stets ein Gespür für solche Umschwünge hatte, befahl Abu Jihad, seinem obersten Stellvertreter, die gläubigen Gefolgsleute der Al Fatah in einer einzigen Organisation zusammenzufassen, die den Namen »Komitee von 77« tragen sollte. Die Aktivitäten dieser Gruppierung sollte ein Mann kontrollieren, der zum Islam konvertiert war: Munir Shafiq Asal. Dessen erste Aufgabe bestand darin, junge Gläubige, Palästinenser wie Libanesen, zu rekrutieren und zu indoktrinieren, und zwar mithilfe einer schon existierenden Organisation mit dem Namen »Studentische Zellen«. Deren fähigste Mitglieder wurden von einer der Nachrichtendienstabteilungen der Al Fatah übernommen. Auf diese Weise kam die erste Verbindung zwischen Imad Mughnija, Ali Dib und Salah zustande.

Arafat geriet schließlich ein wenig zu nahe an das auflodernde Feuer des Islam heran. Er hatte nicht nur damit begonnen, junge palästinensische und libanesische Gläubige für seine Fatah zu rekrutieren, sondern er fing auch an, der syrischen Moslemischen Bruderschaft in beträchtlichem Umfang Unterstützung zu gewähren. Nach der Niederschlagung der Erhebung in Hama im Jahr 1982 und der Zerstörung der Stadt stießen Angehörige der syrischen Armee, die all den Schutt und die Trümmer durchsuchten, auf amerikanische Geräte zur Nachrichtenübermittlung. Der syrische Präsident Hafez al-Assad verdächtigte zunächst die CIA, dann aber wurde klar, dass die Fatah diese Ausrüstungsgegenstände geliefert und die syrische Moslemische Bruderschaft ausgebildet und versorgt hatte, mit dem Ziel, Assad zu Fall zu bringen. Assad plante zuerst, sofort Jagd auf Arafat zu machen, dann beschloss er abzuwarten und sich später zu rächen, wenn die Gelegenheit günstig zu sein schien. Assad wusste, dass Rache, kalt genossen, am besten schmeckt.

Die Gelegenheit hierzu bot sich am 17. Mai 1983. Syrien ermunterte zwei weniger bedeutende Fatah-Mitglieder, Said Muragha (Abu Musa) und Nimr Salih (Abu Salih), aus den Reihen der Fatah-Gefolgsleute auszuscheren und ihre eigene Organisation zu begründen. Fünf Wochen später, am 24. Juni, verwies Assad Arafat formell seines Landes. Arafat war gezwungen, sich in Tripoli im Libanon neu einzurichten, doch weniger als fünf Monate später griffen Abu Musa und Abu Salih, die von syrischen Streitkräften unterstützt wurden, Arafat überall im Libanon an. Am 20. Dezember 1983 war alles vorbei: Fünf gecharterte griechische Dampfer evakuierten unter ständigem Beschuss durch syrische Artillerie Arafat und viertausend seiner Gefolgsleute aus Tripoli. Die französische Marine stellte bewaffnete Geleitfahrzeuge, die vor Angriffen der israelischen Luftwaffe schützen sollten. Arafat landete am Ende in Tunis, isoliert und vom Hauptgeschehen palästinensischer Politik abgeschnitten. Die bittere Lektion, die er lernen musste, war, dass der Islam zwar eine starke Kraft darstellt, dass es aber nicht immer eine gute Idee ist, die eigenen Karten aufzudecken. Arafat würde sich nie wieder in der Hama-Falle fangen lassen.

Eine zweite Sache, die man nach den Erfolgen, die Arafat in Oslo und in Stockholm für sich verbuchen konnte, vergessen hat oder die beschönigt wurde, war die Tatsache, dass die iranische Islamische Revolution von 1979 in einem weiteren Sinne von den Palästinensern genährt wurde. 1972 unterschrieben Ayatollah Khomeini und Arafat im irakischen Nadschaf eine Vereinbarung,

Alle Fotos stammen – soweit nicht anders angegeben – aus dem Privatarchiv des Autors.

Der Autor im Alter von neun Jahren in Kalifornien. Kurze Zeit später besuchte er zum ersten Mal mit seiner Mutter Europa.

Gerüstet für einen weiteren Fallschirmabsprung. Auf der Farm, 1977.

Die amerikanische Botschaft in Beirut
nach dem Bombenattentat vom 18. April 1983.

Mohammed Hassuna, der mutmaßliche
Selbstmordattentäter, der die US-Botschaft
in Beirut in die Luft sprengte.

Mohammed Murad entführte 1987 vier amerikanische Professoren vom Beirut University College.
Dieses Foto wurde von Agenten aus einer libanesischen Behörde beschafft.

Mohammed Hammada *(links)*, der 1985 eine TWA-Maschine entführte, und sein Bruder Abd al-Hadi Hammada *(daneben)* in Begleitung von zwei unbekannten Angehörigen der Pasdaran im Iran bei einem Besuch der iranisch-irakischen Front.
Dieses Foto wurde von CIA-Agenten aus einer konspirativen Wohnung der IJO in Beirut entwendet.

Hussein Khalil, ein Terrorist der Hisbollah und Meister seines Fachs, beim Gebet in einer Beiruter Moschee in den frühen Achtzigerjahren. Khalil ist der Brillenträger in der zweiten Reihe.

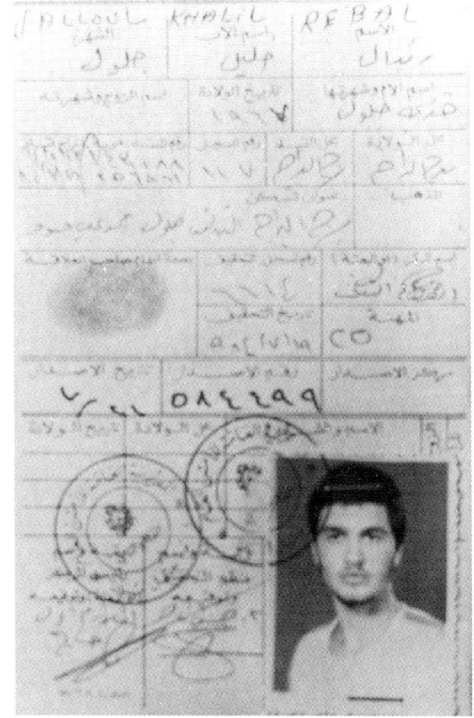

Antrag Talal Husni Hamijas,
des Stellvertreters Imad Mughnijas,
auf Ausstellung eines Reisepasses.
Agenten entwendeten dieses Foto
im Auftrag des Autors aus einer
libanesischen Behörde.

Ri Babl Khalil Jalluls Antrag auf
Ausstellung eines Reisepasses.
Jallul kam 1986 bei der Ent-
führung eines Flugzeugs der
Iraq Airlines ums Leben.
Auch dieses Foto wurde von
Agenten entwendet.

Imad Mughnijas
Passfoto.

Nachdem es zwei Botschaftsgebäude eingebüßt hatte, ließ das State Department schließlich in Beirut eine Festung errichten. Dieses Foto stammt aus dem Jahr 1987.

Imad Mughnija (Mitte, mit den Händen in den Taschen) sieht sich einen CNN-Bericht über den iranischen Airbus an, der 1988 versehentlich über dem Golf abgeschossen wurde.

Der Autor an der Green Line in Beirut, 1987.

Eine C-140 landet auf dem Flughafen von Duschanbe in Tadschikistan, um die amerikanische Botschaft zu evakuieren, 1992.

Im alten Soghdiana (dem tadschikischen Jaghnob-Tal) mit einem Jaghnobi. 1994.

Eine »CIA-Army« im Pamirgebirge in Tadschikistan. Diese Männer begleiteten mich in das abgelegene Jaghnob-Tal, 1994.

Jassir Arafat nimmt 1994 zusammen mit Shimon Peres *(Mitte)* und Jizhak Rabin den Friedensnobelpreis entgegen. Beim Betrachten solcher Fotos werden Erinnerungen daran wach, dass Arafat viele Jahre in terroristischen Organisationen tätig war. *(AP/Wide World Photos)*

Dave Cohen, der Director of Operations, verleiht dem Autor eine Auszeichnung für seinen Einsatz im Irak von Januar bis März 1995.

Beim Verbrennen vertraulicher Dokumente in Salah al-Din, Irak.

Es dauerte mehr als ein Jahrzehnt, um genau zu ermitteln, wer unsere Botschaft in Beirut in die Luft sprengte. Ich hoffe, dass die Regierung nicht so lange dafür brauchen wird, um herauszufinden, wer für die schrecklichen Attentate auf das World Trade Center und das Pentagon verantwortlich ist. *(AP/Wide World Photos)*

derzufolge islamische Kämpfer in Lagern der Fatah im Südlibanon ausgebildet werden sollten. Beinahe jeder spätere Führer der iranischen Revolution durchlief eines dieser Trainingscamps: vom Sohn des Ayatollah, Ahmad Khomeini, bis hin zu Mustafa Chamran, dem ersten Kommandeur der Pasdaran. Als der Schah am 16. Januar 1979 aus dem Iran floh und Khomeini zwei Wochen später in das Land zurückkehrte, überraschte es niemanden, dass der iranische Religionsführer das erste Telefonat von seinem neuen Büro aus mit Arafat führte.

Fast neun Monate später, am 19. Oktober 1979 – zwei Wochen bevor die Iraner die amerikanische Botschaft in Teheran besetzten –, flog Arafat in die Hauptstadt, um Khomeini persönlich zu beglückwünschen. Und die Gespräche, die die beiden führten, waren mehr als bloße Zeremonien. Am 18. November 1979 gab Arafat an alle Fatah-Kader den Befehl aus, »jeglichen Beistand« zu gewähren, der nötig sei, um die iranische Revolution zu »schützen«. In den USA wussten wir zwar damals nicht, was mit »jeglichem Beistand« gemeint war, wir sollten aber nicht lange im Unklaren darüber bleiben.

Im Februar 1980 versuchte ein libanesischer Sunnit namens Anis Naqqash den früheren iranischen Premierminister Schapur Bachtiar in Paris, wo er im Exil lebte, zu ermorden. Naqqash vermasselte seine Aufgabe gründlich: Er tötete statt Bachtiars eine alte Dame und einen Polizisten, wurde verhaftet und zu lebenslanger Haft verurteilt. Zuerst vermochte niemand sich seine Beteiligung an dem Attentat zu erklären. Warum sollte ein libanesischer Sunnit einen ehemaligen iranischen Premierminister töten wollen? Dann wurde offenbar, dass Arafat Naqqash zu diesem Zweck an den Iran ausgeliehen hatte. Schließlich verfügte Arafat ja schon über ein funktionierendes Netzwerk von Terroristen in Paris, und es sollte Jahre dauern, bis der Iran sich selbst eins geschaffen haben würde.

Es wurde aber bald deutlich, dass Arafat nicht nur seine Leute in Paris für den Anschlag auf Bachtiar zur Verfügung gestellt, sondern dem Iran auch die Terroristen, die weltweit für ihn tätig waren, überlassen hatte. Und als er 1982 gezwungen wurde, Beirut zu räumen, übergab er es mit allem Drum und Dran den

Iranern zur treuen Verwahrung. Viele seiner Kader schlossen sich den Pasdaran an. Auf diese Weise fanden Mughnija und die meisten seiner Helfershelfer und Verbündeten den Weg in die Reihen der Iraner. Aufgrund einer jener Wendungen des Schicksals, denen sogar terroristische Organisationen unterworfen sind, begann Ali Dib, der bei der Force 17 noch Mughnijas Vorgesetzter gewesen war, nun als sein Untergebener für ihn zu arbeiten.

Wir brauchten Jahre, um richtig dahinter zu kommen, welcher Art die Beziehung zwischen Mughnija und Arafat war. Ein entscheidendes Stück des Puzzlespiels vermochten wir an der richtigen Stelle einzufügen, als am 5. April 1988 der Flug 422 der Kuwait Airlines von Hijackern entführt wurde. Wir erfuhren zuerst von dieser Operation, als Mughnija Arafat am 23. Februar wissen ließ, er beabsichtige, eine »spektakuläre« Aktion durchzuführen, um die siebzehn Männer, die in Kuwait gefangen saßen, freizupressen. Obwohl Arafat nicht wusste, welcher Art diese Aktion sein sollte, erklärte er sich willens zu helfen, und am 14. März schrieb Ali Dib an Arafat und legte ihm nahe, sich darauf vorzubereiten, Verhandlungen mit Kuwait zu führen. Vier Tage nachdem die Maschine der Kuwait Airlines nach dem Start vom Flughafen Bangkok entführt worden war, kontaktierte Dib Arafat erneut: Er solle den Kuwaiti mitteilen, dass die ersten Geiseln stürben, wenn die Gefangenen nicht freigelassen würden. Arafat war außer sich vor Wut, als Mughnija tatsächlich zwei Geiseln töten ließ, doch er leitete weiterhin seine Forderungen nach Kuwait weiter und dann auch nach Algerien, wohin das Flugzeug schließlich dirigiert wurde.

Für jemanden, der sich weder mit dem Terrorismus noch mit dem Nahen Osten intensiv befasst hat, mag sich das wie etwas anhören, das nur für Insider interessant ist, doch terroristische Organisationen operieren wie der am kompliziertesten strukturierte Verwaltungsrat, den ein New Yorker Jurist jemals auszuklügeln vermag. Und ob man nun Imad Mughnija nachspürt oder versucht, die Geschehnisse der iranischen Revolution zu entwirren – am Ende laufen viele der Spuren bei Jassir Arafat zusammen. Es mag sogar eine Spur geben, die zu Osama bin Laden führt, doch das, wonach man nicht sucht, wird man nahezu mit Sicherheit nicht finden.

Daran muss ich denken, wenn ich Arafat im Rose Garden des Weißen Hauses stehen sehe oder wenn ich höre, dass es zu einem privaten Treffen zwischen ihm und einem CIA-Chef in irgendeinem Zelt in der Wüste gekommen ist. Und manchmal frage ich mich, ob Arafats Beispiel nicht Osama bin Laden darüber nachdenken lässt, ob er sich nicht im Laufe der Zeit zu einem Staatsmann mausern könnte. Dieses Buch handelt nicht von Israel, doch ich möchte darauf hinweisen, dass viele israelische Staatsmänner ihre politische Karriere begonnen haben, indem sie etwas gegen Großbritannien unternahmen, was wir heute als terroristische Aktionen definieren würden. Wenn man Realpolitik betreibt, dann gibt es anscheinend immer Hoffnung.

12

August 1988. Beirut, Libanon

Chuck McKee begleitete mich zum Hubschrauberstartplatz, um mich zu verabschieden: Es sollte mein letzter Flug von Beirut nach Zypern sein. Ich war nach Paris versetzt worden und würde nicht in die libanesische Hauptstadt zurückkehren.

Obwohl man sich kaum zwei unterschiedlichere Menschen vorstellen konnte, waren Chuck und ich enge Freunde. Wir hatten zwei Jahre lang zusammen in einem Büro gesessen, hatten einander auf den Straßen Rückendeckung gegeben und waren zusammen losgezogen, um uns einen zu genehmigen, wenn wir einmal aus irgendeinem Grund ohne Beschäftigung gewesen waren. Es machte mir Spaß, Chuck aufzuziehen, der ein großer und sanfter Bär von Mann war. Wenn er genug von meinen Frotzeleien hatte, kam Chuck zu meinem Schreibtisch herüber, zog mich hoch, drehte mich um, packte meine Füße und ließ mich kopfüber von seinen ausgestreckten Armen herabbaumeln. Ich bin auch nicht gerade ein Zwerg, und nur wenige Männer, die ich kenne, wären zu so etwas in der Lage.

Als ich mich umdrehte, um einen Blick auf Beirut zu werfen – in der Nähe des Hafens brannte es –, wurde mir klar, dass ich zu viel Unerledigtes hinter mir zurückließ. Ich hatte gerade ein Foto von Hassuna in die Hand bekommen, dem mutmaßlichen Selbstmordattentäter, der den Pick-up in unser Botschaftsgebäude gelenkt hatte. Es musste noch überprüft werden, ob es wirklich das richtige Foto war. Aber es war wirklich Zeit für mich zu gehen. Ich hatte mich zu sehr mit meiner Arbeit identifiziert. Ich begann, wie die Leute zu denken, auf die ich Jagd machte. Ein anderer Case Officer würde da weitermachen müssen, wo ich aufgehört hatte. Wenn er engagiert und interessiert genug war, konnte er die Spuren weiterverfolgen, auf die ich bezüglich des Attentats auf die Botschaft gestoßen war. Und dann würde die CIA vielleicht wirklich eines Tages den Fall lösen, die Akte schließen und zur Aufbewahrung an die National Archives weiterreichen.

Ich erwähnte dies alles Chuck gegenüber nicht, weil er noch ein weiteres Jahr in Beirut bleiben musste. Er konnte es sich nicht leisten, gegenüber dem allem hier die gleiche distanzierte Haltung einzunehmen. Während wir die beiden Blackhawk-Hubschrauber beobachteten, die dicht über der Meeresoberfläche herannahten, schüttelten wir uns die Hände und versprachen uns gegenseitig, den Kontakt nicht abbrechen zu lassen. Ich bot ihm an, auf meiner Couch zu biwakieren, falls er jemals nach Paris kommen sollte.

Ich weiß nicht, warum, aber aus irgendeinem Grund sagte ich in scherzendem Ton: »Wenn du nicht bald von hier abhaust, Chuck, du alter Blödmann, dann werden die Terroristen dich kriegen.«

Chuck lachte, bückte sich und tätschelte die Walther PPK – die Waffe, die auch James Bond bevorzugt –, die er mit Klebeband an seinem Knöchel befestigt hatte. »Ich werde mich schon wehren.«

Sechs Monate später, am 21. Dezember 1988, erwischte es Chuck, als der PanAm-Flug 103 über Lockerbie in Schottland explodierte.

Wenige Dinge haben in mir ein stärkeres Gefühl der Frustration ausgelöst als die vergeblichen Nachforschungen im Zusammenhang mit diesem Attentat auf die Maschine der PanAm. Am Anfang deutete alles darauf hin, dass der Anschlag auf das Konto einer Gruppe ging, die ihren Stützpunkt im Libanon hatte, aber für den Iran agierte. Wenn ich noch in Beirut stationiert gewesen wäre, hätte ich meine Agenten auf den Fall angesetzt, sie den verschiedensten Spuren nachgehen, Fakten eruieren und sich nach neuen Informanten umschauen lassen. Ich saß aber mittlerweile in einem Büro, von dem aus ich auf die Place de la Concorde schauen konnte, und wenn es auch in Paris ein paar arabische Agenten geben mochte, so hatten sie schlimmstenfalls am Rande etwas mit Terrorismus zu tun.

Die Theorie, dass der Iran hinter dem Attentat auf den PanAm-Flug 103 steckte, beruhte auf einer Information, die wir Anfang Juli 1988 erhalten hatten. Ein paar Tage nachdem die U.S.S. *Vincennes* am Golf versehentlich einen iranischen Airbus abgeschossen hatte, flog ein Nachrichtendienstoffizier der Pasdaran in den Libanon, um zwei Vertreter der Popular Front for the Liberation of Palestine/GC (PFLP/GC) zu treffen. Einer von diesen beiden war Mohammed Hafez Dalkamoni, der andere jemand, den wir nur als Nabil kannten. Die Besprechung fand im Flüchtlingslager von Damur im südlichen Libanon statt. Die Weisungen der Iraner an Dalkamoni und Nabil waren kristallklar: Lasst ein amerikanisches Flugzeug hochgehen, und zwar *in der Luft*, damit so viele Menschen wie möglich umkommen. Der Iran hatte sich entschlossen, für den Abschuss des Airbus Rache zu nehmen.

Die Hypothese, dass die Iraner dahintersteckten, passte zu dem, was wir über das Regime in Teheran wussten. Die iranischen Hardliner, die in der Regierung das Sagen hatten, wollten nie glauben, dass der Airbus versehentlich abgeschossen worden war. Rache zu nehmen, war für sie ein Akt der Gerechtigkeit: Auge um Auge und Zahn um Zahn. Und dass der Iran sich an das General Command um Hilfe wandte, machte Sinn. In Teheran hatte man Geschmack daran gefunden, Stellvertreter die schmutzige Arbeit erledigen zu lassen, und wenn es darum ging, Dinge in die Luft zu jagen, war das General Command eine der besten terroristischen Gruppierungen der Welt. Es kannte sich vor allem mit technisch raffinierten Apparaturen wie zum Beispiel barometrischen Zündern vorzüglich aus. Das General Command feierte sein Debüt, was Aktionen in der Luft betraf, am 21. Februar 1970, als es nämlich eine Maschine der Swissair, die in Österreich gestartet war, zur Explosion brachte. Zwei Jahre später, am 16. August 1972, zündete die PFLP eine Bombe an Bord eines ElAl-Flugzeugs, wobei vier Menschen verletzt wurden. Seit jener Zeit waren ihre Leute nur noch besser geworden.

214

Dalkamoni war auch der ideale Emissär zur Wahrung der iranischen Interessen. Noch in den Achtzigerjahren hatte er in Europa gelebt, wo er viele Stunden in der jeweiligen McDonald's-Filiale in seiner Nachbarschaft saß, deprimiert darüber, dass seine palästinensischen Mitbürger bei der Intifada ums Leben kamen. Eines Tages wandte er sich dann dem Islam zu und trat einer kleinen Gruppe von Fundamentalisten innerhalb des General Command bei, die sich vom Iran inspirieren ließen. Der Iran überprüfte Dalkamoni auf Herz und Nieren; man kam zu dem Schluss, dass er ein wahrer Gläubiger sei und man damit rechnen könne, dass er den Mund nicht auftun würde, falls er gefangen werden sollte. Er musste aber noch weiter überprüft werden. Auf Anweisung aus dem Iran hin organisierte Dalkamoni Anschläge auf zwei Eisenbahnzüge des amerikanischen Militärs in der Bundesrepublik Deutschland, den einen am 31. August 1987 und den anderen am 26. April 1988. Niemand kam dabei ums Leben, doch Dalkamoni hatte gezeigt, dass er bereit war, Risiken einzugehen und Befehlen Folge zu leisten. Was den PanAm-Flug 103 betraf, so schien Dalkamoni ein absolut wasserdichtes Alibi zu haben. Er war zusammen mit den meisten anderen Mitgliedern der deutschen Zelle am 26. Oktober 1988 festgenommen worden und saß immer noch in Haft, als das Flugzeug zwei Monate darauf von einer Bombe zerrissen wurde, wobei alle 259 Menschen an Bord und elf weitere am Boden das Leben verloren. Das schloss aber nicht die Möglichkeit aus, dass man die Operation einem Angehörigen der Zelle, der entwischt war, übertragen hatte, und im Laufe der Wochen begannen immer mehr Informationen, die wir bekamen – es war eine ganze Lawine –, darauf hinzuweisen, dass es genauso gewesen war.

Am 23. Dezember, zwei Tage nach dem Bombenanschlag, gingen auf einem Konto des General Command bei einer Bank in Lausanne elf Millionen Dollar ein. Von dort aus wurde die Summe auf ein anderes Konto des General Command, bei der Banque Nationale de Paris, transferiert und schließlich auf ein drittes, bei der Hungarian Trade Development Bank. Die Nummer des Kontos bei der Pariser Bank fand man bei Dalkamoni, als er verhaftet wurde. Und das war noch nicht alles: Mohammed

Abu Talib, einer der Partner Dalkamonis, der im Verdacht stand, bei dem Bombenanschlag seine Finger mit im Spiel gehabt zu haben, erhielt am 25. April 1989 eine Zahlung von 500 000 Dollar. Kam dieses Geld und ebenso das andere aus dem Iran? Handelte es sich um Erfolgshonorare für das Attentat auf PanAm-Flug 103? Mit Sicherheit waren das keine unlogischen Schlussfolgerungen. Abu Talib schien Malta vom 3. bis zum 18. Oktober 1988 besucht zu haben und dann noch einmal vom 19. des Monats bis zum 26. – das war geradezu ein Leckerbissen von Information, da man in dem Flugzeugwrack bei den Resten des Koffers, in dem der Sprengkörper verborgen gewesen war, auch Kleidungsstücke gefunden hatte, die auf Malta gekauft worden waren. Hatte Abu Talib die Kleider gekauft, oder war es einer der beiden Libanesen gewesen, die schließlich im holländischen Zeist wegen des Anschlags vor Gericht gestellt wurden? Wir wussten auch, dass Abu Talib immer wieder nach Libyen reiste. Koordinierte er für Dalkamoni Aktionen mit den Libyern? Wiederum schien das eine durchaus logische Annahme zu sein.

Was uns betraf, so war die CIA in der Lage, den mysteriösen Nabil, der im Juli 1988 an dem Treffen im Bekaa-Tal teilgenommen hatte, mit relativ großer Sicherheit als ein Mitglied des General Command namens Nabil Machzumi (Abu Abid) zu identifizieren, der zu jener Zeit Dalkamonis Adjutant war. Vielleicht deswegen weil er Farsi sprach, fungierte Machzumi als der Hauptkontaktmann des General Command zu den Pasdaran. Sein iranischer Einsatzoffizier war, das wussten wir ebenfalls, ein ranghoher Offizier der Pasdaran namens Feridoun Mehdi-Nezhad. War Machzumi nach Deutschland gereist? War er derjenige, der die Leitung der Operation von Dalkamoni übernommen hatte? Die Deutschen hatten keine Ahnung. Wir fanden auch heraus, dass Mehdi-Nezhad im Juli 1988 in Frankfurt gewesen war. Doch die Deutschen konnten nicht ermitteln, was er dort getan oder wen er dort möglicherweise getroffen hatte. Mehdi-Nezhad hatte Anfang 1988 Libyen besucht. Wenn er sich ein paar Monate später mit Dalkamoni getroffen hatte, könnte das ein weiterer Beweis dafür sein, dass der Absturz der PanAm-Maschine das Resultat einer Konspiration auf breiter Ebene – an der sich nämlich der Iran, Libyen und das General Command beteiligt hatten – gewesen war.

Niemand konnte diese Möglichkeit ausschließen, obwohl die Deutschen es eigentlich gern getan hätten.

In Wahrheit war die Untersuchung, die die Deutschen eingeleitet hatten, beinahe von Anfang an ein Witz. So vergaßen sie zum Beispiel, eine von Dalkamonis Bomben zu entschärfen; das Ding explodierte in einem deutschen Labor und tötete einen der Wissenschaftler, die mit der Untersuchung beauftragt waren. Die freigelassenen Mitglieder der revolutionären Zellen reisten kurz vor dem Anschlag auf die PanAm-Maschine wie verrückt kreuz und quer durch das Land, doch die Deutschen vermochten nicht herauszufinden, was sie eigentlich taten. Sie waren auch nicht in der Lage, eine andere Bombe aus dem Besitz Dalkamonis aufzuspüren, sodass man hätte überprüfen können, ob der Zeitzünder an ihr mit dem übereinstimmte, den man in Schottland auf dem Boden gefunden hatte.

Die Untersuchungen der Deutschen wurden dadurch weiter verkompliziert, dass ihre Regierung insgeheim den Iran umwarb. Als der Schah 1979 gestürzt und die Amerikaner aus dem Land geworfen wurden, geriet der Iran zu einer verlockenden Beute für die Europäer. Die Deutschen verlangte es vor allem nach einem zuverlässigen Erdöllieferanten, wie ihn andere europäische Staaten schon hatten. Der Iran schien ihnen aber auch ein vielversprechender Absatzmarkt für ihre Automobile und andere Produkte zu sein. Um die Gunst des Iran zu erlangen, begann Bonn unter anderem, die Mitarbeiter des iranischen Geheimdienstes, des Informations- und Sicherheitsministeriums, auszubilden. Diese Beziehung entwickelte sich rasch zu einer ausgewachsenen Liaison; die Deutschen brachten den Iranern sogar bei, wie man Mitarbeiter gegnerischer Geheimdienste überwacht.

Die Franzosen waren nicht besser. Wie sie es sahen, verfolgten sie ihre Interessen und wir die unseren. Frankreich würde in keinem Fall zum Wasserträger Amerikas werden. Außerdem setzten die Franzosen ihren Geheimdienst in erster Linie auf Nordafrika an. 1991 hatte eine Militärregierung in Algerien eine demokratisch gewählte islamische Regierung abgesetzt und damit einen blutigen Bürgerkrieg ausgelöst. Frankreich war besorgt darüber, dass der in Algerien tobende Konflikt sich auch auf die große Gemeinde von Algeriern, die nach Frankreich emigriert waren, auswirken könnte.

Man konnte den Europäern aber nicht die ganze Schuld geben. Tatsache war, dass die CIA dabei war, ihre Filialen im Ausland dichtzumachen. Unmissverständlich hatte ich kapiert, dass wir schneller Agenten abstießen, als dass wir neue rekrutierten. Das Bonner Büro besaß keinen einzigen Agenten aus dem Nahen Osten, weder einen Araber noch einen Iraner, der eine Spur hätte verfolgen können. Was das betraf: Es besaß keinen einzigen Agenten innerhalb der riesigen moslemischen Gemeinde, die es in Deutschland gab – ein Mangel, der sich nach den Anschlägen auf das World Trade Center und das Pentagon auf schmerzliche Weise bemerkbar machen sollte, als sich nämlich abzuzeichnen begann, dass eine Spur nach der anderen über den Atlantik nach Hamburg und in andere deutsche Städte führte. Was den Fall des PanAm-Fluges 103 betraf, so hatte unser Büro in Bonn keinen einzigen Informanten im Umfeld des Frankfurter Flughafens, der uns hätte melden können, ob sich irgendetwas Verdächtiges vor dem Abflug der Zubringermaschine zugetragen hatte, deren Passagiere dann in London in das PanAm-Flugzeug steigen würden. Die CIA vermochte noch nicht einmal selbst an die Passagierlisten heranzukommen, sondern war auf die Hilfe der Deutschen angewiesen. Und dabei ist Frankfurt nun einmal das absolute Drehkreuz des europäischen Luftverkehrs.

Beinahe so schlimm wie das Fehlen neuer Agenten war die Tatsache, dass viele von den alten schon viel zu lange für uns arbeiteten. Sie hatten ihren *access*, ihren Zugang zu Personen, die irgendwelche Geheimnisse kannten, eingebüßt, doch das schien niemandem etwas auszumachen. Es war wie eine permanente, von Washington sanktionierte Drosselung der Produktion eines Betriebes. Und wenn es Washington nicht kümmerte, weshalb sollten sich dann die Case Officers darüber den Kopf zerbrechen? Der Versuch, einen Agenten zu rekrutieren, konnte einen sehr gut seinen behaglichen Posten im Ausland kosten, wo die Regierung die Miete, den Strom und das Wasser und so weiter bezahlte, und man lief Gefahr, nach Washington zurückgeschickt zu werden, wo die Preise in den Himmel stiegen und keiner mit einem CIA-Gehalt es sich mehr leisten konnte, ein Haus zu kaufen. Und wie war die geistige Atmosphäre in D.C.? Ich würde dahin zurückversetzt werden müssen, um es herauszufinden, aber was man so hörte, klang nicht sehr aufmunternd.

Anfang 1989 übernahm ich einen Agenten von einer jungen Frau, die ich Becky nennen will. Becky war zu dem Schluss gekommen, dass sie für das Spionagegeschäft nicht geeignet war, und hatte gekündigt, um nach San Francisco zurückzukehren, wo sie von der Agency angeheuert worden war. Die Übergabe sollte in einem Motel außerhalb von Paris stattfinden, in einer dieser scheußlichen Vorstädte, in denen alle Gebäude nur aus Beton und Glas zu bestehen schienen und wie verdrehte Ableger der Bauhaus-Architektur aussahen. Der Teppichboden in dem Motel roch nach Erbrochenem und billigem Wein. Becky bestellte beim Zimmerservice ein Kännchen Kaffee und ein Kännchen Tee, und wir warteten auf den Auftritt von »Jacques«.

Jacques, Waffenhändler von Beruf, war ein ausgezeichneter Agent gewesen, doch in den vergangenen Monaten hatten seine Leistungen stark nachgelassen. Als er in das Hotelzimmer marschiert kam, erkannte ich, dass er einst ein sportlicher Mensch gewesen war, doch er hatte seinen Körper vernachlässigt. Sein dicker Bauch quoll aus seinem Hemd, an dem ein paar Knöpfe fehlten. Jacques murmelte etwas der Art, dass er ein Mädchen zum Krankenhaus gebracht habe, wo man sie habe durchchecken müssen, weil sie eine Abtreibung gehabt hatte. Becky achtete gar nicht auf das, was er sagte.

Jacques stierte den Kaffee an und dann Becky. »Ich brauche einen Drink, zum Teufel. Glaubt ihr, dass man in diesem dreckigen Puff eine Flasche Cognac auftreiben kann?«

Nachdem Jacques seinen Cognac bekommen hatte, setzen wir uns und fingen an, einen Packen Dokumente durchzugehen, den er mitgebracht hatte. Das Zeug war gut. Nichts über seine eigenen Geschäfte, aber es war ihm gelungen, an Informationen über die Transaktionen seiner Konkurrenten heranzukommen. Ein britisch-schweizerischer Händler des Todes, der in Zug lebte, verkaufte ganze Schiffsladungen voll Iglas, moderner sowjetischer Boden-Luft-Raketen, an den Iran. Jacques kannte die Preise, wusste über Kreditbriefe Bescheid, über Zertifikate für den »Endverbraucher«, einfach alles. Mir war rätselhaft, warum Becky in der Vergangenheit keine solchen Informationen von ihm eingeholt hatte, aber ich sagte nichts. Rein technisch gesehen war Jacques immer noch Beckys Agent, erst vom nächsten Treffen an würde er für mich arbeiten.

Als die Zeit für Jacques gekommen war, uns zu verlassen, schüttelte Becky ihm nur ganz kühl die Hand. Nachdem er die Tür hinter sich geschlossen hatte, rollte sie die Augen gen Himmel. Das war nicht die normale Verabschiedung eines Case Officer von einem Agenten. Für gewöhnlich ist ein Treffen, bei dem ein Agent an einen anderen Einsatzoffizier übergeben wird, eine etwas rührseligere Angelegenheit.

Ich ließ das nächste Treffen in einer kleinen Stadt stattfinden, die um einiges von Paris entfernt war. Ich hatte vor, mit dem Zug nach Genf zu fahren, dort ein Auto zu mieten und über einen der vielen kleinen Grenzübergänge, die von französischen Geldwäschern benutzt wurden, wieder nach Frankreich hineinzufahren. Jacques und ich trafen uns in dem einzigen Feinschmeckerlokal der Stadt, in einem jener kleinen, durch Vorhänge vom Hauptspeiseraum abgetrennten *chambres separées*, in denen die Franzosen gerne ihre Geliebten bewirten. Ich weiß nicht, was der Maître über Jacques und mich dachte, doch ich wollte um jeden Preis vermeiden, dass die neugierige Direction de la Surveillance du Territoire (DST), die französische Variante des FBI, in unser Treffen platzte.

Wir fingen mit einem Glas Kir Royal an und gingen dann schnell zu weißem Burgunder über, der von einem Weingut kam, das ich kannte. Als die zweite Flasche vor uns stand, hatte Jacques für sich beschlossen, dass ich in Ordnung war.

»Glauben Sie an Gott?«, fragte er.

Die Frage war ganz ernst gemeint. Mein erster Gedanke war, dass er an einer unheilbaren Krankheit litt und Trost suchte.

»Äh, nicht unbedingt.«

»Das ist gut.« Er lächelte. »Das ist sehr gut!«

»Das war eine seltsame Frage, Jacques. Es ist das erste Mal, dass ein Agent mir diese Frage gestellt hat.«

»Klar ist sie seltsam, aber wissen Sie, was Becky das ganze letzte Jahr über versucht hat?«

Er wirkte beruhigt, als ich verneinte.

»Sie hat versucht, mich zu bekehren, mich zum Christentum zurückzuführen, in den Schoß der Kirche, der sie selbst angehört. Sie hat das ganze Jahr lang von nichts anderem geredet. Sie hat sich geweigert, übers Geschäft zu sprechen – über all die Dokumente, die ich herbeigeschafft habe.«

Sobald ich wieder im Büro war, erzählte ich Chuck Cogan, dem Pariser Operationschef, die Geschichte. Chuck war ein CIA-Mann alten Schlages – Privatschule, Harvard, Polo, Französisch wie ein Einheimischer. Er verbrachte seine Freizeit damit, in Begleitung adliger französischer Freunde durch den Bois de Boulogne zu reiten. Er verzog das Gesicht, während ich berichtete, und gestand dann schließlich, nicht zu wissen, was dagegen zu tun sei, wenn ein Case Officer sich auf die Jagd nach Proselyten machte.

Drei oder vier Mitarbeiter des Pariser Büros hatten sich von Becky bekehren lassen und waren ihrer New-Age-Glaubensgemeinschaft beigetreten. Einer war ein Verwaltungsbeamter, der jetzt seine Tage damit verbrachte, auf dem Montparnasse religiöse Traktätchen zu verteilen. Chuck fragte auf inoffiellem Weg beim Hauptquartier nach, was er machen solle, bekam aber nur zu hören, dass er nichts tun dürfe, was die Grundrechte auf Religionsfreiheit, die jedem Amerikaner zuständen, verletzen könnte. Wenn Einsatzoffiziere des CIA während ihrer Arbeitszeit unbedingt für Gott auf Schäfchenfang gehen wollten, dann musste man sie gewähren lassen.

Es mag sich zwar merkwürdig anhören, doch die Jacques-Becky-Geschichte war symptomatisch für die Entwicklung innerhalb der CIA. Wenn die *political correctness* uns nicht die Luft abdrehte, dann wurden wir von unserer neuen *Laissez-faire*-Einstellung gelähmt.

In Paris stießen wir einmal auf bruchstückhafte Beweise dafür, dass die Iraner in einer Seitenstraße der Avenue de la Grande Armée eine Station ihres Geheimdienstes eingerichtet hatten. Ich schlug vor, dem nachzugehen, doch die jungen Case Officers, von denen viele nie eine Operation von irgendwelcher Bedeutung durchgeführt hatten, lachten nur. Es gebe keine zwingenden Hinweise darauf, dass die Station wirklich existierte, meinten sie, deswegen sollten wir uns nicht die Mühe machen. Ich war baff. Zwei Jahre zuvor hatten Angehörige des iranischen Geheimdienstes überall in Paris Bomben gezündet und amerikanische Diplomaten und Agenten getötet. Es war in jedem Fall der Mühe wert.

Unbeirrt – wenn auch ziemlich eingeschnappt – machte ich einen Fernmeldetechniker der französischen Telefongesellschaft ausfindig, der sich bereit erklärte, die Leitung der mutmaßlichen iranischen Geheimdienststation anzuzapfen. Wenn wir sie ein paar Monate belauschten, so dachte ich, würden wir sagen können, ob es ein Fall für die Justiz wäre. Der Techniker von der PTT bestand den Lügendetektortest nicht, aber was machte das schon? Wenn es sich herausstellen sollte, dass der Mann für die Franzosen arbeitete, so argumentierte ich, könnten wir einfach sagen, da die Kollegen es versäumt hätten, ihrer Aufgabe nachzukommen und iranische Terroristen zu überwachen, hätten wir das in die Hand nehmen müssen. Die Division Europa war jedoch entsetzt. Ich erhielt den Befehl, den PTT-Techniker sofort fallen zu lassen und die geheime Station der Iraner zu vergessen.

Bald tat sich eine noch bessere Gelegenheit auf. Im November 1990 entdeckten wir, dass Frankreich heimlich drei Abu-Nidal-Studenten aufgenommen und in Besançon untergebracht hatte. Die französische Regierung bezahlte alles: ihren Unterricht, ihre Verpflegung, ihre Unterbringung, anscheinend aus der Überlegung heraus, es sei besser, Abu-Nidal-Leute im eigenen Zelt sitzen zu haben, aus dem sie herauspissten, als andersherum. Als ich vorschlug, die drei aufs Korn zu nehmen – oder zumindest ihr Telefon anzuzapfen –, handelte ich mir Blicke ein, als ob ich nicht mehr ganz bei Trost sei. »Das State Department wird es niemals zulassen«, lautete die Antwort.

222

Sicher, in Paris tat man so, als ob man spionieren würde, doch es diente wirklich alles nur dazu, den Schein zu wahren. Einsatzoffiziere trafen sich mit ihren Agenten und schrieben Berichte, doch die Informationen entstammten nicht zuverlässigen Quellen, waren unwichtig und oft schon allgemein bekannt. Ein paar Case Officers besuchten regelmäßig diplomatische Empfänge, aber sie wollten dort nur offizielle Kontaktpersonen treffen. Niemand warf einen aus dem Land hinaus, weil man mit einer befreundeten Regierung zusammenarbeitete – und man war rechtzeitig zum Abendessen wieder zu Hause.

So waren unsere Case Officers in Paris vor allem damit beschäftigt, sich gegenseitig Wohnungen wegzuschnappen, Fortbildungsseminare und Meetings in der sicheren »Blase« zu besuchen, Berichte über langfristige Entwicklungen zu schreiben und eben das zu tun, womit Bürokraten mittleren Alters, die im Dienst der Regierung stehen, sich die Zeit vertreiben. Am Samstagmorgen fuhr beinahe jeder aus dem Büro von Paris zum US-Militärstützpunkt im belgischen Mons, um dort in den Läden für die Soldaten einzukaufen.

Und dann war da noch das Sprachproblem. Die älteren Officer sprachen gut Französisch, die jüngeren nicht. Französische Agenten hassen es – wie ihre Landsleute im Allgemeinen – einem Menschen zuliebe, der sich nicht die Mühe macht, ihre Sprache vernünftig zu lernen, langsamer zu sprechen. Der Snobismus der Franzosen bildete eine andere Barriere: Hush Puppies, Trenchcoats von Brooks Brothers und Shorts in Neonfarben waren eine Beleidigung für den erlesenen Geschmack unserer Gastgeber. Unsere Einsatzoffiziere blitzten bei der französischen Gesellschaft ab. Alles was sie abends tun konnten, war, Videos anzuschauen.

Mir fiel noch etwas anderes auf: Als das DO seinen Abstieg erlebte, wurden Satelliten an Stelle von Agenten in Washington die Garanten dafür, dass man in den Besitz der Wahrheit gelangte. Es gibt weniges, das für einen politischen Strategen befriedigender ist, als ein von einem Satelliten aus geschossenes scharfes, glänzendes Schwarz-Weiß-Foto in der Hand zu halten, es mit dem eigenen 3D-Betrachter zu untersuchen und selbst zu schlussfolgern, was das, was da zu sehen ist, bedeutet. Auf diese Weise konnte man nicht nur ohne Analytiker auskommen, sondern auch ohne Agenten – Gott sei Dank. Denn Agenten waren eine so chaotische Bande. Manchmal irrten sie sich, manchmal logen sie sogar. Und sie hatten mit Sicherheit das Talent, hässliche diplomatische Zwischenfälle zu verursachen.

Als eine fatale Schwächlichkeit von der CIA Besitz ergriff, begannen Case Officers in Scharen ihren Abschied zu nehmen, und einige der Besten gingen als Erste. In Paris – dem wunderschönen, faszinierenden Paris – betrug der Schwund nahezu dreißig Prozent. Weil alle äußeren Anzeichen sie mittlerweile zu der Überzeugung brachten, dass Spionage kein seriöser Beruf für seriöse Leute mehr war, gingen diese Männer nach Hause, um sich einen neuen Job im Investment Banking oder einer anderen Branche, die man in den USA ernst nahm, zu suchen.

Wenn ich viel länger in Paris geblieben wäre, hätte ich am Ende auch meinen Abschied genommen. Ich musste mich irgendwohin versetzen lassen, wo die CIA noch so operierte, wie sie es früher getan hatte.

13

24. Oktober 1992.
Duschanbe, Tadschikistan

Ich hielt den Hörer des STU-III, eines abhörsicheren Telefons, aus dem Fenster dessen, was hier als CIA-███████████ galt, sodass der Officer vom Dienst daheim im Hauptquartier den draußen tobenden Kampf mitbekam.

»Hör dir das an!«, schrie ich, als ein Panzer in der Straße hinter dem Oktoberskaja Hotel eine Granate aus seiner Kanone abfeuerte. Ein langer Rülpser aus einem schweren Maschinengewehr und ein paar Explosionen folgten kurz hintereinander. Nur einen Steinwurf von dem Hotel entfernt ertönte aus dem Lautsprecher, der an der Hauptmoschee von Duschanbe angebracht war, immer wieder dieselbe Koran-Sure. Hin und wieder drängte sich eine Stimme dazwischen, die schrie: »La Allah ill'Allah« – es gibt keinen Gott außer Gott.

Ich war während der vergangenen achtundvierzig Stunden fast ununterbrochen auf den Beinen gewesen, und jetzt begann die Erschöpfung einzusetzen. Dass ich in der Woche davor pausenlos unterwegs gewesen war – fünf Tage davon hatte ich in Kiew auf einen Flug nach Duschanbe gewartet, den es gar nicht gab –, hatte meinen Zustand auch nicht gerade gebessert. Jeden Morgen war ich zum Flughafen gegangen in der Erwartung, in das Flugzeug nach Duschanbe steigen zu können, das angeblich zur vorgesehenen Zeit starten sollte. Einen Tag nach dem anderen hatte sich nichts gerührt. Am fünften Morgen erbarmte sich der Manager des Flughafens schließlich meiner, zog mich in eine Ecke und rückte mit dem Staatsgeheimnis heraus, dass der Flugverkehr zwischen Kiew und Duschanbe schon sechs Monate zuvor eingestellt worden war. »Kein Flugzeug, kein Benzin«, sagte er, wobei er traurig den Kopf schüttelte. Ich machte mir im Geiste eine Notiz: Den Clowns zu Hause in der Reiseabteilung musste unbedingt begreiflich gemacht werden, dass sie aufhören sollten, den Leuten Plätze in der Maschine von Kiew nach Duschanbe zu buchen. Ich wollte lieber gar nicht erst darüber nachdenken, warum Aeroflot mich jeden Morgen einchecken ließ, aber ich meinte nun eine Ahnung davon zu haben, warum die Sowjetunion zusammengebrochen war.

Da ich kein Visum für Russland besaß, war ich gezwungen gewesen, nach Frankfurt zurückzukehren, wo ich ein paar Stunden in einem Sessel auf dem Rhein-Main-Stützpunkt geschlafen hatte. Dann war ich, im eiskalten Laderaum eines U.S. Air Force C-141 Starlifter auf einer Frachtpalette sitzend, nach Duschanbe geflogen. Der Pilot hatte den Flughafen in geringer Höhe angeflogen – unterhalb der Kette der 7500 Meter hohen Berggipfel, von denen nahezu die ganze Fläche des Landes bedeckt ist und die Alexander dem Großen so ehrfurchtgebietend vorkamen, dass er sich nach Süden wandte und dann in Richtung Osten quer durch Afghanistan zog, anstatt den Versuch zu unternehmen, sie zu überqueren.

Es waren zwei lange Nächte gefolgt, in denen ich mit ein paar Tadschiken Wodka getrunken hatte. An meinem zweiten Tag im Land hatte mich eine böse Erkältung erwischt. Das Einzige, was mich um 6.09 Uhr am Morgen des dritten Tages hätte aufwecken können, war genau das, was mich dann wirklich hochschrecken ließ: das kehlige Grummeln eines ZSU-23-Flakgeschützes direkt vor meinem Fenster. Zuerst wusste ich gar nicht mehr, wo ich war, doch wenn man meint, dass man unter Beschuss steht, spielt das auch keine Rolle. Mein erster Impuls war, mich in der Badewanne in Sicherheit zu bringen, es war aber keine da. Jemand schien sie gestohlen zu haben, während ich geschlafen hatte. Erst da wurde mir wieder bewusst, wohin es mich verschlagen hatte – nach Tadschikistan, der abgelegensten, ärmsten und isoliertesten der früheren Sowjetrepubliken. An den äußeren Rand der abbröckelnden Peripherie.

Als ich so im Bett lag und dem Geschützfeuer zuhörte, fragte ich mich, in was ich mich wohl diesmal reingeritten hatte. Nach meiner Zeit in Paris hatte man mich nach Rabat in Marokko beordert, wo ich drei Jahre geblieben war. Mit seinen großen Häusern, seinem milden Klima, seinen roten Tennisplätzen und smaragdgrünen Golfplätzen war Rabat ein sehr angenehmer Einsatzort gewesen. Man konnte sogar im Atlasgebirge außerhalb von Marrakesch Ski laufen. Ich hatte auch einen angenehmen Job gehabt – als Stellvertreter von ███████████████, im Management sozusagen. Drei Jahre in Rabat, und ich würde beim nächsten Mal die Leitung eines mittelgroßen ███████████████ übernehmen können.

Tatsache war aber, dass ich mich langweilte. Der Krieg in der Westsahara war vorbei. Schlimmer noch, in Marokko spielte sich alles Wichtige innerhalb der königlichen Familie ab, und die einzige Person von einiger Bedeutung innerhalb dieses geschlossenen Kreises war König Hassan II., ein Mann, der über seine persönlichen Berater verfügte. Wenn Hassan II. mit Washington reden wollte, dann tat er das über eigene Mittelsmänner, nicht über die CIA. Im Grunde wussten wir nicht, was in Marokko vor sich ging, bis wir es in den Zeitungen lasen.

Damit blieb das Ziel die Sowjetunion, doch Anfang 1992 informierte Uncle Milty, der in Khartum mein Chef gewesen war und es mittlerweile zum Leiter der Zentraleurasischen Division gebracht hatte, Rabat, dass Russland in Zukunft wie Deutschland, Frankreich, Italien oder jeder andere befreundete Staat behandelt werden würde. Der Kalte Krieg war vorbei – Punkt und Ausrufezeichen. Was den KGB anbelangte, unseren alten Erzfeind, so würden wir ihn einfach von der Liste unserer Ziele streichen können. Falls der KGB-Resident in Rabat bei uns hereinspaziert kommen und anbieten sollte, uns alles zu erzählen, was er wusste, wären wir noch nicht einmal autorisiert gewesen, ihm das Fahrgeld für den Bus zurück zur Botschaft zu zahlen. Natürlich stand das alles nicht im Einklang mit der anschließenden Verhaftung Dutzender von Leuten, die für Russland spioniert hatten, von Rick Ames bis Robert Hannsen. Es bedeutete aber, um ein anderes Beispiel zu geben, dass die CIA Wassili Mitrochin, einem Archivar des KGB, die Tür weisen musste. Der Mann meldete sich daraufhin beim britischen Geheimdienst und lieferte Informationen, die dazu führten, dass Dutzende von Spionen identifiziert wurden, darunter auch ein amerikanischer Oberst. Versuche mal einer, die Logik des Ganzen zu verstehen.

Eigentlich waren wir ganz unten angekommen: Falls wir in Rabat das Licht löschten und alles zusperrten, würde es lang dauern, bis es jemandem auffiel. Ich wollte wieder Aktionen sehen, und Tadschikistan schien dafür am besten geeignet. Es war ein Land, das sich mitten in den Geburtswehen einer islamischen Revolution befand, und es sah so aus, als ob der islamische Fundamentalismus von dort aus auf das restliche Zentralasien und das Gebiet um das Kaspische Meer übergreifen, ja vielleicht bis nach Russland hineindringen könnte. Rauschgifte aller Art gelangten über die Grenze zu Afghanistan im Norden in das Land herein, und alle möglichen raffinierten modernen Waffen wurden in die entgegengesetzte Richtung geschmuggelt, vor allem in den Iran. Das Land hatte anscheinend alles zu bieten. Terrorismus, Drogen und Atomwaffen, die drei Dämonen, mit deren Bekämpfung die CIA immer noch das ihr bewilligte Budget rechtfertigen konnte. Außerdem hörten sich die anderen Karrieremöglichkeiten, die mir innerhalb der CIA offen standen – ein Schreibtischjob in Langley oder, bei entsprechender Garderobe, eine Position bei einem der Geheimdienstkomitees des Kongresses –, nicht sehr viel versprechend an.

Als ich nach Washington zurückkehrte und mich freiwillig anbot, nach Tadschikistan zu gehen, hätte man mir am liebsten Handschellen verpasst, um dafür zu sorgen, dass ich nicht wieder abhauen konnte: Abenteurer waren in den Reihen der CIA-Angestellten immer seltener anzutreffen.

Ich musste jedoch zuerst etwas regeln. Mir ist klar, dass ich so gut wie nichts über persönliche Dinge preisgegeben habe. Die CIA ermutigt einen nicht gerade zu Offenheit in Bezug auf familiäre Angelegenheiten, und ich habe reichlich Gründe, die Einzelheiten meines Lebens in dieser Hinsicht nicht hinauszuposaunen. Ich will daher nur so viel sagen, dass ich, als ich in einer Hauptstadt des Nahen Ostens stationiert war, von der ich nicht sagen darf, dass ich jemals in ihr lebte, eine Frau heiratete, von der ich heute wieder geschieden bin. In den süßen Tagen unseres ehelichen Zusammenlebens setzten wir, meine Frau und ich, aber drei Kinder in die Welt. Als ich in Beirut arbeitete, lebten meine Frau und meine Kinder erst auf Zypern, zogen dann aber nach Belgien, als ein paar libysche Ganoven anfingen, sich an meine Fersen zu heften. Diesmal wollte ich dafür Sorge tragen, dass sie ein richtiges Zuhause hatten, und bevor ich nach Duschanbe aufbrach, kaufte ich daher zusammen mit meiner Frau ein briefmarkengroßes Weingut in der Region Côte d'Or in Burgund. Zu dem Grund und Boden gehörte ein reizendes, verfallenes Bauernhaus, das inmitten der Weinstöcke lag, an einer Stelle, von der aus man einen großartigen Blick auf das Tal der Saône hatte. Das Anwesen war mir aufgefallen, als ich von einem Treffen mit einem Agenten zurückgefahren war. Ich wusste gar nicht, dass es zum Verkauf stand, bis ich es im nächsten Dorf angezeigt sah. Ich rief noch am selben Nachmittag meinen Anwalt in Paris an, um dem Besitzer ein Angebot zu unterbreiten. Ich dachte, dass es der perfekte Heimatstützpunkt sei, wo ich meine Familie unterbringen konnte, während ich an der Front stand und in den Heeren der Zivilisation kämpfte.

Der Offizier vom Dienst daheim im Hauptquartier ließ einen anerkennenden Pfiff hören, als er den Kampflärm hörte, der mich umtoste. Als ich den Hörer wieder an mich gezogen hatte, erzählte ich ihm, dass das State Department alle Amerikaner per Flugzeug aus Duschanbe herausholen wollte, auch die Leute von der CIA. Das Problem war nur, dass ich noch bei der McDill Air Force Base anrufen musste, um die C-141 für uns anzufordern.

»Duschanbe? Habe ich noch nie von gehört«, sagte der diensttuende Offizier in McDill. »Ist das irgendeine Art von Witz?«

Ich las Duschanbes Koordinaten von einer Flugkarte ab. Als er die Stadt ausfindig gemacht hatte, lachte er. »Ihr Arschlöcher sitzt da wirklich mitten im Nirgendwo.«

»Was ist mit unserem Flugzeug?«

»Wenn das Geld auf der Bank eingegangen ist, bekommt ihr euren Flieger«, sagte er und legte auf.

Zwischen dem State Department und der Air Force gab es ein

Übereinkommen, dass ein Flugzeug zur Evakuierung von Menschen im Voraus zu bezahlen war. Die Air Force musste in der Vergangenheit schon mal angeschmiert worden sein.

In der Annahme, dass seine Herren und Gebieter mit dem Zaster herausrücken würden, bevollmächtigte Stan Escudero – der Botschafter, der sich mittlerweile eine Pistole umgeschnallt hatte – mich, alle US-Bürger zusammenzutreiben und zur Botschaft zu bringen. Es würde nicht einfach sein. Die Kämpfe hatten nicht nachgelassen, schlimmer noch: Wir wussten gar nicht, wo genau unsere Landsleute alle steckten. Am Ende des Tages hatten wir jedoch die meisten von ihnen benachrichtigen können, dass sie sich am Morgen darauf im Hotel Tadschikistan einfinden sollten. Was das Gepäck betraf, so würde jeder von ihnen nur einen Handkoffer mitnehmen können.

Um alle zum Flughafen befördern zu können, lieh der Botschafter sich drei gepanzerte Truppentransporter vom Typ BTR-80 und ihre Crews von der 201. Motorisierten Schützendivision aus, einer regulären Einheit der russischen Armee, die in Tadschikistan geblieben war, nachdem das Land 1991 seine Unabhängigkeit erlangt hatte. Als ich mich durch die Luke des ersten BTR in sein Inneres gleiten ließ, musste ich unwillkürlich kichern. Zehn Jahre zuvor hätte ich einem Agenten eine Menge Geld für die Konstruktionspläne eines dieser Vehikel gezahlt. Jetzt saß ich selbst in einem drin.

Der Fahrer des BTR schenkte den Verkehrsregeln keine große Beachtung. Er fuhr über Gehsteige, rammte ein paar Autos und legte mindestens zwei eiserne Einfriedungen um, bevor er sein Gefährt die Treppe vor unserem Hotel hinaufsteuerte. Ich muss einen tollen Anblick geboten haben, wie ich da stand, mit einem Kater kämpfend und ganz zerzaust, und in ein Funkgerät im Turm des BTR hineinsprach, als ob ich Feldmarschall Rommel in der Libyschen Wüste sei.

Die Amerikaner und ungefähr fünfzig Ausländer anderer Nationalität warteten in der düsteren, trübseligen Eingangshalle des Hotels Tadschikistan.

»Ich bin von der amerikanischen Regierung und hier, um Ihnen zu helfen«, begann ich. Ich gebe zu, dass es nicht besonders geistreich klang, doch zu mehr war ich in jenem Moment nicht fähig. Keiner von der ganzen Bande schenkte mir auch nur die Spur eines Lächelns.

»Ich habe gute Nachrichten. Ein Flugzeug ist hierher unterwegs, um uns zu evakuieren. Sie sind alle eingeladen, mit ihm wegzufliegen, einschließlich der Bürger der Europäischen Gemeinschaft.«

Bevor ich zu Ende gesprochen hatte, begannen sie schon untereinander zu streiten, ob sie aushalten oder abhauen sollten.

»Hören Sie zu«, rief ich dazwischen. »Ich habe auch ein paar schlechte Neuigkeiten. Bevor wir Sie an Bord des Flugzeugs lassen können, müssen Sie sich einverstanden erklären, der US-Regierung bis zu 10 000 Dollar zurückzuzahlen, um die Kosten für den Flug zu decken.« Es war eine staatliche Vorschrift, dass Zivilisten für einen Platz in einem Evakuierungsflugzeug zu zahlen hatten. In der Praxis schickte das State Department aber nur selten jemandem eine Rechnung, mit dieser Versicherung versuchte ich die Leute zu beruhigen.

Mehreren iranischen Diplomaten in der Menge schien Letzteres entgangen zu sein. Sie machten sich eifrig Notizen und wollten unbedingt meinen Namen wissen. Ich warf ihnen schließlich ein Fitzelchen Information zu: »Mr. Bob«, sagte ich. Am selben Abend brachte Radio Teheran eine Eilmeldung darüber, dass ein Mr. Bob in Tadschikistan armen gestrandeten Flüchtlingen Flugtickets verkaufe und einen geradezu unanständigen Gewinn dabei mache. In den Jahren darauf würde das in der Presse von mir verbreitete Bild nicht viel besser werden.

Wir verbrachten den Rest des Tages damit, den Laden dichtzumachen. Ich hatte die Erlaubnis bekommen, den *phase three burnout* einzuleiten, was bedeutete, dass alles von Papierdokumenten bis hin zu Festplatten vernichtet wurde.

Unmittelbar bevor ich unser Verschlüsselungsgerät für Funksprüche zerstörte, meldete ich mich noch einmal im Operationszentrum der CIA, um die Leute dort wissen zu lassen, dass wir nicht mehr senden würden. »Hier ist Duschanbe, aus taktischen Gründen schließen wir jetzt«, sagte ich, um dem Ganzen noch eine Wendung ins Scherzhafte zu geben. Die junge Dame mit der honigsüßen Stimme am anderen Ende der Leitung verstand das nicht. Wie der Bursche von der McDill Air Force Base hatte sie vermutlich nicht die leiseste Ahnung, wo Duschanbe lag. Gerade in dem Moment schwoll der Lärm des Feuers aus den Kanonen der Panzer am Ende der Straße an. So könnte es sich bei der Belagerung von Stalingrad angehört haben. Und dann erfüllte, wie aufs Stichwort hin, Jim Morrisons Stimme die Luft. Wir hatten den ganzen Morgen lang immer wieder die fünf CDs abgespielt, die wir im Büro hatten, um die Sprüche, die von der Moschee her zu uns drangen, zu übertönen. Jetzt schien Jim Morrison von der Geschichte Duschanbes zu singen: *This is the end, my only friend, the end.* Das Mädchen im Operationszentrum wusste zumindest, wer Jim Morrison war. Ich erfuhr später, dass sie eine Aufnahme unseres Gesprächs an Tom Twetten, den Operationschef, weitergeleitet hatte.

Wir gelangten sicher außer Landes. Später eroberten die Exkommunisten Duschanbe von den Fundamentalisten zurück, und wir konnten dort im Januar 1993 unseren Laden wieder eröffnen.

Ich belegte unsere Räume im zweiten Stock des Oktoberskaja Hotels wieder mit Beschlag. In unserer Abwesenheit war aber die russische Botschaft auf demselben Gang eingezogen. Deren Flur mussten wir nun passieren, um zu unseren Büroräumen zu gelangen, was bedeutete, dass die CIA-Niederlassung in Duschanbe quasi in der russischen Botschaft untergebracht war. Ich wette, dass Uncle Milty sich so etwas nie vorgestellt hatte, als er damals verkündet hatte, die Sowjetunion sei nun ein befreundetes Land, doch es klappte ganz gut. Ich kam mit den Russen prima zurecht, auch mit dem Residenten, der spät in der Nacht auf der Suche nach einer Flasche Scotch an die Türen unseres Büros zu klopfen pflegte.

Die Wahrheit war, dass die Russen die einzigen Leute von Bedeutung in der Stadt waren. Die 201. Division bildete eine dünne khakifarbene Linie, die sich der Woge des islamischen Fundamentalismus entgegenstemmte, die über die südliche Grenze der ehemaligen Sowjetunion zu schwappen drohte. Wir wurden alle paar Wochen daran erinnert. Jedesmal wenn die Fundamentalisten versuchten, einen Angriff auf Duschanbe zu unternehmen, konnte man hören, wie die Panzer im Lager der 201. Division ihre Motoren anließen und in Richtung Berge rollten, wobei das Knirschen ihrer Ketten durch ganz Duschanbe hallte. Von Zeit zu Zeit wurden auch russische Bomber am Himmel sichtbar, die in Mery, in Turkmenistan, gestartet waren und Duschanbe überflogen, um Stellungen der Rebellen in den Bergen zu bekämpfen.

Für mich war es klar, dass wir einen russischen Informanten brauchten, der uns mitteilte, was seine Landsleute zu unternehmen gedachten. Washington würde es zum Beispiel so schnell wie möglich erfahren müssen, falls die Russen sich plötzlich dazu entschlossen, sich zurückzuziehen und Tadschikistan dem Islam zu überlassen. Die Russen hatten aber anscheinend nie den Ukas von Uncle Milty erhalten, dass wir gefälligst alle Freunde zu sein hatten. Sie konnten nichts gegen das CIA-Büro tun, das mitten in ihrer Botschaft untergebracht war – wir hatten unsere Miete für ein Jahr im Voraus bezahlt –, doch man verlangte von ihnen, dass sie jeden Kontakt mit Amerikanern, vor allem mit mir, dem örtlichen Operationschef der CIA, meldeten. Und eine solche Meldung bedeutete für gewöhnlich, dass es mit dem Kontakt vorbei war.

Um einen Weg in das Lager des befreundeten Feindes zu finden, begann ich wieder mit dem Skilaufen. Russen lieben die Berge so, wie indische Heeresoffiziere die Jagd lieben. Die Einrichtungen waren primitiv: Es gab nur einen einzigen Schlepplift. Wenn man eine längere Strecke abfahren wollte, stieg man auf einen Gletscher. Ich befreundete mich jedoch schnell mit mehreren russischen Skiläufern, und bald brachen wir beinahe an jedem Wochenende zu einem Pass auf, der das ganze Jahr hindurch von Schnee bedeckt war.

Es dauerte nicht lange, bis sich das alles auszahlte. Im März lernte ich Juri Abramow kennen, einen russischen Oberst der Fallschirmjäger, der zu einer tadschikischen Einheit abkommandiert worden war. Juri war ein weltberühmter Fallschirmspringer, der an die neunundvierzig internationale Rekorde hielt. Eines Abend lud er mich in seine Wohnung in Duschanbe ein. Der Wodka floss bald in Strömen, und das Letzte woran ich mich erinnerte, bevor ich mich zu einem Nickerchen auf Juris Couch ausstreckte, war, dass wir auf das Wohl unserer Mütter tranken.

Früh am nächsten Morgen schüttelte Juri mich wach. »Los, wir machen uns jetzt auf den Weg.« Ich fragte nicht, wohin. Eine Stunde in einem schwerfällig dahinrumpelnden UAZ, einem russischen Armeejeep, und wir hatten einen Militärstützpunkt in den Bergen südlich von Duschanbe erreicht, ungefähr fünf Flugminuten von der Grenze zu Afghanistan entfernt. In der Mitte des abschüssigen, mit Gras bewachsenen Flugfeldes stand ein uralter Doppeldecker des Typs AN-2. Ohne ein Wort zu sagen, sprang Juri aus dem Jeep, griff sich einen Fallschirm, der auf dem Boden lag, und drückte ihn mir in die Hand. »Hier, leg den an!« Erst da fiel mir wieder ein, dass ich gegenüber Juri in der Nacht zuvor damit geprahlt hatte, auch einmal mit dem Fallschirm abgesprungen zu sein.

Ein Dutzend tadschikische und russische Fallschirmjäger kauerten schon auf dem Boden der AN-2. Den AKS74U – das waren AK-47 mit kurzem Lauf und einem darunter angebrachten Granatwerfer –, den Patronenmagazinen und den Granaten, die sie überall am Körper befestigt hatten, nach zu urteilen, waren sie unterwegs zu einem Kampfeinsatz. War nur die Frage, in welchem Krieg. Ich fragte mich auch, was mit dem Fallschirm war, den ich auf dem Rücken trug. Hatte er Steuerleinen, oder würde ich steuern müssen, indem ich an den Fangleinen zog? Ich würde es sehr bald auf dem Weg nach unten herausfinden können. Das hatte ich alles meiner großen Klappe zu verdanken.

Das Flugzeug hob sich in die Luft und nahm Kurs auf die afghanische Grenze. Bevor wir sie erreichten, begannen wir uns aber in Kreisen nach oben zu schrauben. Während ich darauf wartete, den unvermeidbaren Schritt aus der Tür hinaus machen zu müssen, fragte ich mich noch einmal, was ich da eigentlich tat. Ich mochte keine kleinen Flugzeuge, und das Fallschirmspringen lag mir auch nicht. Mir war sogar der Wodka zuwider, den ich in der Nacht zuvor so reichlich konsumiert hatte. Außerdem war ich vierzig, zu alt, um mit russischen Spezialeinheiten aus Flugzeugen zu springen. Und warum tat ich das alles? Weil es die einzige Möglichkeit war, an russische Offiziere heranzukommen.

Ich tat einfach nur meinen Job – oder das, von dem ich meinte, dass es mein Job sei.

Als wir eine Höhe von ungefähr siebenhundert Metern erreicht hatten, tauchte Juri aus dem Cockpit auf und bedeutete mir, meine Verschlussleine einzuhängen. Die Fallschirmjäger grinsten mich wie besoffene Affen an. Sie wussten, was mich erwartete, als Juri mich zu der offenen Tür führte. Der Blick ins Freie war nicht gerade beruhigend. Die Wolken waren so dicht, und es regnete dermaßen stark, dass man den Erdboden nicht sehen konnte, und ein heftiger Wind schüttelte die AN-2, die wie ein altes hölzernes Bettgestell zu knarren begann. Es konnte gut sein, dachte ich, dass der Wind uns vom Kurs abgebracht hatte und wir jetzt über Kabul waren. Red, mein Ausbilder auf der Farm, hätte uns niemals unter solchen Bedingungen springen lassen.

»Was ist mit dem Winddummy?«, brüllte ich Juri ins Ohr. Wenn wir schon sprangen, dann wollte ich, dass zuerst etwas Nichtmenschliches aus der Tür befördert wurde, um uns anzuzeigen, aus welcher Richtung der Sturm wehte, sodass wir unsere Schirme in ihn hineinsteuern konnten.

Er verstand mich entweder nicht, oder er ignorierte mich absichtlich.

»Du bist der Erste!«, brüllte er. Dann fügte er noch hinzu, als ob das die Sache endgültig besiegele, »du bist unser Gast!«

Als ich durch eine Wolke nach unten schoss, begriff ich, warum Juri keinen Winddummy brauchte: Ich war es.

Zwei Dinge ergaben sich aus meinem Sprung. Zunächst einmal schickte das Hauptquartier eine Mitteilung an alle Büros in der ehemaligen Sowjetunion, die jegliches Gehopse aus russischen Militärflugzeugen ab sofort verbot. Das passte mir gut, weil ich auf keinen Fall jemals wieder so eine verdammte Sardinenbüchse besteigen wollte. Zum zweiten: Ungefähr eine Woche nach meinem Sprung klopfte jemand an meine Tür. Als ich öffnete, stand ein Russe in Jeans und einem buntkarierten Hemd vor mir. »Mein Oberst würde Sie gerne sehen«, sagte er. Er hörte sich wie Boris Karloff an. Ohne meine Antwort abzuwarten, tauchte ein russischer Oberst im Kampfanzug aus dem Schatten auf und stapfte in unsere Räumlichkeiten hinein. *Ganz schön frech, dachte ich, ein Offizier, der direkt unter der Nase des KGB an meiner Tür erscheint.*

Der Oberst besaß die Selbstbeherrschung eines Kavallerieoffiziers – und dies vermutlich deswegen, weil er einer war. Grigor, wie ich ihn nennen will, war einer der jüngsten Offiziere seines Ranges in der sowjetischen Armee und befehligte ein Elite-Panzerregiment. Sein Vater war ein sehr hoher Beamter in der Sowjetunion gewesen. Es war bei einem solchen Hintergrund kein Wunder, dass Grigor durch die russische Botschaft antanzen konnte, als ob ihm das alles gehörte. Wahrscheinlich hätte er den Residenten in einen Gulag abschieben lassen können, wenn ihm danach gewesen wäre.

»Sind Sie der amerikanische Militärattaché?«, fragte Grigor.

Für einen Gauner von russischem Oberst würde ich alles sein, was der vor sich zu haben wünschte.

»Ja, ich fülle auch die Position eines Militärattachés aus.«

»Gut«, sagte er. Mit seinem blonden Haar, seinem breiten Nacken und seinen blauen Augen sah er eher wie ein Deutscher aus. Er hatte auch eine deutsche Direktheit an sich. »Morgen wird ein Auto Sie um neun Uhr abholen.« Er machte eine abrupte Kehrtwendung und marschierte davon. Sein Adjutant folgte ihm.

Am nächsten Tag fing zunächst alles recht gemächlich an. Der Fahrer ließ mich am Hauptschießplatz der Russen aussteigen, der ungefähr 65 Kilometer von Duschanbe entfernt lag. Der Oberst, seine Frau und ein Dutzend weiterer russischer Offiziere und deren Frauen waren schon da. Ich war für die meisten von ihnen der erste Amerikaner, mit dem sie zusammenkamen. Ich brach das Eis, indem ich half, Pilze zu sammeln. Während die Frauen sie über einem offenen Feuer brieten, tranken die Offiziere und ich Wodka. Wir brachten mindestens vier Trinksprüche auf den Helden des Golfkriegs, General Norman Schwarzkopf, aus.

Gerade als alle begannen, sich behaglich zu fühlen, zogen zwei der Russen ihre schallgedämpften Miniaturmordwaffen heraus. Die eine sah wie ein Derringer aus, die andere war als Füller getarnt.

»So werden wir mit den Wahhabiten fertig«, sagte der eine, ein Hauptmann, und hielt seinen Füller in die Luft.

Die Wahhabiten sind eigentlich saudische Fundamentalisten. Der Name geht auf einen Reformator des Islam aus dem achtzehnten Jahrhundert namens Mohammed Ibn Abd al-Wahhab zurück, der für die strikte Auslegung des Koran in Saudi-Arabien verantwortlich ist. Ich hatte gerüchteweise gehört, dass die Russen Fundamentalisten in Tadschikistan umbrachten, plötzlich kam mir der Verdacht, dass es sich nicht nur um Gerüchte handelte.

Der Hauptmann schraubte die Spitze des Füllers ab und zog ein Unterschallgeschoss des Kalibers 7.62 heraus. Es glich einer Standardpatrone für eine AK-47, doch der Offizier wies uns darauf hin, dass es aus weichem Blei bestand, das beim Auftreffen auf einen Körper explodierte. »Es ist das perfekte Geschoss zur Ermordung eines Menschen«, sagte er. Er lud seinen Füller wieder und feuerte ihn dann in einen kleinen Teich ab. Es ertönte lediglich ein sanftes Plätschern. Das Ding war viel leiser als jede schallgedämpfte Waffe der CIA, die ich jemals kennen gelernt hatte.

Es folgte ein weiteres Wodka-Intermezzo. Gerade als alles um mich herum anfing, langsam zu verschwimmen, wurde es Zeit, zur nächsten Aktivität überzugehen – zu Schießübungen. Während die Frauen zurückblieben, zwängten wir Männer uns in einige Jeeps und fuhren ein paar hundert Meter bis zu einem Schießstand, auf dem Metallsilhouetten von Menschen aus dem Boden schnellten. Wir wählten uns eine Waffe aus dem reichhaltigen Sortiment aus, das auf der Ladefläche eines Lastwagens lag – es war alles da, bis hin zu schweren Maschinengewehren und sogar einer Vierzig-Millimeter-Maschinenkanone.

Gott sei Dank griff keiner sich die Maschinenkanone. Es war ohnehin eine Erfahrung, die einem die Haare zu Berge stehen ließ. Hin und wieder traf einer von uns mehr aus Zufall eine der Metallsilhouetten und legte sie um, da aber die Anlage, mit der man sie erneut aufrichtete, nicht funktionierte, musste einer der Zecher auf den Schießstand hinaus, um sie wieder aufzustellen – und keiner außer mir hörte in der Zeit auf, weiter in der Gegend herumzuballern.

Grigor war der Meinung, dass ich mich ganz gut geschlagen hatte, und lud mich ein, in der Woche darauf eine Testfahrt mit einem seiner T-72-Panzer zu machen.

Ich hatte nie zuvor in meinem Leben einen Panzer gefahren, schon gar keinen russischen. Der Fahrerstand war auf jemanden zugeschnitten, der ungefähr 1,30 Meter groß ist. Nach vorne gebeugt und zusammengekrümmt konnte ich kaum durch den mit Plexiglas abgedeckten Sehschlitz schauen, doch ich wollte nicht klein beigeben. Ich begann damit, dass ich den Tank in ein ungefähr drei Meter tiefes Schlammloch setzte. Nachdem ich einen gewissen Grad an Seefestigkeit gewonnen hatte, schloss ich mich den anderen Panzern an, die durch ein Tal rasten und hin und wieder anhielten, um auf eine Zielscheibe aus Pappe in Gestalt eines Tanks zu feuern. Grigor war so stolz auf mich, dass er mich zum Ehrenmitglied seines Regiments ernannte.

Das Hauptquartier bestätigte mit einer weiteren Mitteilung an alle Büros in der ehemaligen Sowjetunion, dass meine Aktivitäten nicht unbemerkt geblieben waren: kein Herumgefahre mehr in russischen Panzern. Das tat mir Leid. Anders als der AN-2-Doppeldecker war der T-72 mir ans Herz gewachsen. Ich hatte auch angefangen, mir Grigors Vertrauen zu erwerben, so viel jedenfalls, dass er sich entschloss, mir die dunkle Seite Russlands zu erschließen.

Grigor hatte mir nur versprochen, dass er mir etwas zeige wolle, das mein Land interessieren werde. Kurz nach elf Uhr nachts machten wir uns zum Flughafen auf, wobei wir uns auf den Seitenstraßen hielten, um Patrouillen auszuweichen und Kontrollpunkte zu umgehen. Grigor betrat den Flughafen durch den militärischen Teil hindurch. Die Mi-8- und Mi-24-Hubschrauber und -Transportflugzeuge waren nichts als schwarze Silhouetten in der Dunkelheit. Wir hielten ungefähr dreißig Meter vor einer Frachtmaschine des Typs Il-76 an, ließen uns auf den Boden nieder und blieben dort, ohne ein Wort zu sprechen, sitzen.

Nach ungefähr einer Stunde flammte die Cockpitbeleuchtung der Il-76 auf. Ein Soldat, der neben dem Flugzeug stand, ließ eine Taschenlampe aufleuchten und beschrieb langsam Kreise mit ihr in der Dunkelheit. Wenig später setzte ein Mi-8-Hubschrauber nahe bei der Il-76 auf. Der Pilot ließ den Rotor laufen. Irgendjemand fing an, schwere Jutesäcke aus dem Helikopter auf das Rollfeld zu werfen. Ein halbes Dutzend Soldaten hob sie auf und beförderte sie durch die Frachtluke in die Il-76. Binnen zehn Minuten war alles vorbei. Der Mi-8-Hubschrauber stieg wieder auf und verschwand in Richtung Afghanistan. Die Motoren der Il-76 wurden angelassen, die Maschine rollte zur Startbahn, beschleunigte und erhob sich in die Luft.

»Heroin«, sagte Grigor. »Die wöchentliche Ladung.«

Auf dem Rückweg erzählte er mir die ganze Geschichte. Der tadschikische Innenminister, Jakub Salimow, und ein paar russische Generäle schmuggelten an Bord russischer Militärflugzeuge tonnenweise Rohopium von Afghanistan nach Moskau. Nachdem das Opium in Moskau in Geheimlaboren zu Heroin verarbeitet worden war, wurde es per Schiff nach Schweden geschleust, von wo aus es dann in die ganze Welt ging, einschließlich der Vereinigten Staaten.

Ich informierte unseren Botschafter über die Sache. Escudero, ein Diplomat alten Schlages, glaubte mehr daran, seine Mission zu erfüllen, als seiner Karriere nützlich sein zu müssen. Er erklärte sich bereit, mit mir zusammen Salimow aufzusuchen.

Salimow war ein Ganove. Er hatte sein Berufsleben als Boxtrainer an der Landwirtschaftsschule von Duschanbe begonnen. Nebenbei war er noch als Schläger für eine lokale Verbrecherbande tätig gewesen. Einmal hatte er dabei seine Muskeln ein bisschen zu kräftig spielen lassen und war wegen Totschlags für sieben Jahre im Gefängnis gelandet. Er hatte aber nie die Verbindung zu den Exkommunisten abgebrochen, und als sie 1992 in Tadschikistan wieder an die Macht kamen, fiel die Wahl auf ihn als den Mann, der am ehesten für Frieden sorgen konnte.

»Lassen Sie mich das Gespräch führen«, flüsterte ich Escudero zu, als wir die Treppe zu Salimows Büro hochstiegen.

Indem ich so viel Autorität in meine Stimme legte, wie mir möglich war, erklärte ich Salimow, die amerikanische Regierung könne Tadschikistans Verwicklung in den Heroinhandel nicht länger dulden. Ich redete ungefähr zehn Minuten lang. Salimow hörte schweigend und mit versteinerter Miene zu, ließ aber die ganze Zeit über einen Kugelschreiber zwischen seinen Fingern herumwirbeln, die ungefähr die Größe von Bananen hatten. Manchmal legte er das Schreibutensil auch hin, um seine Fingerknöchel knacken zu lassen. Es wirkte so, als ob er seine Muskeln für einen großen Kampf lockern wolle. Escudero sagte kein Wort, bis wir draußen waren, und auch dann zwinkerte er mir nur anerkennend zu.

Zwei Wochen später ließ Salimow mir seine Antwort zukommen. Ich saß zusammen mit Stephan Bentura, einem Korrespondenten der Agence France Press, der in Moskau akkreditiert war, in meinem Büro, als wir ein Donnern hörten. Wenn man in Duschanbe lebt, dann ist eine Bombe, die mitten in der Nacht losgeht, nichts, über das man nach Hause schreibt. Außerdem war diese hier mehr als einen Kilometer von uns entfernt detoniert – kein Grund zur Aufregung. Wir redeten weiter. Ein paar Minuten später stürzte der Verwaltungschef der Botschaft durch die Tür: »Sie haben Ihr Haus in die Luft gejagt!«

Ich hatte dieses Haus erst eine Woche zuvor in einer ruhigen Wohngegend gemietet. Ich wollte es dazu benutzen, außerhalb der Reichweite des KGB-Residenten mit meinen Informanten zusammenzukommen.

Als ich mit dem Auto dort eintraf, erkannte ich, dass die Außenmauern von Schrapnellsplittern durchlöchert waren. Wie durch Zauberei hatte sich mitten in der Rasenfläche des Vorgartens ein Krater aufgetan. Der Wachmann, der gerade im Wohnzimmer gesessen hatte, erzählte, dass er beobachtet habe, wie zwei Polizeiautos herangekommen seien und sich eine Person aus dem Fenster eines der Wagen gelehnt habe. Das Nächste, was er gesehen hatte, war dann eine Aktentasche voller Sprengstoff gewesen, die in Richtung Wohnzimmerfenster geflogen war. Zum Glück hatten die Eisenstangen vor dem Fenster die Tasche abgefangen, und der Mann hatte lediglich eine Gehirnerschütterung erlitten. Mir fiel auf, dass die Telefonleitungen, die zu dem Haus führten, durchgeschnitten waren.

Als ich Grigor erzählte, was geschehen war, schnalzte er missbilligend mit der Zunge. Es sei Zeit, mit den halben Sachen aufzuhören. Er bot mir einen T-72 an, mit dem ich Salimows Haus platt walzen könnte.

Als ob ich noch weitere Beweise für Mütterchen Russlands Fähigkeit, sich korrumpieren zu lassen, brauchte, machte Grigor mich mit dem Adjutanten des Befehlshabers der russischen Bodentruppen während eines dessen Besuche in Duschanbe bekannt. Wir hatten uns kaum in der Offiziersmesse zu einem gemeinsamen Essen niedergelassen, als der Adjutant ohne Aufwärmphase darauf zu sprechen kam, dass er gehört habe, die CIA ließe einmal im Monat eine C-130 nach Duschanbe einfliegen. Ich sagte, dies sei korrekt. »Warum machen wir dann nicht ein Geschäft zusammen?«, fragte er. »Ich lasse die Maschine mit Zigaretten voll laden, die ich hier an die Soldaten verkaufe, und wir teilen uns den Gewinn, fifty-fifty.« Sogar nach all dem, was ich in Duschanbe erlebt hatte, war ich erstaunt. Ich hatte den Mann gerade erst kennen gelernt, und er schlug mir vor, mit ihm in ein Geschäft der russischen Mafia einzusteigen. Ich bin sicher, wenn ich ihn bei ihm angefordert hätte, hätte er mir einen gestohlenen Atomsprengkopf verkauft.

Grigor sprach bald danach ein neues Thema an, eines, von dem Washington nichts hören wollte: den russischen Nationalismus.

Grigor sah sich selbst gern als einen aufgeklärten russischen Patrioten, doch in Wirklichkeit war er einfach nur ein Nationalist. Er war zu dem Schluss gekommen, dass Russland ganz dringend einer Revolution bedürfe, und zwar einer solch einschneidenden, wie die Oktoberrevolution es gewesen war, um das Land von all den korrupten Politikern und mit Drogen handelnden Generälen zu säubern.

Eines Nachts kreuzte ich mit einem Kasten guten deutschen Biers bei ihm zu Hause auf. Grigor mochte seinen Wodka, aber dieses Bier war etwas Besonderes. Nachdem wir die Hälfte der Flaschen geleert hatten, ließ Grigor das Visier herunter und sprach über den Vormarsch Boris Jelzins auf das Weiße Haus in Moskau im Jahr 1993 und dass man damals kurz vor einer Zerschlagung der russischen Armee gestanden habe. Als die Elitedivision Tamanskaja den Befehl erhalten hatte, das Weiße Haus anzugreifen, hatten sich die Mannschaften ohne Ausnahme geweigert, in ihre Panzer zu steigen. Anders ausgedrückt: Sie hatten gemeutert. Infolge davon war jeder Panzer, der an dem Angriff beteiligt gewesen war, mit Offizieren besetzt worden. Das war aber nicht alles gewesen. Später waren alle Offiziere, die bei dem Angriff mitgemacht hatten, mehr oder weniger aus der Armee ausgestoßen worden. Sie waren geächtet und bei Beförderungen übergangen worden, und viele hätten der Schmach wegen ihren Abschied genommen. »Jelzin hat die Armee auseinander gerissen«, meinte Grigor. »Er wird nie wieder auf sie zählen können.«

Ich besuchte ihn eine Woche später wieder bei sich daheim. Dabei war Grigor besonders düsterer Stimmung. Bevor ich mich setzen konnte, sagte er: »Machen wir eine Spazierfahrt.« Ein Wagen der Fahrbereitschaft wartete vor dem Wohngebäude, doch er schickte den Fahrer weg und setzte sich selbst hinter das Steuer.

Wir fuhren eine Weile lang ziellos umher, bevor er irgendetwas sagte. »Was würde Washington davon halten, wenn ein paar ehrenhafte und aufrichtige russische Offiziere der Farce in Moskau ein Ende bereiteten – und Russland von Jelzin befreiten?«

Ich sah ihn an. Er meinte das, was er sagte, völlig ernst.

Grigor schwieg eine Weile, bevor er fortfuhr. »Schauen Sie, Mr. Bob, ich und ein paar andere Offiziere haben uns unterhalten. Wir dienen alle an den Grenzen der ehemaligen Sowjetunion, an Orten, die diese Schweinehunde in Moskau nicht einmal besuchen würden. Es ist ihnen scheißegal, dass Russland zusammenbrechen würde, wenn wir nicht wären. Alles was sie interessiert, ist, zusammenzuraffen, was sie zu fassen kriegen können, nur um sich dann in Südfrankreich ein bequemes Leben zu gönnen. Sie würden es nicht glauben. Munitionskisten kommen leer hier an – bis auf die letzte Patrone ausgeräumt. Ich kann keine Funkgeräte für meine Panzer bekommen. Die Lumpenhunde stehlen sie und verhökern sie an Moskauer Taxiunternehmen. Nur unsere Küchengärten bewahren uns vor dem Hungertod. Es ist die schlimmste Art von Verrat, die man sich vorstellen kann.«

»Grigor, wen meinen Sie mit ›uns‹?«, fragte ich.

»Nun, es gibt Hunderte von Offizieren, die genauso denken wie ich. Wir sind alle an der Grenze stationiert. Wir sind vielleicht nur zehn Prozent aller Militärs, aber wir sind die Kämpfer.«

»Haben Sie einen Anführer?«

»Alexander Lebed ist der Einzige, der so etwas durchziehen kann. Aber wir führen noch keine Gespräche mit ihm, es ist noch zu früh.«

Alexander Lebed, damals der Kommandant der 14. Armee in Moldawien, war der populärste General Russlands. Überall in der Sowjetunion desertierten Soldaten, um Lebeds Einheit beizutreten, die Sollstärke hatte. Die anderen Einheiten lagen zur selben Zeit um ein Drittel darunter.

»Gibt es dann sonst noch jemanden?«

»Es gibt da einen General an der Generalstabsakademie, der uns alle kennt: General ████████████. Doch Mr. Bob, Sie stellen zu viele Fragen. Lassen Sie mich Ihnen eine stellen. Wie würden die Vereinigten Staaten reagieren, wenn wir gegen Jelzin putschten?«

Grigor wollte gar nicht grünes Licht von uns bekommen, doch als ich das, was er mir erzählt hatte, ans Hauptquartier meldete, brachten sie die Telefonleitungen mit einer Rückantwort für Grigor zum Glühen: kein Staatsstreich. Washington unterstützt die demokratisch gewählte Regierung in Moskau rückhaltlos. Ich hatte schon mit so einer Antwort gerechnet. Ich war nur glücklich darüber, dass das Hauptquartier es mir gestattete, Grigor weiter zu treffen.

Einmal versuchte ich, ihm einen Gefallen zu tun. Ich weiß nicht, wo er sie aufgetrieben hatte, doch bei einem Treffen zog er mehrere Prospekte für Motorola-Fernmeldeeinrichtungen hervor und fragte, ob ich ihm helfen könne, solch ein System für sein Regiment zu besorgen. Die Antwort aus dem Hauptquartier fiel ungewöhnlich knapp aus: Ungeeignet.

Es war kurz nach neun Uhr am 9. August 1993, und jemand trommelte gegen die Tür unseres Büros – Grigor.

»Haben Sie die Nachricht gehört?« Er war ganz außer Atem.

Ich war den ganzen Morgen mit dem Kommunikationsoffizier unterwegs gewesen. Deswegen hatten wir den Funkverkehr noch nicht angehört.

»Euer Mann in Tiflis. Er ist ermordet worden.«

██████████████. Fred Woodruff war ██████████████████████.
Er war nur vorübergehend in unsere Botschaft in der Hauptstadt der ehemaligen Sowjetrepublik Georgien abkommandiert worden. Man hatte ihn am Abend zuvor erschossen.

»Ich weiß, wer es getan hat«, sagte Gregor. »Diese Bastarde in Moskau.«

Grigor wusste in Wirklichkeit gar nichts über den Mord an Woodruff, doch wenn seine Verdächtigungen auch einer Paranoia entsprangen, so waren sie nicht notwendigerweise falsch. Fred Woodruff war außerhalb von Tiflis ermordet worden, als er auf dem Rücksitz eines Niva-Geländewagens gesessen hatte, den Eldar Gogoladse gesteuert hatte, der Kommandeur der Leibwache Eduard Schewardnadses, des georgischen Staatspräsidenten. Außerdem hatten noch zwei weibliche Fahrgäste in dem Wagen gesessen.

Das wusste man genau, alles darüber hinaus lag im Dunkeln und wurde sogar immer obskurer. Die Georgier verhafteten einen Soldaten und bezichtigten ihn, den tödlichen Schuss abgegeben zu haben. Der Polizei des Landes zufolge war der Soldat zur Tatzeit betrunken gewesen; er habe sein Gewehr abgefeuert, um den Geländewagen anzuhalten und sich Benzin für sein Auto zu erpressen. Die Georgier verweigerten jedoch amerikanischen Untersuchungsbeamten die Kontaktaufnahme mit dem Soldaten – das heißt erst, als er Jahre später im Sterben lag, durften sie zu ihm, da hatte er aber sein Geständnis längst widerrufen.

Andere Ungereimtheiten in der Geschichte der Georgier wurden von diesen auch nicht geklärt. Die Milizionäre eines Kontrollpunktes, der nur dreißig Meter von der Stelle entfernt lag, an der Woodruff angeblich erschossen worden war, hatten nichts gesehen und nichts gehört. Gogoladse sagte, er habe den Kontrollpunkt passiert, nachdem der Schuss gefallen war, ohne anzuhalten. Er vermochte nicht zu erklären, warum er nicht angehalten oder nicht zumindest die Milizionäre über den Vorfall informiert hatte. Gogoladse schien es auch nicht besonders eilig gehabt zu haben: Er hatte mehr als zwei Stunden gebraucht, um bei dem Krankenhaus anzukommen, das normalerweise in zwanzig Minuten zu erreichen war. Gogoladse erklärte das damit, dass er sich verfahren habe, wusste aber nicht mehr, wo genau das gewesen war – und dieser Mann hat sein ganzes Leben in Tiflis verbracht.

Während dieser entscheidenden zwei Stunden war Gogoladses Geländewagen verschwunden, und er blieb es mehr als sechsunddreißig Stunden lang, nachdem Gogoladse Woodruff in dem Krankenhaus eingeliefert hatte. Als das Fahrzeug dann wieder auftauchte, war es ganz offensichtlich gesäubert worden. Der Sicherheitsbeauftragte der Botschaft entdeckte eine Delle in der Decke des Wagens, direkt über dem Fahrersitz, wo das Projektil eingeschlagen war, nachdem es Woodruffs Kopf durchbohrt hatte. Es war deutlich sichtbar, dass das Geschoss das Dach des Wagens nicht durchdrungen hatte, es ließ sich aber in seinem Inneren nirgendwo finden und konnte daher nicht mit einem Projektil aus dem AK-47 des angeblichen Schützen verglichen werden. Es gab keinen Anhaltspunkt dafür, wie das Geschoss ins Innere des Wagens hineingelangt war. Das Rückfenster war unbeschädigt, und auch die Metallhülle der Karosserie enthielt kein Loch. Als der Sicherheitsbeauftragte die Georgier darauf aufmerksam machte, zogen sie von dannen. Am nächsten Tag kamen sie zurück und verkündeten, sie hätten ein kleines Loch in der Litze gefunden, die die Scheibe des Rückfensters festhielt. Tatsächlich war da so ein Loch, doch der Sicherheitsbeauftragte meinte, dass mit größter Gewissheit keines vorhanden gewesen sei, als er den Wagen das erste Mal überprüft habe.

Es gab noch andere kleine Merkwürdigkeiten, die sich nicht erklären ließen. Der Autopsie zufolge war Woodruff mit einem Dumdum-Geschoss getötet worden – einem speziell zu Mordzwecken hergestellten Projektil wie jenem, das der russische Offizier mir damals morgens auf dem Schießplatz gezeigt hatte –, der Schütze vermochte aber keine überzeugende Erklärung dafür vorzubringen, warum er sein AK-47 mit nur schwer zu beschaffender Spezialmunition geladen hatte.

Die Leute vom FBI verbrachten Tage damit, die Stelle zu untersuchen, an der der Schütze sich angeblich verborgen hatte, sie vermochten aber die leere Patronenhülse nicht zu finden, bis die georgischen Untersuchungsbeamten auf den Plan traten. Einer von ihnen griff sich ein AK-47 und stellte sich dorthin, wo der Schütze gestanden haben sollte. Dann feuerte er einen Schuss in die Luft ab und verfolgte, wohin die leere Patronenhülse flog. Sie verschwand in ein paar Büschen, und als er dort nachschaute, fand er nicht nur sie, sondern auch noch eine zweite Hülse. »Hier ist die Hülse, nach der wir gesucht haben!«, rief er triumphierend. Die FBI-Agenten blieben skeptisch.

Mysteriös an dem ganzen Fall war auch, dass der russische Maulwurf Rick Ames Woodruff kurz vor dessen Ermordung in Tiflis getroffen hatte. Augenzeugen zufolge war es zu einem heftigen Streit zwischen ihnen gekommen, niemand vermochte jedoch herauszufinden, weswegen. Beschuldigte Woodruff Ames, ein Maufwurf zu sein? Und was war auf dem Film in Woodruffs Kamera gewesen? Die Frau, die auf dem Vordersitz des Geländewagens mitgefahren war, hatte ausgesagt, dass sie sich umgedreht habe, als der Schuss gefallen sei. Da habe sie gesehen, wie die hinten sitzende Frau die Kamera öffnete und den Film herausnahm. Weiter hatte sich aber über diese Sache nichts in Erfahrung bringen lassen. Keine dieser Absonderlichkeiten bewies, dass Woodruff einem Komplott zum Opfer gefallen war, doch ich fand es merkwürdig, dass niemand daran interessiert war, ihnen auf den Grund zu gehen.

Lange nachdem die Untersuchung zum Stillstand gekommen war, wurden Gerüchte laut und tauchten Spuren auf, die den ganzen Fall noch komplizierter werden ließen. Am verwickeltsten wurde die ganze Angelegenheit, als ein Offizier des russischen Militärgeheimdiensts in einem Nachbarland verhaftet wurde, weil er einen Mündungsfeuerdämpfer für Gewehre bei sich trug. Als er befragt wurde, gab der Russe an, ein Mitglied des Teams zu sein, das Woodruff ermordet habe. Er wurde freigelassen und verschwand, bevor man seine Behauptungen überprüfen konnte, aber das war nicht die einzige potenzielle Verbindung zum russischen Militärgeheimdienst. Eine der Frauen, die in dem Niva-

Geländewagen gesessen hatten, war mit einem Offizier dieser Organisation verheiratet – sie stritt aber natürlich ab, irgendetwas mit der Ermordung Woodruffs zu tun zu haben. Und wieder ging niemand diesen Spuren nach.

Woodruffs Ermordung erinnerte an das Attentat auf die PanAm-Maschine. Das Problem bestand zum Teil darin, dass es keinen Beweis dafür gab, dass sich eine Verschwörung auf breiterer Basis hinter dem Vorfall verbarg. Zum allergrößten Teil beruhte es jedoch darauf, dass Washington nicht den Mumm zu einer eingehenden Untersuchung aufbrachte. Sogar nachdem ihre Ermittlungen ergeben hatten, dass der russische Geheimdienst am 13. September 1995 eine raketengetriebene Granate in unsere Moskauer Botschaft gefeuert hatte, machte die Regierung Clinton keinerlei Anstalten, Russland zu konfrontieren oder auch nur anzuerkennen, dass der russische Nationalismus ein Problem war. Und, ganz nebenbei gesagt, der FBI-Agent, der die Vermutung äußerte, dass die Russen sich hinter der Ermordung Woodruffs verbargen, wurde still und leise zu einer Einheit in Atlanta versetzt, die sich mit Bankraub befasste.

Grigors Unterrichtsstunden überzeugten mich, dass dem locker zusammengeknoteten Gebilde, das die Sowjetunion ersetzen sollte, keine lange Dauer beschieden war. Jetzt wollte mein Freund mir einen tieferen Einblick zuteil werden lassen, indem er mich einen Abstecher ins Pamirgebirge unternehmen ließ. Ein paar Angestellte der Botschaft waren zwar per Helikopter in Khorog – der größten Stadt der Region – gewesen, aber kein amerikanischer Staatsbeamter hatte jemals die Berge durchquert. »Wenn Sie sehen wollen, was eines Tages aus Russland werden wird, dann fahren Sie an Tadschikistans Grenze entlang«, hatte Grigor mir gesagt. »Es ist der beste Vorgeschmack auf die Hölle, den Sie jemals bekommen können.«

Das glaubte ich ihm gern. Das Pamirgebirge, das ungefähr drei Viertel der Fläche Tadschikistans bedeckte, war vielleicht die weltweit gesetzloseste Region; sie wurde von einem bunt zusammengewürfelten Haufen islamischer Guerilleros, Kriegsherren, Banditen, Schmuggler und Deserteure aus der russischen Armee beherrscht. Seinen Lebensunterhalt konnte man dort nur mit dem Waffen- oder Drogenhandel verdienen. Es überraschte nicht, dass die erzopportunistischen iranischen Pasdaran sich dort behaupten konnten. Sie hatten ihren Stützpunkt direkt auf der anderen Seite der Grenze im afghanischen Taloqan eingerichtet, um die politische und gesellschaftliche Instabilität in Zentralasien weiter zu nähren. Die Pasdaran waren sogar so weit gegangen, ein paar amerikanische Stinger-Boden-Luft-Raketen zu kaufen und sie den tadschikischen Fundamentalisten zu überlassen. Die Russen unterhielten mehrere Stützpunkte an der Grenze, doch die armen Teufel, die sie verteidigten, konnten sich glücklich schätzen, wenn sie ihre Köpfe retteten. Hin und wieder ließ sie natürlich das Glück im Stich, und die Rebellen eroberten die Stellung. Am nächsten Tag brachte die Presse dann grausige Bilder von Köpfen, die nicht mehr auf den dazugehörigen Körpern saßen.

Die Gefahr machte sicherlich einen Teil des Reizes aus, doch es gab noch andere Gründe dafür, dass ich einige Zeit in der Pamirregion verbringen wollte. Seitdem ich in Duschanbe eingetroffen war, hatte ich Gerüchte darüber vernommen, dass sich in einem Hochtal dort die Überbleibsel einer uralten Zivilisation verbargen. Die Menschen, die dort lebten, sollten Nachfahren der Einwohner des alten Königreichs Samarkand sein, des Volks, dem Roxanne, die Gattin Alexanders des Großen, entstammte. Sie nannten sich zwar jetzt Jaghnobis, doch ihre Sprache hatte sich im Laufe der vergangenen zweieinhalb Jahrtausende nicht entscheidend verändert. Sie stand dem alten Soghdianisch sehr nahe, einem Idiom, das zur iranischen Unterfamilie des Indoeuropäischen gehörte. Auch die Lebensweise der Jaghnobis unterschied sich anscheinend kaum zu der in früheren Zeiten. Sie wohnten in Häusern ohne Strom oder fließendes Wasser. Und wenn die ganz wilden Gerüchte stimmten, dann waren sie sogar zur Feuerverehrung zurückgekehrt.

Jossif Stalin hatte ohne Erfolg versucht, ihre Kultur auszulöschen, indem er die Jaghnobis in der ganzen Sowjetunion zerstreute. Nach dem Ende des Sowjetregimes war Richard Frye, Harvardprofessor und Iranist, der während des Zweiten Weltkriegs beim OSS gewesen war, der erste Amerikaner, der Jaghnob aufsuchte. Der Türspalt schloss sich im darauf folgenden Jahr wieder, als der Bürgerkrieg ausbrach. Wenn ich es in die Region hinauf schaffen würde, wäre ich einer der wenigen Amerikaner, die jemals das alte Königreich Samarkand besucht hatten.

Im Grunde versuchte ich zwei Reisen auf einmal abzuwickeln. Die erste sollte aus einer Fahrt durch das Pamirgebirge bestehen, wobei ich einer zweispurigen Straße folgen wollte, die an den Grenzen Tadschikistans zu Afghanistan und China entlangführte. Auf dem Weg zurück nach Duschanbe wollte ich durch das Garm-Tal fahren, um festzustellen, ob es eine Möglichkeit gab, zu Fuß bis nach Jaghnob vorzustoßen. Das war in jedem Fall ein ziemlich gewagtes Vorhaben. Ein 4500 Meter hoher Pass bildete die Grenze zwischen dem Garm-Tal und dem Jaghnob-Tal, und von Duschanbe aus ließ sich weder in Erfahrung bringen, wer den Pass kontrollierte, noch ob er schneefrei war.

Die erste Hürde bestand aber in den Linien der Rebellen, die man passieren musste. Um Wege durch sie hindurch auszukundschaften, unternahm ich eine Fahrt nach Tavildara, der letzten Stadt, die noch von der Regierung kontrolliert wurde. Da es sicherer war, zu zweit zu reisen, überredete ich den weiblichen Economic Officer der Botschaft, eine Dame, die ich Maggie nennen will, mich zu begleiten. Maggie, eine frisch gebackene Beamtin des Foreign Service, freute sich darauf, ein wenig Kriegsberichterstattung betreiben zu können.

Wir nahmen noch eine Sprachkundlerin mit, eine attraktive junge Iranerin namens »Nell«. Nell sprach nicht nur Farsi – von dem Tadschikisch ein Dialekt ist –, sondern sie hatte während ihres Studiums in Oxford auch ein paar ostiranische Dialekte gelernt, einschließlich Soghdianisch. Nells Talente waren aber nicht nur linguistischer Art. Wie sie mir erzählte, hatte sie sich ihr Studium in Oxford unter anderem dadurch verdient, dass sie sich in schwere und dicke Kleidungsstücke gehüllt, Ketten von elektrischen Blinklichtern darum gewunden und dann bei Studentenfeten auf verlassenen Feldflughäfen als eine Art Animiermädchen getanzt hatte.

Der Anblick von Tavildara erinnerte mich an die Schlusssequenz von *Apocalypse Now*, in der Martin Sheen Marlon Brandos Versteck am Ende des Flusses erreicht. Tavildara war jedoch ein Schlachtfeld, auf dem gekämpft wurde. Man konnte es sehen, wenn man in die Stadt hineinfuhr – beziehungsweise in das, was einst die Stadt gewesen war. Das einzige Anzeichen dafür, dass hier einmal Menschen gelebt hatten, waren Schuttberge. Auch die Straße war verschwunden, an ihrer Stelle klafften große Krater, die sich aneinander reihten wie die Perlen einer Halskette. Wir hielten an und lauschten, ob irgendwelche Schüsse fielen, doch es war vollkommen still. Falls die Rebellen sich in den Tavildara umgebenden Bergen aufhielten, so konnten wir sie nicht sehen.

Ein ausgebrannter T-72, aus dem noch Rauch aufstieg und dessen eine Kette quer über der Straße lag, markierte die Einfahrt zu dem Armeelager. Ein Soldat, der sein Hemd ausgezogen und ein Gewehr in der Hand hatte, sonnte sich auf einem Felsen in der Nähe. Er zuckte nur die Achseln, als wir fragten, wo sein Kommandant sei. Nachdem wir zehn Minuten lang in dem Lager herumgesucht hatten, fanden wir endlich sein Quartier, das er im Keller von etwas eingerichtet hatte, das vermutlich einmal ein Haus gewesen war. Man musste die Tarnnetze zur Seite ziehen und durch ein Loch, das den Durchmesser einer Toilette hatte, nach unten klettern, um zu ihm zu gelangen. Dort unten befand sich ein regelrechter Kaninchenbau; die Wände der Gänge bestanden aus Sandsäcken, Kisten voller Granaten und Patronen, Stapeln von Panzerfaustmunition und leichten Panzerabwehrraketen und aufgeschichteten Sturmgewehren. Sollte dieses unterirdische Lager einen Volltreffer abbekommen, so würde der halbe Rest von Tavildara mit in die Luft fliegen.

Ein Soldat saß auf dem Boden und bestückte einen Patronengurt neu mit Munition. Der Kommandant, Oberst Sergei, sei gerade dabei »sein Bad zu nehmen«, teilte er uns mit. Er führte uns dann in das Zimmer des Kommandanten, das die Größe eines geräumigen Kaninchenstalls hatte. Wir ließen uns auf einem Paar Pritschen nieder, um zu warten. Nell setzte die Kopfhörer ihres Walkmans auf und stieg – akustisch zumindest – aus der Realität aus.

Maggie und ich hörten Oberst Sergei, bevor wir ihn sahen. Er war besoffen wie ein Kosak und röhrte irgendein altes Lied der Wolgaschiffer. Ich schaute auf meine Uhr. Es war gerade erst gegen Mittag. Der Soldat teilte ihm offenbar mit, dass er Gäste habe, denn der Oberst hörte auf zu singen. Jetzt konnten wir ihn kichern hören, als er versuchte, sich an uns heranzupirschen. Das klappte ganz gut, bis er mit dem Schädel gegen die niedrige Decke knallte und halblaut zu fluchen begann. Und bevor wir überhaupt genau begreifen konnten, was geschah, hämmerte er die provisorische Tür mit dem Kolben seines Gewehrs beinahe aus den Angeln und platzte zu uns herein. Sobald er uns sah, erstarrte er jedoch. Sein Bursche hatte ihm offenbar nicht mitgeteilt, dass die Besucher Amerikaner waren. Was mich betrifft, so war ich von seinem Anblick genauso überrascht wie er von meinem. Er konnte nicht älter als achtundzwanzig, neunundzwanzig Jahre sein. Mit seinem blonden Vollbart, seinen smaragdgrünen Augen und seinem verlegenen Grinsen sah er anders aus, als ich mir den Kommandanten des entlegensten Außenpostens der ehemaligen Sowjetunion vorgestellt hatte.

Nachdem wir alle saßen, fragte Maggie, die gut Russisch sprach, nach den Kämpfen, die sich in letzter Zeit rund um Tavildara abgespielt hatten, doch Sergei beachtete sie nicht. Stattdessen brüllte er durch die Wand hindurch seinen Burschen an: »Ich verfluche die Augen deiner Hure von einer Mutter. Warum steht denn da nie eine gottverdammte Flasche Wodka parat, wenn ich eine brauche?« Der Soldat trieb eine Pulle auf, und von da an versackten wir für den Rest des Tages.

Der stellvertretende Kommandierende, ein usbekischer Major, fand sich mit zwei weiteren Flaschen Wodka ein. Wir waren dabei, der ersten von ihnen auf den Grund zu gehen, als sich der Usbeke plötzlich erhob, nach draußen verschwand und kurze Zeit später mit einer amerikanischen Landmine zurückkam, die er von den Rebellen erbeutet hatte. Niemand hatte sich die Mühe gemacht, sie zu entschärfen.

»Hier«, sagte er und drückte mir die Mine in die Hand. »Dies ist ein Geschenk von der großen Sowjetunion an Amerika.« Um mich nicht lumpen zu lassen, ging ich zu unserem Niva-Geländewagen und holte eine Panzerweste aus Restbeständen der U.S. Army. Dem Major gefiel sie. Er zog sie an, nahm mich beim Arm und zog mich wieder nach draußen. Er gab mir seine Makarow-Pistole und sagte: »Schießen Sie auf mich.« Zum Glück war ich noch nüchtern genug, um Nein zu sagen. Ich konnte ihn schließlich dazu überreden, die Weste über eine Stange zu hängen. Der Major schoss ein ganzes Magazin auf sie ab und war so entzückt davon, dass kein einziges Projektil die Weste durchbohrt hatte, dass er sich ein AK-47 griff und das Experiment wiederholte. Diesmal begann die Weste sich in Fetzen aufzulösen. Das machte dem Major jedoch nichts aus. Er schlüpfte wieder hinein und behielt sie während der ganzen Party an.

Nachdem wir Flasche Nummero drei den Garaus gemacht hatten, war es Zeit, zum Schießstand zu ziehen. Obwohl Sergei mittlerweile sternhagelvoll war, hatte er noch so viel Grips im Kopf, dass er uns anwies, in Richtung Tal zu schießen und nicht nach oben, in die Berge hinein, wo der Feind sich verschanzt hatte. Wir sollten die Rebellen nicht unnötig reizen, meinte er.

Es lief alles glatt, anfangs zumindest. Es war ein wunderschöner kühler Tag. Nell und Maggie feuerten zum ersten Mal in ihrem Leben ein AK ab. Zum Glück war der Wodka alle. Ich holte aus unserem Geländewagen eine von der CIA benutzte *riot gun* vom Kaliber 12 mit Kipplauf, eine Waffe, die für Straßenkämpfe gedacht war, und zeigte sie dem usbekischen Major, der mir in der Zwischenzeit eine Kiste Handgranaten zum Geschenk gemacht hatte. Dass ich ihm die *riot gun* zeigte, erwies sich als Fehler. Er bestand darauf, sie auszuprobieren, und feuerte ein paar Schüsse ab – in Richtung Berge.

Rein theoretisch war daran nichts Bedrohliches: Ein Schrotgewehr vom Kaliber 12 ist nur im Nahkampf einzusetzen. Die Rebellen waren aber nicht in der Stimmung, solche feinen Unterschiede zu machen. Das erste feindliche Projektil prallte von einem Panzer ab, der nur fünf Meter von uns entfernt stand. Mehrere kurze Salven folgten, denen sich ein konstantes Stakkato von Schüssen aus automatischen Gewehren, die von überall her zu kommen schienen, anschloss. Es dauerte nicht lange, bis eine Granate über das Lager hinwegzischte und ungefähr fünfzehn Meter jenseits der äußeren Begrenzung krepierte.

Ich schaute zu Maggie hinüber. Sie atmete schwer. Sie hatte über einen Krieg berichten, aber keinen auslösen wollen. »Lass uns abhauen«, sagte ich und legte meine Hand auf ihren Arm. Es beruhigte sie, dass jemand einen Plan hatte. »Ich hole das Gewehr, und du holst Nell«, sagte ich.

Maggie lief zu Sergei und Nell: »Wir machen uns davon!«

Sergei, der im Laufe des Tages immer mehr Gefallen an Nell gefunden hatte und sie jetzt im Arm hielt, erwiderte in seinem gebrochenen Englisch: »Gut. Du gehen. Frau bleiben hier bei mir.«

Maggie war niemand, der sich herumkommandieren ließ; sie rannte zu beiden hinüber, packte Nell und stieß Sergei zurück. Dann liefen wir alle zu dem Niva.

Als wir aus dem Lager fuhren, kletterten die Besatzungen in ihre Panzer. Ich bemerkte, dass sie alle Tadschiken waren. Ihre russischen Offiziere waren zu betrunken, um etwas anderes tun zu können, als dabei zu stehen und zuzuschauen. Das Geräusch von einem Dutzend T-72, die gleichzeitig die Motoren anließen, war beeindruckend. Ich blickte mich ein letztes Mal um und sah, dass eine dichte Glocke von Dieselqualm über dem Lager waberte.

Wir hielten ungefähr einen Kilometer außerhalb von Tavildara an, um dem zu lauschen, was sich nach dem Lärm eines erbitterten Kampfes anhörte. Ich warf die Landmine und die Kiste voller Granaten in den Fluss, und wir setzten unsere Rückfahrt nach Duschanbe fort.

Im nächsten Frühjahr, als der Schnee auf den Gebirgspässen zu schmelzen begann, holte ich meinen Plan, eine Reise durch das Pamirgebirge zu unternehmen, wieder aus der Schublade. Diesmal überredete ich Henry, einen Beamten des State Department, der auf Besuch war, mich zu begleiten. Henry sprach beinahe fehlerfrei Russisch. Überdies war er bei den Special Forces gewesen. Er war der perfekte Reisegefährte auf einer Tour durch das Pamirgebirge.

Wir packten den Niva mit Militärlebensmittelrationen, Wasser und ungefähr zwanzig Kanistern Benzin voll. Unser einziges Kommunikationsmittel war ein Handfunkgerät, das uns über einen Low-altitude-Satelliten der Navy mit Washington verband. Ich ließ das Gewehr zu Hause, nahm aber zwei Granaten mit, die ich hinter dem Armaturenbrett verbarg. Zu Henrys Verwunderung schnallte ich auch ein Paar Skier auf das Dach unseres Wagens. »Das ist eine gute Tarnung«, erklärte ich. »Die bösen Buben werden denken, dass wir einfach nur zwei Abenteurer sind.«

Als wir in die Nähe von Tavildara kamen, verlangsamte ich noch nicht einmal unsere Fahrt. Es hätte gut sein können, dass Sergei noch sauer wegen Nell war. In den Bergen oberhalb von Tavildara hatte ein Erdrutsch die Straße verschüttet. Es war kein einziges anderes Fahrzeug unterwegs. Wir sahen auch keine Rebellen, doch oben auf dem Kaborabad-Pass stießen wir auf die Spuren einer gerade ausgetragenen Schlacht. Der Berghang war von schwarzen Kratern übersät – die vermutlich SU-27-Jagdbomber zurückgelassen hatte – und von ausgebrannten Tanks und gepanzerten Truppentransportern.

Als wir gerade anfingen, uns zu fragen, ob die Russen untereinander Krieg führten, kamen zwei Vogelscheuchen, die AK-47 im Anschlag, hinter einem Felsen hervor und versperrten uns den Weg. Als sie uns durch die Visiere ihrer Waffen hindurch anpeilten, schien es uns ratsam anzuhalten. Sie baten uns darum, sie nach Kalaik-hum, der ersten Stadt an der afghanischen Grenze, mitzunehmen.

Es dauerte nicht lange, bis der Smalltalk in ein unbehagliches Schweigen überging. Ich beobachtete im Rückspiegel, wie die beiden Mudschahedin den Niva musterten, um festzustellen, was man dafür bekommen könnte. Als sie begannen, Tadschikisch miteinander zu sprechen, von dem sie annahmen, dass wir es nicht verstünden, wurde die Situation bedrohlich. Offensichtlich debattierten sie darüber, was sie mit uns anfangen sollten. Uns mit nach Hause zu nehmen und ihren Familien vorzustellen, war nicht eine der Möglichkeiten, die sie in Betracht zogen.

Bevor unsere Passagiere zu einer Entscheidung kommen konnten, erreichten wir schon Kalai-khum. Eine afghanische Flagge flatterte auf der anderen Seite einer Furt im Panji über einer aus Schlamm und Flechtwerk gefertigten Hütte, die die Grenzstation darstellte. Eine von Sandsäcken umgebene Maschinengewehrstellung direkt vor uns versperrte uns den Weg in die Stadt. Unsere Mudschahedin hüpften aus dem Wagen und befanden sich bald inmitten einer angeregten Konversation mit zweien ihrer Kollegen, die eine MG-Mannschaft bildeten. Dann kam einer der Anhalter zurück und steckte den Kopf zum Fenster herein. »Sie müssen mit uns kommen, um die Formalitäten zu erledigen.« Das war kein gutes Zeichen. »In Ordnung«, sagte ich. »Wir werden direkt zur Polizeistation fahren.« Stattdessen legte ich den ersten Gang ein und wir machten uns aus dem Staub. Als ich in den Rückspiegel schaute, sah ich, wie die vier Mudschahedin hinter uns herrannten.

Auf der anderen Seite des Panji fuhren wir so schnell auf das Ufer hinauf, wie wir konnten. Vor hier aus machte Afghanistan plötzlich einen viel zivilisierteren Eindruck als von tadschikischer Seite. Wir kamen gut voran, bis aus einem Reifen allmählich die Luft entwich. Glücklicherweise lag direkt vor uns eine russische Grenzstation, die von hohen Wällen, Mauern und Stacheldrahtabsperrungen umgeben war. Ich fuhr durch das Tor, ohne dem Wachposten die Chance zu geben, uns anzuhalten. Sofort versammelte sich eine Schar russischer Soldaten. Mit ihren ausgezehrten Gesichtern und den schmutzigen Uniformen, die ihnen vom Leibe zu fallen drohten, sahen sie aus, als ob sie seit langer Zeit auf Minimalration gesetzt worden waren. Sogar ihre Gewehre waren verrostet. Ich bot ihnen etwas von unseren Lebensmittelrationen an, doch keiner von ihnen griff zu.

Während ich den defekten Reifen wechselte, zog Henry los, um den Kommandanten zu suchen. Die Soldaten starrten mich einfach nur an. Keiner erbot sich, mir zu helfen.

Ich zog die letzte Radmutter an, als Henry im Gefolge eines russischen Leutnants zurückkam, der aussah, als ob er ungefähr sechzehn sei. Sie stritten laut auf Russisch. Der Leutnant sagte immer wieder, dass es für Ausländer verboten sei, sich in diesem Teil der Sowjetunion aufzuhalten. Schließlich kam er zu mir herübermarschiert und funkelte mich an: »Sie und Ihr Freund hauen jetzt von hier ab. Sofort!«

Henry unternahm einen letzten Versuch. »Können wir nicht wenigstens vor den Toren schlafen?« Es dämmerte mittlerweile, und Khorog lag acht Stunden entfernt – acht Stunden auf einer Straße, die die afghanischen Mudschahedin für Schießübungen benutzten.

»Nein!«, brüllte der Leutnant. Ich konnte sehen, dass er eher ängstlich als wütend war. »Ich werde diesen Bastarden etwas anderes beschaffen, auf das sie schießen können. Ihr habt eine Minute, um zu verschwinden, und es schert mich nicht, wohin ihr geht, zum Teufel.« Er nickte den Wachposten zu, deren Finger sich um die Abzüge ihrer Waffen krümmten. Erst da bemerkte ich, dass die Hauptbewaffnung der Station gerade mal aus einem halben Dutzend Flugabwehrkanonen bestand, deren Mündungen alle über den Fluss hinweg in Richtung Afghanistan zeigten. Die Kanoniere machten sich daran, die Munitionsgurte einzuführen, um sich für eine andere Nacht an der Grenze vorzubereiten.

Bis zum nächsten Morgen schafften wir es bis Khorog, wo wir einen Tag lang blieben. Dann fuhren wir weiter die chinesische Grenze entlang, dicht an einigen der schönsten Berge der Welt vorbei. Bei jedem Grenzposten, an dem wir anhielten, versetzte unsere Anwesenheit in dem Gebiet die Russen in völlige Verwirrung. Jedesmal fragten sie, ob wir die Erlaubnis Moskaus besäßen, durch das Pamirgebirge zu fahren. Sie schienen überhaupt noch nicht gehört zu haben, dass die Sowjetunion nicht mehr existierte. Wir übernachteten in der Grenzstation Murgab. Die Russen erzählten uns, dass der Name in dem örtlichen Dialekt »totes Huhn« bedeute. Zum Abendessen verspeisten wir Steaks von dem imposanten und immer seltener werdenden Marco-Polo-Schaf – etwas anderes war in Murgab kaum zu bekommen. Der Kommandant beklagte sich bei uns, dass er seit einem Jahr auf Nachschub warte. Dann fügte er noch hinzu, dass er bald acht Jahre an diesem Ort hinter sich gebracht habe. Er wollte wissen, ob Moskau sich sehr verändert habe.

Henry und ich schafften es damals nicht bis nach Jaghnob, doch fand ich später einen Führer, der mich dorthin brachte. Wir betraten das Tal vom Westen aus und bewegten uns dann zwei ganze Tage lang über einen schmalen Saumpfad voran, der oberhalb eines sechshundert Meter tief abfallenden Steilhangs verlief, bis wir die erste Siedlung erreichten. Die Gerüchte stimmten: Die Jaghnobis waren wirklich keine Menschen aus einem der letzten beiden Jahrtausende.

Im nächsten Dorf saßen wir beim Essen um einen Tisch herum, dessen Oberteil statt aus einer Platte aus einem Teppich bestand. Obwohl wir Hochsommer hatten, war es kalt, und ein kleiner Junge legte immer wieder neue Stücke glühender Holzkohle unter diesen Tisch, damit wir es warm hatten. In dem Teppich waren ärmelartige Gebilde angebracht, und so konnten wir unsere Arme durch die Oberfläche des Tisches hindurchstecken, um unsere Hände zu wärmen, während wir kauten. Es gab in dem Dorf keinen Strom und kein fließendes Wasser, aber die Gegend in der es lag – Berge und Gletscher, die das ganze Jahr hindurch schneebedeckt waren –, bot einen spektakulären Anblick und war aufs Engste mit der uralten Kultur dieser Menschen verbunden. Anstatt sich beim Gebet gen Mekka auszurichten, wie die meisten Moslems es tun, wenden die Jaghnobis sich dem höchsten Gipfel zu, den sie als den Punkt ansehen, von dem aus man zum Himmel auffährt.

Nach fast zwei Jahren, in denen ich Wasserhähne aufgedreht und diese Schlamm hatte ausspucken sehen, während denen ich nur mit eiskaltem Wasser geduscht und von Armeelebensmittelrationen gelebt hatte, hatte ich genug von Tadschikistan. Es war Zeit, dass jemand anderer hier herauskam, um etwas von dem Spaß mitzubekommen. Im Januar hatte ich damit begonnen, dem Hauptquartier durch zarte Winke verständlich zu machen, dass es für eine Ablösung sorgen sollte. Nachdem ich zwei Monate lang als Antwort darauf nur Schweigen geerntet hatte, rief ich beim Personalbüro der Division an. Man teilte mir unter lauter Entschuldigungen mit, dass der Mann, der Russisch sprach und der mich hätte ersetzen sollen, stattdessen ans Army War College gehe. Man werde jedoch sofort einen Ersatz ausfindig machen. Dieser Ersatz endete allerdings in einem Ausbildungskurs für Leute, die im mittleren Management tätig waren. Der dritte Kandidat akzeptierte die Versetzung nach Duschanbe einfach nicht; es sei kein »guter Zug«, was seine Karriere betreffe, ließ er die Division wissen. Ich fühlte mich langsam schon so, als ob ich gestorben und zur Hölle niedergefahren sei, in der ich eine Ewigkeit schmoren würde, als das Hauptquartier mich stolz davon in Kenntnis setzte, dass man eine Ablösung für mich aufgetrieben hatte. Ich war außer mir vor Begeisterung – bis ich den Lebenslauf des Burschen gelesen hatte. Er war ein Offizier der paramilitärischen Einheiten der CIA, der weder Russisch noch Tadschikisch sprach und nie im Leben einen Agenten rekrutiert oder auch nur eingesetzt hatte. Wenn man einen Analytiker entsandt hätte, um mich abzulösen, wäre es nicht schlimmer gewesen. Das Einzige, was er anscheinend wusste, war, wie man eine Zündkapsel »anwürgte«, was aber nur von Nutzen sein würde, wenn das Hauptquartier sich entschließen sollte, unser Büro von Duschanbe nach Tavildara zu verlegen.

Sogar nach den vielen Jahren, die ich für die CIA abgerissen hatte, war ich starr vor Staunen. Die CIA besaß keine Agenten in den Reihen des russischen Militärs, und offensichtlich machten sich die Verantwortlichen darüber kein Kopfzerbrechen, zumindest nicht in dem Maße, dass sie jemanden nach Tadschikistan geschickt hätten, der fähig gewesen wäre, einen Agenten zu rekrutieren. Es bereitete ihnen auch keine Sorge, dass mein Ersatzmann nicht in der Lage sein würde, sich mit jemandem wie Grigor zu unterhalten, der kein Englisch sprach. Die CIA hatte anscheinend das ganze russische Militär abgeschrieben, obwohl es immer noch über Raketen verfügte, die einen Atomsprengkopf zu jedem gewünschten Ziel in den USA zu tragen vermochten.

Ich hätte nicht erstaunt sein sollen. Als der Bürgerkrieg in Afghanistan zu brodeln begann, forderte ich wiederholt jemanden an, der Dari oder Paschtuni beherrschte, die beiden verbreitetsten Sprachen in Afghanistan, um die vielen Flüchtlinge zu befragen, die über die Grenze nach Tadschikistan fluteten. Sie hätten uns eine Menge wertvoller Informationen liefern können. Wir hätten sogar einige von ihnen rekrutieren und zurück über die Grenze schicken können, damit sie uns über die Vorgänge in ihrem Land berichteten. Man sagte mir, dass nirgendwo jemand zu finden sei, der Dari oder Paschtuni spreche. Des Weiteren wurde mir mitgeteilt, dass die CIA keine Informationen über Afghanistan mehr zusammentrage, man brauche also niemanden mit solchen Sprachkenntnissen. Das Hauptquartier bot mir an, mir stattdessen ein Team von vier Leuten zu schicken, die alles über das Problem der sexuellen Belästigung am Arbeitsplatz wüssten. Als ich das Angebot ablehnte, handelte ich mir damit einen weiteren negativen Vermerk in meiner Personalakte ein.

Ich begann mich ernsthaft zu fragen, um was sich die CIA eigentlich in diesen Tagen noch sorgte, als ein Telegramm auf meinem Schreibtisch landete, mit dem ich informiert wurde, dass Clairborne Pell, der Vorsitzende des Foreign Relations Committee des Senats, zu mir nach Tadschikistan kommen werde, um mit mir zu sprechen. *Endlich*, atmete ich auf. Pell war ein früherer Beamter des Foreign Service und ein Veteran aus den Zeiten des Kalten Krieges. Mit Sicherheit wollte er wissen, was ich über die russischen Streitkräfte zu sagen hatte.

In der Woche vor seiner Ankunft ordnete ich meine Gedanken und notierte sie auf einem Stapel Karteikarten. Ich wollte Pell vor allem davon berichten, was ich über ein mögliches Komplott russischer Offiziere gegen Jelzin gehört hatte. Er musste sich doch einfach für die Möglichkeit eines Coups interessieren. Ich hoffte insgeheim, dass er nach Hause zurückkehren und das Hauptquartier so lange nerven würde, bis es einen richtigen Case Officer zu meiner Ablösung nach Duschanbe schickte, jemanden, der sich zumindest weiter mit Grigor würde treffen können.

Das Problem schien damals weniger bedeutend zu sein als die Gefahr, die möglicherweise von den Russen ausging – und es könnte sich immer noch herausstellen, dass es wirklich geringfügiger ist, da Raketen immer das bessere System zu einer Massenzerstörung sein werden als Jumbojets –, doch ich wollte Pell in jedem Fall auch erzählen, was ich über den islamischen Fundamentalismus in Tadschikistan und in Afghanistan herausgefunden hatte.

Ich hatte meine Studien des Islam wieder aufgenommen, als ich in Duschanbe stationiert worden war. Beinahe jeden Tag las ich den Koran und die anderen kanonischen Texte des Islam mit einem moslemischen Gelehrten. Ich wollte nicht nur mein Arabisch und mein Persisch verbessern, sondern auch herausfinden, was die islamischen Texte über heilige Kriege und Selbstmord sagten. Die Aussage der entsprechenden Stellen war nicht eindeutig. Man konnte so ziemlich alles in sie hineininterpretieren, was man wollte.

Ich hatte auch einen ██████████ ████████████████ rekrutiert, der Abdallah Nuri nahe stand, einem tadschikischen islamischen Stammeshäuptling, der von Afghanistan aus operierte, wo er einen erbarmungslosen Kampf gegen die Russen und ihre örtlichen Verbündeten führte. Diese Verbindung war wichtig, denn Russland und Tadschikistan baten die USA um Hilfe gegen Nuri. Sie waren überzeugt, dass die USA mehr wussten, als sie zugaben. Nuri erhielt einen großen Teil seiner Gelder von unserem engsten Verbündeten im Nahen Osten, von Saudi-Arabien. Als Urheber dieser heimlichen Zahlungen von Hilfsgeldern und Waffenlieferungen großen Umfangs an Nuri hatten wir die saudiarabische World Islamic League ermittelt, eine Organisation, über die die königliche Familie des Landes ihre schützende Hand hielt. Da es unsere Büros in Islamabad und Riad anscheinend nicht fertig brachten, Informationen zu liefern, war der ████████████████ alles, an das wir uns halten konnten.

Übrigens erwies sich, dass die Sorgen Russlands und Tadschikistans nur zu begründet waren. Im Juli 1996 vermittelte Nuri ein Bündnis zwischen Osama bin Laden und dem iranischen Geheimdienst. Es kam zu mindestens einem Treffen zwischen Bin Laden und einem iranischen Geheimdienstoffizier. Wir erhielten zwar nie zur Gänze Kenntnis darüber, was bei diesem Treffen besprochen wurde, brachten aber in Erfahrung, dass Bin Laden dem Iran eine koordinierte Terrorkampagne gegen die USA vorschlagen wollte. Wenn ich von einem Case Officer abgelöst worden wäre, der mit den ████████████████ hätte sprechen können, hätten wir vielleicht herausgefunden, ob Bin Ladens Vorschlag jemals in die Tat umgesetzt wurde.

Ich kann es nicht oft genug betonen: Es gibt und gab keine silberne Zauberkugel, die für sich alleine genügt hätte, den Horror vom 11. September zu verhindern. Doch indem niemand sich mit Agenten traf wie dem ████████████████, den ich rekrutiert hatte, oder ihn als Access Agent einsetzte, um an Leute heranzukommen, die noch mehr über Bin Laden wussten, haben wir dafür gesorgt, dass wir den Albtraum nicht verhindern konnten. Tatsache ist, dass Bin Laden ein Zusammentreffen verschiedener Faktoren ausnutzte, um sein Netzwerk zu knüpfen, und viele Gruppierungen oder Informanten hätten uns erzählen können, was er im Schilde führte.

Mein Land befindet sich zu dem Zeitpunkt, da ich dies schreibe, im Krieg, und die Rekruten des Feindes sind wie Wassertropfen. Man kann Hunderte von ihnen verhaften oder töten, hunderte andere werden an ihrer Stelle rinnen. Wir können sie nicht alle umbringen, doch wir sind fähig, etwas über ihre Pläne oder ihre Absichten zu erfahren, indem wir mit ihnen sprechen. Wir können berechnen, in welche Richtung ihr Krieg laufen wird, indem wir uns in den Moscheen unter die Scharen der Gläubigen mischen, die uns sagen können, wie schlimm die Dinge stehen und wie viele junge Männer bereit sind, ihr eigenes Leben zu opfern. Das sind die Möglichkeiten, die wir nicht hatten. Das ist es, worauf wir innerhalb der CIA und der ganzen Geheimdienstgemeinde verzichteten – um der Verfolgung von Zielen willen, die ich immer noch nicht ganz begreife. Und das ist, was ich dem Senator begreiflich machen wollte, der den Mut gehabt hatte, an die vorderste Front, nach Tadschikistan, zu kommen.

Clairborne Pells Air-Force-Maschine landete am frühen Nachmittag des 31. März 1994. Ich hatte vor dem Abend, bei einem Essen in der Datscha des Präsidenten, keine Gelegenheit, mit ihm zu sprechen. Pell hielt sich bemerkenswert gut für einen Mann seines Alters, der die ganze Nacht in einem Flugzeug gesessen hatte. Nach dem Dinner machte Botschafter Escudero uns bekannt, und Pell und ich gingen auf dem Gelände spazieren und unterhielten uns.

Ich erzählte ihm als Erstes über den Versuch des Adjutanten des Befehlshabers der Bodentruppen, mich in seine kriminellen

Aktivitäten hineinzuziehen. Pell sagte nichts, sondern spazierte stumm weiter neben mir her. Ich nahm an, dass ich sein Interesse geweckt hatte, und ging jetzt zu dem über, was ich über die Ereignisse um die Duma im Jahr 1993 erfahren hatte und darüber, mit welchen Auswirkungen dieses Geschehen auf die Streitkräfte verbunden war. Ich geriet dabei allmählich auf Touren und würde bald auf den islamischen Fundamentalismus zu sprechen kommen, darauf, dass es keinen Case Officer gab, der genügend Tadschikisch sprach, um sich mit meinem Geistlichen unterhalten zu können, und anderes.

Pell unterbrach mich. »Der Botschafter hat mir von Ihrem Abstecher in das Pamirgebirge erzählt. Berichten Sie mir darüber.«

In den nächsten zwanzig Minuten schilderte ich nur das, was ich im Jaghnob-Tal gesehen hatte. Pell war fasziniert, und ich brachte das Gespräch nicht mehr auf Russland zurück. Es stellte sich heraus, dass man genau das von mir erwartet hatte: einen Reisebericht abzugeben, nicht etwa Geheiminformationen zu liefern. Ich erinnere mich, wie mir durch den Kopf ging, dass es doch vielleicht an der Zeit sei, die CIA in *Central Itinerary Agency* umzubenennen, Zentrale Reiseagentur: »Extravagante Reisen an extravagante Orte«. Sie würden daheim, im sonnigen Langley, noch nicht einmal die Monogramme ändern müssen.

Der Kalte Krieg war wirklich vorbei, das wurde mir endlich klar – tot und begraben. Ich hoffte nur, dass unsere Fähigkeiten zum Spionieren nicht restlos mit ihm gestorben waren.

Teil III
Du bist ganz allein

14

3. März 1995. Salah al-Din, Irak

»Komm mal rauf und schau dir an, was gerade reingeflattert ist!«, rief Tom von oben die Treppe herunter.

Er war dabei, in dem Schlafzimmer im ersten Stock, das wir zu unserem Fernmelderaum umgewandelt hatten, die am Morgen eingetrudelten Meldungen durchzugehen. Tom war ein Exmajor der Special Forces und arbeitete auf Vertragsbasis für die CIA. Er half uns dabei, unseren geheimen Kampf gegen den Terrorismus fortzusetzen. Dass wir auf solche Vertragspartner zurückgriffen, war ein anderes Zeichen für den Niedergang der Agency. Es war mir aber egal. Tom war kleinwüchsig und dunkel und hätte gut für einen Iraker durchgehen können. Er war auch kampferfahren und durch nichts aus der Ruhe zu bringen. Es geschah nur selten, dass er wegen irgendetwas losbrüllte, vor allem wegen eines frisch eingetroffenen Telegramms. Als ich die Treppe hinaufstolperte, konnte ich mir nur vorstellen, dass eine richtiggehende Bombe aus dem Hauptquartier eingetroffen war: der Befehl, dass wir uns davonmachen sollten.

Das Hauptquartier hatte es nie wirklich mit Behagen erfüllt, ein Team im Nordirak zu haben, das auf sich allein gestellt operierte. Was das betrifft, auch der Irak hatte nie jemanden wirklich mit Behagen erfüllt. Trotz des ganzen Wirbels in der Presse war der Golfkrieg von 1991 allenfalls eine beschränkte Auseinandersetzung zwischen Koalitionstruppen und Saddam Husseins Armee gewesen; man hatte nur seine Streitkräfte aus Kuwait vertreiben und ihn für den Überfall auf das Scheichtum bestrafen, ihn aber nicht entmachten wollen. Die Aussicht, dass er gestürzt werden könnte, stimmte unsere arabischen Alliierten, die wussten, was ein Machtvakuum in jener Region bedeuten konnte, ausgesprochen nervös. Als die irakischen Kurden und die Mehrheit der Schiiten des Landes sich im März 1991 gegen einen geschwächten Saddam erhoben, flehten die Kurden uns um Hilfe an. Stattdessen sahen wir untätig zu, wie Saddam seine Hubschrauber starten und die Opposition niedermähen ließ. Erst als die fliehenden Kurden begannen, in die Türkei und in den Iran hineinzuströmen, verhängte Präsident George Bush das Flugverbot für Maschinen der irakischen Luftwaffe, das diese zwang, am Boden zu bleiben, und es den Kurden ermöglichte, ihre Heimat zurückzuerobern: jenes nicht als Staat anerkannte Gebiet, das ungefähr das nördliche Drittel des Irak ausmacht. Die Kurden, ein indoeuropäisches Volk, das eine dem Farsi verwandte Sprache spricht, stellen die größte Minorität im Nahen Osten, die keinen eigenen Staat besitzt.

Damals schien die Vorstellung vorzuherrschen, dass die CIA sich um unseren nicht abgeschlossenen Krieg kümmern könnte: Bringt alles in Ordnung, findet eine Möglichkeit, uns von Saddam zu befreien, und haltet die permanent untereinander zerstrittenen Kurden davon ab, sich gegenseitig abzuschlachten. In Washington waren solche Vorstellungen anscheinend *au courant*. Draußen im Feld gab es einige Fakten, die sich ihrer Realisierung verbreitet in den Weg stellten. Zunächst einmal konnte sich niemand sicher sein, dass Saddam nicht versuchen würde, uns entführen oder ermorden zu lassen. Dann waren da die Kurden, unsere Gastgeber. Nachdem sie 1991 Saddams Armee aus dem Norden hinausgeworfen hatten, standen sie gegen Ende des Golfkriegs plötzlich mit etwas da, das so etwas wie ein eigenes Land war. Es gab aber in diesem Land keine zentrale Autorität, und so manövrierten sie sich rasch in einen Bürgerkrieg hinein. Dieser Bürgerkrieg bestand vor allem aus Scharmützeln und Angriffen von Heckenschützen. Von Zeit zu Zeit fuhren sie aber auch ihre schweren Geschütze auf und beschossen sich ein, zwei Tage lang.

Mitte Februar wurde dieser Konflikt wirklich hässlich. Auf einem von Menschen wimmelnden Markt explodierte eine Autobombe, die mehr als hundert Opfer forderte. Eine Frau, die sich lauter Plastiksprengstoff am Leib befestigt hatte, sprengte sich selbst in einem Gebäude in die Luft, das um die Ecke unweit von dem Haus lag, das wir in Salah al-Din gemietet hatten. Das Selbstmordattentat geschah im selben Raum, in dem wir einen unserer kurdischen Kontaktleute getroffen hatten. Nicht lange danach trugen die beiden Hauptfraktionen der Kurden knapp einen Kilometer von Salah al-Din entfernt eine offene Feldschlacht aus. Einige verirrte 155-Millimeter-Granaten schlugen in unserer unmittelbaren Nähe ein.

In den letzten paar Tagen waren es nicht nur die Kurden gewesen, die sich anscheinend gegenseitig auslöschen wollten. Es sah so aus, als ob auch der Irak sich einmischen würde. Saddam hatte am 28. Februar für seine Streitkräfte höchste Alarmbereitschaft befohlen, den Männern jeglichen Ausgang oder Urlaub gestrichen und zum ersten Mal seit dem Ende des Golfkriegs die Reservisten einrücken lassen. Am nächsten Tag, dem 1. März, folgte der Iran diesem Beispiel und schickte Panzertruppen an die Grenze zum Irak. Und als ob dieses noch nicht ausgereicht hätte, um Washingtons Aufmerksamkeit zu erregen, verlegten auch die Türken eine Division an die irakische Grenze. Vermutlich sollten sich die Soldaten in Bereitschaft halten, um eine etwaige Erhebung türkisch-kurdischer Guerilleros, die ihre Stützpunkte im nördlichen Irak hatten, im Keim zu ersticken.

Jetzt, da sich die drei größten Armeen in Nahost auf Kollisionskurs befanden, begann der Irak uns wie ein ungebremst dahinrasender Zug vorzukommen, und wir vier, mein aus drei Leuten bestehendes Team und ich selbst, hatten das Gefühl, mitten auf den Gleisen zu stehen. Wenn Washington an diesem Punkt des Geschehens die Nerven verloren und uns befohlen hätte, das Gebiet zu verlassen – ich wäre darüber kaum überrascht gewesen. Es war allgemeine Politik geworden, sich beim ersten Krachen eines Gewehrschusses zurückzuziehen. Niemand, zumindest niemand, der ein Mitspracherecht hatte, schien sich an unsere schmutzigen Kriege in Vietnam, Laos und dem Kongo zu erinnern.

Ich hatte für unsere persönliche Sicherheit getan, was ich

konnte. Ich hatte unseren Fernmeldemann nach Hause geschickt – Tom wusste, wie man das Satellitengerät bediente. Ein Officer war nach Qalat Cholan, einem kurdischen Lager in der Nähe der iranischen Grenze, gegangen, ein anderer nach Erbil, um dort beim kurdischen Parlament Schutz zu suchen. Beide Orte glichen Festungen, die für Saddams Mörderteams uneinnehmbar waren. Tom und ich hätten wahrscheinlich das Haus in Salah al-Din aufgeben sollen, das fast den ganzen Februar hindurch als unser Quartier gedient hatte. Obwohl es genauso aussah wie alle die anderen mausfarbenen, aus Beton gegossenen Häuser mit den flachen Dächern in dem Dorf, wussten die Agenten Saddams beinahe mit Sicherheit, dass wir es bewohnten. Die Ereignisse überstürzten sich aber zu sehr, als dass wir uns die Zeit nehmen konnten umzuziehen. Wir würden uns darauf verlassen müssen, dass unsere kurdischen Wächter uns beschützten.

»Sie ziehen uns also ab, stimmt's?«, fragte ich Tom, als ich oben bei ihm in unserem Fernmelderaum angekommen war.

Plötzlich schien es mir unvermeidbar zu sein, dass man in Langley und andernorts in Washington die Nerven verlor. Ich hoffte, dass man uns nur bis zur türkischen Grenze zurückziehen würde, sodass wir uns weiter mit unseren Kontaktleuten treffen könnten. Wenn man uns nach Washington zurückpfiff, würde man der Kampfmoral der irakischen Dissidenten genau in dem Moment einen empfindlichen Stoß versetzen, in dem sie Saddam ernsthaft an den Kragen zu gehen versuchten.

Tom hatte einen Ausdruck wilden Erstaunens auf seinem Gesicht. »Wie ich sagte«, wiederholte er, »du wirst es nicht glauben.«

Es war eine Bombe, das stimmte, aber in dem Telegramm stand nichts darüber, dass man uns abziehen wollte. Es war auch kein gewöhnliches Telegramm, das Tom mir reichte, sondern etwas, das ich während meiner neunzehn Jahre bei der CIA noch nie zu Gesicht bekommen hatte: eine Botschaft aus dem Weißen Haus, abgesandt vom nationalen Sicherheitsberater des Präsidenten, Tony Lake, und durch Kanäle der CIA weitergeleitet. Ich solle diese Botschaft noch am selben Morgen den Führern der irakischen Dissidenten im Norden übermitteln.

Das müssen wirklich schlechte Nachrichten sein, sagte ich zu mir selbst, als ich anfing, den Text zu lesen. Tatsächlich war eine Katastrophe geschehen:

DIE AKTION, DIE SIE FÜR DIESES WOCHENENDE GEPLANT HABEN, IST IN ALLEN EINZELHEITEN VERRATEN WORDEN. WIR GLAUBEN, DASS DAS HOHE RISIKO EINES FEHLSCHLAGS BESTEHT. JEDE ENTSCHEIDUNG, DIE AKTION NICHT ABZUBRECHEN, IST ALLEIN DIE IHRE.

In dem zweiten und einzigen weiteren Absatz wurde ich angewiesen, Washington sofort telegrafisch zu benachrichtigen, wenn ich die Botschaft weitergeleitet hatte.

Als ich, weniger als fünfzehn Kilometer von der irakischen Front entfernt, mit den schneebedeckten und undurchdringlichen Bergen Kurdistans im Rücken, das Telegramm in der Hand dastand, kreisten meine Gedanken immer wieder um das Wort »verraten«. Wenn Saddam wirklich wusste, wie bedrohlich nahe ihm ein Umsturz bevorstand, dann würde er wie eine in die Enge getriebene Ratte kämpfen, höchstwahrscheinlich indem er eine Panzerkolonne in die Gegend nördlich des Flusses Zab entsandte, die nach uns fahnden sollte. Der erste T-72 würde in Salah al-Din sein und seine 125-Millimeter-Kanone durch unsere Haustür rammen, bevor wir unsere Stiefel anziehen konnten

Ich las das Telegramm noch einmal, in der Hoffnung, irgendeinen Sinn herauszuquetschen. Die »Aktion«, auf die Lake sich bezog, war ein Staatsstreich gegen Saddam Hussein, der in weniger als sechsunddreißig Stunden stattfinden sollte. Washington hatte seit über einem Monat, seit Ende Januar, davon gewusst – also genug Zeit gehabt, den Umsturzversuch hinauszuschieben oder zu stoppen. Das wusste ich mit Sicherheit, denn ich hatte den Leuten daheim Punkt für Punkt dargelegt, wie der Coup ablaufen sollte. Washington war sich auch darüber im Klaren, dass das alles nicht ohne Lärm ablaufen würde. Ein sehr geräuschvolles Ablenkungsmanöver sollte vorweggehen. Wir erwarteten – ja, wir *wollten* –, dass Saddam in den Stunden unmittelbar vor dem Staatsstreich seine Panzer auf die Straßen schickte. Washington hatte aber einfach alles ignoriert, was wir berichtet hatten, und die Vorbereitungen weiter voranschreiten lassen, als ob grünes Licht gegeben worden sei. Erst jetzt, zu einem Zeitpunkt, da den Offizieren, die hinter dem Staatsstreich standen, der Rückzug versperrt war, reagierte der nationale Sicherheitsberater endlich.

Warum, so hatte ich mich selbst in jenen ersten Minuten der Verblüffung, nachdem ich das Telegramm gelesen hatte, immer wieder gefragt: Warum dies? Warum so spät? Es war nicht so, als ob Tony Lake sich auf irgendeine glaubwürdige Weise von dem Coup oder von der CIA hätte distanzieren können. Es war auch nicht so, als ob die CIA eine illegale Aktion hatte durchführen wollen, von der der National Security Council nichts wusste. Lakes Sachverständiger für den Nahen Osten, Martin Indyk, hatte die CIA angewiesen, einen heimlichen Stützpunkt im Nordirak einzurichten. Als das State Department dies verbieten wollte, war es von Indyk brüsk in die Schranken verwiesen worden. Und Indyk wusste – wie jedes andere Mitglied des NSC, das das Geschehen im Irak verfolgte, einschließlich Lake selbst –, dass dieser Stützpunkt zu dem Zweck eingerichtet wurde, die irakischen Dissidenten dabei zu ██████████, Saddam zu stürzen. Wenn dem NSC der Plan für einen solchen Coup nicht gefallen hatte, dann hätte er dem Ganzen schon Ende Januar Einhalt gebieten sollen, als erstmals ein entsprechendes Projekt zur Sprache gekommen war. Das Unternehmen jetzt zu stoppen – und dann noch auf solche Weise –, würde für immer unsere Chancen zunichte machen, uns Saddams zu entledigen.

Der Gedanke schoss mir durch den Kopf, Indyk mit unserem abhörsicheren Satellitentelefon anzurufen, doch auch wenn ich seine Nummer gehabt hätte, wäre er mit Sicherheit nicht an den Apparat gegangen. Mitglieder des NSC nehmen keine Anrufe von CIA-Stützpunkten draußen vor Ort entgegen. Überdies gab es Missstimmungen zwischen Indyk und mir. Ein halbes Jahr zuvor hatte ich ihm beigebracht, dass der NSC und jedermann sonst in Washington sich die Idee abschminken sollte, Saddam mit einem unblutigen Putsch loswerden zu wollen. So lief das im Irak nicht. Dieses Treffen hatte sich nicht sehr günstig auf meine Karriere ausgewirkt. Doch es ging eigentlich darum, dass Washingtons Wunschfantasien von einem gewaltlosen Sturz Saddams den großen Strategen dort dazu verhalfen, die Nächte durchzuschlafen, und da wir keine – menschlichen – Informationsquellen innerhalb von Saddams engstem Kreis oder auch nur in seiner Nähe besaßen – wirklich keine einzige –, gab es nichts, was sie auf den Boden der Tatsachen hätte zurückbringen können. Ich musste mich jetzt einfach damit abfinden, dass ich fast zehntausend Kilometer und acht Zeitzonen von der Hauptstadt der freien Welt entfernt war und nicht herausfinden konnte, was schief gelaufen war, bis ich dorthin zurückgekehrt sein würde.

»Ist da nicht noch ein anderes Telegramm mit diesem gekommen? Darüber, was genau verraten wurde?«, fragte ich Tom.

Er schüttelte den Kopf.

Ich rief die Iraqi Operations Group, mein Büro in Washington und die Abteilung des Hauptquartiers, die dafür verantwortlich war, Saddam zu ████████████, an.

»Wissen Sie nicht, dass die irakische Armee in höchster Alarmbereitschaft ist?«, fragte mich der Dienst tuende Offizier perplex.

»Die Armee sollte in Alarmbereitschaft sein«, stammelte ich, »das war Teil des Plans. Aber was ist mit dem anderen Teil, dem geheimen?«

Ich wollte mich nicht genauer über den Coup auslassen, da ich mir nicht sicher war, ob man ihn eingeweiht hatte oder nicht.

»Nun, anscheinend war ein neuer Krieg mit Saddam nicht Teil von Lakes Plan. Er hat es sich überlegt, und er will nichts mehr davon hören.«

Ich hängte auf und schaute mich in dem düsteren Schlafzimmer um – unserem Operationszentrum: die Wolldecke, die vor das Fenster genagelt war, Flugkarten, die an die Wand getackert waren, AK-47-Gewehre und Kisten voller Lebensmittelrationen, die sich in der Ecke stapelten, das Funkgerät und der Generator, der draußen auf dem Balkon brummte – wir hatten keinen Strom mehr gehabt, seitdem Saddam den Norden am 28. Februar von der Versorgung abgeschnitten hatte. Es sah jetzt alles so theatralisch aus. Ich ertappte mich bei dem Gedanken, dass wir in den letzten anderthalb Monaten nichts anderes als kleine Jungen gewesen waren, die Krieg gespielt hatten.

»Kleiner Spaziergang?«, fragte ich Tom. Ich brauchte dringend etwas frische Luft.

Sobald wir aus der Tür getreten waren, wurden wir von der Stille beinahe überwältigt. Seit wir Ende Januar in Salah al-Din eingetroffen waren, hatte uns der Lärm der Schüsse, mit denen die Kurden an der Front bei Erbil einander umbrachten, in den Schlaf gewiegt und wieder aufgeweckt. Sogar nach dem Waffenstillstand am 2. März, der die Kämpfe offiziell beendete, waren den ganzen Tag über Heckenschützen aktiv. Jetzt herrschte Schweigen.

Weiter die Straße hinunter waren drei russische Militärlastwagen vom Typ Kamaz vor einer Kaserne geparkt, die dem Iraqi National Congress, der wichtigsten Gruppe von Dissidenten, gehörte. Drei junge Männer in Uniform, die einander etwas zuriefen und laut lachten, beluden sie mit Munition und Lebensmitteln. Sie bereiteten sich darauf vor, zur Front zu fahren, um das geplante Ablenkungsmanöver durchzuführen.

Salah al-Dins Hauptstraße war verlassen, das einzige Café menschenleer. Die alten Männer, die ihre Tage damit verbrachten, süßen Tee zu schlürfen, ihre rostigen chinesischen SKS- und Enfield-Flinten hinter sich an die Wand gelehnt, waren in ihre Dörfer in den Bergen zurückgekehrt, der einzig sicheren Gegend, die es gab, wenn in Kurdistan die Hölle ausbrach. Der Kellner – der wie jeder sonst in Salah al-Din wusste, dass wir von der CIA waren – beobachtete uns misstrauisch und verschwand dann hinter dem Teppich, der die Tür ersetzte. Sogar wenn man nicht über den bevorstehenden Coup informiert war, merkte man, dass etwas in der Luft lag.

Kein Zweifel, dachte ich. *Das wird keine einfach zu überbringende Botschaft sein.*

15

21. Januar 1995. Nordirak

Als mein Team und ich am 21. Januar 1995 in den Nordirak auf-
brachen, hatten wir keine Ahnung, dass irgendjemand Pläne
machte, um gegen Saddam Hussein vorzugehen. Ich hatte mich
freiwillig erboten, mich mit meiner Truppe in den Norden des
Landes zu begeben, weil ich wusste, dass dies die einzige Möglichkeit für die CIA war, rechtzeitig zu erfahren, ob Saddam wieder einmal eine Invasion in ein anderes Nachbarland vorhatte.
Ich wusste auch, dass es der beste Ort war, um irakische Heeresoffiziere zu rekrutieren.

Unsere erste Aufgabe nach Überquerung der Grenze bestand
darin, in Zakhu, einer kleinen Stadt, die die Kurden bei den Auf-
ständen vom März 1991 erobert hatten, einen irakischen Gene-
ralmajor zu treffen. Bis er sich im November 1994 in den Norden
abgesetzt hatte, war der General ein Berater des irakischen Präsidenten gewesen. Wir hofften, von ihm Auskunft darüber zu erhalten, wo die Scud-Raketen versteckt waren, und, was noch
wichtiger war, Informationen über Saddams biochemische Ge-
fechtsköpfe.

Für den General muss unsere Gruppe einen merkwürdigen Anblick geboten haben, als sein Fahrer um genau elf Uhr vormittags
vor unserem Haus hielt. Wir hatten die vergangenen zwei Tage
auf den Ladeflächen von Lastwagen gehockt, um ins Land hineinzugelangen, und nach unserer Ankunft festgestellt, dass es in
dem Haus, das uns als Bleibe dienen sollte, kein Wasser, keinen
Strom und keine Heizung gab – und das alles in einer Nacht, in
der es so kalt war, dass das Wasser in unseren Feldflaschen gefror.

Unrasiert und ungewaschen, in Winterkleidung aus Militärrestbeständen gehüllt und automatische Gewehre in den Armen haltend, sahen wir mehr wie die Nachzügler einer vernichtend geschlagenen Armee aus als wie Vertreter der Vereinigten Staaten von Amerika.

Verwirrt wälzte sich der stämmige General aus seinem Auto, richtete sich auf und streckte mir eine Hand hin, die hart wie Stahl war. Er trug einen bescheidenen Anzug, abgestoßene billige Schuhe und eine Seidenkrawatte mit einem bunten orientalischen Muster, doch sein pechschwarzer Regimentsschnurrbart, seine straffe Haltung und sein strammer Gang verrieten den Soldaten, der sich unter dem unauffälligen Äußeren verbarg. Außerdem erkannte ich ihn von einem Zeitungsfoto wieder: Damals hatte er während des Golfkriegs neben Saddam in einem Bunker gesessen.

Wir nahmen im Wohnzimmer unseres Hauses Platz. Der Koch servierte uns Tee, doch dem General fiel es schwer, zum Thema zu kommen. Er erkundigte sich immer wieder, ob wir es bequem hätten, ob der Irak uns gefalle und ob wir irgendetwas bräuchten. Es war ein höfliches Ritual, an das ich mich in der langen Zeit, in der ich jetzt schon im Nahen Osten arbeitete, gewöhnt hatte.

»General, könnten wir uns jetzt vielleicht ein bisschen über Saddams strategische Waffen unterhalten?«, fragte ich schließlich, indem ich ihm das Wort abschnitt.

Meine Frage verblüffte ihn. »Ich weiß nichts über sie«, sagte er. »Nur Saddam, Saddams Schwiegersohn Hussein Kamil und ein paar Leute aus Saddams engstem Kreis wissen, wo sie verborgen sind.«

Wir saßen uns eine Minute lang gegenüber, ohne ein Wort zu sagen. Ich war schon so weit, ihm für das Gespräch zu danken, als er sich räusperte und fragte: »Wollen die USA, dass Saddam an der Macht bleibt?«

Hier wären wir wieder. Der General spielte auf eine uralte Verschwörungstheorie an, die uns im Irak, bei allem was wir dort zu erreichen versuchten, anhaftete – auf den Mythos, dass die USA insgeheim dafür sorgten, dass Saddams Regime überlebte. Ich hatte das von ungefähr jedem Iraker zu hören bekommen, dem ich begegnet war. Einige glaubten sogar, dass Saddam ein von der CIA bezahlter Agent sei. Diese Theorie stimmte sehr schön mit der Überzeugung der Iraker überein, dass dunkle, unsichtbare Kräfte die Welt regierten und unsere Geschichte auf eine Reihe von Verschwörungen zu reduzieren sei, die durch einen übergreifenden Plan, der nur wenigen bekannt war, miteinander verknüpft waren. Es ergab sich daraus, dass jede politische Maßnahme von irgendwelcher Bedeutung einem geheimen Plan folgen musste. Einer Theorie zufolge waren die USA und Saddam 1980 insgeheim übereingekommen, dass der Irak den Iran besetzen solle mit dem einzigen Ziel, dem Iran einen Dämpfer zu verpassen. Als der Irak dann aus diesem Krieg als ein bedrohlicher Riese hervorgegangen sei, hätten die USA mit Kuwait konspiriert, den Irak zu einer Invasion des Nachbarn zu verführen, damit die Amerikaner die irakischen Streitkräfte vernichten könnten. Es sei eben am Irak gewesen, einen Dämpfer verpasst zu bekommen. Anders konnte der Imperialismus nicht funktionieren.

Diese Theorie erklärte eine Menge ansonsten nicht zu erklärender Mysterien, wie zum Beispiel, warum die U.S. Army Saddam am Ende des Golfkriegs nicht so lange jagte, bis er zur Strecke gebracht war, und es ihm sogar gestattete, seine Hubschrauber einzusetzen, um die Aufstände in den Reihen seines Volkes niederzuschlagen. Sie erklärte, warum Washington es Saddam gestattete, Öl durch Länder, die mit den USA verbündet waren, wie die Türkei und Jordanien, außer Landes zu schmuggeln. Sie erklärte auch, warum nach Saddams fehlgeschlagenem Versuch, den ehemaligen Präsidenten Bush bei seinem Besuch Kuwaits im Jahr 1993 zu ermorden, der amtierende Präsident Bill Clinton ein paar Cruise Missiles in leer stehende Gebäude feuern ließ, anstatt zur Jagd auf Saddam zu blasen.

Diese ganze Theorie wurde 1993 noch absurder, als der Sohn eines ehemaligen irakischen Premierministers, der in London lebte, Assad Jabil Salih, das Gerücht in Umlauf brachte, dass die CIA einen Staatsstreich gegen Saddam absichtlich verraten, ja, ihm sogar eine Liste mit den Namen der Verschwörer zugespielt habe. Obwohl das eine faustdicke, sofort als solche zu erkennende Lüge war, nahmen viele irakische Offiziere die Geschichte für bare Münze, was es uns natürlich fast unmöglich machte, sie zu rekrutieren.

Und was war unser Motiv, Saddam an der Macht zu erhalten? Er diente uns als Buhmann, Stellvertreter des Bösen und Schläger in einer Person. Die USA waren auf Saddam angewiesen, um den Frieden im Nahen Osten zu erhalten. Man brauchte nur seinen Namen zu flüstern, und die Golfstaaten scharten sich ängstlich um die USA wie Ferkel um die Muttersau. Und der Preis, den die Araber in den Golfstaaten für den Schutz der Amerikaner zahlten, war der Verzicht auf eine Erhöhung des Ölpreises. Für die Iraker machte das alles Sinn.

Einer solchen Verschwörungstheorie konnte man nur auf eine Art und Weise beikommen – durch direkten Angriff. »Wir wollen, dass Saddam verschwindet. Es ist das Volk des Irak, das ihn in all den Jahren an der Macht gehalten hat«, erwiderte ich.

Der General ließ sich meine Antwort einen Moment lang durch den Kopf gehen. Er rang sich wohl dazu durch, dass ihm keine andere Wahl blieb, als mir zu vertrauen, und sagte: »Lassen Sie uns nach draußen gehen.«

Wir waren ein paar Meter die Straße hinuntergegangen, als der General sich zur Seite wandte, um mir direkt ins Gesicht zu schauen.

»Ich bin von einer Gruppe von Offizieren in den Norden entsandt worden, die Saddam loswerden will«, sagte er mit einem heiseren Flüstern, wobei er sich umguckte, um sich zu vergewissern, dass niemand uns belauschen konnte. »Wir müssen wissen, ob Ihr Land uns hindern wird oder nicht.«

Er schaute mir für eine Zeitspanne, die mir wie eine Ewigkeit vorkam, direkt in die Augen, um völlig sicher zu sein, dass ich mir über die Tragweite dessen, was ich von ihm gehört hatte, im Klaren war. Ich sagte nichts. Es war besser, den Mund zu halten.

»Und es gibt noch eine zweite Forderung, die wir stellen«, fuhr er dann fort. »In dem Moment, in dem wir die Macht ergreifen, sind wir auf die USA angewiesen, darauf, dass sie uns sofort volle diplomatische Anerkennung zukommen lassen – sonst wird es einen Kampf um die Macht, einen Bürgerkrieg geben.«

Er hörte auf zu sprechen. Es war klar, dass das alles war, was er sagen durfte. Für ihn war es mit Sicherheit eine Menge, aber bei weitem nicht genug, wenn er volle Unterstützung durch die USA erwartete.

»Washington wird die Details erfahren müssen, zum Beispiel, wer daran beteiligt ist«, entgegnete ich.

Der General hob seine Hand, um mich zu unterbrechen. »Bitte, holen Sie zuerst eine Antwort aus Washington ein, und dann werden wir über Details reden.«

Wir gelangten an den Ortsrand und kehrten um. Der General wollte sich auch mit dem türkischen Generalstab in Ankara treffen. Ein türkischer Militärhubschrauber wartete auf der anderen Seite der Grenze auf ihn. Er wollte auch den Türken über den geplanten Coup berichten.

»Ich weiß, dass Sie gern die Frage stellen würden, aber vielleicht sind Sie zu höflich«, sagte der General, als wir zurückgingen. »Ja, wir wissen, was wir tun. Und wir wissen auch, welche Strafe uns bei einem Fehlschlag erwartet.

Ich weiß aus unmittelbarer Erfahrung, wie gut Saddams Sicherheitsdienst ist. Während des Kriegs habe ich Saddam drei- oder viermal über die Lage informiert. Wissen Sie, wie ich – und jedermann sonst – damals mit Saddam zusammenkam? Man erhielt die Anweisung, sich zu einer bestimmten Straßenecke in Bagdad zu begeben und dort zu warten, manchmal bis zu zwei, drei Stunden. Schließlich näherte sich ein Auto und hielt an. Man wurde angewiesen, hinten einzusteigen und sich auf den Boden zu legen. Dann wurde einem eine Decke über den Kopf geworfen, sodass man nichts sehen konnte. Danach fuhr das Auto mindestens eine Stunde lang in Bagdad herum. Man hatte keine Ahnung, wo man war. Schließlich hielt das Auto, und da war Saddam. Er wartete vor einem ganz gewöhnlichen Haus, das vermutlich nur für dieses eine Treffen in Beschlag genommen worden war. Wenn das Treffen vorbei war, brachte dasselbe Auto einen auf die gleiche Art und Weise zurück. Man wusste nie, wo man war. Saddams Sicherheitsdienst ist sehr, sehr gut, doch wir kennen seine Schwachstellen. Bitte glauben Sie uns, dass wir wissen, was wir tun.«

Als der General abfuhr, kurbelte er das Wagenfenster herunter, um mir noch eine letzte Sache zu sagen:

»Alles was wir von Washington wollen, ist, dass man dort offen mit uns ist. Wir müssen wissen, ob sie Saddam wirklich loswerden wollen oder nicht. Sonst nichts. Ich werde in ein, zwei Tagen aus Ankara zurück sein. Ich hoffe, dann werden Sie die Antwort auf unsere Frage bekommen haben.«

Sobald ich wieder im Haus war, schickte ich einen Bericht über alles, was ich vom General zu hören bekommen hatte, ans Hauptquartier.

Ich wusste, dass die Nachricht des Generals es nicht weit schaffen würde, solange er keine Details preisgab, doch ich hoffte, dass Washington zumindest die Tatsache, dass er übergelaufen war, ernst nahm. Er war nicht nur der erste General, der sich seit dem Ende des Krieges von Saddam losgesagt hatte, sondern er entstammte auch einer in politischer Hinsicht prominenten Familie aus der Region am oberen Euphrat. Noch wichtiger: Er war ein Sunnit, gehörte also zur selben religiösen Gemeinschaft wie Saddam, zu der, die den Diktator an der Macht erhielt. Obwohl die sunnitischen Araber nur ungefähr zwanzig Prozent der irakischen Gesamtbevölkerung ausmachten, kontrollierten sie die Streitkräfte und alle Sicherheitseinrichtungen mit eiserner Hand. Kein Panzer, kein Flugzeug, keine Einheit, die größer als eine Kompanie war, durfte sich ohne Genehmigung eines der sunnitischen Offiziere, die Saddam allesamt blind ergeben waren, in Bewegung setzen. Ohne die Unterstützung der irakischen Sunniten hätte Saddam sich nicht einen Tag lang an der Macht halten können. Und die Zeichen mehrten sich, dass der General mit seiner Abwendung von ihm an Saddams Käfig gerüttelt hatte.

In der Vergangenheit hatte Saddam ganz bewusst jedes solches Überlaufen ignoriert, doch am 8. November hatte er nicht nur Killerkommandos ausgeschickt, die den General zur Strecke bringen sollten, sondern – und das war ein noch nie da gewesener Schritt – auch den ranghöchsten für die Sippe des Generals zuständigen Geistlichen angewiesen, ihn öffentlich zu denunzieren – was die moslemische Version einer Exkommunizierung ist. Saddam wollte sicher sein, dass der Rest der Sunniten seines Landes verstand, dass für Apostaten kein Platz in der Gemeinde war. Er fürchtete ganz eindeutig, dass der General der erste Faden sein könnte, der sich aus seinem Mantel der Macht löste.

Sogar wenn Washington sich entschied, den Coup nicht zu unterstützen, dann würden wir meiner Meinung nach die Stabilität von Saddams Regime in Zukunft anders einschätzen müssen. War der sunnitische harte Kern, auf dem seine Macht gründete, dabei, sich aufzulösen? Wir konnten die Worte des Generals nicht einfach unbesehen glauben, doch die CIA hätte in der Lage sein sollen, sie mithilfe von geheimen Informanten im Irak – Sunniten, die dort noch lebten, und Offizieren, die noch in Saddams Armee dienten – zu überprüfen. Und das war natürlich der Haken bei der ganzen Sache. 1995, drei Jahre nachdem Dutzende von Ländern eine Koalitionsarmee von mehr als einer halben Million Soldaten in den Krieg gegen Saddam Hussein entsandt hatten, besaß die CIA keinen einzigen Informanten im Irak, der hätte bestätigen können, dass das, was der General uns mitgeteilt hatte, stimmte. Tatsächlich keinen einzigen.

Es gab nicht nur im Irak keinerlei menschliche »Quellen«, sondern auch in den angrenzenden Staaten – dem Iran, Jordanien, der Türkei und Saudi-Arabien – hatte die CIA niemanden, der über Saddams Reich hätte berichten können. Man würde die Glaubwürdigkeit des Generals auf andere Art und Weise ermitteln und seine Informationen sorgfältigst überpüfen müssen.

Im Idealfall hätten wir uns mit den Offizieren, die den Coup vorbereiteten, von Angesicht zu Angesicht getroffen und uns die ganze Geschichte aus ihrem eigenen Mund noch einmal angehört, doch auch das war nicht möglich. Der Irak war das, was die CIA eine »*denied area*« nannte, ein verbotenes Gebiet. Jegliche Kommunikation konnte nur mithilfe von Mittelsmännern stattfinden, da kein Mitarbeiter der CIA irgendeinen Teil des Landes, das von Saddam Husseins Regime beherrscht wurde, aufsuchen durfte. Diese Bestimmung schuf eine böse Falle für irakische Offiziere, da es ihnen nicht erlaubt war, außer Landes zu reisen und auch nicht in den von Kurden besiedelten Norden. Wenn er bei einem Verstoß gegen dieses Verbot erwischt wurde, erwarb sich der Offizier damit das Anrecht auf ein Säurebad – und das war eine gute Entschuldigung, um zu Hause zu bleiben. Das bedeutete, dass man nur mithilfe eines *cutouts*, eines Kuriers, der über die Genze hin- und herpendeln konnte, ohne bemerkt zu werden, Verbindung aufzunehmen vermochte. Das war zwar kein perfektes System – stellen Sie sich eine Theateraufführung vor, bei der die ganze Handlung in den Kulissen stattfindet und nur von einem mit Unterbrechungen auf der Bühne anwesenden Erzähler referiert wird –, aber wir hatten keine andere Wahl.

Eine Woche nachdem ich den Bericht über die Absichten des Generals und seiner Mitverschwörer auf den Weg gebracht hatte, reagierte das Hauptquartier mit einer zackigen, aus vier Wörtern bestehenden Antwort: »Das ist kein Plan.«

Ich erkannte den Stil. Die Antwort war von einem CIA-Officer formuliert worden, der in der Iraqi Operations Group für mich tätig gewesen war. Er hatte nur ein Jahr im Ausland verbracht, in Vietnam, und das war vor fünfundzwanzig Jahren gewesen. In den Nahen Osten hatte er nie einen Fuß gesetzt. Trotzdem kam mir die Reaktion bizarr vor: Das Hauptquartier wollte noch nicht einmal genauere Details wissen und ermutigte uns auch nicht, der Sache weiter nachzugehen. Die CIA tat so, als ob sie Hunderte von Agenten vor Ort habe und kein Spatz im Irak vom Himmel fiel, ohne dass wir es erführen.

Ich suchte den General am Tag darauf in seinem Haus auf, das mitten in Salah al-Din am Ende eines Gewirrs von engen, morastigen Gassen lag. Es war nur kärglich möbliert, und alles wirkte so, als ob er nur mit seinen Familienangehörigen und dem, was sie hatten tragen können, in den Norden geflohen war. Wir saßen mit gekreuzten Beinen auf dem Boden, während seine Frau uns Tee servierte und die Kinder uns durch die Tür neugierig beäugten. Ich war schon zu dem Schluss gekommen, dass es sinnlos war, ihm etwas über die Nachricht aus dem Hauptquartier zu erzählen. Er hätte sie nicht verstanden und mir deswegen anschließend mit noch größerem Widerstreben etwas anvertraut. So wie ich die Nachricht las, hatte Washington den Coup ja auch gar nicht abgelehnt. Man brauchte dort nur weitere Einzelheiten, wie zum Beispiel die Namen der beteiligten Offiziere.

Als ich dem General mitteilte, dass ich noch keine Antwort bezüglich des Staatsstreiches erhalten hätte, huschte der Schatten einer Vorahnung über sein Gesicht. Der Geheimausschuss habe gehofft, binnen vierundzwanzig Stunden mit einer Reaktion rechnen zu können, sagte er. Kuriere überquerten jede Nacht die Grenze, und man hatte erwartet, dass sie mit einer Antwort zurückkommen würden. Für den General war es unverständlich, dass Washington bei einer Sache von solcher Bedeutung nicht innerhalb weniger Stunden zu einer Entscheidung gelangte.

Ich versuchte, das Gespräch in eine andere Richtung zu steuern. Wir unterhielten uns ein wenig über die Situation im Norden, seine Schwierigkeiten damit, seine Kinder nicht mehr in die Schule schicken zu können, über die Lebensmittelknappheit.

Als ich mich erhob, um ihn wieder zu verlassen, bedeutete der General mir, noch zu bleiben. »Erzählen Sie Washington dies!«

Ich spürte, dass der General dabei war, eine Tür zu öffnen, die er lieber verschlossen gelassen hätte – er würde mir Einzelheiten über den geplanten Putsch mitteilen. Wenn das stimmte, dann würde es für ihn kein Zurück mehr geben. Er und seine Kollegen, sein Geheimausschuss, würden ihr Leben in unsere Hand legen und einfach darauf vertrauen, dass dieses Gerücht, demzufolge die CIA 1993 schon mal einen Umsturzversuch verraten hatte, nicht wahr war. Ich vermutete, dass sie sich entschieden hatten, das Risiko einzugehen, weil sie wussten, dass sie nur auf diese Weise die Aufmerksamkeit Washingtons erlangen konnten. Sie waren immer noch überzeugt davon, dass sie die Einwilligung der USA brauchten, um gegen Saddam vorzugehen. Und ich hatte Recht: Um sich die Unterstützung der CIA zu verschaffen, sang der General wie ein Kanarienvogel.

Den Hauptpfeiler sollten bei diesem Coup drei kampferprobte Einheiten bilden – die 76. Brigade, die 15. Infanteriedivision und die 5. Motorisierte Division. Zusammen besäßen sie genügend Feuerkraft, sagte der General, um jeder einzelnen Truppeneinheit, die Saddam treu geblieben war, auch einer Elitedivision der Republikanischen Garde, standhalten zu können. Zugegebenermaßen hätten sie gegen die Republikanische Garde keine Chance, wenn sich mehrere ihrer Divisionen zusammenschlössen, doch sie gingen davon aus, zuschlagen zu können, bevor die Loyalisten die Zeit hätten, sich zu organisieren und ihre Truppen zu formieren. Das Ganze würde plötzlich wie ein Blitz beginnen, wie Donner durchs Land rollen und zu Ende sein, bevor eine Gegenwehr organisiert werden konnte.

Es gab noch eine vierte Einheit, die ganz entscheidend für den Erfolg des Staatsstreichs sein würde: eine Ausbildungskompanie für Panzerbesatzungen, die zur Armor School von Salah al-Din gehörte und direkt außerhalb von Tikrit lag. Ihr Kommandant, ein Oberst, würde den Putsch anführen, gewissermaßen die Speerspitze bilden. Sobald er von dem Geheimausschuss das Startsignal bekommen hatte, sollte er mit zwölf Panzern und ihren Besatzungen zu der Wohnanlage in Awjah fahren, in der Saddam sich aufhielt, und ihn dort so lange festnageln, bis die anderen drei Einheiten eingetroffen waren und ihm den Garaus machten.

Awjah, ein kleines Dorf östlich von Tikrit, war von den Putschisten ausgewählt worden, um Saddam dort in die Enge zu treiben, weil jeder – zumindest jeder, der zum innersten Kreis gehörte – wusste, dass es Saddams Schlupfloch war, in das er sich zurückzog, wenn irgendetwas im Irak schief ging. Er war in Awjah geboren worden und besaß eine starke gefühlsmäßige Bindung an den Ort. Nachdem er an die Macht gelangt war, hatte er am Rand des Dorfes eine sich in alle Richtungen hin ausbreitende, mäßig gut verteidigte Wohnanlage errichten lassen. Der Plan des Geheimausschusses sah vor, an irgendeinem anderen Ort, vielleicht in Bagdad, ein Ablenkungsmanöver zu inszenieren und dann darauf zu warten, dass Saddam sich nach Awjah absetzte, bevor man dem Oberst befahl, seine Panzer losrollen zu lassen. Der Ausschuss konnte sich zwar recht sicher sein, dass Saddam nach Awjah floh, wenn irgendwo eine Unruhe ausbrach, doch er wollte nichts dem Zufall überlassen: Ein Spion, den man in Saddams Sicherheitsdienst eingeschleust hatte, würde die Ver-

schwörer informieren, sobald Saddam in Richtung Awjah aufgebrochen war.

Der Schlüssel zum Erfolg des Umsturzversuches lag darin, die
Operation bis zur allerletzten Sekunde, bevor der erste Schuss abgegeben wurde, geheim zu halten – Saddam konnte eigentlich
nicht den geringsten Verdacht hegen, dass er in Awjah zur Zielscheibe seiner Gegner werden würde. Dafür, dass nichts vor der
Zeit durchsickerte, konnte man am besten sorgen, indem man
nur die Familienmitglieder von dem Vorhaben in Kenntnis
setzte: Alle die, die zu dem Geheimausschuss gehörten, und die
Befehlshaber der vier Einheiten waren blutsverwandt. Die meisten waren Cousins ersten Grades.

»Das ist die einzige Art von Verschwörung, die heutzutage im
Irak auch nur für kurze Zeit Bestand haben kann, ohne verraten
zu werden«, sagte der General. Überdies gehörten die meisten der
Kämpfer, die an dem Angriff auf Awjah teilnehmen würden, zum
Stammesverband der Schummar. In einer Zeit, in der der Irak
aufgrund des US-Embargos auseinander zu fallen begann, traten
alte Stammesbindungen wieder an die Stelle von Loyalität gegenüber dem Staat.

Der Ausschuss meinte, vorausgesetzt, dass sein Plan geheim
bleibe und keine anderen Truppenbewegungen stattfänden,
werde der Oberst nur ungefähr zwanzig Minuten benötigen, um
mit seinen Panzern Awjah zu erreichen. Dann wären es noch einmal zehn bis zwanzig Minuten, bis die anderen Einheiten vor Ort
waren, und der von allen Seiten umzingelte Saddam würde entweder aufgeben müssen, oder die Panzer würden seine Anlage
dem Erdboden gleichmachen. In weniger als einer Stunde würde
alles vorbei sein.

Im Laufe der folgenden zwei Wochen ließ der General mich die
Namen der vier Befehlshaber und die genauen Bezeichnungen
ihrer Einheiten wissen. Er malte Familienstammbäume für mich
auf und erklärte, in welchem Verwandtschaftsverhältnis die Offiziere zueinander standen. Er nannte mir sogar die Namen der
Offiziere, die die vorläufige Militärregierung bilden würden.
Drei von ihnen wussten gar nichts von dem Coup, ja noch nicht

einmal, dass sie auserwählt waren, in der Übergangsregierung zu sitzen. Sie würden es auch nicht erfahren, bis die Panzer des Obersten in Richtung Awjah rollten. Das hatte alles damit zu tun, dass man die Zahl derer, die über die gesamte Operation Bescheid wussten, gering halten und so dafür sorgen wollte, dass alles möglichst lange geheim blieb.

Nach jedem Treffen benachrichtigte ich das Hauptquartier. Die Namen der Hauptbeteiligten standen im Einklang mit den Informationen, die man bei der CIA in den Computern gespeichert hatte, doch Washington hatte sich noch immer nicht darüber geäußert, wie es sich gegenüber den Aufständischen verhalten wollte.

Gegen Ende Februar kam der General in unser Haus, entmutigt und niedergeschlagen vom Schweigen meiner Dienstherren. Bei unserem letzten Treffen hatte er gefragt, ob nicht ein Jagdflugzeug der Air Force an einem bestimmten Tag zu einer bestimmten Stunde über den Zentralirak hinwegfliegen könne, als Zeichen für den Ausschuss, dass Washington den Coup unterstützte. Ich hatte diese Frage noch nicht einmal weitergeleitet. Wenn Washington nicht bereit war, die Aufständischen anzuerkennen, dann würde man dort über die Idee, dass ein Flugzeug über dem Iran herumkurven sollte, nur lachen.

Nachdem uns der Tee serviert worden war und wir in unser übliches Schweigen versunken waren, wandte der General sich schließlich mir zu und legte seine Hand auf meinen Arm.

»Die Kurden sind dabei, alles zunichte zu machen. Bitte versuchen Sie, einen Waffenstillstand zwischen ihnen herbeizuführen. Ein Waffenstillstand wird signalisieren, dass es den USA ernst damit ist, sich Saddams zu entledigen.«

16

3. März 1995. Salah al-Din, Irak

An dem, was der General sagte, war etwas dran. Zwar fiel den Kurden zumindest anfänglich keine Rolle in dem Putsch zu, doch hatten sie zweifellos die Möglichkeit, alles zu verderben. Mitte Februar hatte der Bürgerkrieg auf den gesamten Norden übergegriffen, der Iran und die Türkei standen kurz vor einer Intervention, und für Saddam würde die Versuchung, erneut über die einander befehdenden Kurden herzufallen, schon bald unwiderstehlich werden.

Die Ursprünge des kurdischen Konflikts reichen weit in die Vergangenheit zurück, wurzeln tief in Geschichte und Charakter der Bewohner Kurdistans. Ende Februar 1995 aber hatten sich die zahllosen uralten Zwistigkeiten zu zwei Hauptfraktionen verdichtet, die den Großteil des Kampfes unter sich ausmachten: die Kurdisch Demokratische Partei (KDP) und die Patriotische Union Kurdistans (PUK). Beide hatten einander erbarmungslos bekriegt und standen jetzt vor einem Patt, doch statt sich auf einen Waffenstillstand zu einigen, wie es jede andere vernünftige Gruppe wohl getan hätte, fuhren sie fort zu kämpfen. Schlimmer noch, angesichts wachsender Verzweiflung in beiden Lagern erwog jede der beiden Seiten für sich, Saddam und seine verhasste Armee um eine Intervention im Norden zu bitten, denselben Saddam, der bei seinem Gasangriff im Jahr 1988 viele tausend kurdischer Zivilisten getötet hatte.

Für die Verschwörer wäre ein Appell der Kurden an Saddam eine Katastrophe gewesen. Die für den Putsch eingeplanten Truppenverbände hätten einen Marschbefehl gegen Kurdistan nicht gut ignorieren können: Saddam hätte bereits den Hauch einer Meuterei sofort und rücksichtslos bestraft. Der General hatte mir von Anfang an klar zu verstehen gegeben, das Komitee sei darauf angewiesen, dass der Status quo bis zum letzten Augenblick erhalten bleibe, doch es stand weit mehr auf dem Spiel als der Staatsstreich des Komitees. Die Anwesenheit der irakischen Armee im Norden – und sei es auch nur für einen Tag – wäre unwiderruflich ein symbolischer Sieg für Saddam. Die mit Verschwörungstheorien bestens vertrauten Iraker würden unbesehen davon ausgehen, die USA hätten Saddam heimlich grünes Licht zum Einmarsch gegeben, und sie hätten von Anfang an richtig gelegen mit der Vermutung, die Amerikaner wollten ihn in Wirklichkeit dort behalten, wo er war.

Ganz egal wie die Wahrheit aussehen mochte oder durch welche Logik solche Vermutungen geschürt wurden: Wenn Saddam je gestürzt werden sollte, so müssten die Iraker das erledigen, nicht wir. Ihr Eindruck zählte, nicht unserer. Wenn sie davon überzeugt waren, die Vereinigten Staaten hielten Saddam insgeheim an der Macht, würden sie zu dem Schluss kommen, es sei nutzlos, gegen ihn vorgehen zu wollen.

Die Kurden waren nicht die einzigen, die dabei waren zu verzweifeln. Ahmed Chalabi durchschaute mehr als jeder andere, wie prekär die Situation war.

Chalabi stand dem Iraqi National Congress (INC) vor, dem oppositionellen irakischen Dachverband mit Sitz in Salah al-Din. Als ich ihm an einem schwülen Augustnachmittag des Jahres 1994 zum ersten Mal in Washington begegnete, konnte ich mir kaum jemanden vorstellen, dem ich weniger zugetraut hätte, Saddam zu entmachten. Wie er so im eleganten Zweireiher mit italienischer 150-Dollar-Seidenkrawatte und handgearbeiteten Kalbslederschuhen durch die Lobby des Key Bridge Marriott stolzierte, sah er eher aus wie der erfolgreiche levantinische Banker, der er einmal gewesen war, denn wie jemand, der im Kommandantenstand eines Panzers in Bagdad einrollen würde. Klein und übergewichtig, legte seine Gestalt Zeugnis ab von den zahllosen ausgedehnten Geschäftsessen in den europäischen Restaurants der Spitzenklasse. Als wir uns die Hände schüttelten, stieg mir leichter Parfümduft in die Nase.

So unpassend allein Chalabis Erscheinung sein mochte, sein Werdegang ließ noch weniger hoffen, dass er eines schönen Tages einer erfolgreichen irakischen Opposition vorstehen würde. Zum einen gehörte er den Schiiten an, die den Irak noch nie regiert hatten und dies auch in absehbarer Zukunft nicht tun würden. Zudem war Chalabis Familie gezwungen gewesen, nach dem Sturz der haschemitischen Monarchie im Jahr 1958 aus dem Irak in den Libanon zu fliehen. Chalabi, seinerzeit acht Jahre alt, wuchs im Ausland auf und tauschte seinen irakischen Akzent gegen einen libanesischen. Einen weiteren Makel für seine Person bedeutete die Tatsache, dass er in den Vereinigten Staaten die Universität besucht hatte. In den Jahren dort, die ihm den Magister am Massachusetts Institute for Technology und den Doktortitel der University of Chicago mit einer Promotion zum Thema Zahlentheorie einbrachten, hatte er sich ein amerikanisch gefärbtes Englisch angeeignet. Wie sehr Chalabi sich auch als Iraker darzustellen bemühte, für seine »Landsleute« war er ein Staatenloser im Exil. Und schließlich war im Jahr 1989 in Jordanien eine Bank Pleite gegangen, die ihm gehört hatte, und viele hundert Kontoinhaber hatten ihre Einlagen verloren. Niemand wusste, wo das Geld geblieben war, und ein jordanisches Gericht verurteilte ihn in Abwesenheit wegen Veruntreuung.

Außerhalb des Irak mochte Chalabi als Verbrecher gelten, im Inland war er so gut wie unbekannt. Doch was ihm an Glaubwürdigkeit abging, machte er wett durch Intelligenz, Tatkraft und eine geübte politische Hand, lauter Qualitäten, die durch den Iraqi National Congress tagtäglich einer Prüfung unterzogen wurden. Die Vertreter der Opposition, die den Kongress stellten, glichen einem Haufen kampflustiger Streithähne: schiitische Geistliche, Beduinenfürsten, Angehörige des Königshauses, kommunistische Apparatschicks, ehemalige Militärbedienstete, abtrünnige Angehörige der Baath-Partei, kurdische Stammesführer, die einander nicht minder hassten als Saddam. Zu allem Übel hielt sich jeder Einzelne von ihnen für weit qualifizierter als Chalabi, den Verein anzuführen.

Chalabi war 1992 auf einer Konferenz in Wien zum Präsidenten des INC gewählt worden und hatte es fertig gebracht den Laden mehr oder weniger zusammenzuhalten. Zu dem Zeitpunkt allerdings, als ich ihm erstmals begegnete, war seine Autorität zum ersten Mal ernsthaft in Gefahr. Die einflussreichsten Schiiten-Gruppierungen waren in Teheran vor Anker gegangen, und dort galt Chalabi als schwanzwedelnder Schoßhund der CIA. Eine ernsthaftere Gefahr drohte von Seiten des Iraqi National Accord, einer der wichtigsten Gruppen innerhalb des Kongresses. Ihre Mitglieder drohten unverhohlen, die Organisation zu verlassen, während sie gleichzeitig insgeheim versuchten, Chalabi zu stürzen. Anfang 1995 stand Chalabi nur noch einem kläglichen Überrest des vormaligen INC vor – den Kurden. Sollte Saddam im Norden einmarschieren, so würde Chalabi auch sie verlieren, von seiner eigenen Operationsbasis ganz zu schweigen. Mit größter Wahrscheinlichkeit würde er einmal mehr gezwungen sein, ins Exil zu gehen, und Chalabi wusste besser als jeder andere, dass Saddam bestimmt nicht von einem levantinischen Kaffeehausrevolutionär gestürzt werden würde.

Als jemand mit praktisch keinerlei Unterstützung innerhalb des Irak wusste Chalabi recht gut, wie man Dinge erledigt bekommt, insbesondere, wie man Leute dahin bugsiert, wo man sie haben will. Chalabi hatte ein langatmiges Positionspapier mit dem Titel *End Game* (Endspiel) normal verfasst, in dem er beschrieb, wie sich die Aufstände vom März 1991, bei denen Schiiten und Kurden sich das Ende des Golfkriegs zunutze gemacht und Saddam und seinen sunnitischen Mittelsmännern die Macht zu entreißen versucht hatten, erfolgreich hätten nutzen lassen. Als er mir zwei Tage nach unserem ersten Treffen in einem Sushi-Restaurant in Georgetown eine Kopie seines Opus überreichte, hatte dieses in Washington bereits weidlich die Runde gemacht. Mochten auch die Gedanken darin nicht übermäßig neu sein, *End Game* half ihm, Aufmerksamkeit zu erregen. Im Übrigen war es auch keineswegs so, dass wir uns vor Plänen, Saddam loszuwerden, nicht hätten retten können.

Hin und wieder rief Chalabi mich von einem abhörsicheren Telefon aus Salah al-Din an, wo er etwa die Hälfte des Jahres zubrachte, und drängte mich, einen CIA-Stützpunkt im Norden einzurichten. Die kurdischen Kampfhandlungen gerieten außer Kontrolle, erklärte er, nur eine offizielle Präsenz der Amerikaner könnte ihnen Einhalt gebieten. Da das State Department sich nach wie vor weigerte, im Norden des Irak eine eigene Botschaft einzurichten, sei die CIA das Nächstbeste. Ich fand, dass Chalabi Recht hatte, aber erst als der General aus Saddams Armee desertiert und zum Norden übergelaufen war, konnte ich meine Vorgesetzten dazu überreden, mich eine Mannschaft zusammenstellen und uns gen Kurdistan aufbrechen zu lassen.

Ich hatte vorgehabt, mein Team in Zakhu, direkt an der türkischen Grenze, zu stationieren. Der desertierte General würde nach seinem Treffen mit seinen türkischen Gesprächspartnern dorthin zurückkehren, und zumindest für den Augenblick lag Zakhu außerhalb des Aktionsradius kämpfender Kurden. Auch war das Hauptquartier nicht allzu erpicht darauf, uns in Salah al-Din, mitten im Zentrum der Kämpfe, zu sehen. Chalabi aber ließ all das nicht gelten. Ungefähr eine Stunde nachdem der General mir alles über seinen Plan berichtet hatte, hing Chalabi am Telefon und drängte uns, wieder nach Salah al-Din zu kommen.

»Sie müssen unbedingt hier sein, wenn Litt eintrifft!«, versuchte Chalabi eines Morgens das Rauschen in der Leitung zu übertönen. »Warten Sie nicht in Zakhu auf den General. Die Kurden würden nicht verstehen, warum Sie nicht an Litts Zusammenkünften teilnehmen.«

Bei dem Genannten handelte es sich um David Litt, den Leiter des Bereichs für »North Gulf Affairs« im State Department, der Abteilung des Außenministeriums, die für die nördliche Golfregion zuständig war, in der Praxis so etwas wie unser Botschafter im Irak. Er besuchte ein- oder zweimal im Jahr den Norden, wobei er sich nie länger als ein paar Stunden dort aufhielt. Im Unterschied zum CIA-Personal reiste er in Blackhawk-Hubschraubern der amerikanischen Armee, die eine solche Tour von Tagen auf Stunden verkürzten.

Ich war Litt einmal kurz in Washington begegnet und hatte ihn ziemlich humorlos gefunden. Obendrein konnte ich mich nicht des Eindrucks erwehren, dass er etwas gegen die CIA hatte. Dennoch rief ich ihn an, nachdem ich meine Arbeit in der Iraqi Operations Group aufgenommen hatte, und bot ihm an, ihn im State Department zu besuchen, um ihn darüber zu unterrichten, was für Pläne die CIA im Irak hatte. Er rief nie zurück. Ich versuchte es noch ein paarmal, bevor ich aufgab. Trotzdem hatte ich kurz vor unserer Abreise aus Washington erfahren, dass er vorhatte, die Kurden just zu dem Zeitpunkt zu besuchen, an dem auch wir bei ihnen eintreffen sollten. Also hatte ich mich im State Department telefonisch erkundigt, was auf seiner Tagesordnung stehe. Der zuständige Beamte dort wollte mir nicht einmal sagen, an welchem Tag Litt im Norden zu erwarten sei. Jetzt hatte ich auch eine Einladung zu der Party, allerdings von der anderen Seite.

Chalabi musste mein Zögern am Telefon gespürt haben. »Keine Sorge. Das Geballere hat aufgehört. Ich habe gerade mit den Kurden gesprochen und ihnen das Versprechen abgenommen, dass sie sich so gut wie irgend möglich benehmen.«

Wir trafen kurz nach eins in Salah al-Din ein und begaben uns umgehend zu Chalabis Quartier. Auf der Straße vor seinem Haus drängten sich Fahrzeuge mit AK-47 sowie Granatwerfern für raketengetriebene Geschosse (RPG) bewaffneten Guerilleros. Chalabis Assistent berichtete, Litt habe die Kurden bereits gesehen und sei soeben im Begriff, sein Gespräch mit Chalabi zu beenden.

Litt war sprachlos, als er mich durch die Tür kommen sah. Ohne auch nur das geringste Kopfnicken in meine Richtung wandte er sich dem neben ihm sitzenden distinguierten Herrn im anthrazitfarbenen Anzug zu und flüsterte ihm etwas ins Ohr. Die beiden erhoben sich, schüttelten Chalabi die Hand und marschierten zu Tür hinaus. Wenige Sekunden später hörte ich ihre Wagen starten und unter wildem Hupen und dem Geschrei der Pechmerga, der kurdischen Kämpfer, aufbrechen. Kurze Zeit später dröhnte über dem Haus das Schwirren der Blackhawk-Rotoren.

Chalabi kam lächelnd zurück ins Zimmer.

»Wer war der Typ in Litts Begleitung?«, fragte ich.

»Ein Türke. Er ist im türkischen Außenministerium für iraki-sche Angelegenheiten zuständig.«

Chalabi genoss die Pikanterie der Situation: Die türkische Re-gierung war eingeweiht in die Pläne des State Department für den Irak, die CIA hingegen nicht.

»Und?«, fragte ich.

»Mr. Litt hatte ein paar ergiebige Zusammenkünfte, zuerst mit Talabani und dann mit Barsani.«

Dschalal Talabani war der Führer der Patriotischen Union Kur-distans (PUK), Massud el-Barsani stand der oppositionellen Kur-disch Demokratischen Partei (KDP) vor.

»Ich nehme an, Litt verlangte, sie sollten mit dem Kämpfen aufhören, sonst heben wir die Luftsicherung auf«, sagte ich. In Salah al-Din konnte das fast als Witz gelten.

Chalabi lachte. »Litt hat ihnen erzählt – dazu müssen Sie sich setzen –, die Vereinigten Staaten seien bereit, eine Streitmacht zu finanzieren, die die Regionalautonomie der Kurden sichern solle. Er hat ihnen zwei Millionen Dollar versprochen.«

»Und von wem soll das Geld kommen?«, erkundigte ich mich, denn ich wusste, das State Department würde es nicht haben.

»Von Ihnen. Geld von der CIA.«

Chalabi war außer sich vor Vergnügen. Es gab nichts, was ihm mehr Spaß machte, als wenn die amerikanische Regierung über ihre eigenen Füße stolperte.

Noch in derselben Nacht telefonierte ich mit Washington. Niemand hatte etwas von zwei Millionen Dollar gehört. Eine Stunde später rief das Hauptquartier zurück. Die CIA habe nie-mals ihre Einwilligung zur Finanzierung einer Interventions-truppe gegeben, und ganz abgesehen davon sei so etwas schlicht-weg illegal. Aber der Schaden war angerichtet. Die Kurden unterschieden nicht zwischen dem State Department und der CIA. Litt hatte das Versprechen gegeben, ich würde derjenige sein, der dafür zu bezahlen hatte.

Als wenige Wochen später schließlich feststand, dass es für Litts Armee kein Geld geben würde, brachen die Kämpfe erneut los. Talabanis PUK war am Ende. Ihr blieben nur noch zwei Möglichkeiten: Sie konnte sich entweder zu einem ultimativen großen Angriff gegen die KDP aufraffen oder ihren letzten Penny in einen Anruf bei Saddam investieren. Irgendetwas musste geschehen.

»Die Zeit läuft davon«, erklärte Chalabi eines Abends beim Essen. »Litt hat Ihre Glaubwürdigkeit untergraben. Jetzt werden Ihnen die Kurden niemals mehr zuhören. Nur ein Präventivschlag kann die Situation noch retten.«

Chalabi hatte Recht. Ich erwog, ihm vom Geheimkomitee des Generals und dem geplanten Coup zu berichten, doch das Wissen darum hätte ihn nur noch mehr frustriert.

»Was würde Washington tun, wenn ich einen Aufstand organisierte?«, fragte er. »Das wäre die einzige Möglichkeit, Talabani am Angreifen zu hindern.«

Ich wusste, dass niemand in Washington Chalabis Aufstand vertrauen würde, genauso, wie sich dort niemand wirklich darum scherte, ob die Kurden sich gegenseitig in aller Stille kurz und klein schlugen. PUK und KDP waren nichts weiter als Insider-Abkürzungen, mit denen die Experten der Abteilung für Nationale Sicherheit um sich warfen, um die Unwissenden auf Distanz zu halten. Washingtons einziges Interesse bestand darin, die Titelseiten der führenden Zeitungen vor der Kurdenfrage zu bewahren. In dem dumpfen Morast, zu dem der Irak seit langem verkommen war, galten keine Nachrichten als äußerst gute Nachrichten. Trotzdem, dachte ich, warum sollte Chalabi seinen Aufstand nicht anzetteln? Zumindest würde er Washington vielleicht dazu zwingen, sich endlich mit dem Coup des Geheimkomitees zu befassen.

»Setzen Sie ihn an, und sagen Sie mir dann Bescheid«, antwortete ich.

Und das tat Chalabi. Am nächsten Tag bat er mich, Washington darüber zu informieren, dass am 4. März um genau zehn Uhr abends unter seiner Führung ein Aufstand losbrechen werde. Im Kern sah sein Plan vor, dass Talabanis und Barsanis Guerillakämpfer im Verbund kleinere Vorstöße entlang der irakischen Linien im Norden unternehmen sollten. Eine kurdische Fünfte Kolonne sollte für Unruhen in den Provinzen Kirkuk und Mossul sorgen und irakische Regierungseinrichtungen im ganzen Land sabotieren. Die Schiiten im Süden sollten zur gleichen Zeit die irakische Armee angreifen. Binnen vierundzwanzig Stunden, so Chalabis Prognose, würden die Soldaten Saddams zu revoltieren beginnen und sich dem Aufstand anschließen. Es war ziemlich genau der Plan, den er in *End Game* beschrieben hatte. Weder Talabani noch Barsani hatten eingewilligt, sich an der Rebellion zu beteiligen, doch Chalabi glaubte, sie würden es dennoch tun, sobald er den Fehdehandschuh geworfen habe – vor allem dann, wenn die Vereinigten Staaten ihre Unterstützung signalisieren würden.

Ich schickte eine Nachricht nach Washington und beschrieb Chalabis Plan, nannte Tag und Stunde. In Anbetracht dessen, welche Ansichten Washington, wie ich wusste, über Chalabi und sein angestaubtes *End Game* hegte, war ich ziemlich sicher, dass postwendend eine Nachricht zurückkäme, die ihn auffordern würde, den Aufstand abzublasen oder zumindest aufzuschieben. Ich Dummkopf!

Die härteste Nuss, die Chalabi zu knacken hatte, als es darum ging, die Kurden zu einer Teilnahme an seinem Aufstand zu überreden, war Massud el-Barsani.

Barsani war der Sohn des berühmten kurdischen Rebellen Mustafa el-Barsani, des Roten Mullah, wie er in den Vereinigten Staaten gemeinhin genannt wurde. Mustafa hatte in den frühen Siebzigerjahren einen sporadischen Guerillakrieg gegen Saddam geführt, aber als der Schah von Persien und Henry Kissinger ihn 1974 im Stich ließen, sah Mustafa sich gezwungen aufzugeben. Er wanderte in die Vereinigten Staaten aus und starb als gebrochener Mann in McLean, Virginia. Massud misstraute – nicht ganz ohne Grund wohl – der amerikanischen Regierung und insbesondere der CIA. Dem von den Amerikanern gestützten Iraqi National Congress hatte er nur widerwillig gestattet, seinen Hauptsitz in Salah al-Din einzurichten, einem Ort, der unter seiner Kontrolle stand.

Damit nicht genug, ging es Barsani bei dem Status quo ausgesprochen gut. Er, der den größten Teil seines Lebens im Exil verbracht hatte, genoss das Leben im eigenen Land, mochte dieses auch mehr oder minder nur virtuell vorhanden sein. Die Operation »Provide Comfort«, der Luftschutz durch US-amerikanische Flugzeuge kostete ihn keinen Cent, die Amerikaner versuchten so gut wie nie, sich in seine Angelegenheiten einzumischen, und Ende 1994 hatte Barsani sich ein nettes kleines Geschäft mit geschmuggeltem irakischen Öl aufgebaut, das prächtig lief.

In den Monaten vor dem Ausbruch des Golfkriegs hatten die Vereinten Nationen ein umfassendes Embargo über den Irak verhängt, das allen Export unterbinden sollte, unter anderem auch die Ausfuhr von Öl. Nahezu vom ersten Tag an war dieses Embargo durchlöchert worden. Zu Anfang waren es Frachtschiffe im Persischen Golf, die bei Nacht die Blockade durchbrachen. Bald darauf hatte sich ein Landweg durch die Türkei etabliert. Als Gemüsetransporter getarnte Lastwagen brachten das Öl in behelfsmäßig auf das Fahrgestell geschweißten Kanistern aus Kirkuk heraus. Einigen Schätzungen zufolge sollen im Jahr 1995 100 000 Barrel pro Tag in die Türkei transportiert worden sein. Um dorthin zu gelangen, mussten die Fahrzeuge einen breiten Streifen Kurdistans durchqueren, der von der KDP kontrolliert wurde, und von jedem passierenden Laster holte Barsani sich seinen Anteil. Das geschmuggelte Öl bildete zudem eine wichtige Lebensader für Saddam, der mit den Einnahmen daraus seinen Geheimdienst und seine Republikanische Garde finanzierte – jene Spezialtruppe, die seinen Machterhalt garantierte. In der Tat schien jeder von dem geschmuggelten Öl zu profitieren, mit Ausnahme von Talabani, der keinen Pfennig daran verdiente, weil kein Teil des Schmugglerpfads durch seine Ecke von Kurdistan führte. Da Barsani mit ihm unablässig Geld in seine Kriegskasse scheffelte, begann das geschmuggelte Öl, den Norden in gefährlichem Maße zu destabilisieren.

Man musste nur ein paar Kilometer nach Norden fahren, um eine Vorstellung von den Ausmaßen des Schmuggels zu bekommen. Stoßstange an Stoßstange reihten sich die mit Öl beladenen Lastwagen über manchmal mehr als dreißig Kilometer hintereinander und warteten darauf, die türkische Grenze überqueren zu können. Ein Kurde erzählte uns, dass sich die Laster in Zeiten hoher türkischer Nachfrage nach Öl mehr als hundert Kilometer bis an die irakischen Linien hinter Dohuk stauten. Im Laufe der vielen Monate waren solche Mengen an Öl aus den Tanks ausgelaufen, dass die Straße gefährlich glitschig und schlecht befahrbar geworden war.

Washington wusste alles über den Schmuggel, tat jedoch so, als gebe es ihn nicht. Soweit ich informiert bin, legten weder das State Department noch unsere Botschaft in Ankara jemals Beschwerde bei der Türkei ein, obwohl dies den ganzen Betrieb mit einem einzigen Anruf hätte lahm legen können. Zum Teil bestand das Problem darin, dass die Türken ohnehin schon unzufrieden waren mit den zählebigen Nachwehen des Golfkriegs. Wir hatten der Türkei einen raschen, entschlossenen Krieg versprochen, aber niemals die Möglichkeit eines unbegrenzten Embargos erwähnt oder die Auswirkungen, die dieses langfristig auf die türkische Wirtschaft haben würde. Doch bei der Durchsetzung des Embargos gab es auch noch eine bürokratische Hürde: Unsere Botschaft in Ankara fiel in den Zuständigkeitsbereich des European Bureau des State Department. Das geschmuggelte Öl, Saddam, irakische Dissidenten, zänkische Kurden, sie alle waren Probleme des Near East Bureau. Das einzige Interesse unserer Botschaft in Ankara bestand darin, die Türken bei Laune zu halten, und wenn die forderten, sie brauchten billiges Öl für ihre Raffinerien – nun gut, das reichte unseren Leuten in Ankara völlig.

Was ich allerdings nie verstand, war, dass das Weiße Haus nicht einschritt. Es hätte nichts weiter tun müssen als Saudi-Arabien zu bitten, der Türkei 100 000 Barrel Öl zum Discountpreis zu verkaufen. Bei einem angemessenen Preis hätte die Türkei den Schmuggel mit Sicherheit unterbunden. Es schien fast so, als sähe es das Weiße Haus gern, dass Saddam ein bisschen Taschengeld zur Verfügung hatte.

Den Irakern freilich musste das Arrangement durch und durch logisch erscheinen: Indem die Vereinigten Staaten sich dem Ölschmuggel gegenüber blind stellten, brachten sie es gleichzeitig fertig, innerhalb der kurdischen Opposition Zwietracht zu säen und Saddam bei der Finanzierung seiner Prätorianer zu helfen, genau das also, was man von einer schlauen Supermacht erwarten würde, die den lokalen Despoten zu stützen bestrebt ist.

Meine persönlichen Beziehungen zu Massud el-Barsani waren von Anfang nicht die besten. Wann immer ich ihn in seinem Büro bei Sar-i Rash aufsuchte, einem ehemaligen Gästehaus der Regierung, etwa fünf Autominuten von Salah al-Din entfernt, und auf das Thema der fortdauernden Kurdenkämpfe zu sprechen kam, begann Barsani voller Unbehagen auf seinem Stuhl herumzurutschen. Danach dauerte es nie lange, bis er sich plötzlich kerzengrade zu voller Größe aufrichtete (seine Füße reichten nicht bis auf den Boden) und Talabani zu verfluchen begann. Das war für mich stets das Signal, dass das Treffen beendet sei. Als ich ihm eines Tages erklärte, die Vereinigten Staaten hätten genug von den ewig streitenden Kurden und würden den Norden eines schönen Tages verlassen, rastete Barsani aus. Er marschierte zu mir herüber, hob warnend den Zeigefinger und fauchte mit zusammengebissenen Zähnen: »Sie drohen mir nicht!«

Es scheint kaum möglich, aber als die Kämpfe erneut ausbrachen, sanken meine Aktien bei Barsani noch weiter. Am 17. Februar fragte ich ihn nach seinen Beziehungen zum Iran. Wütend wie immer stritt er rundweg ab, auch nur den allerdünnsten Draht zum Iran zu besitzen, geschweige denn, von iranischem Boden aus je einen Angriff auf die PUK starten zu wollen. Als ich Talabani am nächsten Tag in seinem Lager nahe der iranischen Grenze bei Qalat Cholan besuchte, berichtete er, er habe soeben erfahren, dass Barsani mit dem Iran eine Vereinbarung getroffen habe, die ihm den Transport seiner Artillerie über iranisches Gebiet erlaube, sodass er die PUK nun von Osten aus angreifen könne. Mittelpunkt seiner Aggression sollte Panjwin sein, eine von der PUK gehaltene Stadt an der iranischen Grenze.

Am anderen Morgen weckte mich Talabani um kurz vor sechs, um mir mitzuteilen, dass Barsanis Truppen wie von ihm vorhergesehen Panjwin von den iranischen Bergen auf der anderen Seite der Grenze aus beschossen. Wenn das stimmte, so hatte dies für die Amerikaner alle Attribute einer Katastrophe: Der Iran war aus dem Irak um jeden Preis herauszuhalten. Als ich Barsani über

Satellitentelefon anrief, schwor er hoch und heilig, seine Truppen seien nicht im Iran, und Panjwin bombardiere er auch nicht – weder vom Iran aus noch von sonstwoher. Irgendwer log hier. Ich beschloss, selbst nachzusehen, wer es war.

Talabani lieh mir vier Geländewagen und einen Pick-up mit einem auf der Ladefläche angeschraubten Maschinengewehr vom Kaliber .50, und wir brachen zu einer mehr als vierstündigen Tour durch schneebedeckte Berge auf. Auf der Fahrt das Tal hinunter nach Panjwin konnte ich keinerlei unmittelbare Anzeichen für eine Beschießung ausmachen. Am Rande von Panjwin erwarteten uns der lokale PUK-Kommandant und der Bürgermeister und führten uns herum. Zu Fuß sah man die qualmenden Einschläge eher. Ich las einen Splitter von einer 107-Millimeter-Rakete auf. Er war noch warm. Der Bürgermeister erklärte, das Bombardement habe aufgehört, als sich das Gerücht verbreitete, der amerikanische Botschafter sei unterwegs.

Als wir durch die Stadt gingen, kamen die Einwohner nach und nach aus den Ruinen und folgten uns. Ein Mann war so wütend, dass er einen Stein auflas und auf einen Blindgänger schleuderte, wobei er Barsani in höchsten Tönen verfluchte. Ich trieb unsere kleine Besichtigungstour weiter bis direkt an die iranische Grenze. Nun war ich nahe genug, um eindeutig ausmachen zu können, dass die Schützen an den 107-Millimeter-Raketenstellungen weit jenseits der Grenze zu Barsanis Pechmerga gehörten. Hinter ihnen standen die in Khaki gekleideten Soldaten der islamischen Revolutionswächter des Iran, der Pasdaran.

Sobald ich wieder zurück in Talabanis Lager war, rief ich Barsani an und erzählte ihm, was ich in Panjwin gesehen hatte.

»Sie haben mich betrogen«, war seine einzige Antwort.

Zugegeben, ich war losgezogen, um mir selbst ein Bild davon zu machen, was dort vorging, und ich hatte Talabanis Ausrüstung und Männer benutzt, um dorthin zu gelangen, aber nur im Nahen Osten konnte man jemanden betrügen, indem man sich weigert, ihm die Lüge abzukaufen, die er einem zuvor serviert hatte.

Barsanis kurdischer Widersacher, Dschalal Talabani, war nicht nur genial und zivilisiert; er war auch ein erstklassiger Schauspieler und ein Politiker von Weltrang. Mit einer Statur wie ein Hydrant von doppeltem Umfang und einem Lächeln von der Breite des Euphrat gefiel sich Talabani in der Rolle des liebenswürdigen Schlitzohrs. Als ich ihn einmal zur Rede stellte, weil er eine von Barsanis Stellungen angegriffen hatte, ohne vorher provoziert worden zu sein, lachte er, reichte mir eine Zigarre und versprach, es nicht wieder zu tun. Natürlich startete er am nächsten Tag einen neuen Angriff. Mit der Wahrheit nahmen es beide Männer nicht so genau, aber bei Talabani hatte man dabei ab und zu wenigstens Spaß.

Talabani war irakischer Nationalist. Er vertrat zwar die Ansicht, die Kurden sollten ein gewisses Maß an Autonomie genießen, wollte aber keinesfalls, dass der Irak unter seinen verschiedenen ethnischen Gruppen aufgeteilt wurde. Im Unterschied zu Barsani schien Talabani wirklich daran gelegen zu sein, dass Saddam von der Bildfläche verschwand, und war bereit, jedes Opfer zu bringen, um das zu erreichen. Talabani hatte sogar einen eigenen Plan zur Beseitigung Saddams.

Zum ersten Mal erzählte er Tom und mir davon bei einer Zusammenkunft am 2. März in Kui Sinjaq, dem Dorf, in dem er geboren wurde. Talabani führte uns außer Hörweite der politischen und militärischen Führer, die sich in seinem überfüllten Wohnzimmer drängten, in sein Schlafzimmer. Bücher und Papiere, wohin man blickte – auf dem Bett, unter dem Bett, an den Wänden gestapelt. Das Zimmer, ohne Licht und mit heruntergelassenen Vorhängen, roch nach Schlaf. Wir drei ließen uns auf der Kante von Talabanis ungemachtem Bett nieder.

»Ich stehe am Scheideweg«, erklärte Talabani in seinem fließenden Englisch mit dem harten Akzent.

Für ihn gebe es zwei Alternativen, erklärte er, sicher sei keine von beiden. Er könne fortfahren, gegen Barsani zu kämpfen, wie er es während des letzten Jahres ununterbrochen getan hatte, aber das Ganze sei zu einem Zermürbungskrieg geworden, und er werde vermutlich nicht in der Lage sein, eine entscheidende Niederlage des Gegners herbeizuführen. In der Zwischenzeit verschaffe sich Barsani durch das schmutzige Öl unschätzbare finanzielle Vorteile. Beim gegenwärtigen Stand des Konflikts werde Talabani binnen einer bis zwei Wochen nichts mehr bleiben, das er im Kampf würde einsetzen können. Oder, erklärte er, er könnte eine Offensive starten, einen letzten verzweifelten Ausfall gegen Barsani und dessen KDP, bevor der PUK die Waffen- und Munitionsvorräte völlig ausgingen. Abgesehen von seiner Endgültigkeit barg dieser letzte Plan die Gefahr, dass er eine außenstehende Macht wie die Türkei oder den Iran in den Konflikt hineinziehen oder Saddam ermutigen könnte, von Süden aus einen Vorstoß zu wagen.

»Und genau das macht mir im Augenblick Sorgen«, sagte Talabani.

Er hatte Informationen von einem Spion aus dem KDP-Lager erhalten, denen zufolge Barsani seinetwegen in Panik und bereit sei, mit Bagdad gemeinsame Sache zu machen. Über den gleichen Weg, den er auch für seine Ölgeschäfte benutzte, hatte Barsani Saddam die Versicherung zukommen lassen, dass er sich nicht beteiligen werde, falls Talabani einen Aufstand anzetteln sollte. Im Gegenzug erwarte Barsani Saddams Hilfe bei der Vertreibung Talabanis aus Erbil, dem administrativen Zentrum Kurdistans, das von der PUK im Jahr zuvor eingenommen worden war.

»Er ist ein Schwächling«, sagte er über seinen Rivalen, »Opfer seiner engen, stammesbezogenen Weltsicht – jemand, der sich einen Dreck um die Opposition schert oder um Chalabis Aufstand oder auch nur um Saddams Sturz. Ihm ist einzig sein Clan wichtig, und er würde einen Pakt mit dem Teufel schließen, um ihn zu schützen.

Also kann ich weiter nichts tun, als die Daumen zu drücken und zu hoffen, dass Barsani und Saddam sich nicht verbünden. Aber ich habe noch eine andere Möglichkeit: Ich könnte die Karten neu mischen.«

Talabani breitete eine Karte des Irak auf seinem Bett aus und stieß dabei einen Bücherstapel zu Boden.

»Schauen Sie hier. Das sind die Linien des V. Korps«, erklärte er und fuhr mit dem Finger die Stellungen dieser Einheiten südlich von Erbil nach. Das V. Korps war die militärische Hauptkraft des Irak im Norden »Was sehen Sie?«

»Ein verstärktes Korps der irakischen Armee«, antwortete ich und wehrte mich ungläubig gegen meinen Eindruck, dass er im Begriff war, einen Angriff vorzuschlagen.

»Das ist es, was Ihre Pentagon-Karten mit all den kleinen Fähnchen für Divisionen und Brigaden behaupten. Aber was ich sehe, ist eine demoralisierte, verwundbare, besiegbare Armee.«

Talabani griff nach meiner Hand, um sich zu vergewissern, dass ich ihm wirklich zuhörte.

»Was ich tun werde, ist einfach: Ich werde meine Truppen von der Erbil-Front abziehen – einfach abrücken –, dann mit ihnen nach Süden marschieren und das V. Korps hier, hier und hier angreifen.« Bei diesen Worten stieß er mit dem Finger auf drei Punkte, die Divisionen entlang der Stellungslinie des Korps markierten.

»Und Sie werden sehen: Ganze Kompanien, ja Divisionen werden sich beim ersten Schuss geschlagen geben.«

»Und wenn Barsani Ihnen in den Rücken fällt?«, fragte ich.

»Wenn er das tun sollte, wird ihn jeder als den Verräter betrachten, der er ist, und er wird den Tag nicht überleben. Seine eigenen Leute werden ihn zertreten wie Ungeziefer.«

»Und was passiert, wenn Sie das V. Korps geschlagen haben?«

»Da kommen Sie ins Spiel. Wir werden sehen, wie sehr Mr. Clinton wirklich darauf erpicht ist, Saddam loszuwerden.«

Auf den ersten Blick wirkte der Angriff einer Bande kurdischer Freischärler auf ein irakisches Armeekorps wie ein Fallschirmabsprung ohne Fallschirm: ein aufregender Flug, der in einem großen Knall enden muss. Das V. Korps war nicht gerade die beste Kampfeinheit der irakischen Armee, aber es verfügte über jede Menge Ausrüstung und Artillerie, und seine Außenposten entlang der kurdischen Linien waren hinter Schutzwällen, Stacheldraht und in Betonbunkern verschanzt. Mehr noch, es wurde unterstützt von einer kompletten, perfekt ausgerüsteten Elitedivision der Republikanischen Garde, und es lag direkt am 36. Breitengrad, bis zu dem Saddam Husseins Kampfhubschrauber fliegen durften. Das V. Korps ein bisschen zu ärgern war eine

Sache, sich mit ihm auf eine Schlacht einzulassen eine ganz andere.

Was seine eigene Streitmacht anbelangte, so verfügte Talabani über nicht mehr als 2000 leicht bewaffnete Pechmerga-Kämpfer, die er gegen das V. Korps ins Feld führen konnte. Die paar Panzer, die er 1991 von Saddam erbeutet hatte, waren an den Iran verkauft worden. Er besaß zwar ein bisschen Artillerie, litt aber unter einem akuten Mangel an Munition. Seine Geländewagen, das einzige Transportmittel seiner Kämpfer, verliehen ihm Mobilität und Behändigkeit, aber sonst nichts. Für Saddams waffenstarrende Kampfhubschrauber wären die Fahrzeuge handliche Zielscheiben.

Talabani aber war weder verrückt noch rücksichtslos. Er hatte schon früher gegen Saddams Armee gekämpft und kannte ihre verwundbaren Stellen besser als jeder andere. Wenn er der Ansicht war, er könne es mit dem V. Korps aufnehmen, dann musste meinem Gefühl nach etwas dran sein. Wie ich es sah, lautete die alles entscheidende Frage einzig, in wie schlechter Verfassung die irakische Armee wirklich war, und bruchstückhafte Beweise deuteten darauf hin, dass sie in der Tat große Probleme hatte.

Seit den Tagen des Golfkriegs waren immer wieder irakische Deserteure vereinzelt oder in kleinen Gruppen in den Norden geflohen. Nun war das Rinnsal zum Strom geworden, und der Zustand der Ankömmlinge zeichnete das Bild einer geschlagenen Armee: spärliche Rationen, keine Munition, Treibstoffmangel. Die Elitetruppen der Republikanischen Garde seien nur wenig besser dran, berichteten die Deserteure. Ende 1994 hatte Saddam befohlen, gefangenen Deserteuren die Ohren abzuschneiden, ein weiteres Anzeichen für die zunehmende Unzufriedenheit. Nacht für Nacht sendete das irakische Fernsehen grausig-groteske Bilder von blutüberströmten jungen Männern, denen beide Ohren fehlten.

Kurz, die Sterne schienen sich gegen Saddam verbündet zu haben, auch wenn kein Mensch sicher sein konnte, ob seine Armee tatsächlich vor dem Zusammenbruch stand. Das Problem war, das niemand, weder ich noch Chalabi, noch Talabani und ganz sicher niemand im fernen Washington, hätte sagen können, um wen oder was die Sterne sich denn als Nächstes scharen würden. Talabanis Kriegsplan würfe neben dem Coup des Generals und Chalabis *Endspiel* einen dritten Fehdehandschuh in die Arena. Konnte ein Angriff auf das V. Korps funktionieren? Hatte Talabani im Ernst vor, den Abzug zu betätigen, oder trieb er nur ein politisches Spiel mit mir und durch mich mit Barsani und all den anderen? Ich wusste es wirklich nicht. Das einzige Leitfeuer, an dem ich mich orientieren konnte, war das, was ich für die amerikanische Politik hielt, und demnach würden wir jeden ernsthaften Versuch, Saddam auszuhebeln, unterstützen. So hatte ich meine Anweisungen verstanden, und das war der Grund dafür, dass ich mich mit meinem Team in den Nordirak aufgemacht hatte. Und ich nahm meine Anweisungen ernst.

»Was also soll ich tun?«, fragte Talabani, als er geendet hatte. »Welche Alternative wähle ich? Kämpfe ich gegen Barsani oder gegen Saddam?«

»Schließen Sie einen Waffenstillstand mit Barsani.«

»Dafür ist es zu spät. Barsani ist verzweifelt. Er wird jeden Moment eine Vereinbarung mit Saddam unterzeichnen, und wenn er das tut, können wir alle einpacken – die Kurden, die Opposition und Sie.«

Wie es mit seiner Zusage stehe, sich am 4. März an Chalabis Aufstand zu beteiligen.

»Barsani sitzt auf seinem Berg und brennt darauf, ihn zu verraten«, erklärte Talabani. »Wenn es Barsani wirklich um die Opposition ginge und um die Vereinigung der Kurden, dann hätte er schon vor langer Zeit eingewilligt, das Ölgeld zu teilen.«

Ich zögerte, bevor ich weitersprach. Ich wollte meine Worte sorgsam wählen. »Dschalal, wenn es auf die Alternative hinausläuft, ob Saddam in den Norden einmarschiert oder ob Sie das 5. Korps angreifen – und das sind wirklich die einzigen beiden Möglichkeiten –, dann wissen Sie, auf welcher Seite ich stehe.«

»Ich wusste, dass Sie das sagen würden«, lachte Talabani und quetschte meine Hand mit seinem eisernen Griff. »Lassen Sie's uns den anderen sagen.«

In Talabanis Esszimmer, dem größten Raum in seinem Haus, gab es gerade genug Stühle, dass jedermann einen Platz zum

Sitzen fand. Ich betrachtete Talabanis Feldkommandanten, die einer nach dem anderen herbeikamen und ihren Platz am Tisch einnahmen. Es war schon ein seltsamer Haufen. Die eine Hälfte bestand aus unbeirrbaren Marxisten, die den größten Teil ihres Lebens in Europa verbracht hatten und im März 1991 in den Irak zurückgekehrt waren, um gegen Saddam zu kämpfen. Die übrigen waren stahlharte Guerillakämpfer, deren einziges Interesse darin bestand, Saddams Soldaten die Kehle durchzuschneiden.

Talabani stand am Kopf des Tisches und wartete geduldig, dass Ruhe im Raum einkehrte. Noch als es bereits still war, stand er eine gute Minute schweigend. Dann plötzlich, bei den Worten: *Es wird Zeit, dass wir unsere Waffen auf Saddam richten,* barst der Raum von Applaus und Geschrei. Eine Viertelstunde lang redete Talabani auf Kurdisch zu der Schar. Am Ende wären seine Gefolgsleute mit dem Kopf durch die Wand gerannt, wenn er das von ihnen verlangt hätte.

Sobald Talabani Platz genommen hatte, stürmten seine Pechmerga herein, beladen mit Riesenplatten voller Lammfleisch, Reis und *nan*, persischem Brot, als Bedienstete hatten sich mit Kordeln und Schärpen drapiert.

Als es Zeit wurde aufzubrechen, begleitete Talabani uns zum Wagen. Just in dem Augenblick, als ich hineinklettern wollte, packte er mich am Ellbogen und zog mich auf die Seite, sodass niemand unseren kurzen Wortwechsel hören konnte.

»Sie wissen, dass ich das nicht allein machen kann. Was wird Washington tun, wenn ich angreife?«

»Washington will Saddam weghaben.« Das war nicht die Antwort, die er hören wollte, aber welchen Sinn hatte es, ihm zu erzählen, dass Washington ihn, mich und den Irak schlicht ignorierte? Es hatte nicht einmal auf die Nachricht geantwortet, die ich Mitte Februar gesendet hatte und in der ich Tag und Stunde von Chalabis Angriff mitgeteilt hatte.

Kein Zweifel, ich bewegte mich an der äußersten Grenze meines Auftrags, hatte mich weit vorgewagt, dorthin, wo es am brenzligsten ist, aber nach allem was ich wusste, sagte ich Talabani die Wahrheit ████████████████████████████████████.
Zu diesem Zeitpunkt hatte ich Tony Lakes Nachricht noch nicht

in Händen gehalten. Selbst danach dauerte es seine Weile, bis mir ihr Inhalt in letzter Konsequenz bewusst wurde. Ich hatte keine Ahnung davon, dass Washington, während ich in Kurdistan herumgeisterte und eine Möglichkeit zu finden versuchte, wie man Saddams Feinden helfen konnte, ihn von der Macht zu verdrängen, aufgehört hatte, sich dafür zu interessieren, ob er an der Macht blieb oder nicht.

»Dschalal«, wiederholte ich mit Nachdruck, »ich versichere Ihnen, Washington will Saddam weghaben.«

17

3. März 1995. Salah al-Din, Irak

Chalabi las Tony Lakes Nachricht und sank auf die Couch.
»Heißt das, wir müssen alles abblasen?«, fragte er beinahe tonlos.

»Ahmed, Sie sprechen genauso gut Englisch wie ich. Da steht, es sei Ihre Sache, ob Sie weitermachen wollen oder nicht.«

»Haben Sie's Massud gezeigt?«

Ich wusste, worauf Chalabi hinauswollte. Und er hatte Recht. Dank Washingtons Weigerung, auf seinen Vorschlag zu reagieren, war der aus Saddams Armee desertierte General gezwungen gewesen, seine Pläne so gut es ging mit denen Chalabis zu koordinieren. Auch wenn man Chalabi vielleicht nicht unbedingt im Kleingedruckten trauen konnte, hatten die beiden dennoch gemeinsame Sache gemacht. Barsani hingegen hatte Chalabis Vorbereitungen für den 4. März mit unverhohlenem Ärger betrachtet. Er konnte sich nicht einfach weigern, mitzumachen – das hätte ihn bei den Kurden zu viel Ansehen gekostet –, aber er erwartete von mir, dass ich Chalabi Einhalt gebot. Es erboste ihn, dass ich an der Meinung festhielt, die Amerikaner seien davon überzeugt, dass die Iraker insgesamt ohne Saddam besser dran seien, und wir somit jede oppositionelle Gruppierung ermutigen müssten, die allen Ernstes versuchte, eine neue Regierung in Bagdad zu etablieren. Chalabi und ich wussten beide, dass Lakes Nachricht für Barsani ein Geschenk des Himmels war – eine wunderbare Ausrede, die Aktion auszusitzen.

»Hat Mr. Lake nie was von der Schweinebucht gehört?«, fragte Chalabi und erhob sich mit hochrotem Kopf. »Sobald Massud das hier zu Gesicht kriegt, wird er jeden aufs Kreuz legen. Das garantiere ich Ihnen.« Er knüllte Lakes Nachricht zusammen und schleuderte sie in die Ecke. »Zum Teufel mit Lake. Vielleicht kann er Massud so viel Angst einjagen, dass er nichts unternimmt, aber mir nicht. Ich mache weiter.«

Chalabi begleitete mich zu meinem Wagen und öffnete mir die Tür.

»Lake hätte sich keinen schlechteren Zeitpunkt zum Aussteigen aussuchen können«, sagte Chalabi düster. »Ich habe nur Angst, dass es am Abend unser Blut sein wird, das geflossen ist, und nicht Saddams.«

Wie Chalabi vorhergesehen hatte, war Barsani ausgestiegen, noch bevor ich ihm Lakes Botschaft übermitteln konnte.

Als ich seinen Palast bei Sar-i Rash erreichte – jenes Adlernest hoch über Salah a-Din, in dem ich ihn im vergangenen Monat so häufig besucht hatte –, war klar, dass er die Zelte längst abgebrochen hatte. Die Fensterläden waren geschlossen, die Fahrzeuge verschwunden. Die beiden Wachen am Eingangstor erklärten, sie hätten keine Ahnung, wo er zu finden sein könnte.

Ich hielt nach Nicherwan el-Barsani, Massuds Neffen und Stellvertreter, Ausschau, um ihm Lakes Nachricht zu überreichen. Nicherwan hatte mich einmal zum Abendessen eingeladen, und ich hatte Gelegenheit gehabt, mir sein Haus genauer anzuschauen. Die italienischen Designermöbel, die persischen Teppiche, das gesamte Interieur roch nach Geld. Ohne Zweifel flossen nicht alle Einkünfte aus dem geschmuggelten Öl in die Kriegskasse der KDP. Die Barsanis, Nicherwan und Onkel Massud, hatten einen weiten Weg hinter sich aus ihrem staubigen armen Dorf mit dem Gemeinschafts-Muli an den kahlen Hängen Kurdistans bis zu ihren Besitztümern hier bei Sar-i Rash und ihrem potenziellen Heimatland im Norden. Das Ölgeschäft ging gut. Das Letzte, was die beiden brauchen konnten, war ein größerer Tumult um ihren Geschäftspartner Saddam.

»Massud weiß schon Bescheid«, erklärte Nicherwan gekränkt durch das Gitter seiner Tür. »Er hat es von eurem Typ in Washington gehört.«

Er zuckte nur die Schultern, als ich ihn fragte, was sein Onkel im Hinblick auf den 4. März zu unternehmen gedenke, aber ich hatte das ungute Gefühl, dass uns Ärger ins Haus stand. Später am Abend bestätigte Chalabi meinen Verdacht: Barsani befand sich in Zakhu an der türkischen Grenze, jederzeit bereit, hinüberzuschlüpfen und bei den Türken Asyl zu suchen, falls etwas schief gehen sollte. Ich hoffte nur, dass es für den General nicht zu spät war, einen Rückzieher zu machen und es an einem anderen Tag zu versuchen.

Chalabi änderte seine Meinung nicht über Nacht. Mit der Zuverlässigkeit eines Schweizer Uhrwerks begann er am 4. März mit seiner Show. Um etwa acht Uhr abends war die ehemalige Schule, die inzwischen als Hauptquartier des Iraqi National Congress fungierte, hell erleuchtet wie ein Vergnügungspark – irgendwo hatte Chalabi einen riesigen Generator aufgetan. Der Parkplatz füllte sich mit Lastwagen, die darauf warteten, Rekruten des INC zu den irakischen Linien zu transportieren. Geländewagen fuhren vor, holten Nachrichten ab und starteten wieder mit quietschenden Reifen. Drinnen herrschte der reine Zirkus: schrillende Telefone, brüllende Adjutanten, die mit irgendwelchen Papieren in der Luft herumfuchtelten. Es herrschte ein ständiges Kommen und Gehen; das Einzige, was nicht eintraf, war das, was die Kurden am meisten gebraucht hätten – der Beistand der Vereinigten Staaten.

Der General saß allein in einem leeren Büro, als ich ihn aufsuchte. Er trug die frisch gebügelte Uniform eines Generalmajors. Quer auf dem Schreibtisch vor ihm lag ein glänzender Offizierssäbel. Er erhob sich und schüttelte mir ruhig die Hand. In einer Stunde, erklärte er, werde ihn eine Eskorte abholen und zu den irakischen Linien bringen. Dort warte man auf ihn, um ihn nach Tikrit zu fahren, wo er sich zu den anderen gesellen solle. Sein Eintreffen in Tikrit sei das Signal für den Beginn des Staatsstreichs.

Der General erwähnte Lakes Schreiben mit keinem Wort, obwohl ich es ihm am Tag zuvor übergeben hatte. Er hatte offenbar genau wie Chalabi das Gefühl, dass es zu spät war für einen Rückzieher. Der Oberst von der Panzerschule, der den Aufmarsch anführen sollte, hatte seine Tanks bereits mit heimlich entwendeten Granaten bestücken lassen, es gab keinen Weg, diese zurückzubringen, ohne dabei erwischt zu werden. Ich konnte nicht helfen. Vielleicht schaffte es der General über die Linien, vielleicht auch nicht, vielleicht würde sein Aufstand erfolgreich verlaufen, vielleicht auch fehlschlagen. Ich drückte ihm die Hand in dem dumpfen Gefühl, dass ich ihn nie wieder sehen würde, und machte mich auf den Nachhauseweg. Unterwegs sah ich, wie jemand eine Leuchtkugel in den Nachthimmel feuerte.

Ich ging zu Bett in der Erwartung, dass Chalabi mich mit Neuigkeiten wecken würde, aber die Nacht verstrich ohne ein Wort von ihm. Um etwa neun Uhr am nächsten Morgen – inzwischen schrieben wir den 5. März – ging ich zum INC-Hauptquartier hinüber. Auch wenn der Aufstand erfolglos gewesen sein sollte, hier, so dachte ich, würde ich einen Bienenstock an Betriebsamkeit vorfinden. Falsch gedacht. Das Gebäude lag völlig verlassen. Der Generator war verschwunden. Die Vordertür schlug im Wind. Die Büros im Inneren waren kahl, ganz und gar ausgeräumt – Computer, Aktenschränke, Möbel. Ich erinnere mich, dass ich fast erstaunt war, weil die Heizkörper nicht von den Wänden abmontiert waren.

Als ich zum CIA-Haus zurückging, verfasste ich im Geiste die Nachricht, die ich dem Hauptquartier schicken wollte: *Meine Lieben in Langley: Ich übersende euch die traurige Nachricht, das ich nachlässigerweise die gesamte irakische Opposition ans Messer geliefert habe.*

Einer von Chalabis Adjutanten erwartete mich zu Hause. Barsani hatte den General kurz nach Mitternacht festnehmen lassen, als dieser soeben die Front überqueren wollte, um nach Tikrit zu gelangen. Zwar ließ er ihn sechs Stunden später wieder frei, doch die irakische Armee hatte die Zeit genutzt, um ihre Reihen im Norden zu schließen. Etwa um die gleiche Zeit, als der General aus dem Verkehr gezogen wurde, rief Barsani Chalabi an, um ihm mitzuteilen, dass sich nicht nur seine eigenen Truppen nicht an dem Aufstand beteiligen würden, sondern auch sonst niemand – zumindest niemand aus seinem entscheidend wichtigen Stück Kurdistan. Unmittelbar danach verhafteten Barsanis

Truppen unter Nicherwans Kommando prompt jedes INC-Mitglied, das ein Gewehr bei sich hatte. Barsani, so Chalabis Mittelsmann, habe die Schuld für all das mit Wonne auf Washingtons Schultern geladen. Die Absicht hinter Lakes Schreiben sei eindeutig gewesen: Es habe sowohl den General als auch Chalabi stoppen sollen. In Anbetracht eines dermaßen dreisten Verrats hatte Chalabi seine Zelte abgebrochen und sich nach Erbil zurückgezogen. Talabani, der die Stadt kontrollierte, hatte seine Truppen am 4. März ebenfalls nicht in Bewegung gesetzt, aber er zumindest bekannte noch immer verbal seine Solidarität mit jeder Aktion gegen Saddam.

Am anderen Morgen, inzwischen hatten wir den 6. März, sah ich beim Aufwachen den Wagen des Generals vorfahren. Er hatte die Uniform des Generalmajors gegen ein billiges Sportjackett eingetauscht. Sogar sein Schnurrbart schien traurig herabzuhängen.

»Sir«, sagte er bedächtig, als er auf dem Sofa Platz genommen hatte, »Ich muss gehen. Ich muss nach Damaskus und meine Kinder an einer Schule anmelden.«

Warum auch nicht, dachte ich. Seine Kuriere, das Geheimkomitee, der Oberst, sie alle waren verhaftet. Es bestand keine Hoffnung, dass Saddam sie schonen würde. Der General sah keinen Sinn darin, im Norden eine morbide Totenwache zu halten und auf die Kugel eines Attentäters zu warten.

Ich spürte, das er noch eine Menge mehr hätte sagen wollen. Er hatte alles auf diese Karte gesetzt – sein Land, seine Familie, sein Leben. Er hatte uns vertraut, der CIA vertraut, und wir hatten dem Putsch seinen Lauf gelassen bis fast zum Schluss, dann hatte das Weiße Haus ohne Vorwarnung oder vernünftige Erklärung die Bremse gezogen. Doch er saß weiter da, in Gedanken versunken, und wir tranken schweigend unseren Tee aus. Um ehrlich zu sein – ich wüsste noch heute nicht, was ich hätte sagen können. Dass Washington am Ende einfach nicht Farbe bekennen wollte? Dass meine Vorgesetzten, obwohl sie von mir stets auf dem Laufenden gehalten worden waren, gezaudert und gezagt hatten und am Ende doch zu dem Resultat gelangt waren, dass zu viel auf dem Spiel stehe, als dass man den Status quo im Irak gefährden wolle? Dass Washington sich angesichts der Wahl zwischen den beiden Sünden der Einmischung und der Unterlassung für Letztere entschieden habe und Tausende von Meilen entfernt auf der anderen Seite des Ozeans brave, tapfere Männer ins Messer hatte laufen lassen. All das überstieg das Sagbare. Stattdessen geleitete ich den General hinaus, gab ihm zum Abschied die Hand und wartete, bis sein Wagen am Ende der Straße um die Ecke gebogen war.

Zurück im Haus, bat ich Tom, die CIA-Sende- und Empfangsstation in Nordvirginia aufzuscheuchen. Das Desaster wirkte zunehmend kompletter, aber ich war noch nicht bereit aufzugeben. Ich wollte sehen, ob die Satelliten irgendetwas aufgepickt hatten, eine Division vielleicht, eine Kompanie oder auch nur einen einzigen Panzer an einem Ort, an den er nicht hingehörte.

Die Nachrichten konnten nicht viel schlimmer sein. Um die Mittagszeit des 5. März – des Tages also, an dem unter Anführung der Dissidenten das Jüngste Gericht hätte stattfinden sollen – war die irakische Armee bereits nicht mehr in Alarmbereitschaft. Die Panzer, die seit dem 28. Februar in den Straßen von Mossul und Kirkuk Patrouille fuhren, waren fort. Bei den Garnisonen der 76. Brigade, der 15. Infanteriedivision und der 5. Panzergrenadierdivision, den drei Einheiten, die sich an dem Putsch hätten beteiligen sollen, war keinerlei Zeichen der Bewegung festzustellen. Was mich jedoch am allermeisten interessierte, war die Garnison des Obersts in der Nähe von Tikrit. Mist – weit und breit nichts Ungewöhnliches. Falls die Panzer am 4. März tatsächlich aus ihren Schuppen gerasselt sein sollten, so waren sie jetzt wieder drin.

An jenem Abend läutete um 22.22 Uhr das abhörsichere Telefon. Es war Bob ▮▮▮▮▮▮▮▮▮, mein Chef in Washington. Seit ich hier im Norden war, hatte er mich nur ein einziges Mal angerufen.

»Was ist da drüben los?«, fragte er.

»Nichts. Wir sitzen um den Pool und schlürfen Frozen Daiquiris.«

»Lassen Sie den Blödsinn. Was ich Ihnen jetzt sage, ist nur für

Sie. Haben Sie verstanden?« Seine Stimme war schneidend geworden.

Als ich ihm versicherte, ich hätte ihn verstanden, fragte er: »Verwendet irgendwer im Team den Decknamen Robert Pope?«

»Den Namen hab' ich noch nie gehört.« Jeder im Team benutzte einen Decknamen, nur ich nicht, aber niemand nannte sich Robert Pope.

»Wäre gut für Sie, wenn das stimmt. Sie befinden sich auf dünnem Eis. Ich kann Ihnen nicht sagen, um was es geht. Ich hätte nicht mal nach Pope fragen sollen. Dieses Gespräch hat nie stattgefunden. Kapiert?«

Es hatte keinen Zweck zu fragen, wovon er redete, er hätte es mir erzählt, wenn es ihm erlaubt gewesen wäre. Bob, ein pensionierter Marineoffizier, war mit Ende vierzig der CIA beigetreten und daran gewöhnt, Befehle zu befolgen. Sie mochten ihm nicht gefallen, oder er mochte anderer Meinung sein, aber er befolgte sie. Wenn er sagte, er könne mir nichts sagen, dann wusste ich, dass Fragen zwecklos waren.

»Sie werden nach Washington zurückkehren, sobald Sie können. Wenn Sie über Ankara kommen, erzählen Sie niemandem etwas. Die Leute könnten möglicherweise als Zeugen auftreten. Und wenn Sie nach Hause kommen, rufen Sie niemanden an. Vor allem niemanden von Iraqi Operations. Auch sie könnten Zeugen sein.«

Zeugen? Das Wort hatte definitiv einen üblen Klang, aber auch das war etwas, woran ich aus knapp zehntausend Kilometer Entfernung nichts ändern konnte.

»Bob, ich kann jetzt nicht zurück. Die Opposition ist den Bach hinunter, aber es ist nicht hoffnungslos. Geben Sie mir ein paar Wochen, damit ich die Sache in Ordnung bringen kann.«

»Sie haben mir nicht zugehört. Sie sind da raus. Fertig, Ende.«

»Ich hab' meine Leute im ganzen Norden verteilt. Ich kann nicht einfach so einpacken und gehen.«

»In Ordnung. Sie haben maximal vier Tage, wenn's sein muss. Aber keinen Tag mehr.«

Erst als Bob aufgelegt hatte, fiel mir auf, dass er weder über Washingtons Kehrtwende noch über den Putsch auch nur ein Wort verloren hatte. Mehr Bestätigung brauchte ich nicht dafür, dass Washington vorhatte, beides als nicht geschehen abzutun. Ich wusste genug über die Art und Weise, wie Washington vorging, um mir darüber klar zu sein, dass es, falls ihm irgendeine Information nicht passte, alles tun würde, was in seiner Macht stand, um die Überbringer zu diskreditieren, in diesem Falle waren es Chalabi und der General. Die offizielle Lesart in Washington lautete offenbar, dass im Irak am 4. März überhaupt nichts vorgefallen sei. Offen gestanden begann ich mich zu fragen, ob Washington nicht womöglich Recht hatte.

18

6. März 1995. Salah al-Din, Irak

Ich fand Tom auf dem Dach unseres Hauses, er suchte mit einem
Fernglas den Himmel im Süden ab, in Richtung der irakischen
Linien. Er hörte schweigend zu als ich ihm von »Robert Pope«
und unserem Befehl zur Rückkehr berichtete. Noch während ich
mit ihm sprach, ging ich im Kopf die Liste all der Dinge durch,
die wir zu erledigen hatten, wenn wir den Norden verlassen wollten.

»Ich fühle es ganz deutlich«, sagte er, als ich fertig war. »Talabani wird heute Nacht angreifen, und Washington wird eine
Menge mehr haben, worüber es sich Sorgen machen kann, als
irgendwen namens Pope.«

Tom reichte mir das Fernglas. Alles, was ich erkennen konnte,
waren ein paar glitzernde Lichter in den Ebenen unterhalb von
Salah al-Din. Dann schoss im Süden der blasse Strahl einer
Leuchtrakete in den Himmel. Sie explodierte, hing einen Augenblick am Horizont und verbreitete ihr gespenstisches Licht. Wenige Sekunden später folgte ein einziger heller Blitz, aus einem
Artilleriegeschütz vielleicht, aber auf diese Entfernung konnte
man das nicht sicher sagen. Eine Minute, vielleicht mehr vergin-
gen in Stille, bevor das Artilleriefeuer eröffnet wurde und die Hügel um Salah al-Din von Detonationen widerhallten. Mit einem
Schlag verwandelte sich der Nachthimmel in ein Son-et-lumière-
Spektakel mit Kanonendonner und Leuchtraketen..

Um ehrlich zu sein war mein erster Gedanke ein altvertrauter:
Verdammt, die Kurden fangen schon wieder an. Aber die Explosionen ereigneten sich alle südlich von Erbil, nirgendwo entlang

der Linien von Talabani und Barsani. Tom hatte Recht: Talabani hatte beschlossen, das V. Korps anzugreifen.

Ich nahm zwei Stufen auf einmal, als ich die Treppe hinunterrannte, um Paul anzurufen, jenen Officer der paramilitärischen Einheiten, den ich in Talabanis Kommandozentrale in Erbil stationiert hatte. Paul brachte es fertig, das Tohuwabohu zu übertönen und mir mitzuteilen, dass ungefähr zweihundert von Talabanis Guerillas soeben eine Brigade der 38. Division bei Guwayr umzingelt hätten und im Begriff seien, diese zu überrennen.

Die ganze Nacht hindurch hielt Paul uns mit Berichten auf dem Laufenden. Mit nur zwei Verletzten war es Talabanis Pechmerga gelungen, die 848. Brigade der 38. Division auszuschalten und deren Hauptquartier zu besetzen. Obendrein war ihnen die angeschlossene 601. Batterie in die Hände gefallen. An die achtzig irakische Soldaten waren gefangen genommen worden, darunter der Brigadekommandeur Colonel Abd-al'Aziz Namuri. Talabanis Männer sprengten die Bunker des Bataillons, zerstörten dessen 152-Millimeter- und 130-Millimeter-Geschütze und plünderten sein Waffenarsenal, um alles an Munition und Kleinfeuerwaffen, was sie auf ihre Geländewagen laden konnten, fortzuschaffen. Anschließend schlugen sie eine Einheit der Republikanischen Garde zurück, die zur Unterstützung der irakischen Truppen herbeieilte, und zerstörten einen gepanzerten Mannschaftswagen und mehrere Truppentransporter. Die Wucht des kurdischen Angriffs traf den Kommandanten der Republikanischen Garde völlig überraschend. Er sah von jeglichem Versuch ab, die 848. Brigade zu befreien, und befahl seinen Einheiten, in die Defensive zu gehen. Es war ein Sieg auf ganzer Linie – das erste Mal seit dem Aufstand vom März 1991, dass die Kurden der irakischen Armee derart schwere Verluste zugefügt hatten.

Sobald man in Washington auf den Beinen war, rief ich Iraqi Operations an.

»Ja. Wir haben Ihren Bericht gelesen.« Das war die bleiche schwammige Verwaltungsbeamtin mit dem strähnig-verfilzten Haar, die mich für einen Cowboy hielt. Bevor ich aus Washington gen Nordirak reiste, hatte sie alle Anstrengungen unternommen, mir weiszumachen, dass es ihrer Ansicht nach töricht sei, einen CIA-Posten im Irak zu etablieren. »Wir haben ein paar inoffizielle Geheimberichte aufgeschnappt«, fuhr sie fort.

»Ein paar?«

»Es sieht aus, als hätte es im Gebiet des V. Korps letzte Nacht vielleicht ein paar bewaffnete Auseinandersetzungen gegeben: RPGs und Maschinengewehrfeuer. Um sechs Uhr früh Ihrer Zeit war es vorüber. Es hat Berichte gegeben, denen zufolge etwa dreißig Personen nach Erbil gebracht worden sein sollen. Aber wir können all das nicht bestätigen.«

»Was soll das heißen, Sie können es nicht bestätigen? Wir haben die ganze Nacht hindurch ein Artilleriegefecht beobachtet.«

»Wir haben keine Aufnahmen, die das bestätigen würden.«

»Ja, natürlich. Der Angriff fand in der Nacht statt.«

»Ich erzähle Ihnen nur, was man hier denkt.«

»Sie meinen, dass Sie der Ansicht sind, Talabani hat das Ganze nur vorgetäuscht – *dieses ganze Artilleriefeuer* –, um uns bei Laune zu halten?«

Ich legte auf. Ich hätte klug genug sein sollen, mich nicht mit dem Hauptquartier herumzustreiten. Man bekam nie Recht. Schlimmer noch, es galt als Hinweis auf eine schlechte Allgemeinverfassung, beinahe schon als Zeichen von Objektivitätsverlust. Was Washington betraf, so war alles, was das große Auge am Himmel nicht gesehen hatte, auch nicht passiert.

Ich vertraute lieber meinen eigenen Augen und wollte mir den Krieg selbst anschauen. »Tom, pack ein«, sagte ich zu ihm. »Wir fahren an die Front um nach Talabani zu suchen.«

Ein Dutzend Wasser- und Benzinkanister, zwei AK-47, ein paar Kartons mit Verpflegungsrationen, ein Kompass, ein GPS-Navigationssystem, eine Luftkarte des Irak und unser Funkgerät – viel mehr passte in unseren alten zweitürigen Lieferwagen nicht hinein. Ich beschloss, die Leibwächter daheim zu lassen, ein Konvoi hätte zu viel Aufmerksamkeit erregt.

Zwischen Salah al-Din und Erbil begegnete uns kein einziges Fahrzeug. Selbst die Felder, in dieser Zeit normalerweise gesprenkelt mit bunt gekleideten Kurdinnen, die ihre Frühjahrssaat ausbrachten, lagen verlassen. Als wir die Ebene von Erbil durchfuhren, sahen wir, dass Talabanis Schützengräben, Geschützstellungen und Bunker verlassen waren. Sollte Barsani es wagen, war Erbil einem Angriff ungeschützt preisgegeben.

In Erbil schlossen wir uns einer Eskorte an, die uns nach Sulaimaniya brachte, einer mittelgroßen kurdischen Stadt im Nordosten des Irak, nahe der iranischen Grenze. Unterwegs hielten wir zum Mittagessen in Dukah bei einem Kebabstand unten am See. Ein verrostetes Schild, das nur noch von einem Nagel gehalten wurde, pries Segelboote zum Vermieten an. Ich fragte mich, was mit den Booten geschehen war und wie viele Jahre es wohl dauern mochte, bis dort wieder jemand segeln würde. Von hier ab befanden wir uns unterhalb des 36. Breitengrades, waren also leichte Beute für Saddams Kampfhubschrauber.

Es war dunkel, als wir nach Sulaimaniya hineinfuhren. Die Straßen lagen verlassen, mit Ausnahme von Talabanis Hauptquartier gab es in der ganzen Stadt kein Licht. Eine große Schar junger und älterer Männer hatte sich um das Gebäude versammelt und versuchte schiebend und drängelnd hineinzugelangen.

»Freiwillige«, erklärte die Wache, während sie uns einen Weg durch die Menge bahnte.

Der Kommandant von Sulaimaniya bat uns in sein Büro und brachte uns Tee. Er deutete mit einem Lineal auf eine Karte, die hinter seinem Schreibtisch an der Wand hing, und versuchte zu erklären, was an der Front vor sich ging. Offenbar schien er aber nur zu wissen, wo sich die irakische Armee befand. Schließlich gab er auf und schlug achselzuckend vor, dass wir uns umgehend auf den Weg zu Talabanis Lager machen sollten. Ein von Talabani abkommandierter Führer würde uns hinbringen.

Wir fuhren südlich von Sulaimaniya die Berge hinauf und folgten mit abgeblendeten Scheinwerfern der unmarkierten Lehmstraße. Saddams Kampfhubschrauber feuerten auf alles, was sich bewegte. Kurz nach Mitternacht bogen wir in eine Seitenstraße und fuhren zu einer Lichtung hinunter. In ihrer Mitte duckte sich ein flaches eingeschossiges, scheinbar verlassenes Gebäude, doch sobald wir vorgefahren waren und den Motor abgestellt hatten, erschienen ein Dutzend Pechmerga auf der Bildfläche und halfen uns schweigend, das Fahrzeug zu entladen. Sie wollten es so rasch wie möglich vom Gebäude entfernt haben.

Talabani wälzte sich aus dem Gebäude wie ein Bär aus seiner Höhle, packte mich um die Taille und hievte mich in die Höhe. »Wird aber auch Zeit, dass Sie kommen. Sie haben den ganzen Spaß verpasst«, flüsterte er. »Und Ihnen zu Ehren werden wir heute Nacht nicht draußen im Feld übernachten, sondern hier in meinem Palast.«

Er hakte mich unter und führte mich in das pechschwarze Gemäuer, eine Schule, die 1988 während der Kämpfe zwischen Kurden und der Regierung aufgegeben worden war. Nur Talabani, Tom und ich sollten hier übernachten. Die Pechmerga hatten sich auf die umliegenden Hügel und Höhlen verteilt, wo Saddams Hubschrauber sie nicht so leicht ausmachen konnten. Talabanis Raum am Ende des Korridors war leer bis auf ein halbes Dutzend Kisten mit Büchern und Papieren sowie ein paar Wolldecken auf dem Boden. Das einzige Licht spendete eine Campinglampe mit Batterie. Wir ließen uns auf einem Läufer auf dem Zementboden nieder.

»Wir werden heute Nacht wieder zuschlagen«, erklärte Talabani, während er in einem riesigen Humidor nach drei frischen kubanischen Cohiba-Zigarren angelte. »Heute Nacht werden wir Karablakh angreifen. Meine Burschen sollten in diesem Augenblick die Linien durchbrechen.« Da ich noch nie etwas von einem Ort dieses Namens gehört hatte, wälzte sich Talabani herum, um nach einer Karte zu greifen und mir auf ihr zu erklären, wo er lag.

Vom Adrenalin beflügelt, tönte Talabani, wie schlecht es um die irakische Armee bestellt sei, prahlte ausschweifend von seinen Plänen, Kirkuk einzunehmen, das Zentrum der irakischen Ölindustrie und, so versicherte er uns, rechtmäßiges Eigentum der Kurden, und schwärmte von der demokratischen Zukunft des Irak. Er hätte die ganze Nacht weitererzählt, wenn mir nicht die Augen zugefallen wären.

»Legen Sie sich schlafen«, sagte er. »Nur eins noch: Wo bleibt die Kavallerie?«

»Scheint mir, als kämen Sie bestens ohne fremde Hilfe klar.«

»Mir geht die Munition aus.«

»Keine Sorge, Dschalal. Washington fängt gerade erst an zu kapieren, was Sie hier machen. Die Parole ist noch die gleiche: Es gilt, Saddam loszuwerden.« Das zumindest, dachte ich, musste noch immer wahr sein. ██████████████████████████.

Und Tony Lakes Telegramm hatte weder Talabani noch sonst irgendwem ausdrücklich befohlen, die Pläne zum Sturz Saddams über den Haufen zu werfen. Es besagte lediglich, dass »jede Entscheidung, die Aktion nicht abzubrechen, allein die Ihre« sei. Talabani verstand das, und er wusste so gut wie ich, dass die Iraker niemals imstande sein würden, in Frieden zu leben, solange Saddam an der Macht war.

Er fischte zwei weitere Zigarren aus seinem Humidor. »Hier, nehmen Sie das und gehen Sie Washington anrufen.«

»Dschalal, da ist noch etwas.«

Er sah mich an.

»Wir müssen abziehen, aber ein anderes Team wird uns ersetzen.«

Talabani reichte mir die Zigarren ohne weitere Antwort.

»Gehen Sie zu Bett. Wir sind alle müde«, sagte er schließlich.

Etwa zehn Minuten später pochte er an meine Tür und drückte mir ein Fax in die Hand, einen Bericht aus Karablakh. Seine Männer hatten dort soeben ein Bataillon überrannt.

»Schauen Sie«, sagte Talabani, nun in deutlich besserer Stimmung, »die Armee bröckelt.«

Ich bekam Bobs Stellvertreter bei Iraqi Operations ans Funkgerät und erzählte ihm von Karablakh. Gänzlich unbeeindruckt fragte er: »Wo sind Sie?«

»Singaw«.«

»Wo?«

»Ein kleines Dorf südlich des 36. Breitengrades – mitten in der Wildnis. Ich bin bei Talabani.«

Der Stellvertreter rang hörbar nach Luft. »Sie haben den Verstand verloren, dafür werden sie Sie hängen, sobald Sie zurück sind.«

Ich tat, als habe ich ihn nicht verstanden, und teilte ihm, schon im Auflegen begriffen, mit, dass ich Talabanis Pechmerga beim Angriff auf Kirkuk begleiten werde.

Ich war gerade im Begriff einzuschlafen, als Talabani wieder an die Tür klopfte.

»Saddam kriegt es mit der Angst zu tun. Er hat angefangen, überall auf unsere Linien zu feuern.« Sachte schloss er die Tür, und ich hörte, wie er auf dem Weg in sein Zimmer leise vor sich hinkicherte.

Talabani würde garantiert die ganze Nacht aufbleiben und eintreffende Meldungen über den Stand der Kämpfe lesen, mich aber hatte im Augenblick nichts weiter als brennende Erschöpfung befallen, die mich rasch in einen tiefen Schlaf sinken ließ. Mich störte weder, dass ich nur auf einer dünnen Wolldecke lag, noch dass Saddams Hubschrauber in der Dunkelheit da draußen nach uns suchten.

Gegen sechs Uhr am anderen Morgen weckte uns Talabani zur Truppeninspektion. Seine Männer hatten sich rund um die Schule versammelt, reinigten ihre Waffen, beluden ihre Geländewagen und bereiteten sich auf weitere Überfälle bei Nacht vor. Als Talabani sich unter ihnen zeigte, strömten sie auf ihn zu, verneigten sich und küssten ihm die Hand. Ein Bediensteter brachte uns ein Tablett mit gesüßtem Tee, während wir umhergingen.

Talabani drängte mich, bei ihm zu bleiben, aber die Zeit lief uns davon. In anderthalb Tagen mussten wir in Ankara sein. Eine Blitztour entlang der Front war alles, was Tom und mir noch blieb. Talabani umarmte uns beim Abschied, und wir versprachen, uns bald wieder zu treffen.

»In Bagdad.« Talabani lachte.

Die Straße in Richtung der Stadt Chamchamal wenige Kilometer östlich von Kirkuk war geteert und in gutem Zustand. Wieder war unser Fahrzeug das einzige weit und breit. Es war ein klarer Tag und wir rechneten damit, Chamchamal in weniger als einer Stunde zu erreichen. Dann sahen wir ihn – ein waffenstarrender irakischer Mi-24-Kampfhubschrauber schwebte in etwa fünf Kilometer Entfernung über einer Schlucht. Er rührte und regte sich nicht, hing reglos lauernd am Himmel. Wir konnten nur hoffen, dass seine Besatzung uns nicht bemerkt hatte – es gab keinen Fels, keinen Baum und kein Gebüsch, hinter dem wir uns hätten verstecken können – und dass Talabanis Pechmerga genügend kurdischen Schlamm auf dem Nissan verteilt hatten, um ihn zu tarnen. Binnen Sekunden hätte der Kampfhubschrauber drehen, sich auf Schussweite nähern und uns samt unserem Vehikel atomisieren können. Wir warteten, Stunden so schien es uns, bis der Hubschrauber in die Schlucht hinabtauchte, und machten uns aus dem Staub, was der alte Nissan hergab.

Über Chamchamal lag eine unwirkliche Stille. Die Leute kauften zwar auf dem Markt ein, aber sobald wir den Motor abgestellt hatten, vernahmen wir die donnernden Einschläge schwerer Artilleriegranaten. Über den Hügeln östlich von Chamchamal hingen grau-weiße Rauchschwaden am Himmel.

Wir fuhren weiter die Frontlinie entlang zu einem der Übergänge zwischen Kurdistan und dem Irak. Ein Trupp von Talabanis Kämpfern patrouillierte um den provisorischen Grenzposten herum. Sie hatten nicht die geringste Ahnung, was auf der anderen Seite vor sich ging. Das Einzige, was sie wussten, war, dass die irakische Polizei ihren Posten verlassen hatte und die Grenze weit offen stand.

Unser letzter Halt vor unserer Rückkehr nach Salah al-Din war Erbil. Sobald wir die Tore von Talabanis größtem Militärstützpunkt passiert hatten, fanden wir uns in einem Gewimmel irakischer Gefangener wieder: bestimmt vier Fußballfelder voller Menschen, sitzend, stehend, liegend. Außerhalb der Einfriedung standen erbeutete Artilleriegeschütze, Lastwagen, Raketenwerfer, Kisten voller AK-47, alles, was die Pechmerga von ihren Attacken nach Erbil hatten verfrachten können. Die Ausrüstungsgegenstände stapelten sich, so weit das Auge reichte.

Der Dienst habende PUK-Offizier erwartete uns in seinem Dienstzimmer, er nahm an, wir wollten seine Gefangenen verhören. Ich brachte es nicht über mich, ihm begreiflich zu machen, dass wir nicht das Personal hatten – und auch nie und nimmer haben würden –, seine Gefangenen sämtlich zu befragen, mit einem wenigstens wollte ich reden. Er führte mich in einen Raum, in dem ein Dutzend irakische Offiziere an der Wand aufgereiht auf Bänken saß. Ich wählte nach Belieben irgendeinen aus. Er sah aus, als sei er etwa dreißig Jahre alt und wirkte erschöpft. Früh an jenem Morgen, so berichtete er, sei er aufgestanden, um die Wachen zu inspizieren, und habe zu seiner Überraschung festgestellt, dass der erste Posten sowie die auf beiden

Seiten nächstgelegenen verlassen waren. Er sei auf dem Weg zurück zum Kommandostand der Kompanie gewesen, um herauszufinden, was passiert war, als plötzlich rings um ihn her Maschinengewehrsalven losratterten. Er habe auf die Reaktion seiner Kameraden gewartet, aber es sei keine erfolgt – kein einziger Schuss sei gefallen. Talabanis Pechmerga schienen überall zur gleichen Zeit zu sein. Es war, als hätten sie sich Tunnel gegraben und schössen nun plötzlich aus dem Erdboden. Ihm blieb keine andere Wahl als sich zu ergeben. Ich bedankte mich bei dem Hauptmann und überließ ihm meine letzte Essensration.

Bevor ich abreiste, traf ich noch mit dem Kommandanten von Erbil zusammen. Er unterrichtete mich über den letzten Angriff. Seine Männer hatten die 847. Brigade ausgeschaltet. Kirkuk war nunmehr sturmreif, und Talabani konnte es einnehmen, wenn er die nötige Munition würde organisieren können.

Auf der Rückfahrt nach Salah al-Din berichtete Tom über die irakische Ausrüstung, die er sich genauer angesehen hatte. Es bestehe kein Zweifel, erklärte er, dass sie erst kurz zuvor beschlagnahmt worden sei. Aus seiner langjährigen Erfahrung wusste er definitiv, das die Gewehre nur von irakischen Einheiten stammen konnten.

Wieder zurück, schickte ich eine Nachricht über die 847. Brigade ans Hauptquartier und ließ einen Anruf folgen.

»Wir sehen von oben immer noch nichts von irgendwelchen Angriffen« – wieder war es die käsige Beamtin.

»Das kann nicht Ihr Ernst sein. Glauben Sie wirklich, hier tobt ein Scheinkrieg? Ich komme soeben aus Erbil. Wir haben Tausende irakischer Gefangener mit eigenen Augen gesehen. Und jede Menge beschlagnahmte Artillerie.«

Die Gefangenen, die Artillerie, Toms Versicherung, dass diese echt sei, meine Versicherung als Dienstälterer dieser Region, dass dies kein Spiel war – nichts von alledem vermochte sie zu überzeugen.

»Prima«, erklärte sie. »Ich glaube Ihnen, aber der Rest hier nicht – vor allem nicht das Pentagon.«

Ich wusste genau, dass sie die CIA meinte und das Pentagon

nur erwähnt hatte, um meine Wut auf jemand anderen zu lenken, aber das konnte meine Stimmung auch nicht aufhellen.

»Gut, sagen Sie diesen Idioten, sie sollen sich auf die Socken machen und an die Maschinen setzen, dann sehen sie vielleicht ein bisschen mehr als die Martinis auf der Theke vor ihrer Nase.«

»Ich gebe Ihnen nur weiter, was mir gesagt wurde.«

»O ja, ich fange an zu verstehen. Wenn es nicht die *Washington Post* druckt oder die *New York Times*, dann ist es nicht wahr. Sollte sich irgendeiner ihrer feinen Schmalspurkorrespondenten ins falsche Flugzeug verirren und in Kurdistan landen, werde ich ihm gerne den Weg zur Front zeigen.«

Schweigen.

»Geben Sie mir Bob«, flehte ich, »*bitte.*«

Sie tat es, aber er war nicht sonderlich beeindruckt. »Hören Sie auf«, sagte er, sobald ich ihn am Hörer hatte.

»Bob, hören Sie mir eine Sekunde zu. Hier draußen spielt sich ein echter Krieg ab. In einer weiteren Woche wird es kein V. Korps mehr geben.«

»Niemand hier interessiert sich einen Dreck für die Kurden. Kapiert? Das Nächste, was ich von Ihnen hören will ist, dass Sie sich über die Grenze in die Türkei abgesetzt haben.«

»Sie müssen wissen, dass ich zumindest in den Augen der Opposition persönlich in das verwickelt bin, was hier vor sich geht – *der Zusammenbruch* des V. Korps nämlich. Wenn Sie mich abziehen, endet die Offensive.«

»Und Sie, Sir, täten gut daran zu begreifen, dass Tony Lake Ihren Kopf will. Sie haben eine Verabredung mit Fred Turco am 15. März um punkt neun Uhr morgens, und die nehmen Sie, verflucht noch mal, besser wahr.«

Talabanis Offensive verlief wie abzusehen im Sande, das V. Korps kollabierte nicht. Talabani überlebte allerdings mit genügend Männern, um sich von der Front abzusetzen und Barsani in einem, wie es schien, nie enden wollenden kurdischen Bürgerkrieg weiter bekämpfen zu können. Chalabi schließlich zog eine Weile herum, dann kehrte er nach Salah al-Din zurück. Barsani vertrieb ihn schließlich, vermutlich auf Befehl Saddams. Der General, dessen Desertion mich in den Nordirak gebracht hatte, gelangte tatsächlich nach Damaskus und von dort nach London. Und Saddam Hussein wurde von alledem in seiner Behaglichkeit nur peripher tangiert.

Kurz darauf begann die Kampagne »Öl gegen Nahrung« (*oil for food*), die es Saddam ermöglichte, Lebensmittel einzutauschen und das Leiden der Iraker damit gerade so weit zu lindern, dass die Flut von Deserteuren aus seiner Armee allmählich wieder abebbte. Wenn wir ihn jetzt beseitigen wollen, müssen wir vermutlich einen Krieg führen, ein Putsch wird nicht ausreichen.

Was mich betraf, so hatte ich in Langley, Virginia, Rapport zu erstatten – am 15. März um punkt neun Uhr morgens –, und das tat ich.

Teil IV
Eine Lektion in Politik

19

März 1995. Washington D.C.

Ich kann nicht sagen, dass ich vor freudiger Erwartung bebte, als mich Fred Turco an jenem ersten Morgen zurück im CIA-Hauptquartier die Treppe hinauf zum Büro des General Counsel schleifte. Die beiden FBI-Typen, die dort auf mich warteten, waren ebenfalls nicht dazu angetan, meine Stimmung zu heben – erst recht nicht, als sie mich davon in Kenntnis setzten, dass meine Person Gegenstand einer kriminalistischen Untersuchung sei. Man hatte mich zurückgepfiffen von einer – wie ich noch immer finde – historischen Chance, Saddam Hussein zu entmachten, und in ein Schlangennest geworfen. Aber ganz ehrlich, Sorgen machte ich mir im Grunde keine.

Was immer Tony Blake gedacht haben mag – oder sich bequemerweise zu denken erlaubt hatte –, es hatte im Nordirak nie ein kriminelles »NSC-Team« gegeben, das von einem Schurken namens »Robert Pope« (alias Bob Baer) geleitet wurde. All das war Chalabis Werk, eine wunderbare Legende, die Lake am Stück geschluckt hatte. Ich würde nicht für mich in Anspruch nehmen wollen, ein Pfadfinder zu sein, aber ich hatte weder die Executive Order 12 333 verletzt noch die Bundesstatuten für Auftragsmord. Noch immer besaß ich hinreichend Vertrauen in das System, um davon überzeugt zu sein, dass die Wahrheit ans Licht kommen werde – und das tat sie auch.

Am 22. März 1995 wurde ich an den Lügendetektor des FBI angeschlossen und torpedierte damit Lakes Untersuchung. Die FBI-Agenten mochten die CIA-Archive durchwühlen, finden würden sie nichts, und zwar aus einem einfachen Grund: weil es nichts zu finden gab. Am 4. April 1996 schließlich schickte das Justizministerium eine Klageabweisung an die CIA, ein offizielles Schreiben, in dem festgestellt wurde, dass die Beweise für eine Anklage nicht hinreichten. Die CIA reagiert so bedauernd, wie sie es vermochte: Man gewährte meinem Team eine Belobigung.

Doch weder die Klageabweisung noch die Belobigung waren ein Freibrief, der mir ungehinderten Abzug garantieren würde. Ich hatte den nationalen Sicherheitsberater verärgert und die Nadeln der politischen Seismographen in Langley zum Erzittern gebracht. Das bedeutete zwei oder drei Jahre auf der Strafbank: keine Aufträge in Übersee, bis ein neues Management daherkäme und die Erinnerungen allmählich verblassten. Wenn ich es fertig brachte, meine Nase nirgendwo hineinzustecken und überdies den Mund zu halten, würde ich vermutlich irgendwann wieder dabei sein. Ein Überseeauftrag noch, so dachte ich, dann könnte ich mich pensionieren lassen. (Die Jahre in Übersee werden im Directorate of Operations gesondert gewertet. Mit genügend Auslandsaufenthalten kann man als Fünfzigjähriger in den Ruhestand gehen.)

Klar, ich würde niemals befördert werden, irgendwer würde sich immer dunkel daran erinnern, dass ich einst den Präsidentenberater für Nationale Sicherheit in Rage gebracht und eine Spazierfahrt in einem russischen Panzer unternommen hatte. Ein bisschen Gekicher in der Beförderungsecke der Personalabteilung, und meine Akte würde auf dem Stapel » keine Führungsposition« landen. Das Wesentliche aber war, dass mich die CIA in Ruhe lassen würde, wenn ich mich nicht weiter in Schwierigkeiten brachte.

Mein neuer Job als stellvertretender Leiter der Central Eurasian Division's South Group war genau die richtige Voraussetzung, um es ruhig angehen zu lassen. Zwar überwachte diese Abteilung fünf Posten in Asien und im Kaukasus, aber mein Job hatte nichts mit Agenten im Einsatz oder laufenden Vorbereitungen für irgendwelche Staatsstreiche zu tun. Das Einzige, was ich tun musste, war, den Papierstrom am Laufen und den Eingangskorb leer zu halten, und dabei wurde mir jede Menge Hilfe zuteil. Etwa fünfundzwanzig Personen waren mir unterstellt. Wenn ein besonders kniffliges Problem auftauchte – etwa die Frage, ob wir dem Chef in Bishkek ein neues Auto kaufen sollten –, dann konnte ich es immer auf meinen Gruppenchef Len abwälzen, der es seinerseits an seinen Stellvertreter delegieren konnte und so weiter. Hauptquartier, das war, als legte man sich in ein warmes Bad. Entspanne dich, nichts Böses wird dir widerfahren. So schien es zumindest am Anfang.

Es dauerte jedoch nicht lange, bis mir aufging, wie verloren ich im Grunde in der gegenwärtigen Kultur Washingtons und der CIA war. Manche Anzeichen waren nicht zu übersehen. Als ich zuletzt einige Zeit in der Bundeshauptstadt verbracht hatte, war es zum Beispiel einem Einsatzoffizier noch möglich gewesen, sich einige der kleinen luxuriösen Annehmlichkeiten des Lebens zu leisten. In der Zwischenzeit waren die Mietkosten völlig außer Kontrolle und die Restaurantpreise derart in die Höhe geschnellt, dass es nur Leuten, die über Spesenkonten verfügten, vergönnt war, mit einiger Regelmäßigkeit auswärts essen zu gehen. Nachdem ich zwei Jahrzehnte lang mein Leben an Orten aufs Spiel gesetzt hatte, an denen kaum jemand freiwillig würde leben wollen, verdiente ich nun das Gleiche wie ein Beamter des mittleren Dienstes, der seinen Schreibtisch nie verlassen hatte. Was jedoch noch schlimmer war als das: Ich schien eine Reihe von Befähigungen mit mir herumzutragen, die unablässig an Wert verloren.

Das war eigentlich der größere Schock: Nicht der Umstand, dass ich relativ arm war, beunruhigte mich, sondern die Tatsache, dass meine Berufseignung so überholt und ich so wenig darauf eingerichtet war, mit dieser neuen Welt umzugehen. Ich wusste mehr über die Volksfront zur Befreiung Palästinas/Generalkommando (PFLP/GC) als über mein eigenes Land, mehr über die saudi-arabischen Wahhabiten als über Abgeordnetenhaus und Senat. Jahrzehntelang hatte ich meine Koffer in Ländern wie Tadschikistan und Sudan aus- und eingepackt, angefangen, sich mit den Ins und Outs der jeweiligen örtlichen Kultur vertraut zu machen, und das tat ich auch jetzt. Ich brauchte eine Einweisung, aber keiner würde sie mir zukommen lassen, also entwarf ich meinen eigenen Lehrplan zur amerikanischen Politik und fing an, ihn abzuarbeiten. Ich tat genau das, was professionellen Geheimdienstlern beigebracht wird: Ich begann, mich mit allen möglichen Menschen zu unterhalten, mit jedem, der mir etwas darüber vermitteln konnte, wie Washington – freiwillig oder unfreiwillig – funktioniert. Und die Lektionen häuften sich nur so. Am Ende hatte ich weit mehr gelernt, als mir lieb war.

Zu meinem großen Erstaunen sollte ich erkennen, das Ausschusssitzungen und undichte Pressestellen bei der Umsetzung engstirniger und beschränkter Beweggründe beinahe so wirksam sein können wie ein Selbstmordattentäter. Widerwillig musste ich zur Kenntnis nehmen, dass die Tentakel des großen Öls vom Kaspischen Meer bis ins Weiße Haus reichen. Und voll Ärger, um nicht zu sagen: in ohnmächtiger Wut, musste ich einsehen, welch verderbliche Auswirkungen die Gier nach Geld – ungeachtet aller Fragen nach Leben und nationaler Sicherheit – auf viele der Stellen hat, deren vornehmste Aufgabe es sein sollte, uns alle zu schützen.

Es war wie in der *Odyssee*, stellte ich schließlich fest. Während wir unterwegs waren, um gegen Troja zu kämpfen, ergaben sich die Leute zu Hause dem Trunk und der Hurerei. Sie scherten sich einen Dreck um das, was wir an der Front durchzumachen hatten, und wollten todsicher nichts von dem hören, was wir ihnen jetzt zu sagen hatten.

Aber ich greife voraus.

Meine erste und in mancher Hinsicht unvergesslichste Lektion bezüglich der Politik Washingtons bekam ich am 17. Mai 1995 kurz vor Mittag von dem gescheiten, bebrillten, aber durchaus attraktiven weiblichen Reports Officer der Gruppe Süd erteilt. Zwischen Daumen und Zeigefinger der einen Hand trug die Kollegin ein Stück Papier vor sich her, mit der anderen Hand hielt sie sich die Nase zu.

»Das hier stinkt nach Scheiße«, erklärte sie. Die Beamtin besaß neben ihrem scharfen Intellekt offenbar auch eine scharfe Zunge.

Das Schreiben war eine Anfrage von einer NSC-Bediensteten namens Sheila Heslin, die Auskunft darüber begehrte, was die

CIA über drei amerikanische Staatsbürger wisse: den Professor der Georgetown University und prominenten Republikaner aus Maryland, Rob Soubhani, den in Kalifornien ansässigen Arzt Sahag Baghdasarian und den Ölmagnaten Roger Tamraz.

Über Soubhani und Baghdasarian war mir nichts bekannt, aber von Tamraz hatte ich in meiner Zeit im Libanon eine Menge gehört. Er war Geschäftspartner des libanesischen Präsidenten Amin Gemayel, auf dessen Veranlassung seinerzeit die Verdächtigen aus der Haft entlassen worden waren, denen man den Bombenanschlag auf die amerikanische Botschaft in Beirut zur Last legte. Die beiden waren blendend miteinander ausgekommen, aber nach dem Ende von Gemayels Amtszeit im Jahr 1989 ging die Tamraz-Bank in Beirut Pleite, und ein libanesischer Staatsanwalt klagte ihn des Betrugs an seinen Kunden an. Tamraz machte Syrien für den Untergang seines Geldinstituts verantwortlich, behauptete, man habe diesen inszeniert, um ihn zu bestrafen, weil er sich in Israel als Gemayels Kundschafter betätigt hatte. Wie immer die Wahrheit auch aussehen mochte, der Libanon hatte die Anklage gegen Tamraz an Interpol weitergeleitet und ihn damit zum internationalen Flüchtling abgestempelt – ein Makel, der ausreichte, um ihn in einem Großteil der Länder des Nahen Ostens am Geschäftemachen zu hindern. Der unverwüstliche Tamraz hatte sich daraufhin in Richtung Kaspisches Meer abgesetzt. Er war einer der ersten Ölmagnaten, die nach der Unabhängigkeitserklärung in Turkmenistan auftauchten. Kurz darauf hatte er einen Koffer Dollars aus unbekannter Quelle in zwei Öllager in der kaspischen Senke investiert. Im Jahr 1994 sorgte er erneut für Schlagzeilen, indem er für eine Pipeline warb, die Öl aus dem Kaspischen Meer über Armenien ans Mittelmeer befördern sollte.

Sheila Heslin hatte an den Rand ihrer Anfrage einen Vermerk notiert, in dem sie ausdrücklich um belastende Informationen gegen die drei Männer ersuchte. In Tamraz' Fall wäre das ein Kinderspiel. Aber es gab da ein kleines Problem (oder, wie mein Reports Officer es so einfühlsam formulierte: »Ist sie durchgeknallt?«). Mochte er auch noch so viele Fehler haben, Roger war amerikanischer Staatsbürger, und seit den Tagen Nixons und seiner »Operation Chaos« hatte die CIA aufgehört, Amerikaner auszuspionieren. Mit der Executive Order 12333 war dies im Jahr 1981 ein für alle Mal unterbunden worden. Im Reglement der CIA galt die Spionage gegen Amerikaner als gleichwertig mit der Ermordung fremder Staatschefs; aber vielleicht, dachte ich großzügig, war die neue Truppe im Weißen Haus zu jung, um sich an Nixon zu erinnern.

»Warum will Heslin diesen Typen unbedingt was anhängen?«, fragte ich in aller Unschuld.

»Wie soll ich das wissen? Vielleicht ist sie eine verschmähte Geliebte.«

»Was soll ich also jetzt damit machen?«, beharrte ich. Heslins Schreiben war an das Directorate of Intelligence adressiert, fiel mir auf, und nicht an unser Directorate of Operations.

»Heslin glaubt, dass Tamraz einer von uns ist – ein angeworbener Agent.«

Das warf ein neues Licht auf Heslins Ersuchen. Einer im Jahr 1977 getroffenen Vereinbarung zwischen dem Außenminister und dem Direktor der CIA zufolge ist das DO verpflichtet, Politiker zu informieren, wenn sie mit Agenten in Kontakt kommen. Da NSC-Bedienstete als Politiker galten und Heslin Tamraz am 2. Juni treffen sollte, waren wir verpflichtet, sie von seinen etwaigen Verbindungen zur CIA in Kenntnis zu setzen. Anders ausgedrückt: Die 77er-Vereinbarung toppte die 81er-Executive Order.

Es stellte sich heraus, dass Heslin richtig lag mit ihrer Vermutung, Tamraz stehe in Verbindung mit der CIA. Aus einer uns von der Nahost-Division übersandten Akte ging hervor, dass seit den Siebzigerjahren Kontakte zwischen ihm und unseren Beamten vor Ort bestanden hatten. Irgendwann hatte er sogar zwei unserer Beamten inkognito in einer seiner US-Banken beschäftigt. Als sich später herausstellte, dass diese Bank der Bank of Credit and Commerce International angegliedert war – dem bevorzugten Institut von internationalen Drogenhändlern, Geldwäschern und anderen Gaunern –, zog sich die CIA aus der Partnerschaft zurück. Womit Heslin allerdings Unrecht hatte, war ihre Annahme, Tamraz sei ein Agent. Er war nie von uns bezahlt worden, und laut unseren Büchern hieß das, er hatte nie für uns gearbeitet. Auch fühlten wir uns im Umgang mit ihm nicht übermäßig wohl. Tamraz war immer sein eigener Herr. Er war der CIA nur behilflich, wenn er sich einen Vorteil davon versprach.

Als mir der zuständige Beamte die Notiz über Tamraz vorlegte, die auf Heslins Ersuchen hin rausgehen sollte, warf ich nicht einmal einen Blick darauf. »Geben Sie's Len zum Unterschreiben«, sagte ich zu ihm. Len war Leiter der Gruppe Süd.

Ich ging der Verantwortung noch immer aus dem Weg, aber ich gebe zu, ich war neugierig geworden. Was hatte Tamraz und Heslin zusammengebracht? Woher wusste sie von seinen Verbindungen zur CIA? Und, wichtiger noch als das: Warum machte sich eine NSC-Beamtin überhaupt die Mühe, ihn zu treffen?

Am 19. Mai um exakt 13.02 Uhr faxte die Gruppe Süd zwei Mitteilungen an Heslin, beide waren als geheim eingestuft. Die eine legte Tamraz' Beziehung zur CIA dar, die andere erklärte, das Soubhani, der nicht nur Professor, sondern auch Berater für die Ölgeschäfte von Amoco war, gelegentlich Kontakt zu unserem Operationsleiter in Baku gehabt hatte. Zwar war Soubhani ahnungslos wie ein neugeborenes Baby, dass er etwas mit der CIA zu tun gehabt hatte, aber wir wollten auf Nummer sicher gehen und informierten Heslin über die Verbindung. Das DI sandte seine eigene separate Notiz über Tamraz an Heslin.

Eine Woche drauf stand der weibliche Reports Officer wieder in meinem Büro. »Heslin ist auf dem Kriegspfad.«

Ich starrte sie verständnislos an.

»Sie ist felsenfest davon überzeugt, dass wir Tamraz schützen.«

Diesmal las ich den Tamraz-Bericht. Er besagte klar und deutlich, dass dieser im Libanon gesucht werde wegen Veruntreuung der Gelder aus seiner Bank und ein paar anderer Vergehen.

»Was ist daran nicht in Ordnung?«, fragte ich. Veruntreuung klang in meinen Ohren belastend genug.

»Heslin will harte Beweise, um Tamraz hängen zu sehen, und die haben wir ihr nicht geliefert.«

Allem Anschein nach hatte Heslin die Wut gepackt, als sie die

Informationen des DI und des DO miteinander verglich. Das DI hatte ihr all die wilden Presseberichte übersandt, die Tamraz so ziemlich jeglichen Verbrechens mit Ausnahme des Kindesmissbrauchs bezichtigten. Heslin war davon ausgegangen, dass wir ihr das Gleiche schicken würden, und nach Möglichkeit noch ein bisschen was dazu. Ob das DO denn nicht auf amerikanische Geschäftsleute Acht gebe, die in Übersee arbeiteten, hatte sie den Boten des DI gefragt.

Ich ließ die vielen langen Nächte Revue passieren, in denen ich irgendwo an der Green Line Beiruts auf meine Agenten gewartet und gehofft hatte, dass die Hisbollah mich nicht kidnappen oder umbringen würde. Offenbar hatte ich damals etwas falsch verstanden: Was das Weiße Haus die ganze Zeit über von mir gewollt hatte, war simple Geschäftsspionage gewesen – schmutzige Tatsachen über Roger Tamraz hätte ich sammeln sollen, und nicht etwa geheimdienstliche Erkenntnisse über irgendwelche Terroristen.

Trotzdem war ich noch immer der Ansicht, Sheila benötige womöglich nur ein bisschen Nachhilfe. Vermutlich wusste sie nicht, dass eine DO-Akte dazu da ist, Berichte über Zusammentreffen und übermittelte Nachrichten zu archivieren, die mit dem Einsatz eines Agenten in Zusammenhang stehen. In ihr hortete man keine Presseartikel oder Beweise gegen den Betreffenden, weil man hoffte, ihn eines Tages irgendwelcher krummer Touren überführen zu können. Natürlich machten wir Meldung, sobald wir dahinterkamen, dass gewisse Informationen über einen Agenten auf einen Verstoß gegen amerikanisches Gesetz hindeuteten, und übergaben die entsprechenden Beweise der Justiz, aber unsere Agenten und Kontaktpersonen zu belasten, war für uns keine Selbstverständlichkeit.

Ich packte den Stier bei den Hörnern und rief Heslin an, um ihr all das zu erklären. Außerdem wollte ich sie daran erinnern, dass, wie wir schon auf dem Deckblatt zu unserem Schreiben über Tamraz vom 19. Mai vermerkt hatten, die übrigen Akten in Archiven lagerten und es seine Zeit dauern würde, bis man mit ihnen eine komplette Dokumentation zusammenstellen könne.

Heslin blieb unbeeindruckt. Sie raunzte irgendetwas in den Hörer und hängte ein.

Wenn es in Washington regnet, dann schüttet es aus Kübeln. Bill ████████████, der stellvertretende Operationschef aus New York, steckte den Kopf zur Tür herein. Ich glaube, das war am 30. Mai. »Hat einer von euch Jungs Lust, einen amerikanischen Ölmenschen, der am Kaspischen Meer Geschäfte macht, anzuwerben?«

Wann immer Ihnen ein anderer Case Officer einen Agenten anbietet, sollten Sie unbedingt Ihre Brieftasche festhalten.

»In New York hat niemand Zeit, sich an den Typ heranzumachen«, erklärte er. »Und außerdem ist die Region da unten für uns sowieso zu kompliziert.«

Zu kompliziert? Als Nächstes würde Bill mir erzählen, der Ölmensch gehöre einer kleinen alten Dame, die ihn nur an Sonntagen durch die Gegend kutschierte.

»Also gut, wer ist es?«

»Roger Tamraz.«

Das überraschte mich. Nichts in seinen Unterlagen hatte darauf hingewiesen, dass New York noch immer Kontakt zu Tamraz hatte.

Lassen Sie mich offen sein: Jeder geistig gesunde Beamte in meiner Position beim Directorate of Operations hätte sofort die Flucht ergriffen. Nichts als rote Flaggensignale, soweit das Auge reichte: ein gesuchter libanesischer Mittelsmann, zwielichtige Ölgeschäfte am Kaspischen Meer und eine NSC-Beamtin auf dem Kriegspfad – viel schlimmer kann es nicht kommen. Ganz zu schweigen von meiner Sündenliste bei Tony Lake. Aber ich habe schon immer zu den Leuten gehört, die ihren Wetteinsatz verdoppeln, wenn sie in einer Pechsträhne stecken.

»Klar, mach' ich«, erklärte ich. Ich hatte nicht die geringste Ahnung, was ich mit Tamraz anstellen sollte, aber die Tatsache, dass eine NSC-Bedienstete ihn hasste, war für mich ein völlig hinreichender Grund, ihn persönlich kennen lernen zu wollen. Im Übrigen verfügte das DO am Kaspischen Meer über keine einzige Quelle. Tamraz war besser als nichts.

»Sagen Sie ihm, er soll mich unter dieser Nummer anrufen«, fügte ich hinzu, während ich meine offizielle CIA-Verbindung auf ein Stück Papier kritzelte.

Offizielle Leitungen sind solche, die der CIA direkt zugeordnet sind. Wenn Sie den Operator anrufen und nach dieser dreistelligen Vorwahl fragen, könnte er oder sie Ihnen sagen, dass diese Leitung zur CIA gehört. Die anderen Leitungen, die »sterilen«, sind bei der Telefongesellschaft unter irgendwelchen anderen Namen eingetragen: Druckerei und Setzerei XY, Parkway-Leichenhalle oder Ähnliches. Ich verwendete die nicht geheime Nummer, weil ich nicht wollte, dass Tamraz von Anbeginn den Eindruck hatte, wir stünden auf allzu vertrautem Fuß.

Ich erkannte Tamraz auf der Stelle nach dem Foto in seiner Akte, als er sich durch die gläsernen Doppeltüren des Four Seasons schob. Aschblond und schmächtig, mit Hornbrille und Brooks-Brothers-Anzug, wirkte er nicht im Geringsten wie ein Libanese. Ein paar Schritte hinter ihm folgte Ed Pechous. Bis vor kurzem Operationschef in New York und Tamraz' letzter Einsatzoffizier – derjenige also, der es versäumt hatte, die entsprechenden Berichte einzusenden –, hatte Pechous noch am Tag seines Ausscheidens aus der Behörde begonnen, für Tamraz zu arbeiten.

Sowie sich unsere Blicke getroffen hatten, segelte Tamraz durch die Lobby, als gehörte ihm der Laden, wie der New Yorker Banker eben, zu dem er mutiert war. Wir waren noch dabei, uns vorzustellen, als er Pechous etwas ins Ohr flüsterte, ihm seine Brieftasche reichte und ihm wieder den Rücken zuwandte, während dieser davonstürmte.

Feiner Zug, Roger, dachte ich. Damit hatte er sich als einer von diesen Nahost-Zockern eingeführt, die aus Statusgründen pensionierte Gespenster, Geheimdienstagenten, Militärs und Botschafter anheuern: ein guter Schachzug überdies, da diese Figuren weit weniger kosteten als ein Privatjet oder eine an der Côte d'Azur vor Anker liegende Yacht und leichter vom Hals zu schaffen sind, wenn die Mittel mal knapper werden.

Als der Kellner uns Kaffee serviert hatte, kam ich aufs Geschäft zu sprechen.

»Wie war Ihr Treffen mit Sheila Heslin?«, fragte ich.

»Wunderbar. Sie ist ganz vernarrt in die Idee mit der armenischen Pipeline.« (Laut Heslins Version von der Unterredung, die ich später zu hören bekam, sei sie kurz davor gewesen, Roger aus ihrem Büro hinauszuwerfen. Das Ganze habe frostige zwanzig Minuten gedauert.)

Tamraz brachte eine Karte vom Kaukasus und von der Türkei zum Vorschein und schob sie mir über den Tisch, damit ich hineinschauen konnte.

»Ich will das Kaspische Meer mit dem Mittelmeer durch eine Ölpipeline verbinden«, erklärte er und fuhr mit dem Finger eine Linie nach, die mitten durch Aserbaidschan, Nachitschewan, Armenien und die Türkei verlief. »Das ist das Geschäft des Jahrhunderts.«

Die nächste halbe Stunde hielt Tamraz einen Monolog über seine *peace pipeline*. Ich glaube, er wollte mich allen Ernstes davon überzeugen, dass eine Pipeline Armenien und Aserbaidschan an den Verhandlungstisch bringen würde. Ihm war es völlig egal, dass die Geschichte mehr als hinreichend bewiesen hatte, dass das Erste, was in die Luft fliegt, wenn die politischen Spannungen zunehmen, eine Ölleitung ist.

»Sieht so aus, als würde all das eine schöne Stange Geld kosten«, meinte ich in der Hoffnung, ihn aus seinem Fahrwasser lotsen und das Treffen zu einem raschen Ende bringen zu können. »Wer wird all das bezahlen, Roger?«

»Die Chinesen.« Er kramte ein Zeitungsfoto heraus, auf dem Matt Steckel, der Präsident der Tamraz-Firma Oil Capital Limited, einer Unterzeichnungszeremonie beiwohnte, mit der allem Anschein nach das chinesische Einverständnis zur Finanzierung der Pipeline feierlich begangen wurde. Da die Bildunterschrift auf Chinesisch verfasst war, musste ich Tamraz wohl oder übel glauben, dass es sich nicht etwa um ein Foto von den Verhandlungen über die Abwicklung seines Bankrotts handelte.

»Roger, das alles ist hoch interessant. Wir müssen unbedingt einmal länger darüber reden. Gibt es im Augenblick irgendetwas, was ich für Sie tun könnte?«

Tamraz hielt einen Moment inne, dann sagte er: »Ja, in der Tat, das gibt es: Mein Vorschlag muss unbedingt dem Präsidenten zu Ohren kommen.«

Er hatte ganz klar eine höchst romantische Vorstellung von

meinem Arbeitgeber. Er hielt die CIA offenbar für so was wie einen magischen Schlüssel, der ihm auf wundersame Weise alle wichtigen Türen in Washington öffnen würde, darunter auch diejenigen in Pennsylvania Avenue 1600. Irgendwie muss er die Presseberichte versäumt haben, in denen zu lesen war, wie Bill Clinton seine CIA-Leute hatte abblitzen lassen, als sie am Tag nach seinem Wahlsieg in Little Rock aufgetaucht waren.

»Sie wissen, Roger, dass wir nicht mehr denselben Draht zum Weißen Haus haben wie früher«, erklärte ich, bestrebt, ihn in die Realität zurückzuholen. »Offen gestanden ist es sogar für mich schwierig, einen Termin beim NSC zu bekommen.«

»Was soll ich dann machen?«

»Ich glaube, die meisten Leute in Ihrer Lage heuern einen Lobbyisten an.«

Roger sah mich an – dass er nicht nach einem Namen fragte, war alles. Ich hatte gerade etwas über Clintons ehemaligen Berater Lloyd Cutler in der *Washington Post* gelesen und erklärte ihm, gehört zu haben, der Mann sei gut.

Roger sah mich so ehrfurchtsvoll an, als hätte ich soeben das Rad erfunden.

»Wir bleiben in Verbindung«, versprach er, als er mir die Hand schüttelte und zu seiner nächsten Verabredung davonrauschte.

Später erfuhr ich, dass Tamraz mehr über die Wege der Lobbyarbeit bei der Clinton-Regierung wusste als so mancher andere. Im Jahr 1994 hatte er die Firma Arnell und Hastie angeheuert, die ihm in Washington Zugang verschaffen sollte. Diese Firma behauptete, mit dem Handelsminister Ron Brown auf besonders vertrautem Fuße zu stehen, und brachte es tatsächlich fertig, Roger ein paar Termine zu erkaufen. Überaus zufrieden überwies Roger Arnell und Hastie ein fettes Honorar für ein Flugticket an Bord derselben Maschine, die Ron Brown und eine Handelsabordnung nach Moskau bringen sollte. Im allerletzten Augenblick bekam Brown Wind von Rogers Interpol-Steckbrief und lud ihn aus. Was, wenn die russische Polizei der Fahndung Genüge tat und Roger gleich nach der Landung verhaftete? In diesen Dingen war man im internationalen Geschäft überaus vorsichtig.

Arnell und Hastie war es gleichgültig, ob Roger den Flug verpasste oder nicht. Das Ticket war vorausbezahlt, das Geld konnte nicht rückerstattet, noch konnte der Flug umgebucht werden. Die Firma wollte ihr Geld. Sie prozessierte gegen Oil Capital Limited, Panama, gewann und konnte Anspruch auf 130 000 Dollar erheben – auf dem Papier zumindest, denn OCL hatte noch 23 Cent auf dem Konto.

Auch im Außenministerium hatte Roger seine Lobbyisten hart für sich arbeiten lassen. Manchen konnte er bekehren, andere wurden abtrünnig. Während seines letzten Besuchs in der Türkei und in Armenien hatte er einen Streit zwischen den US-Botschaftern in Armenien und Aserbaidschan angezettelt, der solche Dimensionen annahm, das die beiden Botschaften jeglichen Kontakt zueinander abbrachen.

Als ich anfing, meine Kontaktleute in der Erdölindustrie nach Roger auszufragen, erntete ich unweigerlich stets als erste Reaktion die Frage: Warum stellt die CIA Nachforschungen über einen der Ihren an? Allmählich wurde mir klar, wie Heslin hinter seine Verbindung zu uns gekommen war – offenbar hatte er jedem davon erzählt, der jemals seine Pfade gekreuzt hatte.

Ich suchte einen Ölexperten auf, der mehr über krumme Ölgeschäfte wusste als Tamraz, und zwar in erster Linie deshalb, weil er häufiger an Transaktionen beteiligt gewesen war.

»Wenn Sie mit der Mafia reden müssen, warum tun Sie das dann nicht direkt?«, fragte er.

Ich gestand ihm, dass ich keinen Schimmer hatte, wovon er sprach.

»Haben Sie nie gehört, wie Tamraz zum Öl gekommen ist?«
Hatte ich nicht.

Er grinste, zufrieden, dass er derjenige sein würde, von dem ich es erführe. Bevor er loslegte, schenkte er sich einen doppelten gekühlten weißen Armagnac ein und schnitt sich das Mundende einer Zigarre zurecht.

»Roger Tamraz arbeitete in Beirut an der Liquidation der Intra-Bank. Er überprüfte einen von Intras Safes und stieß auf ein Dokument, das den ehemaligen Chef des saudi-arabischen Geheimdienstes, Kamal Adham, betraf. Tamraz erkannte sofort den strategischen Wert dieses Schriftstücks. Es ermöglichte ihm, sich zugunsten Adhams einzusetzen, also rief er ihn an und bat um ein Treffen. Als Tamraz Adham das Dokument überreichte, sagte er nur: ›Vielleicht brauchen Sie das noch.‹ Adham war perplex: ›Was schulde ich Ihnen?‹ Darauf Tamraz: ›Nichts, aber lassen Sie uns in Verbindung bleiben.‹

Einige Zeit später rief Adham Tamraz an und fragte ihn, ob er sich an einem Geschäft in Ägypten beteiligen wolle. Es ging um eine Pipeline vom Roten Meer bis zum Mittelmeer, deren Bau mit ungeheuren Provisionen verbunden war, mit denen er nicht unbedingt in Verbindung gebracht werden wollte. Tamraz willigte ein, die Pipeline wurde gebaut, und er kam zu seinem Anteil und überdies zu dem Ruf, ein überaus cleverer Unternehmer zu sein. Es spielte keine Rolle, dass er lediglich ein Scheingeschäft in Adhams Namen abwickelte.

Tamraz hatte an der Sache mit der ägyptischen Pipeline dermaßen profitiert, dass er anfing, Witterung nach einem neuen Geschäft aufzunehmen. Es dauerte nicht lange, bis er in Italien fündig wurde.«

Mein Experte hielt inne, um sich seine Zigarre aufs Neue anzuzünden und einen weiteren Armagnac einzuschenken. »Sie erinnern sich an Amocos Probleme in Italien?«

»Bitte«, antwortete ich, »lassen Sie uns vorankommen.«

»Das wird Ihnen gefallen. Amoco war am Ende seiner Weisheit und versuchte verzweifelt seine Beschäftigungsprobleme in Italien in den Griff zu bekommen. Man war schon fast so weit, die italienischen Raffinerien und Verteilernetze zu schließen – sie einfach aufzugeben. Tamraz war nicht auf den Kopf gefallen und sah Chancen, wo andere keine sahen. Er überredete Muamar al-Gaddhafi, Amoco sämtliche italienischen Einrichtungen abzukaufen. Mit einem Käufer in der Hinterhand soll er, so wird berichtet, ein paar seiner privaten Kontakte nach Sizilien ausgenutzt haben, um das Geschäft in Gang zu bringen. Es wirkte wie eine Zauberformel. Die Beschäftigungsprobleme lösten sich in Wohlgefallen auf, der Vertrag wurde unterschrieben, und Tamraz erhielt fünf Prozent Provision mit einem sehr interessanten Bonus: Die Libyer waren der Ansicht, es sei keine gute Vermarktungsstrategie, wenn auf den alten Amoco-Tankstellen ihr Name prangte, und so lieh Tamraz ihnen den seinen. Daher finden Sie in ganz Europa Tamoil-Tankstellen.«

Als Nächsten rief ich einen Ölexperten an, von dem ich annahm, dass er mir etwas über Tamraz erzählen konnte.

»Wussten Sie, dass Ozer Ciller – der Ehemann der türkischen Ministerpräsidentin Tansu Ciller – und Tamraz Geschäftspartner sind?«, fragte er mich.

Das war mir neu, nicht dagegen, dass Roger viel Zeit in der Türkei zugebracht hatte, um für seine armenische Pipeline zu werben, und dass er Premierministerin Ciller bei mehr als einer Gelegenheit begegnet war. Unsere Botschaft in Ankara hatte berichtet, dass die ultranationale türkische Gruppierung der Grauen Wölfe die beiden einander vorgestellt hatte.

Was Frau Cillers Ehemann Ozer betraf, so wurde ihm ohnehin nachgesagt, er bewege sich in schlechter Gesellschaft. Unter anderem soll er Umgang mit dem türkischen Drogenbaron Omar Lutfu Topal gehabt haben, der 1996 bei Straßenunruhen in Istanbul erschossen wurde. Er gehörte zu jener Zeit in Amerika zu den meistgesuchten Drogenhändlern.

»Was für ein Geschäft hat Roger und Ozer also zusammengebracht?«, fragte ich.

»Öl. Tamraz bezahlt Ozer als seinen Strohmann.«

Ich prüfte die Geschichte in unseren Unterlagen nach und fand einen Verweis darauf, dass OCL in Turkmenistan ein gemeinsames Büro mit einer Topal-Tochterfirma namens Emperyal unterhielt, die in Turkmenistan ein halbes Dutzend Spielbanken betrieb, in denen Drogengelder gewaschen wurden. Der staatliche Öllieferant Botas war der dritte Mieter in jenem turkmenischen Gebäude – ein nettes, bequemes Arrangement.

Eine Woche später rief mich derselbe Öltyp zurück. »Ich kann nicht beweisen, was ich Ihnen jetzt erzähle, also betrachten Sie's mit Vorsicht, aber meine turkmenischen Freunde haben mir erzählt, Roger und Ozer seien stille Teilhaber von Block I gewesen.«

Block I war ein höchst wertvolles Stück Land in Turkmenistan, dessen Förderreserven auf 358 Millionen Barrel Öl und 3,7 Milliarden Kubikmeter Gas geschätzt wurden und für dass Roger die Konzession besaß. Die Energieexperten der CIA hatten sich schon immer gewundert, wo Tamraz das Geld her hatte, diese zu erwerben.

»Warum sollte Ozer Ciller in turkmenisches Öl investieren? Das ergibt doch keinen Sinn«, meinte ich.

»Nur wenn Sie nichts vom Ölgeschäft verstehen. Es war nicht Ozers Geld. Lapis Holding hat das Geschäft für ihn gemacht. Die haben das ganze Geld für Block I aufgebracht und dazu eine Abschlussprovision im Wert von dreißig Millionen, die zweifellos direkt in die Tasche des turkmenischen Präsidenten Saparmurad Nijasow geflossen ist.«

»Warum sollte Lapis das tun?«, fragte ich.

»Es war auch nicht Lapis' Geld. Die türkische Bank TYT hat Lapis das Geld geliehen. Nachdem Ozer und Lapis die TYT ausgesaugt hatten, ist sie zusammengebrochen. Sämtliche Aktiva und Passiva wurden abgeschrieben. Also, um Ihre Frage endlich zu beantworten: Es waren die Anleger der TYT-Bank, die für Block I bezahlt haben.«

»Sind Sie sich dessen absolut sicher?«

»Nein, aber das ist es, was ich zu hören bekomme.«

»Wer hat hier also wen gekauft?«

»Für die Verfügungsgewalt über dreißig Millionen kann Tamraz ruhig ein bisschen was aus eigener Tasche hinlegen, glaube ich, Sie nicht?«

Das war zu gut. Ich musste die Information mit jemandem teilen, also rief ich Sheila Heslin an. Wieder murrte sie irgendetwas und legte kommentarlos auf. Ich fand allerdings kurz darauf heraus, dass sie sich eine Notiz gemacht hatte, sie lautete: »Mon… Roger Tamraz… Bestechung… Cillers Ehemann… 28. September. Instruktionen: Bob Baer.«

Man könnte nun versucht sein zu glauben, dass die »Instruktionen«, wie Heslin es formulierte, mit einer Belobigung meiner Person verbunden sein müssten. Wenn Roger Tamraz Regierungsangehörige bestach, so verstieß dies gegen amerikanisches Recht, was wiederum hieß, dass man ihn damit beim Schlafittchen hatte. Ohne amerikanische Unterstützung hätte Roger sich nie in das Ölgeschäft am Kaspischen Meer hineindrängeln können. Heslin hatte tatsächlich die Schlinge des Henkers im Sinn, als sich all diese Dinge ergaben, aber es war mein Hals und nicht derjenige Rogers, für die sie geknüpft worden war.

Noch eine weitere interessante Fährte tat ich auf: Roger Tamraz war womöglich zusammen mit Ozer Ciller und Omar Topal in einen Staatsstreich in Aserbaidschan verwickelt gewesen, die Beweislage hierzu war allerdings äußerst verschwommen.

Im März 1995, etwa um die Zeit, als Roger in der Türkei und Armenien umherreiste, wäre Präsident Geijdar Alijew um ein Haar durch einen von seinem Innenminister Rawschan Jawadow angezettelten Aufstand aus dem Amt gedrängt worden. Nach dem Scheitern des Putschs war Jawadow, wohl bei dem Versuch, sich zu ergeben, getötet worden. Das waren die einzigen Tatsachen, die wir sicher wussten, zumindest am Anfang. Binnen weniger Wochen wurden jedoch zwei türkische Geheimdienstoffiziere, die in Aserbaidschan gearbeitet hatten, verhaftet und für ihre Beteiligung an dem Coup gefoltert. Das ergab nun überhaupt keinen Sinn – die Türkei unterstützte Alijew schließlich offiziell –, bis sich schließlich herausstellte, dass die beiden Agenten womöglich direkt für Premierministerin Tansu Ciller gearbeitet hatten und von ihr aus einem geheimen Schmiergeldfonds bezahlt worden waren. Schon bald drang es aus der Gerüchteküche, dass auch die Grauen Wölfe beteiligt gewesen seien, und mit ihnen Omar Topal. Da die Grauen Wölfe Tamraz und Ciller einander vorgestellt hatten und da Ersterer und Topal bekanntermaßen Geschäftspartner waren, schien es geboten, zumindest misstrauisch zu sein.

Ich unternahm noch einen allerletzten Versuch, Roger festzunageln. Irgendwann einmal hatte er vor meiner Nase mit einem Fax von einer Firma namens Avis Capital herumgefuchtelt, mit der er zu tun hatte und die ihren Sitz in Manhattan haben sollte. Roger hatte gesagt, Avis Capital werde ihn bei der Finanzierung seiner Pipeline unterstützen, also bat ich einen Freund in New

York, die Firma unter die Lupe zu nehmen. Die Adresse auf dem Fax, das Tamraz mir gezeigt hatte, gab es wirklich – ein Mietshaus in der Bowery –, aber nirgends ein Zeichen von Avis Capital. Der Hausmeister erklärte, er habe nie von dieser Firma gehört, auch sei niemals Post bei ihm abgegeben worden, die an diese Firma adressiert worden sei.

Während der Iran-Contra-Affäre hatte ich genügend Einblicke in die Art und Weise gewonnen, wie umtriebige ausländische Geschäftsleute es fertig bringen, sich ihren Weg nach Washington zu bahnen, um mir darüber im Klaren zu sein, dass ein Besuch von Tamraz im Weißen Haus unter Bill Clinton lediglich eine Frage der Zeit war. Die Frage war nur: Wie konnte ich mich aus alledem heraushalten?

In der Zwischenzeit rotierte die CIA.

Als das FBI am 21. Februar 1994 Rick Ames verhaftete, befand ich mich in Duschanbe. Während ich auf CNN verfolgte, wie Ames da in Handschellen neben seinem nagelneuen Jaguar XJ-6 stand, war mein erster Gedanke, dass bei der CIA niemand einen Wagen dieses Typs besitzt. Die Officer, die sich einst so etwas hatten leisten können – die Investmentbanker und Anwälte, die im Zweiten Weltkrieg an der Seite des OSS gefochten hatten, und die wenigen davon, die später geblieben waren, um 1947 die CIA aus der Taufe zu heben –, gab es schon lange nicht mehr. Ames' Jaguar musste der einzige auf dem CIA-Parkplatz gewesen sein. Wie hatte der Sicherheitsdienst ihn übersehen können?

Doch die Versäumnisse der Abteilung für innere Sicherheit bedeuteten nur den Anfang des ganzen Elends. Rick Ames war nicht das, was man sich unter einem Durchschnittsspion vorstellen würde: Er, der bei einem weinseligen Mittagessen die Namen von einem Dutzend Sowjetagenten preisgab, kann als einer der größten Verräter der Geschichte gelten, gleich nach Benedict Arnold, den Rosenbergs und Kim Philby. So wie der britische MI-6 sich nie von Philby erholen würde, so würde die CIA niemals über Ames hinwegkommen. Er hatte unser Allerheiligstes verraten, unsere Existenzberechtigung, den Grund für unser Dasein. Der einzige Unterschied zwischen beiden bestand darin, dass Philby seinen Verrat aus ideologischen Gründen begangen hatte, Ames hingegen schlicht und ergreifend für Geld.

Als ich im August 1994 ins Hauptquartier zurückkehrte, war bereits mehr als deutlich zu sehen, was für eine Tragweite Ames' Verrat haben würde. Damals übertrug der Direktor John Woolsey die Spionageabwehr der CIA dem FBI, ein Schritt, der für die Behörde fast ebenso verheerend war wie der Fall Ames. Jedoch um nicht unfair zu werden: Woolsey blieb kaum eine andere Wahl. Ames hatte die CIA derart hineingeritten, dass man ihr kaum mehr zutrauen konnte, in den eigenen Wänden Ordnung zu schaffen. Der Kongress saß Woolsey im Nacken, und die Presse wollte ihr eigenes Stück von dem Kuchen. Um jedermann friedlich zu stimmen und all unsere Sünden abzubüßen, lieferte Woolsey die CIA ihrem ärgsten Feind in Washington – dem FBI – aus. Vor ewigen Zeiten, zu Beginn des Kalten Krieges, hatte J. Edgar Hoover bereits versucht, sich sämtliche nationalen Sicherheitsoperationen im In- und Ausland unter den Nagel seines breiten Daumens zu reißen. Nun sah es so aus, als sei sein Geist im Begriff, seinen Willen posthum durchzusetzen.

Der Mann, den das FBI zur Ausführung dieser Aufgabe erkor, war der FBI-Agent Ed Curran. Als er die Spionageabwehr übernahm, machte Curran vom ersten Tag an klar, dass er beabsichtigte, das Unternehmen wie ein Kommando hinter den feindlichen Linien aufzuziehen. Seine erste Amtshandlung bestand darin, jeden zu feuern, der Bescheid wusste, vor allem unsere netten älteren Damen in Tennisschuhen – das wandelnde Gedächtnis der CIA zum Thema Sowjetspionage. Er konnte sie nicht behalten: Kluge Leute machten Curran nervös. Nur um zu zeigen, dass ein neuer Sheriff das Sagen hatte, rollte er anschließend sämtliche ungeklärten Fälle der Spionageabwehr neu auf – jeden einzelnen. Dabei spielte es keine Rolle, ob der oder die Betreffende längst in den Ruhestand gegangen oder auf einen neuen – unverfänglichen – Posten versetzt worden war. Die Idee war, quer durch die CIA Furcht und Verfolgungswahn zu säen, und damit hätte er erfolgreicher nicht sein können.

Als die CIA Rod Smith als eigenen Leiter der Spionageabwehr

und damit zugleich als Currans Chef verpflichtete, zementierte sie damit im Grunde nur Currans uneingeschränkte Alleinherrschaft. Als zum Case Officer umgeschulter Rechtsanwalt hatte Smith nie auch nur annähernd genügend Zeit in diesem Job verbracht, um über die Spionageabwehr wenigstens das Notwendigste gelernt zu haben. Nach einem abgekürzten sechsmonatigen Aufenthalt in Europa kam er ins Hauptquartier zurück und blieb dort, verbissen die bürokratische Leiter eine Sprosse um die andere erklimmend. In Windeseile hatte Curran Smith so weit, dass er ihm aus der Hand fraß. Und bald schon rollten Köpfe.

Eine flüchtige Bekanntschaft während eines Italienurlaubs zum Beispiel wurde zu einem verdächtigen Auslandskontakt. Psychologische Gutachter wurden einbestellt und, gebrannte Kinder nach der Affäre Ames, der die Lügendetektoren selbst dann noch überlistet hatte, als er bereits für den KGB arbeitete, waren sie alles andere als glücklich. Angst wandelte sich in Stress; Stress durch einen nicht bestandenen Test. Rasch hatte Curran einen »neuen Fall«, und mit fortschreitender Hexenjagd stapelten sich die Ordner der neuen Fälle allmählich bis an die Decke. Archive wurden durchstöbert, polizeiliche Überprüfungen angeordnet. Dann wurde das FBI hinzugerufen, denn das war es, was Woolsey mit dem Kongress ausgehandelt hatte: Sämtliche mutmaßlichen Spionageabwehrfälle waren vom FBI zu untersuchen. Überall im FBI bekamen gutmütige Beamte CIA-Fälle aufgehalst, die sie postwendend auf dem Boden stapelten, weil sie – allen Ermahnungen Currans zum Trotz – sehr genau wussten, dass es hundert Fälle gab, die weit dringender zu bearbeiten waren. In Langley aber war bereits alles zu spät. Gegenstand aktiver FBI-Nachforschungen zu sein, hieß, wie spärlich die Beweise auch sein mochten, keine Beförderungen, keine Aufträge in Übersee, keine Kontakte. Die Cafeteria war voll von Leuten, die, als trügen sie ein flammendes Kainsmal, einsam ihr Mahl verzehrten.

Die Zahlen sprechen für sich. Ende 1995 standen mehr als dreihundert Personen unter Verdacht, ganz abgesehen von den zahllosen CIA-Beschäftigten, die in steter Furcht leben, sie könnten ohne eigenes Zutun in das Gemetzel hineingezogen werden. An einem Tag sitzen Sie noch an Ihrem Schreibtisch, am nächsten werden Sie im Sicherheitstrakt wie ein Gefangener behandelt. Jeder hatte einen Freund oder Kollegen, der im Fegefeuer der Sicherheitsleute schmorte.

Drüben im FBI konnte sich dessen Leiter Louis Freeh eines Lächelns nicht erwehren. Er takelte die CIA Stück für Stück ab und ließ sich dafür von der Presse feiern als »Mr. Straight«, als korrekter Staatsdiener, der in der dekadenten, Jaguar fahrenden, pokernden CIA für Ordnung sorgte. Der Kongress überschüttete ihn mit Geld. Er stellte weitere Agenten ein und hatte noch immer mehr Geld, als er ausgeben konnte, also verwendete er es, um im Ausland FBI-Büros einzurichten – Büros, die eines schönen Tages die CIA ersetzen werden. Und das Beste an alledem war, dass Freeh, dem ein Sinn für Ironie keinesfalls abging, einen ehemaligen CIA-Offizier einstellte, der einst von Woolsey für sein Versagen in der Ames-Affäre gefeuert worden war und ihn nun bei der Eröffnung neuer Zweigstellen beraten sollte.

Während das FBI eingehend damit beschäftigt war, die CIA abzusägen, lieferte Robert Hanssen die Geheimnisse des FBI sackweise aus.

Wie Sie vielleicht gemerkt haben, kann ich nicht gerade als leidenschaftsloser Beobachter der Curranschen Säuberung gelten. Als ich eines Tages in meinem Büro saß und die Morgenpost durchsah, stürzte der Security Officer der Abteilung zusammen mit einem jungen Detektiv von der Spionageabwehr in Gummistiefeln herein. Beide waren außer Atem und legten großen Wert darauf, meine Tür gehörig zuzuknallen, damit der Ernst ihres Besuches auch hinreichend deutlich wurde.

»Warum haben Sie immer noch Kontakt zu der Russin in Duschanbe?«, fragte der Security Officer.

Ich war schon zu lange in dem Geschäft, um nicht zu durchschauen, was er bezweckte. Fange jede Befragung mit einer Anschuldigung an, bringe dein Opfer aus dem Gleichgewicht, dann wirst du ihm vermutlich genügend Angst einjagen, damit es ein Geständnis ablegt. In der Branche nennt man so etwas *accusatory process*, also Beschuldigungsverfahren.

Ich blickte ihn schweigend an.

Als er einsehen musste, dass seine Taktik ihn nicht weiterbrachte, erwähnte er den Namen einer Russin, mit der ich in Duschanbe bekannt gewesen war. Ich war von ihr den russischen Skiläufern vorgestellt worden, hatte aber keinen Kontakt mehr zu ihr.

»Wir werden Sie dazu an den Lügendetektor anschließen müssen«, drohte der Faschist von der Spionageabwehr mit allem ihm zu Gebote stehenden Grimm. Er trug Cowboystiefel aus Schlangenleder, ein todsicheres Zeichen für Scherereien. »Dann werden wir die Wahrheit eben auf die harte Tour herausbekommen.«

Zweimal Lügendetektor in sechs Monaten scheint eine Menge, aber ich hatte keine Wahl, wenn ich wollte, dass die CIA mich weiter bezahlte.

Zwei Stunden später lief ich dem Security Officer auf dem Gang über den Weg und bedachte ihn mit meinem »Was-zum-Teufel-soll-das?«-Blick. Ich kannte den Kerl von früher, wir kamen gut miteinander aus, also erzählte er mir die Geschichte. Mein Kollege ██████████████ in Taschkent hatte beschlossen, auf der Spionageabwehrwelle zu reiten, um sich eine Beförderung zu ergattern. Ihm war ein Gerücht über die Russin und mich zu Ohren gekommen, und er hatte es schön ausgeschmückt über den obergeheimen ████████████████-Kanal weitergeleitet. Das war genau die Art von Hinweis, die die »Curraniter« so liebten.

Den einzigen Spaß, den ich der ganzen Geschichte abgewinnen konnte – und es war allerhöchstens Galgenhumor zu nennen –, bot mir das Ausfüllen des sicherheitsdienstlichen Fragebogens, das vor dem Lügendetektortest anstand. Ob ich seit meiner letzten Befragung in irgendwelche Konflikte mit amerikanischen Polizeibehörden geraten sei? In den dafür vorgesehenen Kasten schrieb ich fein säuberlich mit Bleistift: *Ja, verhört vom FBI wegen versuchten Mordes.*

Das wirkte wie eine Zauberformel. Mir wurde der fieseste und älteste unter den im Dienst ergrauten Detektorbeamten zugewiesen, die der Sicherheitsdienst auftreiben konnte. Der Mann war herumgekommen und wusste, was Sache war. Er kannte den Unterschied zwischen einem Maulwurf und jemandem, der sich von Berufs wegen mit Fremden traf. In einer Stunde war ich fertig.

Meine Kollegen waren nicht so gut dran. Zu viele von ihnen blieben an dreiundzwanzigjährigen Neulingen hängen, die man den Hügeln von Virginia entrissen hatte – Leuten, die jeden Fremden für einen Kommunisten hielten.

Wie unschwer vorherzusehen, machten Ed Currans Säuberungsaktionen die CIA noch risikoscheuer, als sie ohnehin schon geworden war. Die Angestellten hatten nicht nur Angst, im Urlaub mit Fremden zusammenzukommen, auch bei ihrer Arbeit fürchteten sie sich davor.

Bei jedem Handgriff, den man zu tun hatte, wurde man mit den Folgen all dessen konfrontiert. Aus keinem der acht von mir betreuten Außenposten in Zentralasien und im Kaukasus erhielt ich auch nur einen einzigen Agentenbericht. Niemand kam mehr mit den Leuten vor Ort zusammen. Es gab keine Nachfragen nach der wenigstens vorläufigen Verpflichtung neuer Agenten, keine Berichte über irgendwelche Kontakte. Es konnte als glücklicher Tag gelten, wenn bei der Gruppe Süd wenigstens irgendeine Verwaltungsmeldung von einem unserer Posten vor Ort einging. Die anderen Gruppen der Central Eurasia Division waren, soweit ich es überblicken konnte, in ähnlich bemitleidenswertem Zustand. Die täglichen Treffen der Gruppenchefs hatten Budgetfragen, Ausblicke, personelle Veränderungen, Sondereinsatzkommandos, Einreichungstermine für Anträge und Berichte zum Gegenstand – alles außer der Erschließung neuer Quellen.

Über die ganze islamische Welt verteilt bildeten sich Zellen, brodelte uralter, lange unterdrückter Groll erneut an die Oberfläche, wurde der ungläubige Westen zur Zielscheibe der Zerstörung, und wir hatten nirgendwo ein Ohr am Volk.

Dave Cohens Verpflichtung zum neuen Director of Operations war nicht dazu angetan, die Situation zu entspannen. Cohen war unter den Analysten ein Karrierist. Zwar gab er als Inlandschef des DO eine glänzende Figur ab, doch hatte er so gut wie keine Ahnung von Einsätzen. Nicht nur, dass er noch nie einen Agenten getroffen oder rekrutiert hatte, er hatte offenbar auch keine

Vorstellung davon, was ein Access Agent überhaupt war. Eine seiner ersten Amtshandlungen bestand darin, sie allesamt zu feuern. Erinnern Sie sich an den Agenten in Madras, der mich mit Sami bekannt gemacht hatte, jenem arabischen Offizier beim indischen Militär? Erinnern Sie sich an all die Agenten in Beirut, die Mughnijas Verbindungen aufgespürt hatten? Laut Cohens neuen Richtlinien wäre ich niemals autorisiert gewesen, mit ihnen zusammenzuarbeiten.

Im selben Geist der Ineffizienz – und im Einklang mit der neuen DO-Politik, derzufolge Schreibtischhengste im gleichen Turnus zu befördern waren wie Case Officers – fing Cohen an, Posten von ██████████████-leitern an Leute zu vergeben, die keinerlei Qualifikationen für den Job mit sich brachten. Riad, Tel Aviv, Nairobi: Mir kamen die Verbindungen abhanden. Die einzig sichtbare Qualifikation des neuen Operationschefs in Riad war die Tatsache, dass er während George Tenets Zeit im NSC dessen Instrukteur gewesen war. Trotz aller Proteste meinerseits geschah innerhalb der Gruppe Süd das Gleiche. Meine Position in Duschanbe wurde von jemandem besetzt, der kein Case Officer war, und mein Reports Officer mit der spitzen Zunge fand sich auf einem wichtigen Posten als Operationschef am Kaspischen Meer wieder. Sie war zwar klug, hatte jedoch niemals als Einsatzoffizier vor Ort gearbeitet, nie einen Agenten angeworben.

An ihrem letzten Tag im Hauptquartier steckte sie kurz den Kopf durch die Tür, um sich zu verabschieden. »Übrigens, ich wollte Sie nur wissen lassen, dass ich keinesfalls Agenten rekrutieren werde, das gehört nicht zu meinen Aufgaben.« Offenbar hatte sie die neuerdings kursierende gebetsmühlenartig wiederholte Floskel aufgeschnappt, derzufolge Case Officers keine Operationen leiten – sie »repräsentieren den Direktor«. Das war horrender Unfug, so ähnlich, als weigere sich der örtliche Streifenpolizist, Verhaftungen vorzunehmen, weil sein Job darin bestehe, den Polizeichef zu repräsentieren.

Cohen wiederum wurde als Operationschef durch einen Pensionär ersetzt. Und der Nachfolger des Rentners hatte das letzte Mal vor über einem Jahrzehnt einen Auftrag in Übersee wahrgenommen, und das auf einem Posten in Europas tiefster Provinz.

Betrachtete die Behörde Einsätze vor Ort überhaupt noch als wichtig? Wenn ja, war dies jedenfalls nicht leicht zu erkennen.

Die Auswirkungen auf das Zusammentragen von geheimdienstlichen Informationen waren, wie nicht anders zu erwarten, verheerend. Ich unternahm eigene Nachforschungen, um festzustellen, wie schlimm es tatsächlich war. Im Jahr 1986 hatte das Directorate of Intelligence sämtliche Geheimdienstberichte per Computer erfasst und auf einem eigenen Server zusammengeführt, zu dem ich mir Zugang verschafft hatte. Als Erstes suchte ich alle Berichte über die »Wächter der islamischen Revolution«, die Pasdaran, heraus, die uns von Leuten – Agenten heißt das, Menschen vor Ort – übermittelt worden waren. Ende der Achtzigerjahre begann die Berichterstattung über die Pasdaran dünner zu werden. Im Jahr 1995 gab es überhaupt nichts mehr – keine einzige Mitteilung. Dabei war es keineswegs so, dass die USA kein Interesse an den Pasdaran mehr gehabt hätten oder hätten haben sollen: Die Pasdaran jagten 1996 die amerikanischen Kasernen bei El Khobar in die Luft. Wir hielten uns inmitten einer schwelenden Krise die Ohren freiwillig zu und ließen unsere Augen vom äußeren Anschein blenden.

Außerdem schaute ich mir die Berichtslage bezüglich der saudischen Königsfamilie genauer an. ███████████████████████████.
██
██
██
██
██
██
██
██
██
█████████████████████████.

Das Gleiche hatte ich im Irak beobachtet. Iraqi Operations war ein potemkinsches Dorf. Mindestens vier der fünfunddreißig dem Hauptquartier zugeordneten Offiziere waren nachweislich Alkoholiker. Weitere zehn Prozent waren als unfähig bekannt. Zwei von fünf waren Pensionäre, die zurückgekommen waren, um auf Vertragsbasis zu arbeiten, und den übrigen war es ziemlich egal, ob die CIA im Irak über direkte Quellen verfügte oder nicht. Der Kongress überschüttete die CIA mit Millionen und Abermillionen Dollar für den Irak, aber so gut wie nichts davon floss tatsächlich in irakische Hände.

Eine unserer Regierungsberaterinnen in London bezog ein höheres Gehalt als der Direktor der CIA und der Präsident der Vereinigten Staaten zusammen. Sie verfügte über ein unbefristetes Erste-Klasse-Ticket, mit dem sie in die USA und nach England zurückfliegen konnte, wann immer es ihr beliebte. In London hatte sie ein Büro der teuersten Preisklasse gemietet. Als die CIA jemanden zu einer Inspektion dorthin schickte, stellte sich heraus, dass sie das Büro untervermietet hatte und so die Regierung um noch mehr Geld prellte. Ich konnte mühelos nachweisen, dass allein bei diesem einen Fall über eine Million Dollar zum Fenster hinausgeworfen worden waren. In meinen Augen handelte es sich um ausgemachten Diebstahl, und es gab mindestens zwanzig andere Fälle, bei denen es um ähnliche Beträge ging.

Nebenbei bemerkt: Die Frau, die die Zahlungen an die Londoner Beraterin eingefädelt hatte, kündigte eines schönen Freitags und begann am darauf folgenden Montag für dieselbe Firma zu arbeiten, die auch die Frau aus London unter Vertrag hatte. Im Büro des CIA-Generalinspekteurs stellte man zum allgemeinen Entsetzen fest, dass dieselbe Frau während ihrer Zeit bei der CIA noch zwei ähnlich umfangreiche Verträge mit der Consulting-Firma abgeschlossen hatte, für die sie nun tätig war. Letzten Endes war es der CIA zu peinlich, den Fall dem Justizministerium vorzulegen, und so luchst die Londoner Dame dem Kongress auch heute noch Geld ab.

Doch nicht nur in Gelddingen hatte die CIA die Kontrolle verloren. Im Jahr 1997 reagierten die britischen Behörden überaus empört, als sie feststellen mussten, dass mein alter Freund Ahmed Chalabi aus dem Irak sein Londoner Studio an der Barlby Road an einen saudischen Dissidenten vermietet hatte, und zwar an Dr. Sa'd Faqih, einen Gesinnungsgenossen von Osama bin Laden. Faqihs Aktionsgruppe rief zum Sturz des Königshauses in Saudi-Arabien und zur Vertreibung der Briten und Amerikaner aus dem Nahen Osten auf. Chalabi hatte allen Grund, seine Liaison mit uns zu beenden – schließlich hatten wir ihn in der Stunde der Not im Stich gelassen –, aber man verspürt dennoch einen Stich im Herzen, wenn man sieht, dass Leute, die unsere Verbündeten hatten sein wollen, plötzlich gemeinsame Sache mit unseren Feinden machen.

Nicht nur im Nahen Osten schien die CIA das Handtuch geworfen zu haben. Im Jahr 1996 regte sich ein Posten in Zentralasien mit dem Vorschlag, eine geheime Messstation zu errichten, um Lop Nor, die chinesische Testanlage für Atomwaffen, zu überwachen. Die Lage wäre topographisch einzigartig gewesen, denn am Ende eines Tales gelegen, hätten sich in diese Anlage wie in einer Art Sammeltrichter sämtliche Emissionswerte und elektronischen Daten über die chinesischen Explosionen auf einmal bestimmen lassen. Etwa um die gleiche Zeit hatte das Energieministerium Hinweise aufgeschnappt, denen zufolge die Chinesen Miniatur-Atomsprengköpfe testeten, konnte sich seiner Sache aber nicht sicher sein, da die Tests sich unterhalb der Nachweisgrenze unserer damaligen Messgeräte abspielten. Aufzeichnungen vor Ort hätten dem abhelfen können.

»Tut mir Leid, der NSC hat die Operation abgelehnt«, berichtete uns Peggy ████████████, die Einsatzleiterin für China. »Man möchte die Chinesen nicht brüskieren, indem man Informationen von Stützpunkten in Zentralasien aus einholt.«

Wir gelangten schließlich zu dem Kompromiss, einen nuklearen »Schnüffler« auf dem Dach einer unserer Botschaften zu installieren, aber diese lag Hunderte von Kilometern von Lop Nor entfernt, und das Gerät vermochte nichts zu wittern. Halten Sie sich einmal diese Entscheidung im Ganzen vor Augen: Irgendein chinesischer Beamter schickt uns freundlicherweise per Eilpost etwas, das sich ausnimmt wie eine chinesische Beschreibung des W-88, unseres eigenen hochentwickelten Atomsprengkopfes in Miniaturformat. Ob die Chinesen in Lop Nor tatsächlich eine Waffe ähnlicher Bauart testen? Wir werden es nie erfahren, wenn uns nicht ein anderer chinesischer Offizier eine Postkarte schickt, um es uns mitzuteilen.

Zu allem Übel schien die CIA aufgehört haben, sich um ihre eigenen Leute zu kümmern, vor allem um jene, die sie die größten Risiken eingehen ließ. Im Frühjahr 1996 hatte ich von Washington die Nase voll und meldete mich freiwillig nach Sarajevo zu einem Einsatz für die Spionageabwehr, bei dem Tragweite und Ausmaß iranischer Geheimdiensttätigkeit in Bosnien zu klären waren. Ein halbes Dutzend Leute arbeitete für mich, darunter ein Ehepaar, das zusammen ein Überwachungsteam bildete. Weil Fremde in Sarajevo auffielen, legte ich ihnen nahe, außerhalb der Stadt zu wohnen und zu ihren jeweiligen Posten zu pendeln. Die Fahrt war eigentlich vergleichsweise sicher, denn sie fuhren einen SUV mit Militärabzeichen. Einmal jedoch – ich selbst war in dieser Woche unterwegs – wurde ihr SUV für einen anderen Zweck benötigt, und sie waren gezwungen, auf einen kleinen VW mit örtlichem Kennzeichen umzusteigen. Ein paar Nächte später schnitt ihnen plötzlich ein Auto den Weg ab und versuchte, sie von der Straße abzudrängen. Sie reagierten vorschriftsmäßig. Sobald die Frau sah, dass die Insassen des anderen Wagens bewaffnet waren, schrie sie: »Schusswaffen!« Ihr Ehemann, der am Steuer saß, gab Gas und brachte den Wagen zum Schlingern, gerade rechtzeitig, als die erste Gewehrsalve krachte. Er überlebte den Anschlag, seine Frau auch, sie trug eine Verletzung im Rücken davon, aber die heimische Bürokratie im Hauptquartier hätte beiden fast den Garaus gemacht.

»Sie hätten den Wagen einfach stehen lassen sollen«, erklärte die für Bosnien verantwortliche Abteilungsleiterin. »So hätten wir das in Südamerika gemacht.«

Mir fehlten die Worte. Ich wusste, dass diese Beamtin nicht mehr als zwei Jahre auf einem ruhigen Posten in Südamerika verbracht hatte und lediglich mit Verwaltungsaufgaben betraut gewesen war. Schlimmer noch, sie wusste absolut nichts über Bosnien. Eine Informationsreise nach Sarajevo hatte sie abgelehnt. Sie sprach kein Serbokroatisch. Über all das hätte ich noch hinwegsehen können, wenn sie später nicht verlangt hätte, das Ehepaar vom Personalbeurteilungsausschuss dafür rügen zu lassen, dass es seinen Wagen nicht aufgegeben hatte. Kein Wunder, dass ein mit so unfähigen Beamten besetztes Hauptquartier später die Lage der chinesischen Botschaft in Belgrad dermaßen falsch einschätzte, dass wir eine Rakete hineinfeuerten.

20

3. Oktober 1995. Washington D.C.

Monate nachdem ich mich mit Roger Tamraz' zahlreichen Rezepten, schnell reich zu werden, vertraut gemacht hatte, fand ich schließlich heraus, warum die CIA all die Jahre hindurch in Kontakt zu ihm geblieben war: Er hatte Verbindungen zu jedermann und nach überall. Er musste über ein Adressbuch vom Umfang des New Yorker Telefonbuchs verfügen.

Eines Morgens, ich hatte mein Büro gerade betreten, klingelte das Telefon. Es war Roger, er sprudelte noch überschwänglicher als sonst. Am Abend zuvor hatte er bei Ted Kennedy zu Hause in McLean, Virginia, mit Vizepräsident Al Gore zu Abend gegessen.

»Ich habe den Vizepräsidenten für meine Pipeline begeistert«, sagte er. »Ihr Tipp mit Cutler hat sich wirklich bezahlt gemacht.«

Was Tamraz mir nicht erzählt hatte und ich erst viel später herausfinden sollte, war, dass er außer Lloyd Cutler auch Senator Kennedys Gattin Victoria auf die Lohnliste gesetzt hatte. Vermutlich half Victoria ihm, das im Libanon verlorene Geld zurückzubekommen. Mit seinem ersten Scheck wird er das Abendessen mit Al Gore bezahlt haben.

Der ehemalige und möglicherweise immer noch aktive internationale Flüchtling war nicht nur höchst angetan von seinen neuen Tischgefährten, sondern er schien auch ein »Freund von Bill« geworden zu sein. Präsident Clinton, so berichtete Tamraz mir, habe den aserbaidschanischen Präsidenten Alijew angerufen, um ihn zum Bau von »Multipipelines« zu drängen. Tamraz kümmerte es nicht, dass Clinton dabei zweifellos die türkische

Route Baku – Ceyhan im Sinn gehabt hatte und nicht seine armenische. Amoco und British Petroleum, Amocos Partner im Kaspischen Meer, hatten ungeniert eimerweise Geld auf die Washingtoner Lobbyisten regnen lassen, damit diese das Weiße Haus veranlassten, sich für die türkische Route stark zu machen. Jeder Insider in Washington – darunter auch Lloyd Cutler, so sollte man annehmen – hätte Tamraz sagen können, dass es lediglich eine Frage der Zeit sei, bis das Geld siegen und das Weiße Haus der Linie Baku – Ceyhan das offizielle Plazet geben würde. Doch Tamraz war nicht der Mann, der eine Niederlage ohne herzhafte Auseinandersetzung hinnahm, und schon gar nicht ließ er sich von ein paar zentnerschweren Gorillas wie Amoco und BP demütigen. Bei wem hatte Amoco sich schließlich ausgeweint, als es seine Probleme in Italien vom Hals haben wollte?

»Diese Lobbygeschichte beginnt sich wirklich auszuzahlen«, sagte er noch, bevor er aufhängte.

Später erfuhr ich, dass Präsident Clinton mit Alijew zwar tatsächlich telefoniert hatte, dass aber Sheila Heslin bei diesem Gespräch zum großen Teil für die Regie verantwortlich gewesen war. Ich wusste zwar nicht, welche Umstände im Einzelnen zu Clintons Anruf geführt hatten, aber ich war mir sicher, dass Heslin nicht Roger Tamraz' Interessen im Sinn gehabt hatte.

Wie die Dinge an den beiden Enden der Pennsylvania Avenue liefen, sollte sich rasch deutlicher herausstellen, aber um zu finden, was ich suchte, würde ich um die halbe Welt fliegen müssen: in die ehemalige Sowjetrepublik Aserbaidschan.

Der Abend dämmerte, und der schneebedeckte Kaukasus war in ein strahlendes Rosa getaucht, als wir zum Anflug auf Baku ansetzten. Wenige Minuten später waren wir auf dem Boden und saßen in einem Shuttlebus, der uns zu einem gespenstischen, halb fertigen, halb verlassenen Terminal brachte, der an einen der schäbigen Szenenbauten für den Weltraumflughafen in *Star Wars* erinnerte.

Nach einer beängstigenden Fahrt und dem Abendessen in einem Gästehaus der Regierung begann das unausweichliche Warten. Um Mitternacht, wir waren gerade mehr oder weniger im Begriff, uns wieder ins Hotel zu begeben, tauchte Präsident Geijdar Alijews Livrierter auf, um uns zu unserem Treffen abzuholen.

Alijew war einer der wenigen ehemaligen Sowjetführer, die sich nach dem Zusammenbruch der Sowjetunion an der Macht hatten halten können. Das einstige Mitglied des Politbüros der KPdSU und der KGB-Führung hätte als ernsthafter Mitbewerber um eine leitende Position in der Regierung der Sowjetunion gelten können, wenn diese überlebt hätte. Stattdessen musste er sich nun mit Aserbaidschan zufrieden geben, einer abgelegenen Sowjetrepublik, die auf ungeheuren Ölvorräten saß und eine strategisch wichtige Lage am Westufer des Kaspischen Meeres inne hatte. Alijew wusste sehr genau, was er hatte, und er war fest entschlossen, das Beste daraus zu machen. Er mochte zwar nicht bereit sein, Aserbaidschan politisch in die Freiheit zu führen, aber er hatte ausländischen Investoren, und hier insbesondere den amerikanischen Multis, die Tore seiner Ölindustrie weit geöffnet.

Sein erstes größeres Ölabkommen unterzeichnete Alijew am 20. September 1994 und sicherte damit Amoco, Pennzoil, UNOCAL, Ramco, Statoil, Delta und BP die Bohrrechte für drei küstennahe Ölfelder am Kaspischen Meer zu. Die Firmen sollten im Rahmen eines internationalen Konsortiums, des AIOC (Azerbaijan International Operating Consortium) arbeiten. Mit einem geschätzten Vorkommen von 4,4 Milliarden Barrel und einer Spitzenförderung von 700 000 Barrel täglich bis zum Jahr 2010 machte die Konzession des AIOC einigen der saudi-arabischen Megafelder Konkurrenz. Die Presseabteilungen der Unternehmen begannen vom »Geschäft des Jahrhunderts« zu tönen. Alijew erhielt vom AIOC nicht nur das dringend benötigte Bargeld, sondern das Konsortium veranlasste die Briten und Amerikaner überdies dazu, ihm ein gewisses Maß an politischer Unterstützung angedeihen zu lassen. Mit Russland im Norden und dem Iran im Süden befand sich Alijew nicht gerade in bester Lage.

Obwohl es bereits kurz nach ein Uhr morgens war, als wir in Alijews im Sowjetstil möbliertes Büro gebeten wurden, wirkte er hellwach. Behaglich eingerichtet in den Korridoren der Macht und ohne Scheu vor Fremden, ging er von einem zum anderen und drückte uns leutselig die Hand. Trotz seines Alters – er war weit über siebzig – hatte er einen jugendlich federnden Gang.

Alijew begann seine Unterhaltung mit einer weitschweifigen Stellungnahme zu dem fehlgeschlagenen Putsch von 1995, jenem, von dem die CIA annahm, dass die damalige türkische Ministerpräsidentin Ciller dabei ihre Hände im Spiel gehabt habe. Nach Alijews Darstellung war von Russland bis zur Türkei so ziemlich jeder darin verwickelt gewesen; er nannte sogar einige Dissidenten beim Namen, die inzwischen in den Vereinigten Staaten lebten. Eine Weile schrieb ich mit, ließ aber irgendwann in meiner Aufmerksamkeit nach, als Alijew immer weiter in die Details ging; ich schlief ohnehin beinahe ein. Als er jedoch auf Exxon und den Iran zu sprechen kam, erwachte mein Interesse plötzlich aufs Neue. Mir fiel auf, dass auch Alijew selbst lebhafter wurde, er zeigte sogar einen Anflug von Zorn.

»Sie wissen, meine Herren, dass ich bereit bin, den Vereinigten Staaten und deren Ölgesellschaften zu helfen, aber ich erwarte, das Sie sich an die Vereinbarungen halten.«

Alijew blickte in die Runde. Es war nicht zu übersehen, dass niemand wusste, wovon er sprach.

Er half uns auf die Sprünge. Im März 1995 hatte er einen Anruf von Joan Spiro, der Unterstaatssekretärin für Wirtschaftsfragen im State Department, erhalten. Sie erklärte, im Namen von Außenminister Warren Christopher zu sprechen. Mit unmissverständlichen Worten habe Spiro Alijew drohend verkündet, falls ihm an guten Beziehungen zu den Vereinigten Staaten gelegen sei, habe Aserbaidschan dafür zu sorgen, dass Exxon seine fünf Prozent bekomme. Als Alijew entgegnete, der Iran werde dagegen Sturm laufen, fertigte sie ihn mit den Worten ab: »Keine Sorge, Sie werden Hilfe erhalten.« Der nächste Anrufer war der stellvertretende Energieminister Bob White. Auch er bestand auf den fünf Prozent für Exxon. Als Alijew erneut den Iran erwähnte, erwiderte White: »Darum werden wir uns kümmern, sorgen Sie nur dafür, dass Exxon sein Geld erhält.«

»Was werden Sie also in Bezug auf den Iran unternehmen, nun, da Exxon seine fünf Prozent hat?«, fragte Alijew. »Wir haben mit diesem Land eine lange, ziemlich löchrige Grenze gemeinsam.«

Bei Alijews Worten fand ich es nahezu unmöglich, um die Schlussfolgerung herumzukommen, dass die Clinton-Regierung sich für Exxon ins Zeug legte. Naiv, wie ich in Bezug auf das Weiße Haus war, hatte ich stets angenommen, es sei Aufgabe der Regierung, die amerikanische Wirtschaft insgesamt zu stützen, niemals aber nur eine bestimmte Firma, vor allem dann nicht, wenn andere amerikanische Ölfirmen, darunter auch Mobil, die fünf Prozent mit Kusshand genommen und vermutlich sogar noch mehr dafür bezahlt hätten.

Als in der Presse durchsickerte, dass Tony Lake und seine Frau gegen das Gesetz verstoßen hatten, indem sie zu der Zeit, als Lake als nationaler Sicherheitsberater arbeitete, Energiemarkt-Aktien im Wert von 304 000 Dollar besessen hatten, begann ich mich zu fragen, ob Lake etwas mit den beiden Anrufen von Spiro und White zu tun hatte. Falls dem so war, muss die Luft bei ihm daheim zum Schneiden dick gewesen sein: Lake besaß Exxon-Aktien, seine Frau hatte in Mobil investiert.

Aber die Sache ging über Geld weit hinaus. Etwa um diese Zeit geschah es, dass der Sudan zu dem Schluss kam, Osama bin Laden habe seine Gastfreundschaft lange genug strapaziert, und ihn uns auf dem Silberteller servierte. Wer weiß, wenn das Weiße Haus und der Nationale Sicherheitsrat weniger Zeit damit zugebracht hätten, sich den Kopf über Exxon, Mobil und Amoco zu zerbrechen, und stattdessen mehr Gedanken daran verschwendet hätten, welche Folgen vielleicht entstünden, wenn man eine bekanntermaßen giftige Schlange nach Afghanistan entweichen ließ, wäre uns allen womöglich eine Menge künftigen Unheils erspart geblieben.

Öl schien überall in Washington den Charakter zu verderben. Jim Giffen war »Mr. Kasachstan«. Wenn Sie eine Fördergenehmigung für Kasachstan haben wollten, gingen Sie zu Giffen, denn seine Consulting-Firma Mercator Corporation hielt alle Schlüssel zum gelobten Land in Händen. Wollten Sie aus der Konzession aussteigen, weil Sie genug hatten, pilgerten Sie ebenfalls zu Giffen.

Er sammelte Provisionen ein und verteilte welche, ohne nach Details zu fragen, solange die Ziffern auf dem Scheck stimmten.

Aber Giffen machte nicht nur Geschäfte, er tat eine ganze Menge mehr. De facto war er Washingtons Botschafter in Kasachstan. Wollte der kasachische Präsident Nursultan Nasarbajew nach Washington reisen, so rief er nicht etwa Beth Jones an, unsere Botschafterin in Alma Ata, sondern Giffen, dessen New Yorker Büro sämtliche Arrangements für ihn traf, von den Einzelheiten der Reise angefangen über Gesprächstermine bis hin zur *security*. Giffen sorgte auch dafür, dass alle juristischen Fragen und sämtliche Lobbyarbeit durch seine blütenweiße Anwaltsfirma Shearman und Sterling erledigt wurden. Nasarbajew pumpte Millionen Dollar in die Firma, obwohl niemand Ahnung zu haben schien, wo das Geld eigentlich blieb.

Giffens bevorzugte Anlaufstelle in Washington war Toby Trister Gati, Leiterin der Forschungs- und Geheimdienstabteilung im State Department. In Anbetracht einer Kontaktperson wie Giffen gab Gati selbst es bald auf, ihr eigenes Büro oder die CIA anzurufen, wenn es um Kasachstan ging. Von Giffen bekam sie alles, was sie wollte. Als beispielsweise die CIA herausfand, dass Nasarbajew hochentwickelte Waffen nach Nordkorea und in den Iran schickte, darunter die S-300, eine von Russlands modernsten Boden-Luft-Abwehrraketen, schaffte Gati das Problem mit ein paar Anrufen bei Giffen still und leise aus der Welt. (Ganz im Geiste internationaler Kooperation fanden Nordkorea und der Iran einfach einen neuen Waffenlieferanten.) Man war ein Herz und eine Seele. Alle verließen als Sieger den Verhandlungstisch. Die einzige Unannehmlichkeit ergab sich, als Botschafterin Jones dahinterstieg, dass Gati Giffen einen streng geheimen CIA-Bericht über die Korruption in Kasachstan zu lesen gegeben hatte. Vielleicht war er de facto unser Botschafter, aber er hatte keine Sicherheits-Unbedenklichkeitsbescheinigung. Zwischen Jones und Gati kam es zu einem hässlichen Austausch von Mitteilungen, doch das State Department ließ die Sache fallen. Gati genoss Immunität, und das möglicherweise peinliche Aufwirbeln von trübem Bodensatz war die Sache nicht wert.

Ich für meine Person sollte herausfinden, wie tief Gati ins

Ölgeschäft verwickelt war, als ich im Dezember 1995 zu einer unangekündigten Krisensitzung über Georgien zum NSC bestellt wurde. Als ich den staatlichen Konferenzsaal des NSC betrat, traf ich auf die üblichen städtischen Honoratioren: Dr. Coit Blacker, den Chef von Sheila Heslin, Rand Beers, den Leiter der Geheimdienstprogramme des NSC, sowie Jennifer Sims, die im State Department für Toby Gati arbeitete und mit dem Dekan der School of Foreign Service an der Georgetown University verheiratet war. Zur Dekoration standen noch ein paar andere Leute aus dem Pentagon und dem State Department herum.

Sims verlor keine Zeit und brachte sofort ihr Anliegen vor: Wir seien ohne Frage gezwungen, dem georgischen Präsidenten Eduard Schewardnadse ein Matador-Luftverteidigungssystem zum Schutz seiner Flugzeuge und Helikopter zur Verfügung zu stellen. (Das Matador-System entdeckt Dinge wie radargesteuerte und herannahende Geschosse.) Schewardnadse war der einzige Kaukasus-Staatschef, der der Hauptexport-Pipeline zugestimmt hatte, Amerika konnte es sich nicht leisten, ihn zu verlieren.

Ich fragte mich, warum die Ölgesellschaften nicht zusammenlegten, um sein Leben zu schützen, wenn er so wichtig war. Aber ich hatte nicht vor, mich hier in irgendetwas einzumischen, und fuhr fort, Männchen zu malen, bis Sims ihre Bombe platzen ließ: Das Geld für das Verteidigungssystem sollte von der CIA kommen. Im ersten Augenblick dachte ich, ich sei eingeschlafen gewesen und hätte geträumt. Das State Department konnte unmöglich bereits vergessen haben, dass Schewardnadse nach dem Mord an Fred Woodruff die Ermittlungen an jeder Ecke blockiert hatte. Nun forderte man die CIA auf, ihn für seine Mittäterschaft zu belohnen, indem man eine Summe von zwei Millionen Dollar oder mehr zusammenkratzte, um sein Leben zu schützen – alles, damit Amoco, Exxon und Mobil ein paar zusätzliche Reserven in ihrer Jahresbilanz behielten. Hatten die Insassen nun endgültig die Kontrolle über die Irrenanstalt übernommen?

Wenigstens wusste ich sehr genau, wie ich dieses Geschäft torpedieren konnte.

»Geht nicht«, unterbrach ich sie.

Jeder im Raum hörte auf zu reden, perplex, dass ausgerechnet ich etwas sagte.

»Bob, wo liegt das Problem?«, fragte Beers und machte sich auf das Schlimmste gefasst.

»Der Mann, dem Ms. Sims das Matador-System aushändigen will, ist ein Mörder.«

Dr. Blacker schob seinen Stuhl zurück. Wo zuvor sein Mund gewesen war, klaffte ein großes gähnendes Loch. Eine Minute lang dachte ich, er werde um den Konferenztisch herumkommen und mich erwürgen.

»Sorry, Bob, ich bin nicht sicher, dass wir alle verstehen, worauf Sie hinauswollen«, meinte Beers.

»Der Chef des georgischen KGB, der Chef von Schewardnadses Geheimdienst – eben derjenige, der das Matador-System bedienen soll –, ist ein Mörder. Wir haben ein Videoband, auf dem zu sehen ist, wie er sechs mit Handschellen gefesselte Gefangene in den Hinterkopf schießt. Es ist ziemlich grausig, aber ich fahre nur zu gern nach Langley und bringe Ihnen eine Kopie. Wie auch immer, er hat die Menschenrechte verletzt. So gern wir Ihnen helfen würden, die CIA kann leider nichts für Sie tun.«

Ich habe die Geschichte nicht erfunden – wir hatten das Video wirklich. Niemand bat darum, es vorgeführt zu bekommen, und das war das Letzte, was ich über Sims' Vorschlag gehört habe.

Jede dieser Nebenhandlungen nährte unablässig meine Neugier im Hinblick auf Sheila Heslin und die Öllobby, also fing ich an, in Washington herumzutelefonieren, um herauszufinden, um was es bei dem Geschäft im Einzelnen ging. Heslins einzige Rolle schien darin zu bestehen, den Wasserträger für eine illustre Gruppe zu spielen, die unter dem Namen Foreign Oil Companies Group lief, ein Deckname für ein Kartell aus den größten Petroleumfirmen, die am Kaspischen Meer Geschäfte machten. Es war dasselbe Kartell, dass Tamraz und den anderen gern etwas angehängt hätte. Tamraz verabscheute die Gruppe in besonderem Maße, weil er um einiges agiler war als sie. Er hatte ein unfehlbares Gespür dafür, als Erster am Ort zu sein, wenn es die besten Brocken zu ergattern gab, diese anschließend mit einem Riesengewinn loszuschlagen und so die Betriebskosten des Kartells in die Höhe zu treiben. Als Beweis dafür sei auf Rogers Konzession für Block I in Turkmenistan verwiesen. Er hatte nicht einen Pfennig eigenen Geldes investiert, um das Areal nutzbar zu machen. Ihm war nur daran gelegen, einem der Interessenten das Ganze mit einer gigantischen Provision zu verkaufen. Und nichts verabscheuen die Großen mehr, als unnötigerweise einen Mittelsmann bezahlen zu müssen, den sie nicht haben wollen.

Noch etwas anderes lernte ich: Heslin war nicht allein. Ihr Boss, der stellvertretende Berater für Nationale Sicherheit, Sandy Berger, stand dem überbehördlichen Komitee für die Ölpolitik am Kaspischen Meer vor, war demnach also eher so etwas wie der Regierungsbotschafter für das Kartell und keineswegs ein desinteressierter Beobachter des Spektakels. Er besaß Aktien im Wert von 90 000 Dollar von Amoco, dem wohl einflussreichsten Kartellmitglied mit der größten Veranlassung, vor Tamraz auf der Hut zu sein. Eine weitere große Ölallianz unter der Führung von Chevron hatte kostbare Zeit und viel Geld mit dem Versuch verloren, bei einem ähnlichen Ölgeschäft im Kaspischen Meer einen anderen Raffzahn namens John Deuss loszuwerden. Niemand sah sich veranlasst, Roger Tamraz in diesem Fall die gleiche Rolle spielen zu lassen.

Je tiefer ich grub, desto mehr Geld aus dem Ölgeschäft am Kaspischen Meer fand sich über ganz Washington verteilt. Die Faxleitungen der Botschaft für das Kaspische Meer glühten unter der Antragsflut der Lobbyisten und Anwaltskanzleien, die Zugang zum Weißen Haus feilboten. Die aggressivste von allen waren vermutlich Bergers ehemaliger Brötchengeber Hogan & Hartson, die den Slogan verbreiteten, sie garantierten den Zugang zum Weißen Haus – jederzeit. Turkmenistan votierte für die israelische Anbindung und beauftragte eine Firma namens Merhav, die gute Beziehungen zum American-Israeli Public Affairs Commitee pflegte.

Eines war klar: Ob Ölfirma oder Ölförderland, wer in der Bundeshauptstadt etwas erreichen wollte, hatte besser seine Brieftasche parat.

Kein bisschen eingeschüchtert vom großen Öl, hatte sich Roger Tamraz mit seiner Lobbyarbeit auf den Kriegspfad begeben, wie ich zwei Tage nach meiner Rückkehr aus Aserbaidschan durch einen Anruf erfahren sollte.

»Ich habe Don Fowler Ihren Namen und Ihre Telefonnummer gegeben«, verkündete Roger ohne Vorrede. »Er wird Sie anrufen. Ich habe ihm von uns, unserem Projekt erzählt.«

Ich stand auf der Leitung. »Don Fowler?«

»Dem Fraktionsvorsitzenden der Demokraten. Er ist auf unserer Seite.«

»Sie haben diese Telefonnummer dem Fraktionsvorsitzenden der Demokraten gegeben?«

Tamraz konnte darin keinerlei Problem erkennen, das tat er allerdings ohnehin so gut wie nie. Ich hingegen sah eine ganze Wagenladung. Die Nummer, die Roger Don Fowler genannt hatte, war die offizielle, die mich als CIA-Mitarbeiter auswies, und Washington verfügte über eine lange Geschichte, aus der hervorging, dass Geheimdiensttätigkeit und Partisanenpolitik eine tödliche Mischung darstellten. Sobald ich nach dem Gespräch mit Roger aufgelegt hatte, rief ich bei Fowler an. Er war nicht da, aber ich hinterließ meine Geheimnummer und hoffte, er würde die andere zerreißen.

Kurz nach zwei rief er auf der CIA-Leitung zurück.

»Don Fowler hier.« Er rief aus einer Telefonzelle am Flughafen an »Ich bin ein Freund von Roger. Er hat erzählt, dass Sie einen Bericht über ihn für das Weiße Haus verfassen.«

In der Tat hatte ich Roger von den Mitteilungen erzählt, die wir auf Sheila Heslins kleine Anfrage hin an den NSC geschickt hatten. Wenn die CIA Mitteilungen in Washington herumreichte, in denen sie eine Beziehung zu Tamraz offenbarte, die sie eigentlich hätte geheim halten wollen, dann war das Mindeste, was ich für ihn tun konnte, ihn darüber zu informieren. Das war sein Ass im Ärmel.

»Sohn, ich brauche eine Kopie von dem Bericht, damit ich ihn dem Präsidenten vorlegen kann. Er muss unbedingt wissen, was Roger alles für dieses Land getan hat. Sagen Sie mir Bescheid, wenn ich ihn abholen kann.«

Das erforderte allerdings wirklich rasches Denken. Ich konnte natürlich leugnen, Roger zu kennen – aber ob es klug war, jemanden anzulügen, der dem Präsidenten nahe stand? Oder ich konnte zugeben, Roger zu kennen, aber leugnen, dass es einen Bericht gab: ebenfalls eine Lüge, aber vielleicht um ein Haar attraktiver. Dann dämmerte mir, dass es noch eine dritte Möglichkeit gab.

»Sir«, erwiderte ich, »ich kann nichts darüber sagen, was Roger für dieses Land getan hat oder nicht. Und wenn es darüber ein Schreiben gibt, wie Roger sagt, dann ist es bereits im Weißen Haus. Sie werden es dort sicher finden.«

Ich war mächtig stolz auf mich. Ich hatte Fowler Unterricht in reinstem bürokratischen Schwachsinn erteilt. Was die Notiz anbelangte, so sollte Heslin Fowler doch selbst verklickern, dass er sie nicht bekommen würde.

Fowler, offensichtlich verärgert, dass ich nicht mitspielte, schnaubte verächtlich und hängte auf.

Auf einmal war die Handlung des Stücks überaus lebendig geworden. Richtige Nummer oder nicht, Fowler wusste, dass er die CIA anrief, und ich wusste, was er wollte: meine Hilfe gegen Heslin und ihren Widerstand gegen Rogers Beteiligung. Das war das, um was Roger mich ganz am Anfang gebeten hatte, und ich war sicher, dass es auch das war, was er sich nun von Fowler erhoffte.

Ich ahnte überdies, das ein Anruf von einem hochrangigen Politiker bei einem Case Officer des mittleren Dienstes, über dem eine sehr dunkle Wolke schwebte, alle Zutaten für eine Katastrophe vom Format des *Titanic*-Untergangs in sich vereinte, und rief daher einen Freund beim FBI an und fragte ihn um Rat. Er pfiff anerkennend und kam zum Geschäft.

»Was du jetzt tun musst, ist Folgendes: Verbreite es gleichmäßig wie Kunstdünger über ganz Langley«, riet er. »Erzähle es so vielen Leuten wie möglich. Dokumentiere es, wo immer du kannst. Wenn dieses Ding, um was es sich auch handelt, in das du deine Nase gesteckt hast, den Bach runtergeht, erinnert sich garantiert niemand mehr daran, mit dir gesprochen zu haben.«

Ich begann mit meinem Manager in der Central Eurasian Division. Sein Gesicht nahm den Ausdruck blanken Entsetzens an, als ich ihm die Geschichte erzählte. Ich konnte den Rechtsanwalt meiner Division nicht auftreiben, also ging ich zu dem für die Nahost-Abteilung. Ich schulde ihm ewige Dankbarkeit dafür, dass er sich, sobald ich sein Büro verlassen hatte, hinsetzte und umgehend eine E-Mail an Bob Caudel, den Anwalt der Division für Mittel- und Osteuropa (CE-Division), John Rizzo, den Anwalt des Directorate of Operations, und Bob Davis, dasselbe Genie, das mir einst gesagt hatte, die Irakaffäre würde mir noch mal zugute kommen, sandte. Später, als die ganze Sache hochging, sollte diese E-Mail meine Haut retten.

Ich konnte der Versuchung nicht widerstehen, Heslin anzurufen in der Hoffnung, ihr eine Regung zu entlocken. Inzwischen hatte ich gelernt, ein Journal zu führen, um Ereignisse und Zeitpunkte miteinander vergleichen und fragliche zeitliche Leerräume ausfüllen zu können. Der Anruf erfolgte am 23. Oktober, hier sind meine Aufzeichnungen über unsere Unterhaltung.

Ich: »Sie wissen, dass Roger dabei ist, im Weißen Haus vorgelassen zu werden. Er wird seinen Termin bei Clinton bekommen.«

Sie: »Das ist das Dümmste, was ich seit langem gehört habe. Roger steht auf der Schwarzen Liste des Geheimdienstes. Ich weiß das, weil ich ihn selbst draufgesetzt habe. Er kann nicht ins Weiße Haus. Basta.«

Ich: »Er wird es mit Hilfe von Don Fowler schaffen.«

Sie: »Wird er nicht. Was habt ihr da draußen eigentlich im Hirn?«

Ich konnte förmlich sehen, wie sie den Hörer hinknallte.

Am 25. Oktober war meine Gruppe schließlich mit ihren Nachforschungen über Roger Tamraz fertig. Teils wegen der Sommerferien und des Dienstwegs, teils aufgrund der langwierigen Beschaffung der verbliebenen Ordner mit Rogers Akten aus den Archiven lag das Dossier seit Juni im Büro herum. Ich hätte es lieber gesehen, dass es noch vor Fowlers Anruf herausgegangen wäre, um jeden Hauch der Einflussnahme zu vermeiden. Aber der Bericht sprach für sich. Er enthielt nicht nur sämtliche belastenden Informationen, die wir am 19. Mai bereits an Heslin geschickt hatten, sondern auch neue Einzelheiten über die Bank of Credit and Commerce International. Er würde nicht ausreichen, Roger vor Gericht zu bringen, aber er bot eine ehrliche, korrekte Darstellung all dessen, was das DO über ihn wusste.

Die Probleme mit dem Oktoberbericht begannen, als er die Gruppe Süd verlassen hatte. Tamraz begann eine Menge Leute nervös zu machen. Als Dave Cohen das Dossier – korrekte Bezeichnung DDO 95-3136 – auf den Schreibtisch bekam, witterte er sofort Unrat. Direkt auf dem Titelblatt stellte der Bericht fest, dass Tamraz auf brüderlichem Fuß stand mit dem DNC und den Typen vom Weißen Haus. Cohen, der nicht dadurch Director of Operations geworden war, dass es ihm an politischem Instinkt für das eigene Überleben mangelte, reichte es daher eilends weiter zum Büro des General Counsel, zusammen mit einer handschriftlich vermerkten Randnotiz von seinem Assistenten: »NSC-Info über Tamraz bereits weitergeleitet. FYI: er ist US-Bürger, habe daher DO/LGL gebeten, die Weitergabe der Akten an den NSC zu genehmigen.«

Cohen war nicht der Einzige, der nun Deckung suchte. Am 13. November 1995 schickte Paul Redmond, der stellvertretende Leiter der Spionageabwehr den Oktoberbericht an George Tenet, den damaligen Vizedirektor und die künftige Nummer eins. Obwohl oben auf dem Deckblatt deutlich schwarz auf weiß geschrieben stand, dass Tamraz Kontakt zu Fowler und Heslin sowie einer Hand voll weiterer Politiker hatte, schrieb Tenet an den Rand: »Nicht ganz gelesen. Bitte größte Vorsicht walten lassen.« Tenet sollte keine Zeit haben, einen zweiseitigen Bericht über die finanziellen Verflechtungen zwischen dem Präsidenten der Vereinigten Staaten und einem unter Anklage stehenden Mittelsmann zu lesen? Ganz ehrlich, wenn ich an Tenets Stelle gewesen wäre, ich hätte sofort den Rest des Tages frei genommen und so getan, als wäre mir das Schreiben nie zu Gesicht gekommen. In dieser Sache konnte man nicht gewinnen.

Das Büro des General Counsel hatte allem Anschein nach kein Gespür für die Sorgen der Angsthasen aus dem siebten Stock. In seiner schmalspurigen juristischen Sicht der Dinge war es völlig unerheblich, ob Tamraz Kontakt zu Osama bin Laden oder Jesus Christus hatte. Die Regel war einfach und lautete, was immer es auch an anderweitigen Befunden geben mochte: Die CIA schickte keine belastenden Informationen über amerikanische Staatsbürger an andere Regierungsstellen, das Weiße Haus eingeschlossen. Also entfernte das Büro des General Counsel brav jedweden negativen Kommentar über Tamraz aus dem Bericht und sandte ihn an Cohen zurück. Dieser, nunmehr von jeglicher Verantwortung freigesprochen, faxte ihn am 26. Dezember 1995 an Heslin zurück. Im Juni angefordert, traf er mit fast siebenmonatiger Verspätung in ihrem Büro ein und enthielt kein einziges belastendes Wort über Roger Tamraz. Es nimmt nicht wunder, dass Heslin in ihrer kompletten Unkenntnis der Verhältnisse bei der CIA annehmen musste, sie sei einer bösartigen und korrupten Verschwörung der Agency auf die Schliche gekommen.

Wäre es damit nur getan gewesen. Am 6. Dezember traf ich mich mit Roger Tamraz auf dessen Verlangen zum Mittagessen. Wir saßen in einer dieser halbrunden Nischen des Four Seasons, deren Tische von Geschäftsleuten bevorzugt wurden, weil sie hier die Köpfe zusammenstecken und ungestört miteinander flüstern konnten, ohne belauscht zu werden.

»Ich hab's geschafft«, erklärte Roger mit satter Selbstzufriedenheit. »Ich habe den Präsidenten getroffen.«

»Wie haben Sie das fertig gebracht, Roger?«, staunte ich, wobei mir, noch bevor ich zu Ende gesprochen hatte, klar war, dass ich das besser nicht getan hätte.

»Es war ganz leicht. Fowler hat mir eine Liste der Dinge gegeben, die für eine Wahlkampfspende zu haben sind – angefangen von einer Nacht in Lincolns Schlafzimmer bis zu einem Gespräch unter vier Augen mit dem Präsidenten im Oval Office.«

Ich muss ausgesehen haben, als hätte ich soeben meinen Serviettenring verschluckt.

»Ich habe bescheiden angefangen – mit einem Kaffee«, berichtete Tamraz, stolz auf seine Sparsamkeit. »Ich schaffte es, meine armenische Route Bill gegenüber zu erwähnen. Er war beeindruckt und wollte mehr darüber hören.«

»Das wird Heslin gefallen«, dachte ich laut. In Wirklichkeit war ich selbst ein wenig alarmiert angesichts der Tatsache, das der Präsident der Vereinigten Staaten für Roger zum guten alten

»Bill« geworden war. Tamraz gehörte nicht zu den Männern, die man allzu nahe an sich heranlassen sollte.

»Nein, nein«, fuhr er fort. »Es ist schon viel weiter als das. Morgen habe ich mein persönliches Gespräch im Oval Office. Bill und ich werden eine Strategie für die gesamte Region ausarbeiten. Ich habe einen Draht nach Russland aufgetan.«

»Einen Draht nach Russland?« Das letzte Mal, als Tamraz an einem diplomatischen Austausch beteiligt gewesen war, hatte er am Ende eine Bank an die Wand gefahren.

»Um es genau zu sagen: Ich bin soeben zurück von einem Treffen mit den Russen in Mailand. Ich habe Alexander Korschakow und Pawel Borodin getroffen.«

Das Gute daran war, dass Korschakow und Borodin diejenigen waren, die Russland während der vielen Tage und Nächte lenkten, in denen Jelzin wieder einmal zu betrunken war, um den heißen Draht zu finden. Der Nachteil war, dass man mit ihnen zwei Reisende in Sachen Jelzin im Doppelpack vor sich hatte. Borodin wurde übrigens im Januar 2001 auf dem Weg zu George W. Bushs Inauguration aufgrund eines Schweizer Haftbefehls wegen Geldwäsche in New York verhaftet.

»Sie haben mir erzählt, Jelzin wolle sich an Clintons Wahlkampf für seine Wiederwahl beteiligen. Sie wissen schon... mit Geld.«

Inzwischen hielt es mich fast nicht mehr auf meinem Stuhl. Roger hatte offenbar den Verstand verloren. Ich wünschte verzweifelt, wir hätten einen größeren Tisch gewählt, einen mit mehr Platz zwischen uns beiden.

»Und nun kommt der beste Teil von unserem Projekt.«

Ich wünschte wirklich, er würde endlich aufhören, es als »unser« Projekt zu bezeichnen.

»Jelzin wird seine Unterschrift zur armenischen Pipeline geben, aber als Gegenleistung verlangt er seinerseits Gelder für seinen Wahlkampf. Das wird kein Problem sein. Wir haben über eine Summe von Pi mal Daumen hundert Millionen Dollar gesprochen. Die Chinesen haben mir sämtliche finanziellen Mittel zugesagt, die ich brauche. Jelzin hat sogar versprochen, ein bisschen Geld in Bills Wahlkampf sickern zu lassen. Jeder geht als

Gewinner aus dem Ganzen hervor. Ich kann's kaum erwarten, den Präsidenten zu treffen und ihm alles zu erzählen.«

Als wir unser Gespräch beendet hatten, raste ich nach Langley zurück und berichtete Bill Lofgren, dem raubeinigen und aufbrausenden Chef der Central Eurasian Division, Rogers Story. »Das ist hirnrissig, durch und durch kompletter Bockmist«, antwortete Bill. »Ich glaube ihm kein Wort.«

Nur um ganz sicherzugehen, hob er den Telefonhörer ab und bat seine Sekretärin, eine Verbindung nach Rom herzustellen. Er wollte feststellen, ob Borodin und Korschakow wirklich am 1. und 2. Dezember in Mailand gewesen waren, wie Tamraz behauptet hatte. Fang immer mit den Tatsachen an, die du nachprüfen kannst.

Am darauf folgenden Tag, als wir erfahren hatten, dass die beiden tatsächlich dort gewesen waren, wie Roger es gesagt hatte, brachte ich Lofgren und Tamraz zusammen, damit er die Geschichte direkt aus dessen Mund erfahren konnte. Roger wiederholte sie fast wortwörtlich. Er hatte noch immer vor, Clinton an jenem Nachmittag zu treffen. Der einzige neue Dreh war, dass Roger nun obendrein ein offizielles Foto von sich im Weißen Haus anvisierte, wie er mit Clinton beim Kaffee saß.

Als wir ins Hauptquartier zurückkamen, rief Lofgren den Direktor John Deutch an und erzählte ihm die Geschichte. Deutchs Assistent rief noch am selben Nachmittag zurück. Er erklärte, der Präsident werde in Kürze nach Paris abreisen und plane nicht, Tamraz zu treffen. »Ich glaube, Sie haben ein Problem mit Ihrer Informationsquelle. Offenbar handelt es sich um einen Lügner«, erklärte der Assistent Lofgren.

Vier Tage später meldete Fowler sich telefonisch bei mir. »Nun, mein Sohn, haben Sie Ihre Meinung bezüglich des Berichts geändert?«

In Unkenntnis dessen, dass der Oktoberbericht noch immer vom stellvertretenden Director of Operations und vom Büro des General Counsel geglättet und poliert wurde, wiederholte ich Fowler gegenüber, falls ein CIA-Paper existiere, so liege es bei Sheila Heslin. Von ihr könne er es bekommen.

»Die blöde Kuh rückt doch nichts heraus«, raunzte Fowler.

An diesem Punkt beschloss ich, alle Vorsicht in den Wind schießen zu lassen. Wenn irgendjemand wissen musste, wie eng die großen Ölgesellschaften tatsächlich mit dem NSC verknüpft waren, dann war es Don Fowler.

»Mr. Fowler, ich glaube, Ihr Problem liegt bei den großen Jungs, und der größte Rüpel scheint Amoco zu sein. Er schätzt es nicht, wenn ein fliegender Händler wie Roger in seinem Revier wildert. Deshalb wird er kaltgestellt, bevor er sich im Weißen Haus einnistet.«

»Sie haben verdammt Recht. Ich weiß genau, wie Amoco vorgeht, und Amocos Interessenvertreter im NSC ist Heslin.«

»Nun, wie es scheint, hat sie Sie ganz hübsch ausgespielt.«

»Das werden wir erst noch sehen«, meinte Fowler bevor er auflegte.

Wäre es allein eine Sache des Geldes oder auch nur der politischen Korruption gewesen – ich hätte mich aus all dem, was ich über die Welt des großen Öls, das Weiße Haus und den NSC gelernt hatte, stillschweigend davonmachen können. Politik zu Zeiten des Wahlkampfs bringt fast immer ein gewisses Maß an Gemeinheit hervor. Wovor ich jedoch nicht die Augen verschließen konnte, war Folgendes: Wann immer ich einen Stein umdrehte, fand ich darunter etwas noch Fieseres. Schließlich und endlich lüftete ich den letzten und ekelhaftesten Stein von allen, und unter ihm warteten Leben darauf, gerettet oder ausgelöscht zu werden. Das war, glaube ich, der Moment, in dem ich anbiss.

Vorab jedoch ein bisschen Hintergrund: Nachdem der Iran 1991 die letzten amerikanischen Geiseln freigelassen hatte, begann im Weißen Haus das große Bibbern bezüglich der Frage, inwieweit sich der Iran nun tatsächlich aus dem Terrorismusgeschäft verabschiedet hatte. Im Dezember wurde jedoch klar, dass der Iran lediglich die Schlachtfelder gewechselt hatte. Der CIA lagen Informationen vor, denen zufolge mehrere Führer der saudischen Hisbollah nach Teheran gereist waren. Offensichtlich braute sich da etwas zusammen. Nach dem Treffen legten die iranischen Pasdaran im Bekaa-Tal ein Ausbildungslager für saudische Hisbollah-Terroristenkader an. Dort wurden ihnen falsche Pässe ausgestellt, wurden sie mit sämtlichen Mitteln versorgt, die sie benötigten, und im Juli 1995 begannen die im Iran ausgebildeten Zellen, amerikanische Einrichtungen in Saudi-Arabien zu beobachten, darunter auch das Konsulat in Djidda. Als ein Geistlicher in Kum, der heiligsten Stadt des Iran, eine Fatwa, eine religiös fundierte Rechtsauskunft, zu möglichen Angriffen in Saudi-Arabien erteilte, wappnete sich das Weiße Haus für das Schlimmste. Der erste Angriff erfolgte im November 1995 und traf eine Einrichtung der saudischen Nationalgarde in Riad. Fünf Amerikaner kamen dabei ums Leben. Am 25. Juni wurde eine Unterkunft für amerikanische Soldaten in El Khobar angegriffen, dabei starben neunzehn Amerikaner.

Nicht minder unheilverkündend war das, was der CIA über die ersten zaghaften Kontakte zwischen Osama bin Laden und dem Iran zu Ohren kam. Im Dezember 1995 besuchte einer der ägyptischen Mittelsmänner Bin Ladens Teheran und traf dort einige Offiziere des Sicherheitsministeriums. Die Amerikaner waren nicht sicher, ob Bin Laden mit den Iranern eine Vereinbarung über strategische Beziehungen getroffen hatte, aber in der Geheimdienstszene gingen wir davon aus, dass dem so war. Bin Laden benötigte dringend das terroristische Know-how, über das der Iran verfügte. Unsere Befürchtungen verdichteten sich, als Bin Laden, wie bereits erwähnt, im Juli 1996 mit einem iranischen Geheimdienstoffizier in Afghanistan zusammentraf, um einem strategischen Konzept Gestalt zu verleihen. Die beängstigende Möglichkeit einer großen terroristischen Allianz gegen die Vereinigten Staaten war zum Greifen nahe. Da gab es nichts, was wir einfach hätten ignorieren können.

Zu jener Zeit war ich Gruppenleiter und konnte meine Außenposten im Wesentlichen veranlassen, das zu tun, was ich für richtig hielt. Also wies ich unsere Büros am Kaspischen Meer und in Zentralasien an, sich auf das Ziel Iran zu konzentrieren. Anfang 1996 verfiel eine Dienststelle auf die Idee, eine geheime Einrichtung der Pasdaran abzuhören. Bis zu jenem Zeitpunkt hatten wir nicht die geringste Vorstellung davon, was die iranischen »Revolutionswächter« am Kaspischen Meer vorhatten, aber es war immer die Möglichkeit gegeben, dass sie planten, dort zusätzlich zu Saudi-Arabien eine dritte Front einzurichten. Jede Information konnte uns dienlich sein.

Ich kannte das Prozedere, also rief ich Sheila Heslin an und bat um ihre Genehmigung, fortfahren zu dürfen. Ich beschrieb, was wir zu tun beabsichtigten, was wir uns davon versprachen und inwieweit die amerikanischen Interessen in der Region davon profitieren würden. Ich konnte den Hauch arktischer Kälte, der durch das Telefon herüberwehte, physisch spüren.

Keine zwanzig Minuten später klingelte mein grünes Telefon – die superverschlüsselte Leitung für den Austausch streng geheimer Informationen. Rand Beers war am anderen Ende.

»Was höre ich da von iranischen Pasdaran und irgendeiner Abhöroperation?«, fragte er.

»Ja, wo liegt das Problem?«

»Heslin ist besorgt über den möglichen Nachhall.«

»Nachhall?«

»Sie fürchtet, die Iraner könnten sich an den Leuten von Amoco in Aserbaidschan rächen.«

Obwohl Beers mir soeben ein prächtiges Beispiel dafür geliefert hatte, wie der NSC arbeitete, war ich stinksauer. »Sie meinen, wir sollen einen Einsatz gegen Terroristen abblasen – gegen eine Gruppe, die möglicherweise für den Tod von fünf Amerikanern verantwortlich ist –, bloß um Amocos Bilanzen zu schützen?«

»Nun ja, so würde ich es nicht ausdrücken«, meinte Beers.

»Prima, dann rufe ich jetzt beim Kongress an und erzähle denen, dass Sheila Heslin, Amocos Interessenvertreterin beim NSC, dagegen ist, dass wir die iranischen Pasdaran überwachen, weil sie sich um Amocos Profit sorgt.«

Als guter Bürokrat verfasste ich umgehend eine Kurznotiz über mein Gespräch mit Beers für den stellvertretenden Director of Operations, Dave Cohen. Ich erhielt nie eine Antwort darauf, doch noch am selben Tag rief Beers noch einmal an, um mir zu sagen, der NSC habe seine Meinung geändert und beschlossen, einer Überwachung der Pasdaran durch die Gruppe Süd nichts in den Weg zu legen. Die Worte Kongress und Iran stießen im Weißen Haus offenbar auf eine gewisse Resonanz.

Ich erinnere mich, dass ich dachte, dies sei eigentlich ein großer Moment. Nach all den bürokratischen Spiegelfechtereien und Kämpfen im eigenen Haus und all dem in- und ausländischen Gerangel innerhalb der Geheimdienstszene hatte ich endlich auch mal eine Schlacht gewonnen. Einen kurzen Augenblick hatte der Kampf gegen den Terrorismus über das Gezerre ums Öl triumphiert. Aber ich hatte all das so satt. Es ging um Leben, um Himmels willen. Da sollte der Kampf nicht dermaßen schwierig sein.

»...auf diese Weise geht die Welt zugrund«, schrieb T.S. Eliot in *The Hollow Men*, »nicht mit einem Knall, aber mit Gewimmer.«

Roger Tamraz verschwand aus meinem Leben ebenso plötzlich, wie er darin aufgetaucht war. Nach dem 7. Dezember, dem Tag an dem er Bill Lofgren seine Geschichte erzählt hatte, rief er nie wieder an. Obwohl ich ihm 1996 ein paarmal über den Weg lief, blieb unsere Konversation stets steif und förmlich. Kein Wort über Wahlkampffonds oder Rogers Pläne zur Finanzierung von Jelzins Wahlkampf. Offensichtlich war er dahintergekommen, dass ich ihn verpfiffen hatte. *Noch so ein Bürokrat ohne Visionen*, muss er gedacht haben.

Lofgren bat mich, alles, was Roger mir erzählt hatte – angefangen von unserem ersten Treffen im Mai bis zu unserer letzten Begegnung am 7. Dezember, als er die Geschichte ihm selbst mitgeteilt hatte –, zu Papier zu bringen. Ich schrieb alles auf, von der Preisliste des Weißen Hauses bis hin zu Fowlers Anruf. Dem Treffen in Mailand und der Möglichkeit, dass Tamraz wahrscheinlich den Plan hegte, russisches Geld in den Präsidentschaftswahlkampf von 1996 zu investieren, widmete ich sogar eine ganze Seite. Am 28. Dezember 1995 wurde mein Bericht mit dem Ausgangsstempel der Gruppe Süd versehen. Eine Kopie ging ins chronologische Archiv der Gruppe. Ich sollte lange nichts mehr davon hören, bis ich zwei Jahre später darauf Zitate daraus in der gesamten amerikanischen Presse wiederfand.

21

März 1997. Washington D.C.

Im März 1997 rief ich den inzwischen pensionierten Bill Lofgren an und erklärte ihm, ich hätte genug von dem gesehen, was im Weißen Haus vor sich gehe, und wolle nicht länger schweigen. Eine Weile sagte Bill überhaupt nichts. Ich konnte förmlich hören, wie sich sein Gehirn durch die möglichen Folgen arbeitete.

Schließlich schlug er alle Zweifel in den Wind und sagte: »Machen Sie's.«

Dieser Rat kann ihm nicht leicht gefallen sein. Zunächst einmal wusste er so gut wie ich, dass Klatschbasen an einem Ort wie Washington, an dem alle, die etwas auf sich halten, offenbar aus denselben zwei oder drei Trögen genährt werden, zu der am wenigsten geschätzten Subspezies gehören. Warum ein funktionierendes System gefährden, indem man die Wahrheit ans Licht zerrt?

Bill hatte zudem ein persönliches Interesse daran, dass ich den Mund hielt. Nach seinem Weggang von der CIA hatte er sich als Berater für Projekte in der ehemaligen Sowjetunion selbstständig gemacht. Einer seiner ersten Kunden war Roger Tamraz gewesen, der noch immer seine Probleme in Aserbaidschan hatte und auf Bills Rat hoffte, um sie aus der Welt zu schaffen. Es war nur ein kleiner Auftrag gewesen, doch dieser hatte immerhin die ersten Telefonrechnungen finanziert. Wenn wir Bill hochnahmen, weil er für einen steckbrieflich gesuchten Verbrecher arbeitete, lachte er nur und zählte die gute Gesellschaft auf, in der er sich befand. Wenn Senator Kennedys Frau für Tamraz arbeiten konnte, warum dann nicht er? Und war es nicht Tamraz gewesen, der dazu beigetragen hatte, die Rechnungen für die New Yorker Gala zu Clintons fünfzigstem Geburtstag zu bezahlen und der Vorführrung von *Independence Day* im Weißen Haus beigewohnt hatte? Wenn Roger als hinreichend rehabilitiert gelten konnte, um mit dem Präsidenten der Vereinigten Staaten auf freundschaftlichem Fuß stehen zu dürfen, vermochte Lofgren nicht einzusehen, warum er für ihn nicht ein bisschen ehrliche Arbeit leistete.

Zu entscheiden, wie ich die Katze aus dem Sack lassen sollte, war schon schwierig genug. Jemanden zu finden, der sie haben wollte, erwies sich als schier unmöglich. Als Erstes rief ich im Büro des einstmals demokratischen, inzwischen zum Republikaner bekehrten Senators von Alabama, Richard Shelby, an. Als Mitglied des Senatsausschusses für Geheimdienstangelegenheiten (SSCI) hatte Shelby mit einer Anfrage an den NSC, in der er dessen Berichte über verdächtige Spender verlangte, den Startschuss für den Skandal um Clintons Wahlkampffinanzierung abgefeuert. Ich dachte, er werde alle Hilfe brauchen, die er bekommen konnte, aber da hatte ich mich offenbar geirrt.

Als Shelbys Büro nicht zurückrief, versuchte ich, über John Millis, seines Zeichens Personalchef beim Geheimdienstausschuss des Kongresses, an den Senator heranzukommen. Millis war ein ehemaliger CIA-Einsatzoffizier, der seinen Job an den Nagel gehängt hatte, um für den Kongress zu arbeiten. Ich war sein Nachfolger in Rabat gewesen und wusste, dass er, obwohl er ein hochdotiertes politisches Amt innehatte, diskret und verschwiegen war und absolute Integrität zu seinen Lebensprinzipien gehörte. Er würde mich der CIA nicht ans Messer liefern.

Millis lachte, als ich ihm die Geschichte erzählte. »Haben Sie eine Ahnung, was Sie da tun?«

Ich erwog kurz, ihm alle meine Vermutungen zu offenbaren, beließ es dann aber bei der Story, wie Tamraz sich den Zugang zum Präsidenten erkauft hatte.

»Die werden Ihnen aufs Dach steigen. Sie werden in dieser Stadt schlagartig ein sehr einsamer Mann sein. Wie auch immer, ich werde es an Shelby weitergeben«, erklärte Millis, bevor er einhängte.

Ich weiß nicht, ob er Wort gehalten hat, aber da ich von Millis und Shelby nichts mehr hörte, rief ich den Ermittlungsausschuss zur Wahlkampffinanzierung im Justizministerium an und erbot mich, in die Stadt zu kommen und den Leuten mitzuteilen, was ich wusste. Als ich meinen Chef in Langley davon in Kenntnis setzte, schrillten im gesamten siebten Stock die Alarmglocken. Das Büro des General Counsel rief spornstreichs beim Sonderausschuss an und blies meinen Termin ab. »Tut uns Leid, Baer hat auf eigene Faust gehandelt«, teilte man dem Ausschuss mit. Die CIA werde ihre eigene Untersuchung anstellen und sich wieder beim Ausschuss melden, sobald die Nachforschungen abgeschlossen seien.

Theoretisch klang all das wunderbar. Die CIA hatte die Witterung bezüglich illegaler Wahlkampfspenden lange vor dem Kongress und der Presse aufgenommen. Sie hatte sogar begonnen, ihre eigene Art von Schadensbegrenzung zu betreiben und ein paar Leichen im Keller verschwinden zu lassen. Doch sämtliche Spuren schienen im Nichts zu verlaufen.

Da war zum Beispiel der Fall Larry Wallace. Als alter Geschäftsfreund des ehemaligen Personalchefs im Weißen Haus, Mack McLarty, besaß Wallace einen undatierten Passierschein für das Weiße Haus sowie einen Brief, der ihn zum inoffiziellen Repräsentanten des Präsidenten erklärte. Vor allem dank McLarty konnte er kommen und gehen, wie es ihm beliebte, und das tat er, weiß Gott. Wallace nutzte den Brief, um Geschäfte in Übersee in Gang zu bringen, darunter auch solche mit Jassir Arafat. Schließlich lief er auf Grund, weil er den Fehler beging, Slobodan Milošević den Brief kopieren zu lassen. Unser Büro in Belgrad bekam das Schreiben in die Finger und faxte eine Kopie davon ans Hauptquartier, was die Central Eurasian Division dazu veranlasste, eine Akte Wallace anzulegen. (Wenn hinreichend Belege dafür vorliegen, dass jemand als Spion arbeitet oder gemeinsame Sache mit dem Feind macht, ist die CIA befugt, Informationen über amerikanische Staatsbürger zusammenzutragen.) Doch die Akte Wallace ging verloren, bevor sich die Ermittler von Kongress und Justiz damit befassen konnten.

Dann war da noch der Fall des weiblichen Oberstleutnants Liu

Chao Ying vom chinesischen Militärgeheimdienst. Liu war diejenige gewesen, die Johnny Chung jene berühmten 300000 Dollar zugeschoben hatte, die er in Bill Clintons Wahlkampf investieren sollte. Chung hatte offenbar anderes im Sinn, denn er leitete nur 20000 Dollar an das DNC weiter. Nicht bekannt war zu dem Zeitpunkt, dass einer unserer Case Officers Kontakt zu Liu gehabt hatte, während all das vor sich ging. Dies war vor allem deshalb besonders peinlich, weil die CIA es verabsäumt hatte, der Justiz von ihr zu erzählen.

Je weniger das Hauptquartier mit Liu zu tun bekam, desto besser, sagte sich der Case Officer. Als sie ein Telegramm schickte, in dem sie nachfragte, ob Chung seinen Termin im Weißen Haus bekommen habe – eine Ecke ihrer Visitenkarte zierte übrigens ein eingeprägtes Präsidentensiegel –, reagierte man im Hauptquartier nicht darauf. Auch zog man es dort vor, nicht allzu angestrengt über eine Firma nachzudenken, zu der Liu Beziehungen pflegte: der China National Aero-Technology Import and Export Corporation, die mit dem Iran in geheimen Verhandlungen über einen Austausch hochentwickelter Waffensysteme, etliche darunter von amerikanischer Machart, gegen Öl stand.

Schließlich und endlich übersandte die CIA dem Justizausschuss einen Satz Kopien der Tamraz-Dokumente, allerdings waren diese zuvor fein säuberlich gesichtet worden, um sicherzustellen, dass nichts, aber auch gar nichts darin einen Hinweis darauf erlaubte, dass jemand aus dem Haus den Ball angestoßen hatte. In der Zwischenzeit ließ jemand das Faible der Administration für Roger Tamraz an Michael Frisby, einen Reporter des *Wall Street Journal*, durchsickern.

Erst als Shelby von Frisbys Story erfuhr, entschied er, dass meine Wenigkeit ein paar Stunden seiner kostbaren Zeit wert sei. Die CIA packte mich in einen Kombi und kutschierte mich in die Stadt zum Hart Office Building und den Büros des SSCI. Wir waren zu sechst. Shelby und sein Berater saßen zu meiner Linken, der General Counsel der CIA, Mike O'Neil, und der Parlamentschef John Moseman uns gegenüber auf der anderen Seite des Tisches. Entgegen meinen Hoffnungen war Senator Bob Kerrey war nicht dabei. Kerrey, ein Veteran des Vietnamkriegs, hatte nicht nur Mut, sondern wusste überdies auch genau, wie die politischen Mühlen Washingtons mahlten. Ich war allerdings froh zu sehen, dass das SSCI-Mitglied Chris Straub an seiner Stelle erschienen war. Mit Straub und einem anderen Kongressangehörigen hatte ich einmal drei Tage im Nordirak verbracht. Wir waren ein bisschen umhergereist und hatten uns über die CIA unterhalten beziehungsweise über das, was ich dort zu tun versuchte. Ich mochte ihn, und ich glaube, er hatte das Gefühl, mir vertrauen zu können.

Welche Hoffnungen ich auch immer in das Meeting gesetzt haben mochte – sie verflüchtigten sich rasch, als sich herausstellte, dass es minutiös abgesprochen war. Ebenso wie der Untersuchungsausschuss der Justiz hatte auch Shelby nur das zu sehen bekommen, was die CIA ihn sehen lassen wollte. Er hatte nicht einmal etwas von der Möglichkeit gehört, dass Tamraz womöglich russische Gelder in die Parteikasse der Demokraten dirigiert haben könnte, wobei ich nicht sicher bin, ob ihm dies nicht auch ziemlich egal gewesen wäre. Shelby kam es einzig und allein auf weitere Munition gegen Tony Lakes Nominierung für den Posten als CIA-Direktor an. Er hatte es Lake nie verziehen, dass dieser dem Iran einen Wink gegeben und dessen Einmischung in Bosnien mit einem Kopfnicken bedacht hatte.

Ich war finster entschlossen, meine Geschichte loszuwerden, ob der Senator sie hören wollte oder nicht. In einer Gesprächspause fragte ich Shelby deshalb: »Senator, wissen Sie, wie Roger Tamraz Eingang ins Weiße Haus gefunden hat? Durch Senator Kennedy.«

»Sir, wir sind nicht hier, um über meinen geschätzten Kollegen zu sprechen«, schnitt mir Shelby das Wort ab, viel rascher übrigens, als ich sein Reaktionstempo eingeschätzt hatte.

Sichtlich verärgert erhob er sich darauf und erklärte die Zusammenkunft für beendet. Er hatte, was er gegen Lake haben wollte, und beabsichtigte nicht, weiter seine Zeit zu strapazieren und sich meine Ansichten über die große Welt des Öls, die Finanzierung von Wahlkämpfen oder die Moral seiner Kollegen anzuhören.

Ich wollte es schon aufgeben, weiter über die Geschichte zu

reden, als Straub mich auf dem Weg nach draußen zur Seite nahm. »Was zum Teufel ist los?«, fragte er.

»Eine ganze Menge. Und wenn Sie mich vor eine voll besetzte Ausschussanhörung zitieren, packe ich's aus.«

Ich erzählte ihm von Amoco und Heslins Widerstand gegen die Abhörung der iranischen Pasdaran.

»Ist es wirklich so schlimm?«

»Ja, Chris, ich glaube schon.«

Noch am selben Nachmittag redete Straub mit Kerrey. Am folgenden Samstag rief Kerrey Präsident Clinton an, um ihm mitzuteilen, dass er Lakes Nominierung nicht länger befürworte. Am nächsten Tag zog Lake seine Bewerbung zurück. Es hätte ein triumphaler Augenblick sein können, doch zum Feiern war keine Zeit.

Der Fall des KGB-Überläufers Juri Nosenko ist exemplarisch für das, was mit jemandem geschieht, der sich bei der CIA unbeliebt gemacht hat. Als Nosenko eine Version der Geschichte von Lee Harvey Oswald und dem Kennedy-Attentat anbot, die nicht mit der allgemein verbreiteten Ansicht der Behörde in Einklang stand, verpasste man ihm drei Jahre Einzelhaft auf der Farm. Weiß der Himmel, was mich zu der Annahme veranlasste, dass ich anders behandelt werden würde.

Am 18. März 1997 um halb neun morgens meldete ich mich wie befohlen beim Generalinspekteur der CIA. Man geleitete mich in einen fensterlosen Raum. Ein Konferenztisch aus Mahagoni trennte mich von meinen beiden Gegenübern. Mit ihren blutleeren, schmalen Gesichtern und den fast aufs Haar gleichen Kunstfaser-Anzügen hätten sie beinahe als Zwillinge durchgehen können. Keiner von beiden stellte sich vor.

Noch bevor ich saß, feuerte der Unangenehmere der beiden den ersten Schuss ab: »Sind Sie im Besitz einer Kopie der Dokumente, die Sie zerstört haben?«

Als mir klar war, worauf sie hinauswollten, sagte ich zunächst einmal gar nichts. Offizielle Dokumente zu zerstören ist gesetzeswidrig, ein Vergehen. Kurz darauf hatten sie ein einschüchterndes Trommelfeuer an Fragen zu dem Schreiben vom 28. Dezember losgelassen, das anzufertigen ich von Bill Lofgren beauftragt worden war und in dem ich alles niedergelegt hatte, was im Zusammenhang mit Roger Tamraz passiert war.

»Hören Sie«, sagte ich schließlich. »Wäre es logisch, ein Schreiben über die Verfehlungen eines anderen zu verfassen, es für alle Zeiten im Archiv abzulegen und dann zu zerstören? Wie auch immer, gehen Sie zu Paul Redmond und fragen Sie ihn, wie es in seinen Safe geraten ist. Dass es dort liegt, ist Beweis genug, dass ich es nicht zerstört habe.«

Um ehrlich zu sein, ich hatte keine Ahnung, wie mein Schreiben im Safe des stellvertretenden Direktors der Spionageabwehr gelandet war, aber seine bloße Existenz dort galt mir als ausreichender Nachweis, dass die Exekutivorgane der CIA mit den verdammten Dingen zugepflastert worden sein mussten. Sie taten so, als hätte ich überhaupt nicht geantwortet. »Sagen Sie uns nur, warum Sie das Schreiben vom 28. Dezember vernichtet haben«, forderte mich einer der Zwillinge auf. »Dann kommen Sie billig davon.«

Nach einer Stunde waren sogar sie es leid, die immer gleiche Frage wieder und wieder zu stellen. »Wie viel hat Tamraz Ihnen bezahlt, damit Sie den Oktoberbericht schönen?«, wollte der eine von ihnen wissen.

Sie hörten einfach weg, wenn ich ihnen erklärte, dass das Deckblatt klar und deutlich beweise, dass das Büro des General Counsel darin herumradiert hatte, nicht ich.

Die Fragen nahmen erneut eine andere Richtung. »Warum haben Sie Sheila Heslin gelöchert, sie solle Tamraz' Namen von der Schwarzen Liste des Secret Service streichen?«

Ich explodierte: »Das ist nicht wahr. Kein Officer in meiner Position kann es wagen, einen NSC-Angehörigen zu ärgern, und würde anschließend noch so lange leben, um darüber tratschen zu können.« Wenn das die Geschichte war, die Sheila Heslin herumerzählte, dann hatte sie offenbar die Tatsachen ein wenig verbogen.

»Das ist nicht das, was sie erzählt«, blaffte mich einer der beiden an. »Sie behauptet, Sie hätten sie gedrängt, Tamraz' Namen von der Schwarzen Liste des Weißen Hauses zu streichen. Sie sagt, Sie hätten sie mindestens ein Dutzend Mal mit immer derselben Forderung angerufen. Sie hätten ihr Angst gemacht.«

Ich erwog kurz, ihm von einem Essen zu erzählen, das ich etwa sechs Monate zuvor, am 15. September, im La Chaumière in Georgetown für eine aserbaidschanische Delegation gegeben hatte. Ich hatte auch ein paar Regierungsbeamte eingeladen, darunter Sheila Heslin. Sie hatte nicht nur um die Einladung gebeten, sondern sich hinterher sogar noch von mir nach Hause fahren lassen, all das zu einer Zeit, in der ich sie angeblich gerade zu Tode ängstigte. Was sollte es – ich wusste, dass meine neuen Freunde sich dafür nicht interessierten. Stattdessen zückte ich meine letzte Trumpfkarte – Heslins interne E-Mails aus dem Weißen Haus. Man musste nur ein paar davon lesen, um zu dem Schluss zu kommen, dass ihr jeglicher Sinn für die Realität abhanden gekommen zu sein schien.

»Schauen Sie sich Heslins E-Mails an«, forderte ich die beiden auf und bot ihnen an, Kopien anzufertigen. »Sie ist allen Ernstes der Ansicht, die CIA stecke hinter einer Verschwörung und sei auf dem Wege zur Weltherrschaft.«

Auch daran zeigten sie kein Interesse. »Wir verhören Sie, nicht Heslin«, erklärte einer meiner Befrager.

»Ach, übrigens«, fragte ich schließlich. »Wie lange arbeitet ihr beiden schon für die CIA?« Sie trugen zwar alle beide blaue CIA-Abzeichen, aber irgendwie fehlte ihnen der Stallgeruch.

Sie blickten sich an und sahen nun wohl keine andere Möglichkeit, als es mir zu erzählen: »Wir sind vom Secret Service.«

Na fein, dachte ich. Man beauftragt zwei Außenstehende mit einer internen CIA-Untersuchung.

Am nächsten Morgen fielen sechs Herren in Schwarz und eine Dame mit einem bis zum Hals zugeknöpften braun-roten Kleid über die South Group her wie weiland die Ostgoten über Rom. Sie untersagten allen Anwesenden, sich vom Tatort zu entfernen, und fingen dann ohne ein weiteres Wort an, Safes zu durchwühlen und Archive auseinander zu pflücken, wobei sie den Inhalt wahllos auf den Fußboden warfen. Es sah aus, als habe ein Wirbelsturm gewütet.

Kurz danach begannen sie, meine Mitarbeiter hinter verschlossenen Türen zu befragen. Die erste Frage lautete mit schöner Regelmäßigkeit: »Haben Sie einen Anwalt? Falls nein, sollten Sie daran denken, jemanden zu verpflichten.« Es war reine Schikane. Mit einer oder zwei Ausnahmen hatten sie 1995, zu der Zeit also, als ich mit Tamraz zusammenkam, sämtlich nicht hier gearbeitet. Doch nur für den Fall, dass man sich nicht deutlich genug ausgedrückt hatte, erschien am Nachmittag bei allen Beschäftigten der Abteilung auf dem Bildschirm die Warnung, der Generalinspekteur sei im Begriff, ihren Computer anzuzapfen. Das war keine harmlose Drohung. Wenn Sie bei der CIA Ihren Computer missbrauchten, konnten Sie gefeuert werden. Es dauerte nicht lange, und ich saß ganz allein in der Gruppe Süd. Alle anderen hatten sich woanders einen Job gesucht.

Mitte Mai musste ich zu einer ärztlichen Routineuntersuchung. Am 30. Mai landete eine mittels Computer erstellte Notiz auf meinem Schreibtisch, in der mir mitgeteilt wurde, dass alles in Ordnung sei, doch als ich ein paar Tage später Vorbereitungen für einen Kurzaufenthalt in Europa traf, erhielt ich ein neues Schreiben, demzufolge es ein »Problem« mit meiner physischen Verfassung gebe. Einer der Amtsärzte habe sich geweigert, zu unterschreiben, und ich müsse eine zweite Untersuchung über mich ergehen lassen. Als sich dies als purer Unsinn erwies, erklärte man mir, ich hätte einen psychologischen »Routinetest« zu absolvieren. Auch das entsprach nicht der Wahrheit: Die CIA verlangt von ihren Mitarbeitern keine psychologischen Untersuchungen, es sei denn, sie begeben sich auf irgendwelche Härteposten in Moskau oder Peking. Zweifellos versuchte mein Brötchengeber mir eine Nachricht zu übermitteln: Entweder ich hielt die Schnauze, oder ich riskierte, in der Klapsmühle zu enden. Ich bin sicher, dass sich der eine oder andere im siebten Stock fragte, ob Juri Nosenkos Zelle wohl inzwischen wieder verfügbar sei.

Als sich der Finanzskandal der Clinton-Regierung durch die Gerichte und schließlich dem großen Finale vor dem Kongress entgegenwälzte, dämmerte mir allmählich, dass der Ermittlungsausschuss des Justizministeriums genau wie die CIA alles andere suchte als die Wahrheit, die reine Wahrheit und nichts als die Wahrheit.

In einer Vorbereitungssitzung am 5. Juni erzählte ich Laura Ingersol, der Leiterin des Ermittlungsausschusses, von meinem Umgang mit Tamraz. Ihr Stellvertreter und ein FBI-Agent waren bei dem Treffen zugegen. Ingersol hörte geduldig zu, machte sich Notizen, las die Tamraz-Dokumente – sie verfügte über den vollständigen Satz – und stellte ein paar sehr scharfsinnige Fragen.

Ich betonte vor allem die Tatsache, das Tamraz nicht einen Cent Vermögen auf seinen Namen besaß – zumindest nicht auf den Konten, über die wir unterrichtet waren. OCL Delaware war eine Scheinfirma mit etwas um die zweihundertfünfzig Dollar auf ihrem Citibank-Konto und keinerlei Angestellten und Verbindlichkeiten. Das Gleiche galt für OCL Panama: keine Verbindlichkeiten, kein Geld. Geleitet wurde die Firma vom Büro einer Rechtsanwaltskanzlei aus. Bestand in Anbetracht dessen, dass Roger offensichtlich pleite war, nicht doch die sehr reale Möglichkeit, dass das Geld, das er den Clinton-Leuten spendiert hatte, aus einer anderen Quelle stammte? Vielleicht gar vom KGB? Ja, räumte Ingersol ein, das wäre möglich.

Vor den Geschworenen allerdings war die Herkunft von Rogers Geld das Letzte, was Laura Ingersol zu interessieren schien. Als ich versuchte, die Belege dafür ins Spiel zu bringen, dass womöglich russische Gelder in den Wahlkampf geflossen seien, beraumte sie eine Sitzungsunterbrechung an. Nachdem wir zurück waren und ich das Thema erneut aufzugreifen versuchte, schnitt sie mir kühl das Wort ab. Als ich fragte, ob sie die Wahrheit wissen oder mit ihren sinnlosen Fragen fortfahren wolle, drohte sie mir mit einem Verweis wegen Missachtung des Ausschusses. Ingersol vermied es sorgsam, auf die russischen Kontakte und das Mailänder Treffen zu sprechen zu kommen. Sie stellte keine einzige Frage zu der Behauptung, Tamraz habe sich den Zugang zum Weißen Haus erkauft. Kein Wort zu Fowlers Preisliste. Nichts davon, dass er Ted Kennedys Frau bezahlte. Nichts davon, dass auch der Sohn von Außenminister Warren Christopher auf Tamraz' Lohnliste stand. Nichts über die anderen politischen Persönlichkeiten – darunter der demokratische Senator Tom Harkin aus Iowa –, die allem Anschein nach Spenden von dem stets leutseligen, notorisch großzügigen Tamraz eingestrichen hatten. Nichts und wieder nichts. Mir kam es vor, als wäre ich versehentlich in die falsche Anhörung geraten.

Erst bei ihrer allerletzten Frage begriff ich, wo sie die Geschworenen haben wollte. »Hat Tamraz Ihnen je einen Job angeboten?«, fragte sie, wobei sie ihren Blick durch den Saal schweifen ließ, um sicherzugehen, dass die Juroren die ernsthaften Konsequenzen aus ihrer Frage auch gebührend zur Kenntnis nahmen.

Da war sie in all ihrer Pracht: die eine Frage, einzig dazu gedacht, alles in Misskredit zu ziehen, was ich über Russland und das DNC in der Befragung hatte unterbringen können. Wie jeder gute Ankläger kannte auch Ingersol die Antwort im Voraus. Sie hatte mit genügend Bekannten von Tamraz gesprochen, um zu wissen, dass er jedem, der ihm über den Weg lief, einen Job anbot – von den Kellnern im Four Seasons angefangen bis hin zu zwei Kongressbediensteten, die nach Genf geflogen waren, um ihn zu befragen. Wahrscheinlich hatte er sogar Heslin einen angeboten. Die Jury wusste davon freilich nichts. In der Fassung der Ereignisse, die Ingersol für sie zusammengestellt hatte, reduzierte sich die ganze Tamraz-Affäre auf einen bestechlichen CIA-Beamten, der sich am System zu bereichern suchte, und weiter nichts – ein perfektes Ablenkungsmanöver, das die Aufmerksamkeit von Tamraz' Wahlkampfspenden und den Russen ablenken sollte. Ohne Zweifel wusste Laura Ingersol, wer bei Gericht die Honorarschecks unterzeichnete.

Die im Fernsehen übertragenen Senatsanhörungen zur Wahlkampffinanzierung verliefen nicht anders. Niemand wollte die Russengeld-Frage antasten. Das Einzige, was jedermann brennend zu interessieren schien, waren die prickelnden Gerüchte über die CIA. Und warum auch nicht? Ein CIA-Beamter, der Scheingeschäfte für einen zwielichtigen Ölmenschen im Nahen Osten tätigte, befriedigte jedermanns Neugier. Die Senatoren Kennedy, Harkin und andere zumindest legten garantiert keinen Wert darauf, sich länger bei Tamraz' Freigebigkeit aufzuhalten. Die Republikaner wussten außerdem, dass auch das National Republican Senatorial Committee die Hand aufgehalten hatte, die Reagan-Administration ebenso. Und natürlich waren die Demokraten verständlicherweise peinlich berührt in Anbetracht der Möglichkeit, dass ein Teil der besten TV-Werbezeit für ihren amtierenden Chef womöglich mit Rubel des KGB erkauft worden sein konnte. Wäre es nicht um den Unterhaltungswert gegangen, so hätte man Roger vielleicht überhaupt nicht vor den Ausschuss zitiert. Allein und ohne Anwalt inszenierte Roger mit seinem Versprechen, seinen Beitrag beim nächsten Mal auf 600 000 Dollar zu verdoppeln, einen brillanten Theaterdonner, unter dessen Getöse sich der Vorhang auf das ganze heuchlerische Szenario herabsenkte.

Was mich betraf, so kam ich in den Anhörungen als ausgemachtes Schlitzohr herüber, besonders denkwürdig jener Augenblick, als der demokratische Senator Dick Durbin aus Illinois, der Heslins Version der Dinge ganz ohne Zweifel geschluckt hatte, fragte: »Womit verdient der Kerl eigentlich sein Geld? Hört sich an, als arbeite er für die Handelskammer.« Aber ich konnte nicht umhin, zu bemerken, dass ich der einzige Zeuge war, dem es erspart blieb, persönlich erscheinen zu müssen. Senator Fred Thompson musste davon gehört haben, dass ich, wenn ich meine große Klappe einmal aufgemacht hatte, um mich über Gelder aus dem Ausland zu verbreiten, nicht so rasch dazu zu bewegen war, sie wieder zu schließen. Statt mich persönlich auftreten zu lassen, verfasste die CIA eine einseitige Zusammenfassung der Tatsachen, die so gut wie nichts aussagte.

Wie beendet man eine Karriere, die einen so tief in die Abgründe der Finsternis hat blicken lassen und einem so viele von den Geheimnissen enthüllt hat, die dort verborgen liegen? Ich wollte nicht im Bösen scheiden, aber ich wollte mich auch nicht wortlos davonschleichen. Ein Vierteljahrhundert hatte ich damit zugebracht, Wissen zusammenzutragen und ein paar meiner Instinkte bezüglich der schlimmsten Typen und der gefährlichsten Organisationen auf dem Planeten zu schärfen. Ich beschloss herauszufinden, nach bestem Wissen und Gewissen zu ergründen, welche Wahrheit sich hinter dem vom Iran gesponserten Terrorismus verbarg.

Vielleicht, so dachte ich, brächte mich meine Suche zu dem, wie ich fand, größten Geheimnis von allen, zu einer Antwort auf die Frage, die mich seit über dreizehn Jahren beschäftigte: Wer hatte die amerikanische Botschaft in Beirut bombardiert, und warum wurden die Schuldigen nie der Gerechtigkeit überantwortet? Ich wollte nichts weiter als die losen Fadenenden zusammenführen, vor allem natürlich, da man mich von der Fährte zurückgepfiffen und nach Tadschikistan und in den Nordirak beordert hatte. Wenn Sie mich fragen, so war die Bombardierung der US-Botschaft der verworrenste Faden in meiner ganzen Laufbahn. Aber es ging um mehr als nur darum, meine persönliche Neugier zu befriedigen. Wer auch immer die Botschaft bombardiert hatte, es musste jemand sein, mit dem auch weiterhin zu rechnen war. Er – oder sie – verfügte über den Willen, die Erfahrung und die Entschlossenheit, ungeheuren Schaden anzurichten. Wenn wir nicht herausfinden konnten, wer es gewesen war, ja, nicht einmal zu klären imstande schienen, welche Art von Sprengstoff er benutzt hatte, bestand die Gefahr, dass sich so etwas wiederholen könnte, und dies unter Umständen in ganz anderen Dimensionen. Das wollte ich nicht auf mein Gewissen laden, wenn es sich vermeiden ließ, und obendrein war inzwischen nicht mehr zu übersehen, dass die neue politisch opportunistische CIA dieser Aufgabe weder gewachsen noch an ihr interessiert war.

Es gab noch ein weiteres Argument, das für eine nochmalige Auseinandersetzung mit dem iranischen Terrorismus sprach: Ich befand mich dabei nicht nur auf vertrautem Terrain, sondern war überdies davon überzeugt, dass dies das letzte Thema war, das die Washingtoner Politiker zu ihrem persönlichen Vorteil ausschlachten würden. Sicher, ich hatte Sheila Heslins Versuch erlebt, unsere Operation gegen die iranischen Pasdaran zu blockieren, aber sie war eine Einzelperson gewesen und zudem am Ende doch überstimmt worden. Auch hatte ich Gerüchte gehört, denen zufolge die Clinton-Administration den Leuten, die Ermittlungen bezüglich des Bombenattentats auf die Kaserne in El Khobar anstellten, Knüppel zwischen die Beine geworfen hatte. Aber ich hielt das für eine Übertreibung: Nicht einmal das Weiße

Haus würde es wagen, einen Terroranschlag zu verschleiern, dem neunzehn Soldaten zum Opfer gefallen waren.

Für den Anfang nahm ich mir eine Computerrecherche sämtlicher bekanntermaßen zuverlässiger Geheimdienstaufzeichnungen über die Geiseln im Libanon vor. Das Erste, was mir auffiel, war, dass der Iran ab März 1991, von dem Augenblick an, da er sich entschlossen hatte, die Geiseln freizulassen, keinerlei Versuch mehr unternommen hatte, seine Mitwirkung zu verbergen. Zwei hochrangige Pasdaran-Vertreter, Feridoun Mehdi-Nezhad und Hussein Mosleh, hatten die Freilassung persönlich überwacht. Am 28. April flogen die beiden Männer dann nach Damaskus, um sich mit Imad Mughnija zu treffen. Ihre Botschaft war eindeutig: Der Iran werde aus dem Geiselgeschäft aussteigen, und mit ihm die nebulöse IJO. Der Befehl dazu komme, so wurde erklärt, direkt vom geistlichen Führer des Iran, Ayatollah Khomeini. Mughnija reiste noch am selben Tag nach Beirut und begann Vorbereitungen hinsichtlich Vollstreckung der iranischen Anweisungen zu treffen. Im September 1991 verbrachten Mehdi-Nezhad und Mosleh mehr oder weniger ihre gesamte Zeit in Beirut, gaben Deckadressen, konspirative Wohnungen auf, bezahlten Wachen aus, bereiteten Kommuniqués vor und versicherten gleichzeitig dem Islamischen Dschihad, dass der Iran das Terrorismusgeschäft nicht ganz und gar aufgeben werde. Es werde genug Arbeit für die Organisation bleiben.

Als ich mir darüber im Klaren war, sah ich die Unterlagen über die Freilassung der französischen Geiseln im Jahr 1987 noch einmal durch und suchte nach Parallelen, tatsächlich war das Prozedere im Großen und Ganzen das Gleiche gewesen. Im Anschluss an die Freilassung erfüllte Premierminister Jacques Chirac dem Iran sämtliche seiner Wünsche und sah zu, wie Mehdi-Nezhad und Mosleh in Aktion traten, dem iranischen Pasdaranableger im Libanon und dem Islamischen Dschihad ihre Anweisungen übermittelten. Am 26. November 1987 verfasste die Pasdaranvertretung in der Sheikh-Abdallah-Kaserne eine Pressemitteilung zu zwei der Geiseln, Roger Auque und Jean-Louis Normandin, und ließ sie ins Arabische übersetzen. Am darauf folgenden Tag erhielten die Franzosen ihre Freiheit zurück.

Je tiefer ich in den Archiven grub, desto deutlicher schälte sich eine verblüffende Tatsache heraus: Mehdi-Nezhad und Mosleh standen im Mittelpunkt jeder größeren terroristischen Pasdaranoperation. Ihre Verstrickung reichte bis an den Beginn der Achtzigerjahre zurück, damals waren die beiden nach der Invasion der Israelis nach Baalbek verpflichtet worden. Sie waren auch dabei, als unsere amerikanischen Landsleute als Geiseln in den Quartieren der verheirateten Offiziere der Kaserne eingekerkert wurden, und tauchten immer wieder am Rande weiterer Unternehmen auf. Während der Entführung von TWA-Flug 847 traf Mehdi-Nezhad mit Mughnijas Stellvertreter zusammen. Als sich das Drama auf dem Rollfeld des Beirut International Airport zuspitzte, sah man ihn am Rande des Geschehens im Gespräch mit Mughnija. Wir kennen das Thema dieses Gesprächs nicht, aber es muss wichtig genug gewesen sein, wenn es Mughnija veranlasste, sich an diesem hektischen, mörderischen Tag Zeit dafür zu nehmen.

Vor allem Mehdi-Nezhad schien nicht nur in Terroranschläge von libanesischem Gebiet aus verwickelt zu sein, sondern auch in viele andere Vorkommnisse. Im Jahr 1989 führte er persönlich ein iranisches Mordkommando an, das einen kurdischen Führer in Wien umbrachte. Einer seiner libanesischen Agenten, Talal Hamija, war an zwei Anschlägen in Buenos Aires beteiligt. Er selbst war in den Bombenanschlag auf die El-Khobar-Kaserne in Saudi-Arabien verwickelt. Auch in den Annalen der Fluggesellschaft PanAm tauchte Mehdi-Nezhad immer wieder auf, wie Sie sich vielleicht erinnern: im Januar 1988 im libyischen Tripoli, im Juli 1988 erneut in Frankfurt – sechs Monate bevor PanAm-Flug 103 über Lockerbie explodierte. War er womöglich der Pasdaranoffizier, der mit Mohammed Hafiz Dalkamoni im Bekaa-Tal zusammentraf, um ihm beizubringen, wie man ein amerikanisches Flugzeug in die Luft jagte? All das waren allenfalls Mutmaßungen, aber der Mann hatte nun einmal keinen guten Leumund.

Ein Phantom, gegen das ich bei meinen Nachforschungen permanent anrannte, war die IJO. Wo auch immer eine neue Schreckenstat den Nahen Osten oder andere Regionen erschütterte, schien sie aus dem Nichts aufzutauchen und sich dann wieder nahtlos im Dunkeln zu verlieren. Wir wussten, dass sie enge Bande mit den iranischen Pasdaran unterhielt, aber wir wussten so gut wie nichts über ihre Kommandostruktur, ihre Rekrutierungsmethoden, ihr Personal, ihre Ausbildungslager, geschweige denn sonst irgendetwas. Wie war das möglich? Oder, genauer ausgedrückt: Wie um alles in der Welt wollte man die Sprengung einer Botschaft und andere Gewalttaten aufklären, wenn man die Gruppe, die sich zu einem Großteil dieser Anschläge bekannte, nicht unterwandern konnte?

Und dann dämmerte es mir: So verborgen die Antwort im einen Moment noch gewesen war, so klar und deutlich stand sie mir nun plötzlich vor Augen: Die IJO hatte es nie gegeben. Es war lediglich ein Name, den die Pasdaran für ihre Bekennerschreiben bei terroristischen Anschlägen benutzten. Und, ärger noch: Die CIA hatte immer gewusst, dass die IJO nur eine Fassade der Iraner war. Aus den Dokumenten, die ich ausgegraben hatte, ging ganz klar hervor, dass die CIA spätestens 1997 sämtliche Kommandostrukturen in- und auswendig kannte, genau wie sie darüber im Bilde war, dass Ayatollah Ali Khamenei und Präsident Rafsandschani jede terroristische Operation von iranischem Boden aus billigten. Wenn ich mir die Beweise vor meiner Nase genau ansah, stand das Resultat unverrückbar fest: Die Islamische Republik Iran hatte im Geheimen den USA den Krieg erklärt, und die USA hatten beschlossen, dieses zu ignorieren.

Noch immer wurde ich das Gefühl nicht los, etwas übersehen zu haben, also begab ich mich zu einem Fachmann, der den Iran seit der Revolution 1979 genau beobachtet hatte. Im Folgenden soll er Jim heißen. Als notorischer Einzelgänger verursachte Jim vielen Bürokraten Unbehagen. Er hielt sich strikt an Tatsachen und wich und wankte nicht, egal wie brenzlig es werden mochte. Der einzige Weg bestand darin, ihn von sensiblen Problemzonen wie dem Iran fern zu halten, doch ebenso wie ich machte auch er sich seine eigenen Aufzeichnungen.

Ich setzte Jim auseinander, was ich festgestellt hatte. Ich zeigte ihm den Stapel Dokumente, den ich zusammengetragen hatte, die wichtigen Stellen hatte ich gelb markiert. »Für wen arbeiten Mehdi-Nezhad und Mosleh?«, wollte ich wissen.

»Das ist eine Frage, über die ich mir selbst lange den Kopf zerbrochen habe«, meinte Jim und schob den Stapel wieder zu mir. Er kannte die Unterlagen längst. »Mosleh war der interessantere Fall. Schon sehr früh, im Jahr 1983, sind wir über seinen Namen gestolpert. Zuerst war immer nur die Rede von Sheikh Hussein von Khurasan. Wir kannten weder seinen vollen Namen noch seinen Titel, und niemand schenkte ihm größere Aufmerksamkeit. Man vermutete zunächst, dass er ein machthungriger Einzelgänger ohne Position innerhalb der iranischen Regierung sei. Ich habe ihn dennoch nicht links liegen lassen. Er schien überall dort zu sein, wo es Ärger gab. Mit Mughnija ist er oft zusammengekommen. Erst viel später, als Mughnija den Algeriern in die Hände gefallen war, schuf ein Mitglied der IJO die Verbindung und identifizierte seinen richtigen Namen: Hussein Mosleh. Mit ein paar Nachforschungen fand ich heraus, dass Mosleh die IJO auf die Beine gestellt hatte. Er verfügte über gute Verbindungen zur Fatah und organisierte die IJO nach dem gleichen Prinzip wie diese ihre Gruppierung Schwarzer September – keine identifizierbaren Führer, keine Ämter, kein Logo. Mit anderen Worten: im Falle terroristischer Operationen keine Absenderadresse. Und jawohl, Sie haben Recht, der IJO ist eine Legende, nur dazu gedacht, die iranische Beteiligung an ihren Operationen zu tarnen.«

»Darauf war ich mehr oder weniger schon gekommen«, erklärte ich. »Aber seit wann weiß die CIA das?«

»Das versuche ich Ihnen gerade zu verklickern. Von Anfang an. Sie hatte es schwarz auf weiß, zumindest wenn man die Beweise objektiv betrachtet hätte.«

Jim griff nach einem Papierstoß aus dem Aktenstapel, blätterte ihn durch und zerrte die besten Berichte daraus hervor, um sie mir zu zeigen.

Mir fiel der Unterkiefer herunter: »Warum habe ich das alles nicht gewusst, als ich in Beirut war?«, fragte ich.

»Weil das ganze ergiebige Zeug von der Hostage Task Force gehortet worden war.«

Die Hostage Task Force, eine Sondereinheit, bestand aus einem halben Dutzend Experten, die von Zeit zu Zeit privat zusammenkamen, um sich über Geiselnahmen auszutauschen. Sie führten kein Protokoll, gaben keine Lageeinschätzungen ab und erstellten keine Datenbanken. Unter normalen Umständen hätte sie ein so genanntes National Intelligence Estimate (NIE) der Geiseln und des iranischen Terrorismus verfassen müssen. Das war aber nicht geschehen. Das Rohmaterial für die Berichte war schlicht und einfach unterschlagen worden, einzig und allein, um es dem Kongress und der Presse vorzuenthalten. Das Gleiche geschah übrigens im Falle Saudi-Arabien. Der CIA wurde nicht gestattet, ein NIE über die wachsende Gefahr durch fundamentalistische Gruppen dort vorzulegen. Wenn davon etwas durchgesickert wäre, hätte man damit die königliche Familie vor den Kopf gestoßen. All das hätte ich längst wissen müssen.

Ich hatte noch eine letzte Frage. »Was haben wir über den Iran und den Bombenanschlag auf die Botschaft 1983 gewusst?«

Jim holte tief Luft und brachte aus den Tiefen seines Safes ein dreiseitiges Schreiben zum Vorschein. »Werfen Sie einen Blick auf dieses Prachtstück.«

Es war ein Geheimdienstbericht vom März 1982 – ganze dreizehn Monate vor dem Anschlag –, der zum Inhalt hatte, dass der Iran mit einem terroristischen Netz in Verbindung stehe, das imstande sei, die amerikanische Botschaft in Beirut zu zerstören. Ein Folgebericht nannte sogar ausdrücklich ein Datum, an dem das Attentat ausgeführt werden sollte. Die Information stammte aus erster Hand, die Quelle war durch und durch verlässlich.

Noch eine weitere Frage wollte ich beantwortet haben, bevor ich meine Nachforschungen einstellte: Ich hatte immer meine eigenen Vermutungen bezüglich dessen gehabt, was in der Iran-Contra-Affäre als »zweiter Kanal« bekannt geworden war – eine Verbindung, die sich aufgetan hatte, als sich das Einschreiten von Ghorbanifar als ein solcher Reinfall erwiesen hatte. Ali Haschemi-Bahramani, der Neffe von Präsident Rafsandschani, war die maßgebliche Figur bei diesem zweiten Kanal gewesen, doch gegen Ende der Affäre war bei einem Treffen mit Ollie North und George Cave am 29. Oktober 1986 in Mainz neben Bahramani ein zweiter Iraner aufgetaucht. Damals hatte ich nicht herausbekommen können, wer er war oder warum er die Bühne betreten hatte. Als ich nun die Unterlagen zur Iran-Contra-Affäre durchblätterte, fand ich, was ich suchte. Nach etwa der Hälfte der Zusammenkunft kam ein mysteriöser Iraner ins Spiel, der sich Ajjub Mozzafari nannte. Und wie lautete sein richtiger Name? Ich darf die Belege dafür hier nicht nennen, aber an der Antwort war nicht zu rütteln: Feridoun Mehdi-Nezhad. Bei ihren Bemühungen um die Freilassung der Geiseln hatten die Amerikaner Geschäfte mit dem Spitzenterroristen des Iran gemacht. Und, nicht minder pikant als das, fand ich heraus, dass Mehdi-Nezhad inzwischen dem Lager des iranischen Präsidenten Mohammed Khatami angehörte – desselben Khatami, den das offizielle Washington als Hoffnungsträger für bessere Beziehungen zwischen den USA und dem Iran erachtet.

Eine letzte Frage wollte ich noch erschöpfender beantwortet haben: die Beziehung zwischen Mughnija und Osama bin Laden. Falls es eine gab – was zwei fragmentarische Beweisstücke nahe legten –, so würde damit Amerikas schlimmster Albtraum wahr. Wir mutmaßten von Anbeginn an stark, dass Bin Laden an dem Bombenattentat auf die ägyptische Botschaft in Islamabad beteiligt gewesen war. Seine Fingerabdrücke fanden sich überall. Kurz darauf erfuhren wir, dass Mughnijas Stellvertreter einem der Planer des Attentats einen gestohlenen libanesischen Pass beschafft hatte. Sechs Monate später fanden wir heraus, dass einer von Bin Ladens gefährlichsten Partnern eines der Beiruter Büros von Mughnija angerufen hatte. Keines der hier angeführten Beweisstücke kommt einem rauchenden Colt gleich, aber sie sollten jedermann besorgt stimmen, der sich mit Terrorismus beschäftigt.

Was mich betraf, so ließen diese beiden Vorfälle meinen ohnehin wachsenden Zorn weiter anschwellen. Ob es sich nun um Osama bin Laden handelte, um Jassir Arafat, Saddam Hussein, um Terroranschläge von iranischem Boden aus oder um irgendein anderes der zahlreichen Übel, von denen die Welt bedroht wurde – die Clinton-Administration schien entschlossen, sie sämtlich unter den Teppich zu kehren. Ronald Reagan und George Bush vor ihm hatten sich nicht viel anders verhalten. Die Parole in Pennsylvania Avenue Nummer 1600 schien immer zu lauten: Überstehe deine Amtszeit. Halte die Zeitungen frei von schlechten Nachrichten. Schmeiße die Nörgler raus. Kratze – möglichst tonnenweise – Geld für die nächste Wahl zusammen und überlasse es der nächsten Regierung, sich mit allem anderen herumzuschlagen. Und zu allem Übel hatte sich meine gute alte CIA entschlossen, das Spiel mitzumachen. Nun, da sich diese beängstigende Politik der Nachlässigkeit in so entsetzlicher Weise zu rächen beginnt, vermag ich allerdings keinerlei Genugtuung darüber zu empfinden, dass ich Recht gehabt habe.

Als sich meine Recherchen Ende November 1997 allmählich dem Ende zuneigten, fing ich an, mich ernsthaft mit dem Gedanken an ein Ausscheiden aus der CIA zu befassen. Das FBI und die Nachforschungen unseres eigenen Generalinspekteurs hatten mir mehr als genug Einblick vermittelt in das, was ich über die Behörde wissen musste. Die Politik machte ihren Einfluss bis in die untersten Ebenen geltend, bis hinunter auf die Einsatzebene, meinem Tätigkeitsbereich. Ich hatte immer geglaubt, das DO sei immun. Es war ein Irrtum.

Ich war zur CIA gegangen, weil ich gehofft hatte, dort ein Scheibchen Wahrheit ergattern zu können, das nicht jedermann zugänglich war. In gewissem Sinne hatte ich sogar gesiegt. In meinen letzten Monaten dort konnte ich das Bombenattentat auf die Beiruter Botschaft zumindest zu meiner eigenen Zufriedenheit aufklären. Der Iran hatte es angeordnet, und ein Netz von Fatah-Leuten hatte es ausgeführt. Bei alledem hatte ich einen Blick erhaschen können hinter die Fassade einer dem Zusammenbruch nahen Supermacht, und ich hatte mich viel zu viele Tage und Nächte mit einer Bande von Akteuren herumgeschlagen, die kein Romancier je würde erfinden können. Trotz allem Auf und Ab war es eine gute Episode in meinem Leben gewesen, und nun war es Zeit zu gehen. Ich war mir auch darüber im Klaren, dass ich meinen Vertrauensbonus aufgebraucht hatte. Die CIA, der ich einundzwanzig Jahre lang angehört hatte, veränderte sich viel zu rasch, als dass ich hätte mithalten können. Vielleicht hätte ich versuchen sollen, mich in eine Führungsposition zu hieven, um auf die Agency von oben her verändernd einzuwirken, aber das wäre nicht mein Stil gewesen.

Eines Freitagnachmittags marschierte ich daher die sieben Treppen zum Büro des Operationschefs Jack Downing hinauf und übergab seinem Assistenten mein Kündigungsschreiben. »Dieser Cowboy hängt seine Sporen an den Nagel«, erklärte ich mit leicht zitternder Stimme. Downing bat mich auf der Stelle zu sich herein. Zwanzig Minuten lang versuchte er mich davon zu überzeugen, dass die CIA wieder so werden würde, wie sie gewesen war, und es dort einen Platz für mich gebe. Ich konnte ihm jedoch ansehen, dass er selbst nicht daran glaubte. Die CIA war zu einem Ozeanriesen angewachsen, sie zur Umkehr zu bewegen, würde Jahrzehnte dauern, immer vorausgesetzt, die gegenwärtigen Machthaber wollten die Kursänderung überhaupt. »Ich lasse Sie ungern gehen«, erklärte Downing schließlich. »Doch ich verspreche Ihnen, dass Sie einen Orden für Ihre bemerkenswerten Leistungen bekommen werden.«

Er hielt Wort und sorgte dafür, dass mir am 11. März 1998 die Career Intelligence Medal verliehen wurde, offizieller Unterzeichner der Urkunde war mein alter Klassenkamerad George Tenet. Diese Ehrung erwies sich als das eine Geheimnis, das die CIA für sich behalten konnte. Ich erfuhr erst zwei Jahre später davon, Freunde riefen mich an und erzählten es mir schließlich. Trotzdem habe ich noch immer meine Freude daran, vor allem an der einen Stelle im Urkundentext, an der es heißt: *Er hat sich im Dienste seines Landes wiederholt persönlich in Gefahr gebracht und sich schwersten Aufgaben gestellt.*

Vielleicht hat es ja doch jemand bemerkt.

EPILOG

Als am Morgen des 11. September 2001 die vielen von uns so vertraute Welt in Stücke zu gehen schien, befand ich mich in meiner Wohnung in Washington D.C., nur wenige Straßen vom Capitol entfernt. Hätten die Passagiere zugelassen, dass United-Airlines-Flug 93 sein geplantes Ziel erreichte, so wäre mir nicht entgangen, wie die Maschine auf das Weiße Haus stürzte. Wäre das Ziel das Capitol gewesen – was ebenso gut hätte der Fall sein können, so hätte ich die Erschütterung des Aufpralls gespürt. Jemandem wie mir musste die Ironie des Ganzen ins Gesicht springen. Nach zwei Jahrzehnten in einigen der wirklichen Höllenorte auf Erden war ich erst vor kurzem ins Herz der mächtigsten Nation der Erde zurückgekehrt, einer Nation, die sich beschützen lässt von einer Streitmacht, wie sie die Welt nie zuvor gesehen hat, und überwachen von Sicherheitsdiensten im In- und Ausland, deren Mitarbeiterzahl in die Hunderttausende geht. Und was hatte die Stadt gerettet, in der ich lebte? Nicht die CIA. Nicht das FBI. Weder Luftwaffe noch Marine, noch Heer. Sondern die mutige Unerschrockenheit und Entschlossenheit einer Hand voll Durchschnittsamerikaner. Wie ich zu Beginn des Buches bereits gesagt habe, packt mich der Zorn, wenn ich über diesen kläglichen Umstand nachdenke. Jeder Einzelne von uns hat das Recht, mehr von denjenigen zu erwarten, die wir mit solcher Macht ausstatten.

Aber es gibt noch ein Gefühl, das sich meiner im Gefolge der Anschläge bemächtigte, während ich im Fernsehen verfolgte, wie Tod und Grauen in New York und auf der anderen Seite des

Potomac River in Virginia ihren Lauf nahmen. Hätten mich nicht private Verpflichtungen gehalten, ich wäre abgehauen, und zwar in Windeseile. Die Leute, die diese Anschläge geplant haben, sind gut. Sehr gut. Ich hatte zu viel über ihre militärischen Möglichkeiten gelernt – von ausgefeilten chemischen Sprengköpfen angefangen bis hin zu strategischen Kernwaffen. Ich wusste auch, dass sie nicht zu entmutigen wären, wenn Osama bin Laden gefangen genommen und auf einem Siegeszug durch die Straßen von Lower Manhattan in einem Käfig zur Schau gestellt würde oder wenn man Afghanistan in die Steinzeit zurück bombte.

Sind die Anschläge vom 11. September der fruchtbaren Fantasie Osama bin Ladens entsprungen? Ich weiß es nicht mit Gewissheit, und ich bin nicht sicher, dass es jemals jemand genau wissen wird. Völlig sicher bin ich mir allerdings dessen, dass es Osama bin Ladens Interessen in geradezu idealer Weise dient, wenn wir das glauben. Terroristische Kampagnen richten sich nicht allein gegen den Feind. Sie sind auch Feldzüge zur Rekrutierung von Anhängern, und durch die Dämonisierung bin Ladens, dadurch, dass er von uns zum Genius hinter den Anschlägen und Erzfeind hochstilisiert wurde, haben wir dafür gesorgt, dass die desillusionierten, wütenden und verzweifelten jungen Männer der muslimischen Welt seiner Sache in Scharen zulaufen werden, ungeachtet dessen, ob er nun tot ist oder lebt, um sie anzuführen. Und, jawohl, es gibt mehr solche Männer, als wir zählen können.

Hat Osama bin Laden bei der Durchführung der Anschläge allein durch sein terroristisches Netzwerk El-Kaida gehandelt? Hierüber weiß ich sehr viel besser Bescheid, und die Antwort ist ein nachdrückliches Nein.

Schon bevor ich Ende 1997 die CIA verließ, wussten wir, dass Bin Laden an die Iraner appelliert hatte, ihre Bestrebungen zur Unterminierung zentralasiatischer Regierungen zu beenden und stattdessen ihm bei einem Feldzug gegen die Vereinigten Staaten zur Seite zu stehen. Wir wussten auch, dass Bin Ladens Verbündete, die ägyptische Gama'at, 1996 Kontakt zu Imad Mughnija aufgenommen hatte, der meinen persönlichen Nachforschungen zufolge hinter dem Bombenanschlag auf die amerikanische Botschaft in Beirut im Jahr 1983 steckte. Nehmen Sie noch Bin Ladens Verbindungen zu den ägyptischen Fundamentalisten hinzu, und schon haben Sie die fürchterlichste terroristische Koalition, die die Geschichte je gesehen hat.

Wir müssen uns überdies vor Augen halten, das die islamistischen Terroristen, mit denen wir es zu tun haben, sich nicht durch auf Selbstschutz bedachte Bürokratien behindern lassen. Sie geben sich nicht mit Institutionen und Egos ab. Bei der Verfolgung ihrer Ziele bilden sie spontane Netzwerke, die sich nach Beendigung einer Mission augenblicklich in nichts auflösen, nur um zu einem späteren Zeitpunkt in anderer Zusammensetzung wieder zu erstehen. Und Osma bin Laden verfügt über sämtliche notwendigen Verbindungen, um das womöglich gefährlichste Spontannetzwerk aller Zeiten zu etablieren. Sobald er sich in Afghanistan niedergelassen, seine Ausbildungslager eingerichtet und die Nachricht ausgesandt hatte, er sei bereit, jenseits des Atlantiks Gewalt zu säen, war es lediglich eine Frage der Zeit, bis er und seine Leute zuschlugen. Die Frage war immer nur gewesen, wie und wann, was und wo, niemals ob.

Dem Echo der Anschläge habe ich mein eigenes kleines Puzzlestückchen hinzuzufügen.

Nach meinem Weggang von der CIA zog ich nach Beirut und machte mich dort zusammen mit einem anderen ehemaligen CIA-Angehörigen als Berater selbstständig. Das Territorium dort war mir weit besser vertraut als das offizielle Washington. Auch war es der Ort, an dem ich über die besten Kontakte verfügte – darunter freilich auch ein paar, auf die ich nicht so besonders erpicht war: Auf dem Höhepunkt des Internet-Booms am Aktienmarkt schlug mir beispielsweise einer der einstigen Partner von Mughnija vor, mit ihm zusammen eine ».com-Firma« zu eröffnen.

Jedoch interessanter noch als das, fand sich unter den Klienten (ich verwende dieses Wort mit Bedacht), die wir anzogen, auch ein Mitglied aus einer Herrscherfamilie der Golfregion, das damals in Damaskus lebte und mehrfach vergeblich versucht hatte, seinen Cousin, den Emir, zu stürzen. Wir kamen in unregelmäßigen Abständen an einem Treffpunkt in der Wüste auf halbem Wege zwischen unserem Büro und seinem Haus mit ihm zusammen, und als wir eines Abends im Dezember 1997 dicht aneinander gekauert ums Feuer saßen, um uns der Nachtkälte zu erwehren, erzählte er uns seine Geschichte:

Zu der Zeit, als er noch Polizeichef seiner Regierung gewesen war, kam er dahinter, dass seine Regierung eine von Osama bin Ladens Zellen beherbergte. Die beiden wichtigsten Mitglieder dieser Zelle waren nach seinen Aussagen Shawqi Islambuli, dessen Bruder im Jahr 1981 Anwar as-Sadat ermordet hatte, und Khalid Sheikh Mohammed, dessen Spezialgebiet Flugzeugentführungen waren. Im Weiteren erzählte uns der Prinz, dass seine Regierung Mohammed und Islambuli mit falschen Pässen versehen habe, als das FBI versucht hatte, die beiden zu verhaften, und sie außer Landes geschmuggelt habe. Beide hätten sich schließlich in Prag niedergelassen.

Aus dem Agentengeschäft auszusteigen erwies sich als weit schwieriger als gedacht. Als hätte ich nie gekündigt, leitete ich Anfang 1998 alles, was ich von dem ehemaligen Polizeichef erfahren hatte, an die CIA weiter. Selbstredend gab es keine weiteren Nachfragen. Keine Antwort. Kein Hinweis darauf, dass meine Nachricht überhaupt auf jemandes Schreibtisch gelandet war, der sich die Mühe gemacht hatte, sie zu lesen. Es war genau wie seinerzeit bei dem fehlgeschlagenen Putsch im Irak.

Erst drei Jahre später, im Frühsommer 2001, unterrichtete mich ein Gefolgsmann meines Prinzen, ein Militärbeamter, der noch im Dienst seiner Regierung stand, davon, dass er etwas über eine angeblich bevorstehende spektakuläre Aktion erfahren habe. Er behauptete auch, die Namen von Bin Ladens Handlangern im Jemen und in Saudi-Arabien zu kennen. Er lieferte uns eine Computeraufstellung von mehreren hundert Bin-Laden-Gefolgsleuten in der Golfregion. Im August 2001 traf ich mich auf Wunsch des Militäroffiziers mit einem Berater des saudi-arabischen Verteidigungsministers Prinz Sultan bin 'Abd-al-Aziz. Dieser Mann weigerte sich, die Liste anzuschauen oder an den Sultan weiterzureichen. Offensichtlich ging Saudi-Arabien nach demselben Handbuch der Vogel-Strauß-Politik vor wie die CIA.

Alles läuft auf die Erkenntnis hinaus, dass wir wieder anfangen müssen, Leuten zuzuhören, gleichgültig wie unerquicklich das Gehörte sein mag. Die CIA hat keine andere Wahl, als sich wieder unters Volk zu begeben und mit den Leuten zu reden – mit Leuten, die dahin gehen können, wohin sie nicht gehen kann, sehen, was sie nicht sieht, und hören, was sie nicht hört. Das war die CIA, der ich 1976 beigetreten war, keine mit Satellitentechnologien bewaffnete Behörde, die sich vor ihrem eigenen Schatten fürchtete, sondern eine Institution, in der man den Mut hatte, in die Wildnis aufzubrechen und sich der Dinge anzunehmen, die man dort vorfand. Und ehe wir nicht wieder eine solche CIA haben – eine mit vielen tausend Ohren und Augen, die sich genau dort tummeln, wo diejenigen, die Übles im Sinn haben, ihre Pläne schmieden –, kann sich meiner Ansicht nach niemand von uns mehr sicher fühlen.

Wir – die USA und die westliche Welt – befinden uns im Krieg, in einem Krieg gegen einen Feind, der über keine Infrastruktur verfügt, die sich zerschlagen lässt, keine Flugzeuge, die sich vom Himmel holen und keine Boote, die sich auf den Grund des Meeres versenken lassen, nur über ein paar wenige, kostbare Panzer, die sich zum Vergnügen der CNN-Zuschauer in die Luft jagen lassen. Die einzige Möglichkeit, einen solchen Feind zu besiegen, liefern uns die Fähigkeiten der Geheimdienste; dass wir wissen, was er als Nächstes vorhat, und auf ihn vorbereitet sind, wenn er zuschlägt. Und die einzige Möglichkeit, solche Informationen zu sammeln, besteht darin, dass wir den politischen Willen entwickeln, diejenigen, die wissen, wie sie an Geheimnisse kommen, ihre Arbeit machen zu lassen, so trübe der Sumpf auch sein mag, in dem sie fischen. Ich wünschte, ich hätte das Zutrauen, dass wir willens sind, uns auf diesen Weg zu begeben und ihn konsequent zu gehen.

DANK

Ich möchte gern meinen ehemaligen Kollegen bei der CIA danken, die ihr Leben dem Bemühen gewidmet haben, Amerika eine Nachrichtendienstorganisation ersten Ranges zu geben, eine Organisation, wie es sie jetzt so bitter nötig hat. Ihre vielen Leistungen, die niemals publik gemacht werden können, sind die Grundlagen von allem, was ich selbst jemals im Dienst der CIA zu erreichen vermochte. Ich danke auch meinen arabischen und iranischen Agenten und Freunden, die mich voller Geduld durch die Komplexitäten des Nahen Ostens geleitet und mir die harten Fakten geliefert haben, die so wichtig dafür sind, um diese Region »dechiffrieren« zu können. Es tut mir nur Leid, dass keiner von ihnen mit Namen genannt werden kann. Mein besonderer Dank geht an Rafe Sagalyn, meinen – literarischen – Agenten, der als einer der Ersten eine Möglichkeit sah, ein Buch aus meiner Geschichte zu machen. Howard Means, Kristin Kiser und Steve Ross gewährten mir die redaktionelle Unterstützung, die eine wild wuchernde Geschichte in ein Buch verwandelte.

GLOSSAR

Amendment – siehe First Amendment

ACLU – American Civil Liberties Union: US-Verband, gegründet zum Zweck der juristischen Verteidigung von Bürgerrechten und Meinungsfreiheit

AK-47 – im Zweiten Weltkrieg entwickelte, ursprünglich aus der Sowjetunion stammende, heute noch gebräuchliche Handfeuerwaffe

Armor School – Panzerschule

blue water navy – spöttischer Ausdruck für die (hochseetüchtige) US-Kriegsmarine

Boston Whaler – in den USA sehr populärer (im Allgemeinen mit Außenbordmotor ausgestatteter) Bootstyp für Freizeitaktivitäten auf dem Wasser

case officer – CIA-Angehöriger, Projektbetreuer, der stets im Geheimen arbeitet

commissioner – hier: hoher Polizeibeamter, Jurist

CTC – Counterterrorism Center: US-Institution zur Bekämpfung terroristischer Aktivitäten

D.C. – (Washington D.C.), District of Columbia: 1791 geschaffener US-Distrikt mit Sonderstatus, der die Bundeshauptstadt mit einbezieht

Democratic National Committee (DNC) – Wahlvorstand der Demokratischen Partei in den USA für die Präsidentenwahl

DI – siehe Director(ate) of Intelligence

Director(ate) of Intelligence (DI) – in der CIA: Bereichsleitung bzw. -leiter für nachrichtendienstliche Aufklärungsarbeit

Director(ate) of Operations (DO) – in der CIA: Leitung bzw. Leiter im Bereich Aufklärung

DNC – siehe Democratic National Committee

DO – siehe Director(ate) of Operations

DST – Direction de la Surveillance du Territoire: französisches Gegenstück zur US-Bundespolizei FBI

Executive Order – in den USA: Weisung von höchster Stelle (dem Präsidenten)

FBI – Federal Bureau of Investigation: US-Bundeskriminalbehörde

First Amendment – Zusatzartikel zur US-Verfassung, der die Bürgerrechte (u. a. freie Religionsausübung) garantiert

Foreign Service – Auswärtiges Amt, US-Außenministerium, siehe auch State Department

General Councel – Justiz: leitender Beamter

Fulda Gap – Fuldaer Senke: militärstrategisch wichtiger Angriffs- bzw. Verteidungsbereich in der Umgebung der hessischen Stadt Fulda zu Zeiten des Kalten Krieges

»Ground Zero« – ursprünglich nuklearwissenschaftliche Bezeichnung für den genauen Detonationspunkt einer Atombombe, hier: Umschreibung für die Stelle, an der in der Beiruter US-Botschaft die Autobombe explodierte

hard target – hier: Fachjargon für eine Person, die sich nur schwer für (z. B.) Spionageaktivität anwerben (rekrutieren) lässt (siehe auch soft target)

loadmaster – z. B. im militärischen Flugverkehr verantwortlicher Unteroffizier für das Beladen der Flugzeuge

LST-5 tacset – Satellitentelefon

National Security Council (NSC) – Nationaler Sicherheitsrat der USA

NSC – siehe National Security Council

Office of Strategic Services (OSS) – Vorgängerorganisation der CIA, weltweit operierender (militärischer) US-Geheimdienst im Zweiten Weltkrieg

Officer – hier CIA-spezifisch: Beamter im Innen- bzw. im Außendienst

OSS – siehe Office of Strategic Services

Pasdaran – »Revolutionswächter«: iranische paramilitärische Organisation, deren Hauptaufgabe darin besteht, die klerikale Herrschaft (islamischer »Gottesstaat«) im Iran zu sichern

report officer – Analyst, der seine Ergebnisse höheren Orts vorlegt, Referent

RPG – rocket propelled grenade: Weiterentwicklung der Panzerfaust

SAT – Scholastic Aptitude Test: schulischer Eignungstest, Aufnahmeverfahren für US-Hochschulen

Security Officer – Sicherheitsbeamter

SEAL – engl. Akronym für SeaAirLand: Kurzbezeichnung für US-Eliteeinheiten, die sowohl im Wasser (als Taucher) als auch in der Luft (als Fallschirmspinger) bzw. auf dem Land einsetzbar sind

soft target – Fachjargon für Person, die sich leicht für Spionageaktivitäten anwerben bzw. rekrutieren lässt – im Gegensatz zu hard target (siehe auch dort)

STU – Secure Telephone Unit: abhörsicheres Telefon

PERSONENREGISTER

ORTS- UND SACHREGISTER

412

413